Stimmen zu *So wird Afrika erfolgreich*

'Endlich ein Buch über das 'Wie' und nicht das 'Was', um das Schicksal der Menschen in Afrika zu verbessern. Die Führer sollten es lesen und lernen.' **Mmusi Maimane, Vorsitzender der Demokratischen Allianz, Südafrika**

'So wird Afrika erfolgreich versteht die Schnittmenge von Menschen, Politik, Städten und Staaten und ist der Leitfaden für fundierte Entscheidungen für ein besseres Afrika.' **Mondli Makhanya, Herausgeber von *City Press***

'Ich wünschte, ich hätte dieses Handbuch gehabt, als ich Präsident von Malawi war. Es bietet nicht nur überzeugende Argumente für das, was zu tun ist, sondern auch praktische Beispiele und Schritte, wie man die Dinge erledigt.' **Joyce Banda**

'Dies ist ein zeitgemäßes und wichtiges Buch. Das Pro-Kopf-BIP Afrikas sinkt nun, und damit weicht die Region wieder einmal vom Rest der Menschheit ab. Afrikas Staats- und Regierungschefs stehen vor der Wahl zwischen der Bewältigung des wirtschaftlichen Wandels und der Bewältigung der Krise, oder sie werden von politischen Veränderungen überwältigt. Für diejenigen, die klug genug sind, Ersteres zu wählen, ist dieses Handbuch ein wertvoller Leitfaden.' **Paul Collier, Oxford University**

'Jenseits von Hype und Klischees, eine Blaupause für ein wohlhabendes Afrika.' **Donald Kaberuka, ehemaliger Präsident, African Development Bank**

'*So wird Afrika erfolgreich* ermöglicht es, Länder als Unternehmen zu betrachten und zu skizzieren, und zeigt praktische Entscheidungen für den Erfolg auf.' **Neal Froneman, Sibanye Gold**

'Dieses Buch liefert die notwendige Hardware für jeden politischen Entscheidungsträger.' **Tendai Biti, ehemaliger Finanzminister, Zimbabwe**

'*So wird Afrika erfolgreich* sollte im Aktenkoffer jedes afrikanischen Führers liegen. Das Buch beantwortet das 'Warum' und 'Wie' der Entwicklungsbilanz Afrikas und bestätigt, was fortschrittliche Stimmen gesagt haben: Afrika ist wegen der Mittelmäßigkeit, mit der es geführt wurde, in Schwierigkeiten geraten. Erfreulicherweise zeigt es, dass unser Kontinent durchaus noch zu reparieren ist, indem es praktische Empfehlungen gibt, die wir jetzt umsetzen müssen.' **Raila Odinga, ehemaliger Premierminister, Kenia**

'*So wird Afrika erfolgreich* ist ein Wegweiser für Praktiker und Wissenschaftler für das Afrika-Geschäft, mit vergleichenden Einblicken und Vor-Ort-Erfahrungen in Sektoren, die das Wirtschaftswachstum und die Entwicklung auf dem gesamten Region vorantreiben, und deckt dabei wichtige Strukturen und Themen ab, die den Kontext von Afrikas 'neue Normalität' formen, das ist ein wichtiger und zeitgemäßer Beitrag.' **Lyal White, Gordon Institute of Business Science, Universität von Pretoria**

'Prägnante Einblicke, eine unschätzbare Synthese aus Feldforschung und erstklassiger Analyse.' **Gilbert Houngbo, ehemaliger Premierminister, Togo**

'Dieses herausragende Buch überzeugt davon, dass Demokratie und Entwicklung unteilbar sind: Wenn die Politik zerbrochen ist, ist es, als würde man versuchen, ein Haus auf Sand zu bauen.' **Hakainde Hichilema, ehemaliger Präsidentschaftskandidat, Sambia**

'Wenn es nur ein einziges Buch gibt, das Sie in diesem Jahr lesen, dann soll es *So wird Afrika erfolgreich* sein. In der Beschreibung von internationalen Fallbeispielen ist dieses Buch von unschätzbarem Wert. Sein Beitrag ist es, genau zu veranschaulichen, wie und wann man die kritischen Komponenten von Leadership, Policy und Führungsrecht erhält.' **Erastus Mwencha, Stellvertretender Vorsitzender, Kommission der Afrikanischen Union**

So wird Afrika erfolgreich

Ein Handbuch
für wirtschaftlichen Erfolg

Greg Mills
Olusegun Obasanjo
Jeffrey Herbst
Dickie Davis

TESSA
Cape Town | Stuttgart

T E S S A Publishing (Pty) Ltd.,
Valuta Trust Building, 74 Shortmarket Street,
8001 Cape Town, South Africa
www.tessa-publishing.com

Published by agreement with NB Publishers, a division of Media24 Boeke (Pty) Ltd
First published in 2017 by Tafelberg, an imprint of NB Publishers, in Cape Town, South Africa

Übersetzt aus dem Englischen von
Dr. Michael Mandel

Erstausgabe 2020

ISBN: 978-3-947925-02-5
E-Book: 978-3-947925-03-2

'lim' uze ushay'etsheni!' –
Pflüge bis du auf einen Felsen triffst!

Inhalt

Vorwort
Der Anlass, jetzt zu schreiben

Dieses Buch ist eine Anleitung, um die Fähigkeit Afrikas zu verbessern, Wirtschaftswachstum und die Schaffung von Arbeitsplätzen zu generieren. Eine solche Blaupause ist besonders in einer Zeit erforderlich, in der afrikanische Länder, von denen viele noch immer arm sind, sich auf einen massiven Bevölkerungszuwachs und dementsprechend eine steigende Zahl von Jugendlichen einstellen müssen, die nach einer Beschäftigung suchen.

Wir sind zuversichtlich, was die Aussichten der afrikanischen Länder angeht, aber nur, wenn jetzt tatsächlich harte Entscheidungen getroffen werden. Der alte 'Business-as-usual'- Ansatz der Regierungen und der Führung muss sich ändern, wenn sie mit Afrikas bevorstehenden Bevölkerungsboom Schritt halten wollen. Reformen erfordern grundlegende Veränderungen in der Funktionsweise der afrikanischen Volkswirtschaften. Das bedeutet, offen zu sein für die internationale Zusammenarbeit, Handel und Kapital anstatt Hilfe, da sie mehr auf Unternehmen als personalisierte und klientelistische Systeme angewiesen sind, während das Ziel von Regierung und Politik darin bestehen sollte, eher das Wachstum des privaten Sektors und nicht das des öffentlichen Sektors zur Umverteilung zu fördern.

Allen diesen Initiativen liegt das Gebot der Stunde für ein Gefühl der Dringlichkeit, Arbeitsplätze zu schaffen, zugrunde, bevor die Bevölkerungswelle die afrikanischen Gesellschaften überrollt.

Auch wenn der Kontinent in den 2000er Jahren beeindruckende wirtschaftliche Wachstumsraten. von rund 5 Prozent verzeichnete, hat sich nicht genug verändert. Zum einen war dieses Wachstum größtenteils nicht das Ergebnis verbesserter Regierungstätigkeit, sondern vielmehr das Ergebnis eines starken Anstiegs der Rohstoffpreise, der durch die stark steigende chinesische Nachfrage gestützt wird.

Jetzt, in Zeiten, in denen die Rohstoffpreise rückläufig sind, kommen Bedenken auf, dass viele afrikanische Länder in den 'fetten' Jahren nicht genug getan haben, um politische und ökonomische Regierungspraktiken ihres Landes zu reformieren. Als Warren Buffett berühmterweise anmerkte, ‚Erst wenn die Ebbe kommt, entdecken Sie, wer in den letzten Jahren nackt geschwommen ist.'

Dabei geht es nicht nur um Wirtschaftswachstum. Ein weiterer Maßstab für den Erfolg der afrikanischen Reform liegt in der Stabilität ihrer

Gesellschaften. Seit 1990 war der Kontinent der Ort mit zwei Dritteln der konfliktbezogenen Todesfälle weltweit.[1] Auch herrscht hier noch große Armut. Mehr als 40 Prozent der Afrikaner leben in extremer Armut[2].

Trotz dieser Realitäten hat es sich bisher als schwierig erwiesen, die alte Methode zu ändern, wie man Afrikas Wirtschaft lenken kann. Die Trägheit spiegelt den Rückzug der Demokratie und 'Misgovernance' wider - wenn die Regierung effizient arbeitet, nur für eine Elite.[3] In diesem Umfeld werden die Anreize für die Vorteile der Liberalisierung der Volkswirtschaften durch die Vorteile einer Bewahrung der Dinge, so wie sie sind, aufgewogen, da die Eliten leicht zur Verwaltung und Ablenkung von internationalen oder anderen negativen Anreizen fähig sind, die darauf abzielen, den Wandel zu fördern.

Jedoch werden die Führer, die heute die Weitsicht und die Vision haben, um die notwendigen Entscheidungen für Veränderungen zu treffen, in Zukunft für den Wohlstand und die Stabilität bekannt werden, die sie ihren Ländern gebracht haben.

In der Zwischenzeit werden Machthaber, die an den alten Wegen festhalten, die weitere Verarmung ihrer Nationen erleben und in ihrer eigenen Herrschaft bedroht sein. Der arabische Frühling zeigt, wie sich die Lage in den letzten Jahren verändert hat, als Jugendliche merkten, dass sie keine Zukunft hatten, und ihre Länder in wenigen Wochen umstürzten und destabilisierten. Schnell können solche Spannungen übergreifen, bis hin zum politischen Kollaps. Die Bedrohung ist besonders gravierend, da die Macht durch die rasche Verbreitung des Mobilfunks immer mehr in den Händen der einzelnen Bürger liegt.

Es scheint unvermeidlich, dass die Anzahl der gescheiterten Staaten in Afrika - bereits jetzt die größte in der Welt – zunehmen wird, wenn die Staats- und Regierungschefs nicht die bevorstehenden Herausforderungen annehmen, die sich aus dem zu erwartenden großen Bevölkerungswachstum ergeben, mit dem damit einhergehenden Leiden und Chaos, die den institutionellen Zusammenbruch begleiten. Ähnlich verhält es sich mit anderen kritischen Herausforderungen, mit denen Afrika konfrontiert ist, einschließlich der Anpassung an den Klimawandel, der Verbesserung des Status der Frauen und der Verringerung der Ungleichheit. Das kann nur dann angegangen werden, wenn die Staaten in ihrer Wirtschaftsleistung wachsen und mehr Arbeitsplätze schaffen. Andernfalls wird die demographische Krise allumfassend und jede andere Maßnahme vereiteln.

Unsere Analyse basiert auf der vor 12 Jahren begonnenen Feldarbeit in ganz Afrika, als die Brenthurst-Stiftung gegründet wurde. Unser Buch betont die Forschung, die seit dem Rückgang der Rohstoffpreise durchgeführt wurde, der in den USA 2014 begann.

Es werden sowohl statistische Analysen als auch Fallstudien verwendet, um die Herausforderungen für den Wohlstand in Afrika und die Strategien zu beschreiben, die andernorts in der Welt verfolgt werden, und die erfolgreich die Armut bekämpft haben. Sie berücksichtigt die sehr realen Herausforderungen, denen sich Regierungschefs auf dem ganzen Kontinent gegenübersehen, wenn sie versuchen, Verbesserungen in ihren Ländern zu erreichen. Wir glauben auch, dass die Reflexion von vergleichenden internationalen Fallstudien aufgrund der anhaltenden Fortschritte der Länder, die wir als Beispiele anführen, lehrreich ist.

Eines der gravierendsten Defizite postkolonialer afrikanischer Regierungen ist die Tatsache, ihrer Isolation. Die Herausforderungen Afrikas sollten im Zusammenhang mit den universellen Normen und Praktiken, und nicht als isolierte oder einzigartige Probleme angesehen werden. Vor nicht langer Zeit befanden sich schließlich viele asiatische und lateinamerikanische Länder unter Umständen, die dem heutigen Afrika sehr ähnlich waren.

Ob es nun darum geht, eine Industriepolitik zu konzipieren oder Gerechtigkeit durch Wachstum zu erreichen, Afrika muss das Rad nicht neu erfinden: Vieles lernt man aus den Erfahrungen, die Andere in der Vergangenheit gemacht haben.

Wir haben uns dafür entschieden, das Buch nach Sektoren zu strukturieren, einschließlich Bergbau und Landwirtschaft, Infrastruktur, Dienstleistungen, Fertigung, Planung und Lieferung. Diese sektorale Analyse ist wichtig, weil die Governance-Bilanz eines Landes die Anhäufung einer Vielzahl von Entscheidungen ist, die in verschiedenen Bereichen getroffen wurden. Oftmals ist es einfacher zu erkennen, wie sich staatliche Maßnahmen auf die Volkswirtschaften auswirken, indem man gemeinsame wirtschaftliche Herausforderungen in der gesamten Region überprüft. Die Sektoren, die wir hier untersuchen, sind die wichtigsten für Afrika. Wir analysieren die kritischen Aspekte afrikanischer Volkswirtschaften von den ältesten und traditionellsten Sektoren bis zu den Bereichen, in denen Unternehmer an den neuesten Formen der Technologieentwicklungen teilnehmen.

Am Anfang eines jeden Kapitels finden Sie eine kurze Zusammenfassung der Schlüsselschritte zum Erfolg, sowie die Herausforderungen und Chancen der afrikanischen Staaten. Das Schlusskapitel fasst alle sektoralen Vorschläge zusammen, um einen umfassenden Plan für die afrikanischen Führer zu erstellen.

Diese Struktur und die Lösungen, die wir gefunden haben, spiegeln die Vielfältigkeit der Autorenschaft wider. Die eine Hälfte des Teams besteht aus langjährigen Mitarbeitern, Greg Mills und Jerey Herbst. Sie werden für dieses Projekt von Major General (rtd) unterstützt.

Dickie Davis, der über mehr als drei Jahrzehnte Erfahrung mit der Umsetzung der Entscheidungen von Politikern unter vielfach schwierigen Verhältnissen von Bosnien bis nach Afghanistan hatte, und der einen Großteil seines post-militärischen Lebenswerks dem Afrika südlich der Sahara widmete. Schließlich der ehemalige nigerianische Präsident Olusegun Obasanjo, der wohl mehr als jeder andere lebende Afrikaner Erfahrung mit den scharfen Kanten der Herausforderungen hat, mit denen Afrika konfrontiert ist und war.

Wir haben von einem zweitägigen Seminar der Konrad-Adenauer-Stiftung im August 2016 profitiert, als mehr als 30 politische Entscheidungsträger, Akademiker und Wissenschaftler und privatwirtschaftlichen Führungskräfte - alle aus Afrika oder mit beträchtlichen Erfahrungen in verschiedenen Teilen des Kontinents - das Manuskript rezensierten und viele wichtige Beobachtungen und Anregungen machten. Sie haben unsere Erkenntnisse enorm bereichert. Obwohl wir uns sicherlich nicht in allen Punkten einig waren, bekräftigte dieser intensive Workshop unsere Sicht auf die großen Chancen für signifikantes Wachstum und Armutsbekämpfung, die realisierbar sind, wenn afrikanische Führer die notwendigen schwierigen Entscheidungen treffen, und der im Gegensatz dazu stehenden ungewissen Zukunft der Länder, wenn jetzt keine dramatischen Schritte unternommen werden.

Danksagungen

Die Brenthurst-Stiftung, unsere gemeinsame institutionelle Zugehörigkeit, wurde von der Familie Oppenheimer im Jahr 2005 gegründet. Ihr Ziel ist es, Afrikas Wirtschaftsleistung zu stärken. Viele der Erfahrungen und Lektionen, die in diesem Buch beschrieben werden, stammen aus der Arbeit mit einer großen Anzahl von afrikanischen und anderen Regierungen, da wir uns bemüht haben, praktische politische Lösungen zu entwickeln und internationale Best Practices herauszufinden.

Bei der Brenthurst-Stiftung hatten wir das Glück, mit vielen hervorragenden Leute bei der Produktion dieses Buches zusammenzuarbeiten. Ihr Intellekt, ihre Energie, ihre Professionalität und Integrität haben uns inspiriert, diese Gespräche in Druck zu bringen.

Vor allem Nicky, Jonathan und Jennifer Oppenheimer haben die Stiftung und das Projekt kontinuierlich und mit unschätzbarem Wert unterstützt. Die Mandela-Machel Stipendiat bei der Stiftung, Nchimunya 'Chipo' Hamukoma, war eine konstante und stets fröhliche Quelle für Nachschlagewerke, Tabellen und Charts. Ghairoon Hajad war eine unschätzbare logistische Ressource. Der langjährige institutionelle Partner der Stiftung, die Konrad-Adenauer-Stiftung, veranstaltete freundlicherweise ein Seminar, um einen frühen Entwurf zu diskutieren. Wir sind sehr dankbar für die Unterstützung durch den Stab des Veranstaltungsortes, der Villa La Collina, und insebsondere Holger Dix, Terence McNamee, Leila Jack und Andrea Ostheimer für ihre organisatorische Unterstützung bei der Bereitstellung des Seminars.

Dr. Driss Ouaouicha, Präsident der Al Akhawayn Universität in Ifrane, organisierte und begleitete uns freundlicherweise bei einem Forschungsaufenthalt in Marokko. David und Vicky und Peter und Lauren Horsey öffneten großzügig ihre Häuser in Kenia, und ließen unsere Forscher sich in Ruhe bei ihnen ausruhen und tippen, sie hatten ihre Veranda stundenlang zum Ausruhen geöffnet. John Kollias wies uns auf nützliches Material zur Rolle der Technik hin. Olly Stern organisierte einen Zeitplan in London, was uns ein Verständnis für die Argumentation von Investitionsentscheidungen ermöglichte. Christopher Clapham stellte, wie immer, sein Zuhause in Mepal zur Verfügung, um Material aufzuarbeiten, während Lyal White ein großzügiger Reisebegleiter für uns in Lateinamerika war. Thomas Vester und Dafydd Lewis organisierten eine exzellente Reiseroute in Vietnam und auf den Philippinen, ebenso wie Botschafter Barry. Desker in

Singapur und Hery Saripudin und Pradono Anindito in Indonesien. Rod Hagger hat alles repariert, von Exkursionen und Seminaren bis hin zu gebrochenen Rädern in Lilongwe, während Paul Norman, Mark Pearson und David Littleford unter anderem dafür sorgten, dass unsere Monate in Sambia sowohl produktiv als auch komfortabel waren. Unsere Einblicke in die Bergbauindustrie profitierten von einem Runden Tisch, der im April 2016 in der Royal Zambezi Lodge stattfand, die das Sambesi-Protokoll hervorbrachte. Paul Cluver stellte großzügigerweise Zeit und Kontakte zu der Farmergemeinschaft des Western Cape bereit, ebenso wie Lampie Fick in Caledon. Joe Siegle vermittelte einzigartige und hilfreiche Einblicke in das Verhältnis von Demokratie und Entwicklung. Branko Brkic erlaubte freundlicherweise die Reproduktion von Material, das zuerst in der *Daily Maverick* erschien, ebenso wie Ray Hartley von der *Rand Daily Mail*. Johnny Clegg schenke uns nicht nur die Zeit, um zu diesem Band Stellung zu nehmen, sondern lieferte auch das Zulu-Sprichwort am Anfang des Textes, das vielleicht am besten die gleichermaßen von Autoren und Führungskräften geforderte Hartnäckigkeit beschreibt.

Tom Alweendo, Isaac Kgosi Phillip Carter, Fidèle Sarassoro und Ahmed Shire halfen freundlicherweise bei der Organisation der Interviews mit den Präsidenten von Namibia, der Elefenbeinküste und Botswana, sowie mit dem Premierminister von Äthiopien. Botschafter Louis Pienaar und Dahan Ahmed Mahmoud waren gemeinsam mit Anthony Mukutuma und Matt Pascall Gastgeber auf einer Mission in Nouakchott, Mauretanien, im Oktober 2016.

Tafelbergs Gill Moodie und Erika Oosthuysen waren unkomplizierte Partner, während Mark Ronan eine hervorragende Editionsarbeit geleistet hat.

Das Buch enthält auch ein Lied, 'Mama Afrika', gespielt und geschrieben von Robin Auld und Greg Mills. Es kann von der Website der Brenthurst-Stiftung, www.thebrenthurstStiftung.org., heruntergeladen werden.

Sicherlich nicht zuletzt haben uns unsere jeweiligen Familien selbstlos dazu ermutigt, ‚fertig zu werden' und uns die Zeit und den Raum dafür gegeben!

OO, GJBM, JIH und RRD,
Abeokuta, Johannesburg, Washington und Marlborough

Über die Autoren

Greg Mills leitete die Brenthurst-Stiftung mit Sitz in Johannesburg seit der Gründung im Jahr 2005 und ist Autor der meistverkauften Bücher *Why Africa is Poor – And What Africans Can Do About It* (Penguin, 2010) und, mit Jeffrey Herbst, *Africa's Third Liberation* (Penguin, 2012). Im Jahr 2008 wurde er als Strategieberater des Präsidenten von Ruanda eingesetzt, leitete die strategische Beratergruppen in Malawi, Mosambik und Afghanistan, und hat in den vergangenen Jahren für die Regierungschefs in Liberia, Lesotho, Kenia, Sambia und Simbabwe gearbeitet. Er hat einen Doktortitel der Lancaster University und einen Ehrendoktortitel für Afrikanistik an der Universität von Kapstadt. Er ist Mitglied des Internationalen Instituts für Strategische Studien und von Chatham House, und Mitglied des Beirats des Royal United Services Institute, 2013 folgte seine Ernennung zum Mitglied des hochrangigen Gremiums der Afrikanischen Entwicklungsbank für fragile Staaten. Er ist Gastdozent am Royal College of Defence Studies, Higher Defence College der NATO und dem South African National Defence College. Seine neuesten Bücher sind *Why States Recover* (Picador, 2014) und, mit Jeffrey Herbst, *How South Africa Works* (Picador, 2015).

Jeffrey Herbst ist Präsident und CEO des Newseum in Washington DC. Zuvor war er Präsident der Colgate University, einer führenden liberalen Kunsthochschule in den USA. Er hat an der Yale University promoviert und arbeitete auch als Provost und Generalbevollmächtigter für Akademische Fragen der Universität von Miami. Dr. Herbst begann seine Karriere als Professor für Politik und Internationale Beziehungen an der Princeton University, wo er 18 Jahre lang lehrte. Er ist der Autor von *States and Power in Africa: Comparative Lessons in Authority and Control* (Princeton University Press, 2014), und mehreren anderen Büchern und Artikeln. Er lehrte auch an den Universitäten von Simbabwe, Ghana, Kapstadt und Western Cape. Als Mitglied des Rats für Ausländische Beziehungen war er zugleich Mitglied des Beirats der Brenthurst-Stiftung seit 2005.

Olusegun Obasanjo ist ein ehemaliger Präsident Nigerias. Er hatte eine bemerkenswerte militärische Laufbahn hinter sich, unter anderem als Teilnehmer in der UNO-Friedenssicherungsmission im Kongo (1957) und

Entgegennahme des Übergabedokuments im Namen der nigerianischen Regierung von den gegnerischen Kräften im nigerianischen Bürgerkrieg von 1970. Nach dem Besuch verschiedener Bildungseinrichtungen, u.a. Der Abeokuta Baptist High-School, der Indian Army School of Engineering und des Royal College of Defence Studies in London, stieg er auf den Rang eines Generals auf und wurde nach dem Attentat auf das damalige militärische Staatsoberhaupt im Februar 1976 zum nigerianischen Staatsoberhaupt. Im September 1979 übergab er an eine demokratisch gewählte Regierung. Er wurde für seine prodemokratischen Ansichten für dreieinhalb Jahre bis zum Tod des Generals Sani Abacha im Juni 1998 inhaftiert. Nach seiner Freilassung wurde er im Jahr 1999 demokratisch zum Präsidenten gewählt und diente zwei Amtsperioden. Mit über 30 Veröffentlichungen zu verschiedenen Themen verfolgt er eine Leidenschaft für Konfliktlösung, Mediation und Entwicklung über eine Reihe von Institutionen, unter anderem über seinen Vorsitz im Tana-Forums und der Brenthurst-Stiftung.

Dickie Davis ist Sonderberater der Brenthurst-Stiftung und Geschäftsführer der Nant Enterprises Ltd. Er diente 31 Jahre lang in der britischen Armee, die er 2015 mit dem Rang eines Generalmajors verließ. Während seiner militärische Karriere diente er weitgehend bei Operationen in Afghanistan und befehligte das erste britische Wiederaufbauteam in Mazar-e-sharif (2003), sowie als Leiter des Wiederaufbaus der Internationalen Sicherheitsbeistandstruppe (International Security Assistance Force) als Entwicklungs- und Chefingenieur der ISAF IX (2006-07), und als Stabschef des Regionalkommandos (Süd) (2009-10). Er ist Vize-Präsident der Institution of Royal Engineers, Vorsitzender der Royal Engineers, Vorsitzender des Royal Engineers' Museum und ehrenamtlicher Oberst der Royal Monmouthshire Royal Engineers (Militär). Er hat einen Abschluss in Bauingenieurwesen, einen Master-Abschluss in Verteidigungstechnik, ist Mitglied des Chartered Management Institute, und wurde 2015 zum CB und 2004 zum CBE ernannt. Er ist zusammen mit David Kilcullen, Greg Mills and David Spencer Co-Autor von *A Great Perhaps? Colombia: Conflict and Convergence* (Hurst/OUP, 2015), das auf umfangreichen Feldforschungen in Lateinamerika und Afrika südlich der Sahara basiert.

Akronyme und Abkürzungen

ADMARC	Agricultural Development and Marketing Corporation (Malawi)
AGOA	African Growth and Opportunity Act
APRM	African Peer Review Mechanism
AU	African Union
BEAC	Botswana Economic Advisory Council
BSGR	Beny Steinmetz Group Resources
BRT	bus rapid transport
CAR	Central African Republic
CBD	central business district
CEO	chief executive officer
DRC	Democratic Republic of the Congo
DTC	Diamond Trading Company (Botswana)
ET	Ethiopian Airlines
EU	European Union
FAO	UN Food and Agriculture Organization
FDI	foreign direct investment
GDP	gross domestic product
GMO	genetically modified organism
ICMM	International Council on Mining and Metals
IMF	International Monetary Fund
IPO	initial public offering
IPPUC	Instituto de Pesquisa e Planejamento Urbano de Curitiba (Institut für Stadtplanung und -forschung von Curitiba)
MIT	Massachusetts Institute of Technology
NAFTA	North American Free Trade Agreement
NGO	Non-governmental organisation
OECD	Organization for Economic Cooperation and Development
PAN	Partido Acción Nacional (Partei der Nationalen Aktion, Mexiko)
PRI	Partido Revolucionario Institucional (Institutionelle Revolutionäre Partei, Mexiko)
SAA	South African Airways
SADC	Southern African Development Community
SOE	state-owned enterprise

SWAPO	South West Africa People's Organization
SWOT	strengths and weaknesses; opportunities and threats
UAE	United Arab Emirates
UN	United Nations
UPND	United Party for National Development (Zambia)
ZNBC	Zambia National Broadcasting Corporation

Einleitung

Afrika steht vor einer schwierigen, möglicherweise katastrophalen Zukunft, wenn es nicht rasch handelt, um Konsolidierung der Demokratie, Liberalisierung der Volkswirtschaften, Investitionen in Menschen und Infrastruktur und die Rechtsstaatlichkeit zu gewährleisten.

Angesichts der Tatsache, dass sich die Bevölkerung Afrikas südlich der Sahara voraussichtlich innerhalb einer Generation auf 2 Milliarden verdoppeln wird, ohne dass die Führung (diese) entscheidenden Maßnahmen ergreift, um langfristige Investitionen zu fördern, wird der Kontinent vom Wachstum der Bevölkerung, vor allem in den Städten, überwältigt werden. Wenn jedoch die richtige Politik und die richtigen institutionellen Maßnahmen ergriffen werden, werden sie dazu beitragen, die Voraussetzungen für einen wachstumsstarken demografischen Gewinn zu schaffen.

Die Art der Herausforderung, der sich Afrika gegenübersieht, zeigt sich auf der großen East Road, die sich von der sambischen Stadt Chipata aus auf der Malawischen Grenzebis zur Hauptstadt Lusaka erstreckt. Obwohl die 570 Kilometer lange Straße von Chipata zum größten Teil neu gebaut wurde und die Verkehrsgeschwindigkeiten folglich gestiegen sind, ist es immer noch eine Fahrt mit vier- und zweirädrigen Fahrzeugen, Traktoren, Lastwagen, Herden von Ziegen, Rinder, Ochsenkarren, Eselskarren, Fußgängern, Hunde und sogar Behindertenwagen. Auf dem Weg dorthin bremsten wir nicht weniger als 20 Mal bis zu einem Beinahe-Stop für umherirrende Ziegen. Danach hörten wir auf zu zählen.

Die Lastwagen sorgen für zusätzliche Verwirrung, vor allem, wenn die Straße Richtung Luangwa River und seiner großen 222 Meter langen Hängebrücke absteigt. Mit britischer Hilfe gebaut, erinnert eine Plakette am westlichen Ende der Brücke an ihre Einweihung durch Präsident Kenneth Kaunda im Jahr 1968. Paramilitärs in Nadelstreifenuniformen fungieren als Verkehrspolizei, so dass nur ein einziger Lastwagen gleichzeitig durchkommt, deren Ladungen hauptsächlich aus verarbeiteten Nahrungsmitteln und Treibstoffen für Sambia und der Demokratischen Republik Kongo bestehen, und deren Kabinen mit biblischen Abhandlungen und andere drängenden Zitaten von 'Gott allein weiß es' bis zur faszinierenden 'Dritten Basis' beklebt sind.

Die Straße ist ein Spiegelbild der Situation in Sambia. Es gibt immer mehr Menschen und sie sind auf dem Weg in die Städte. Bis zum Jahr 2030

wird die Bevölkerung von derzeit 16 Mio. auf rund 25 Mio. anwachsen. Eine zunehmende Zahl der Einwohner wird von den städtischen Gebieten angezogen, denn trotz der reichen Böden des Landes hat sich die Landwirtschaft immer wieder unter ihrem Potenzial entwickelt, nicht zuletzt aufgrund staatlicher Eingriffe in die Maispreise, fehlender Landbesitzverhältnisse und einer ungünstigen und teuren Logistik.
Lusaka, das für 1 Million Menschen gebaut wurde, beherbergt heute 2,5 Millionen Menschen, deren Zahl sich bei den aktuellen Steigerungsraten in 15 Jahren verdoppeln wird. Wer wird die Jugendlichen, die in den nächsten Jahren auf Arbeitssuche sind, beschäftigen?

Sambia hat noch keine Antwort gefunden. Die Anwesenheit von so viel Zweirad-Verkehr erinnert an Kenneth Kaunda's Versuche, als Präsident von der Ersten Republik die wirtschaftliche Diversifizierung durch die Schaffung einer Reihe neuer inländischer Industrien, einschließlich Luangwa Industries, das die Fahrradmarke Eagle in Chipata produzierte, voranzubringen. Sambia produzierte auch Mitsubishi Lastwagen und Autos, montiert Fiats, Peugeots und Land Rovers, produzierten Batterien in Mansa, Glas und Bekleidung in Kapiri Mposhi und Kabwe, Ananas in Dosen in Mwinilunga und verarbeitete Cashewkerne in Mongu. Dunlop stellte in Ndola Reifen für den Export in die Region her; Serioes International nähte Designeranzüge für den Export nach Großbritannien und Deutschland; Lever Brothers, Johnson & Johnson und Colgate-Palmolive stellten Haushaltswaren und Toilettenartikel her; und ITT Supersonic produzierte Fernsehgeräte und Radios in Livingstone.

Doch während die sambischen Industrien früher in der Region nur hinter Simbabwe und Südafrika lagen, blieben bis 2016 nur noch sehr wenige davon übrig. die Chipata Fahrradfabrik wurde zu einem Bierlager, Livingstone Motor Assemblers (damals eine von nur sieben Fiat-Fabriken weltweit) zu einer kleinen Holzfabrik, Kabwe's Mulungushi Textiles eine Schweinezucht und Kafue Textiles ein Maislager. Mit dem Verschwinden des Tarifschutzes und der steuerlichen Anreize, die zuvor von der Industrial Development Corporation der Regierung verwaltet wurden, der zentralen Agentur für die importunterstützte Industrialisierungsstrategie, haben auch diese Branchen das Land verlassen. Die lokalen Konsumenten stimmten mit ihrem Geld für billigere und oft qualitativ hochwertigere Importwaren.

Die Industrialisierungsbestrebungen wurden nicht nur durch das Fehlen von Wettbewerbsfähigkeit und die Größe des sambischen Marktes, sondern auch durch die gleichzeitige Verstaatlichung der Schlüsselindustrien verhindert. Im April 1968 gab Kaunda bekannt, dass der Staat die Kontrolle über den gesamten privaten Einzelhandel, den Transport und die Produktion übernehmen würde, und zwar im Rahmen der so genannten

Mulungushi-Reformen. 18 Monate später wurden die Matero-Reformen angekündigt, wobei die Regierung 51 Prozent der Anteile von den bestehenden Bergbauunternehmen erwarb, Anglo American Corporation und Roan Selection Trust. 1973 wurden beide Unternehmen vollständig verstaatlicht und in Sambias Consolidated Copper Mines (ZCCM) überführt. In diesem Jahr wurden in den Bergwerken mindestens 720 000 Tonnen Kupfer produziert und 48 000 Menschen beschäftigt.

Im Laufe der Zeit jedoch, belastet durch ein schlechtes Staatsmanagement, brach die Kupferindustrie zusammen und mit ihr die Wirtschaft. Wie in Kapitel 5 erläutert, ging die ZCCM-Produktion im Jahr 2000 auf 257 000 Tonnen zurück, als es nur 21.000 Menschen beschäftigte. Der Beitrag des Bergbaus zur Entwicklung der Wirtschaft sank von einem Drittel der Gesamtproduktion im Jahr 1973 auf unter 8 Prozent 30 Jahre später, bevor er sich langsam wieder erholte.

Und Sambia war nicht in der Lage, andere Sektoren zu entwickeln, die möglicherweise Arbeitsplätze schaffen würden. Zum Beispiel stellte die Weltbank 1966 fest, dass es, 'erhebliches ungenutztes landwirtschaftliches Potenzial und Spielraum für weitere Entwicklungen der Tourismusindustrie'[4] gibt. Dies bleibt, wie in Kapitel 4 zu sehen ist, traurigerweise der Fall – ein Beispiel von Potenzial und Versprechen statt Lieferung und Fortschritt.

Und auch ein halbes Jahrhundert später wird der Tourismus, ein Sektor, der in der Lage sein sollte, eine große Zahl von Arbeitsplätzen zu schaffen, durch ständige Veränderungen belastet. Vorschriften, eine Genehmigungskultur und die Kosten und Schwierigkeiten bei der Anreise ins und Reisen im Land. Das Potenzial Sambias ist schlecht vermarktet, und seine Nationalparks nur teilweise erschlossen. Trotz außergewöhnlicher Angebote, darunter den Viktoriafällen, die als eines der sieben Naturwunder der Welt gelten, empfängt das Land nur maximal 150.000 internationale Touristen pro Jahr.

Dennoch war Sambia ein Aushängeschild für eine neue Ära des afrikanischen Wachstums in den 2000er Jahren, als seine Wirtschaft ab 2004 jährlich um 7 Prozent wuchs. Die Leistung des Landes war angeblich auf eine bessere Regierungsführung und Politik zurückzuführen. Doch als der Kupferpreis sank, verlangsamte sich das Wachstum, die Auswirkungen verschärften sich durch eine inkonsistente Steuerpolitik und eine verschwenderische Regierung. Sambias Wirtschaftswachstum sank bis 2015 auf nur noch 3 Prozent.[5] Diese Quote reicht kaum aus, um das derzeitige Pro-Kopf-Einkommen aufrechtzuerhalten, und ist völlig unzureichend, um Beschäftigung für die große Zahl junger Menschen zu schaffen, die in den nächsten Jahren nach Arbeit suchen werden.

Die besonderen Herausforderungen Sambias sind beispielhaft für gemeinsame Probleme auf dem gesamten Kontinent.

Die afrikanische Wirklichkeit

Afrika hat in den letzten 20 Jahren eine beispiellose (zumindest postkoloniale) Wachstumsperiode erlebt. Seit 1995 betrug das jährliche BIP-Wachstum in der Region südlich der Sahara durchschnittlich 4,3 Prozent pro Jahr, drei Prozentpunkte mehr als in den beiden vorangegangenen Jahrzehnten.[6] Infolgedessen wurde das (reale) Einkommensniveau erheblich angehoben, von 726 US-$ pro Kopf im Jahr 1994 beispielsweise auf 984 US-$ im Jahr 2005.[7]

Solche Wachstumsraten sind jedoch nicht überall auf dem Kontinent zu finden. In acht Ländern ist das Pro-Kopf-Einkommen sogar gesunken - im Falle Simbabwes sogar um rund 30 Prozent. Zudem war das Wachstum nicht so armutsorientiert wie in anderen Regionen. Während anderswo in der Welt die Armut um 2 Prozent für jeden Prozentpunkt Anstieg des durchschnittlichen Pro-Kopf-Verbrauchs gesenkt werden konnte, hat sich in Afrika ein solches Wachstum in der Vergangenheit bereits in den letzten Jahren gezeigt. Dies ist zum Teil auf die Quelle für das Wachstum Afrikas zurückzuführen, das in erster Linie auf den Rohstoffsektor (Öl, Gas, Bergbau) und nicht auf die Landwirtschaft oder das verarbeitende Gewerbe zurückzuführen ist.

Diese Bilanz spiegelt die großen Unterschiede beim Zugang zu Finanzen, Bildung, Gesundheitsversorgung und anderen grundlegenden Dienstleistungen wider, und auch die offiziellen Beschäftigungsaussichten sind sehr unterschiedlich, auch zwischen ländlichen und städtischen Gebieten. Diese langsame Verringerung der Armutsquote ist zum Teil auf das Fehlen geeigneter Qualifikationen und das Vorhandensein des Systems zurückzuführen, das für ihre Einführung verantwortlich ist. Während sich die Einschulungsquoten für die Grundschulbildung in Afrika südlich der Sahara seit 1970 in der Region von unter 60 Prozent auf 100 Prozent verbessert haben, sind die Abschluss- und Beherrschungsquoten nach wie vor problematisch und liegen bei knapp über 60 Prozent im Vergleich zum globalen Durchschnitt von über 90 Prozent. Ein hoher Analphabetismus führt zu einer weit verbreiteten Marginalisierung des produktiven wirtschaftlichen und sozialen Lebens und ist mit einer schlechteren Gesundheit und Ernährung verbunden. Während die soziale Arbeitslosenquote für das gesamte südliche Afrika bei 8 Prozent liegt, nur leicht über dem globalen Durchschnitt von 6 Prozent,[9] ist die

Unterbeschäftigung deutlich höher. Viele derjenigen, die als erwerbstätig bezeichnet werden, sind selbstständig oder in schlecht bezahlten Berufen tätig. Afrikaner arbeiten, um zu überleben, aber im Großen und Ganzen sind sie arm.[10]

Darüber hinaus sind die guten Zeiten wegen des Einbruchs der Rohstoffpreise und der Unsicherheit auf dem Weltmarkt vorbei. Das Wachstum im Jahr 2016 in Afrika südlich der Sahara wurde auf 1,4 Prozent prognostiziert - weniger als die Hälfte der 3,5 Prozent im Jahr 2015 und weit unter dem Wachstumstrend der letzten zwei Jahrzehnte.[11]

Vor dem Zusammenbruch der Rohstoffpreise hatten Beobachter Afrika gemeinhin als 'auf dem Vormarsch' oder, im heutigen Sprachgebrauch, als 'aufsteigend' bezeichnet.[12] Angesichts des Nebels der Verzweiflung, der den Kontinent häufig umhüllt, war es nicht verwunderlich, dass sich schnell eine kleine Industrie um die besseren Aussichten für Afrika herum entwickelte, die manchmal auf einer Kombination aus Hybris, Glaube und anekdotischer Daten beruhte. Zum Beispiel hat *The Economist* festgestellt, dass die 1,2 Milliarden Menschen in Afrika vielversprechend sind. Sie sind jung: südlich der Sahara liegt ihr Durchschnittsalter überall unter 25 Jahren, außer in Südafrika. Sie sind besser ausgebildet als je zuvor: Die Alphabetisierungsrate unter den Jugendlichen liegt heute bei über 70 Prozent, außer in einer Gruppe von Wüstenländern in der Sahara. Dies ist dem Artikel zufolge der Kontinent, der durch die 'florierenden Einkaufszentren von Nairobi und Abidjan's brummende Häfen' sowie durch weniger Konflikte und eine verbesserte Gesundheitsversorgung beispielhaft ist.[13]

Afrikas Armutsniveau ist zurückgegangen (von 61 Prozent im Jahr 1994 auf 43 Prozent 20 Jahre später).[14] Dennoch beherbergt Afrika etwa die Hälfte der extrem Armen und den Großteil der fragilen Staaten der Welt, in denen Reformen und Erholung schwach sind. Es ist ein langer Weg, um auf die verlorenen Jahrzehnte der 1960er, 1970er und 1980er Jahre zurückzugreifen, als die Entwicklung in Ostasien, um ein regionales Beispiel zu nennen, stark anstieg. Wie die Weltbank bereits im Jahr 2000 für Afrika schätzte, 'Mit der rasch wachsenden Bevölkerung in der Region war ein jährliches Wachstum von fünf Prozent notwendig, um die Zahl der Armen wenigstens nicht zu erhöhen. Eine Halbierung der schweren Armut bis zum Jahr 2015 würde', so der Bericht, 'ein jährliches Wachstum von mehr als sieben Prozent und eine gerechtere Einkommensverteilung erfordern.'[15]

In der überwiegenden Mehrheit der Länder des Kontinents gab es auch vor dem Zusammenbruch der Rohstoffe keine substanzielle Veränderung der Einkommensstruktur. Wie *The Economist* argumentiert hat:[16] 'Etwa 90

Prozent der Afrikaner unterschreiten immer noch die Schwelle von 10 US-$ pro Tag', während der Anteil in der Mittelschicht von 10 bis 20 US-$ (ohne das sehr atypische Südafrika) von 4,4 Prozent auf nur 6,2 Prozent zwischen 2004 und 2014 stieg'. Darüber hinaus stieg der Anteil, der als 'Obere Mittelschicht' (US-$20-US-$50 pro Tag) bezeichnet wird, im selben Jahrzehnt von 1,4 Prozent auf 2,3 Prozent. Er stellt fest, dass es in 11 der größeren Volkswirtschaften Afrikas südlich der Sahara nur 15 Millionen Haushalte der Mittelschicht geben wird (mit Ausnahme Südafrikas und einer Einkommensspanne von 15 bis 115 US-$ pro Tag).

Afrikas verbessertes Wirtschaftswachstum in diesem Jahrhundert war eine bedeutende Errungenschaft. Allerdings wird in Zukunft noch mehr getan werden müssen, zumal sich der Rohstoffboom zu Beginn des Jahrhunderts wohl kaum wiederholen wird.[17] Die Herausforderungen werden noch höher ausfallen, wenn der enorme Anstieg des Bevölkerungswachstums Länder in ganz Afrika trifft.

Menschen: Die fundamentale Herausforderung für Afrika

Dieses Buch stellt die grundlegendste Frage für Afrika und für diejenigen, die sich für eine deutliche Verringerung der Armut in der Welt einsetzen. Kann Afrika Ostasien folgen und die Zahl der Menschen, die mit niedrigem Einkommen leben, deutlich reduzieren und die damit verbundenen Gewinne in den Bereichen Kindersterblichkeit, Kinder- und Müttergesundheit, Bildung und Wohlbefinden ernten, die andere Länder, die einst als hoffnungslos galten, in den letzten Jahren erreicht haben? Werden insbesondere angesichts des enormen Bevölkerungswachstums, das auf dem gesamten Kontinent stattfinden wird, genügend Arbeitsplätze geschaffen, um die daraus resultierende große Zahl junger Menschen zu beschäftigen?

Wir glauben, dass diese Fragen jetzt beantwortet werden müssen, um die Volkswirtschaften auf die kommende demographische Realität vorzubereiten. Wenn man abwartet, bis die Bevölkerung erheblich zugenommen hat, werden die Staats- und Regierungschefs nur noch Maßnahmen ergreifen können, die für ihre arbeitslosen Bürger zu spät kommen. Die Gesamtbevölkerung Afrikas wird sich bis 2050 auf 2,4 Milliarden Menschen mehr als verdoppeln. Nach Angaben der UNO soll Afrika zwischen 2015 und 2050 mehr als die Hälfte des weltweiten Bevölkerungswachstums ausmachen. Fast das gesamte Wachstum wird zu den 49 Ländern südlich der Sahara gehören, von denen 2 Mrd. dieser Region angehören. Dieses Buch konzentriert sich hauptsächlich auf dieses demographische Phänomen.[18] Selbst die rasante Zunahme der Bevölkerung

Asiens verblasst im Vergleich: dieser Kontinent wird zwischen 1950 und 2050 um den Faktor 3,7 gewachsen sein, während Afrikas Äquivalenzfaktor von 2000 bis 2100 auf 5,18 geschätzt wird.[19]

Der schwedische Statistiker Hans Rosling hat festgestellt, dass 'der Grund, warum die Bevölkerung in Afrika wächst, derselbe ist, der beim Bevölkerungswachstum zuerst in Europa, dann in Nord- und Südamerika und dann in Asien zu beobachten war. Das erfolgt, wenn die Bevölkerung aus einer Phase, in der viele Kinder geboren werden und viele sterben, in die nächste übergeht. Dann sinkt die Sterblichkeitsrate und die Geburtenrate folgt [einige Zeit später].'[20]

Abbildung 1: UN-Mittlere Variante der Bevölkerungsvorhersagen

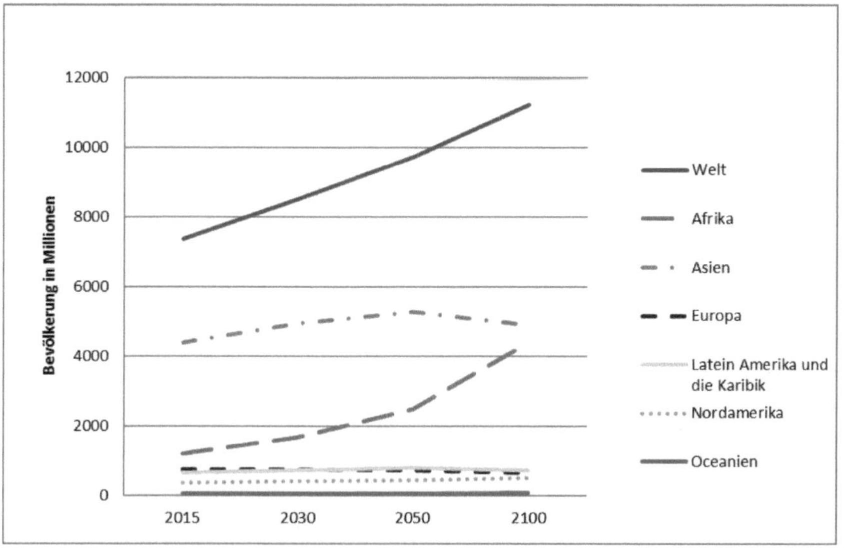

Quelle: UN Department of Economic and Social Affairs, Bevölkerungsabteilung. Welt-Urbanisierungsperspektiven: Die Revision von 2014, https://esa.un.org/unpd/wpp/DataQuery/

Bis 2050 wird sich die Bevölkerung von 28 afrikanischen Ländern voraussichtlich mehr als verdoppeln. Bis zum Jahr 2100 sollen zehn afrikanische Länder ihre Bevölkerung mindestens um ein Vielfaches vergrößert haben: Angola, Burundi, Demokratische Republik Kongo, Malawi, Mali, Niger, Somalia, Tansania, Uganda und Sambia. Es besteht ein Zusammenhang zwischen Armut und Bevölkerungswachstum, wobei letzteres in der Gruppe der 48 Länder besonders hoch ist, die von der UNO als die am wenigsten entwickelten Länder bezeichnet werden, von denen 27 in Afrika liegen. Die Steigerungsraten Afrikas werden trotz einer erwarteten deutlichen Verringerung der Fruchtbarkeit prognostiziert. Die mittlere Variantenprojektion der UNO geht davon aus, dass die durchschnittliche Fruchtbarkeit von 4,7 Kindern pro Frau in Afrika (2010 bis 2015) auf 3,1 von 2045 bis 2050 zurückgehen wird und 2,2 bis 2095 bis 2100 erreicht. Nach 2050 dürfte Afrika der einzige große Kontinent sein, der noch ein erhebliches Bevölkerungswachstum aufweist. So soll der Anteil des Kontinents an der Weltbevölkerung bis 2050 auf 25 Prozent und bis 2100 auf 39 Prozent steigen.

Um hervorzuheben, welch dramatischen Charakter das Bevölkerungswachstum, das Afrika erleben wird, hat, zeigt Abbildung 2 das Wachstum von drei Ländern: Burundi (relativ klein), Ghana (ein mittelgroßes Land) und Nigeria (der Gigant des Kontinents).

Abbildung 2: Nationale Bevölkerungszahlen in ausgewählten Jahren (in Mio.)

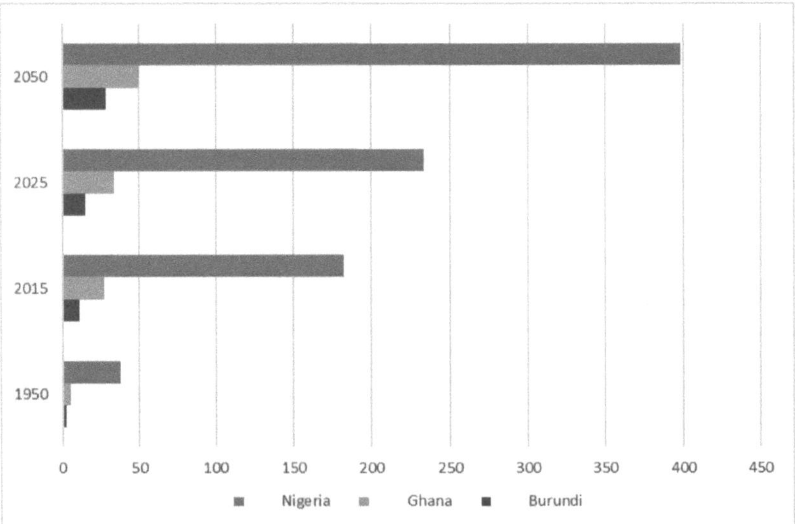

Quelle: UN Department of Economic and Social Affairs, Bevölkerungsabteilung. Urbanisierungsperspektiven: Die Revision von 2014 https://esa.un.org/unpd/wpp/DataQuery/

Die Bevölkerung jedes Landes wird zwischen 1950 und 2050 um eine Größenordnung gewachsen sein. In dem relativ kurzen Zeitraum (nach demographischen Maßstäben) zwischen 2015 und 2025 werden die Länder zwischen 20 Prozent (Ghana), 33 Prozent (Burundi) und Nigeria um 31 Prozent wachsen. Daher werden alle drei Länder im Jahr 2035 im Vergleich zu ihrer Bevölkerung im Jahr 2015 mit Sicherheit radikal verändert sein.

Der Bevölkerungszuwachs Afrikas im Vergleich zum demographischen Rückgang im Rest der Welt, wird durch das Alter der Bevölkerung immer stärker differenziert. Afrika wird viel jünger sein als der Rest der Welt. Wie *The Economist* feststellt, werden die Afrikaner einen immer größeren Anteil an den jungen Menschen der Welt ausmachen: bis zum Jahr 2100 werden sie 48 Prozent der 14-Jährigen und der unter 14-Jährigen ausmachen.[22] Oder anders ausgedrückt: 10 der jüngsten Länder der Welt befinden sich in Afrika.[23]

Niger ist sowohl Afrikas als auch in der Welt das jugendlichste Land, mit einem Durchschnittsalter von nur 14,8 Jahren, der Hälfte des globalen Lebensalters von 29,6 Jahren, einer hohen Geburtenrate und niedriger Lebenserwartung. Die durchschnittliche Geburtenrate in Niger liegt bei 7,6 Kindern, verglichen mit einer globalen Geburtenrate von 2,5 Kindern, und die Lebenserwartung liegt bei nur 58 Jahren. Uganda ist das zweitjüngste Land der Welt, und der Tschad ist das drittjüngste, bei dem das Durchschnittsalter 16 Jahre beträgt.

Abbildung 3: Voraussichtliches Durchschnittsalter der Gesamtbevölkerung im Jahr 2050

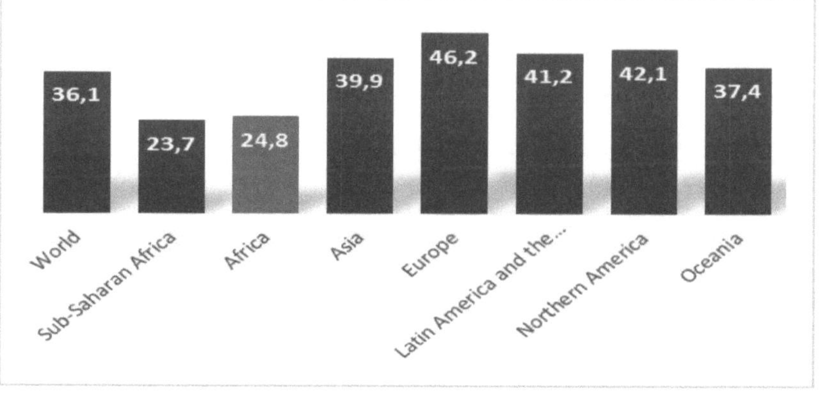

Quelle: UN Department of Economic and Social Affairs, Bevölkerungsabteilung. Welt Urbanisierungsperspektiven: die Revision von 2014, https://esa.un.org/unpd/wpp/DataQuery/

Im Gegensatz dazu altert ein großer Teil der übrigen Welt. Im Jahr 2015 entsprach der Anteil der über 60-Jährigen 12 Prozent der Weltbevölkerung. Bei den derzeitigen Wachstumsraten von über 3,2 Prozent pro Jahr werden bis 2050 alle großen Kontinente der Welt, außer Afrika, fast ein Viertel oder mehr ihrer Bevölkerung im Alter von 60 Jahren oder älter haben.

Wenn die Bevölkerungszunahme Afrikas und der daraus resultierende Anteil so vieler junger Menschen richtig genutzt und geplant wird, stellt dies eine enorme Veränderungskraft dar, die Chancen bietet, die daraus resultierende Kluft zwischen den Arbeitskräften zu überwinden. Eine ähnliche Situation ist in anderen Teilen der Welt zu beobachten, wo die Überalterung der Bevölkerung die Möglichkeit bietet, Dienstleistungen für diese Altersgruppe zu erbringen. Sechzig Prozent der afrikanischen Bevölkerung und 45 Prozent der Erwerbsbevölkerung sind jünger als 25 Jahre, wobei jedes Jahr etwa 10 bis 12 Millionen Jugendliche in den Arbeitsmarkt eintreten. Der Anteil der Jugend an der Gesamtbevölkerung wird bis 2015 auf über 75 Prozent geschätzt, und es wird nicht erwartet, dass er vor einer weiteren Generation oder mehr abnimmt.

So schätzt die Weltbank, dass die demografische Dividende zwischen 2011 und 2030 ein BIP-Wachstum von 11 bis 15 Prozent generieren könnte. Aber ein solches Wachstum hängt davon ab, dass eine bessere Bildung erfolgt und Fähigkeiten erworben werden, dass eine geeignete Infrastruktur geschaffen wird und geeignete Systeme zur Beschäftigung junger Menschen sowie eine effiziente Regierung zur Verfügung gestellt werden.

Ohne eine solche Planung und ein Förderpaket entwicklungspolitischer Maßnahmen könnte es zu einer demografischen Katastrophe und einem Anreiz für soziale Unruhen und verstärkte Migration sowohl innerhalb Afrikas als auch nach Europa und anderswohin kommen. Die Entscheidung liegt bei den politischen Entscheidungsträgern Afrikas.

Entscheidend ist, dass die große Zahl junger Menschen, die in den nächsten Jahren volljährig werden, Arbeitsplätze braucht.

Der Internationale Währungsfonds (IWF) schätzt, dass der Kontinent zur Maximierung seiner boomenden Bevölkerungsdividende bis 2035 durchschnittlich 18 Millionen hochproduktive Arbeitsplätze pro Jahr schaffen muss. Der Anstieg der Zahl junger Menschen wird eine extrem schnelle, möglicherweise noch nie da gewesene Rate der Schaffung von Arbeitsplätzen erforderlich machen. Der IWF stellt ferner fest, dass in diesem Zeitraum Maßnahmen erforderlich sind, um schrittweise Arbeitsplätze im inoffiziellen Sektor, der etwa 90 Prozent der 400 Millionen Arbeitsplätze in afrikanischen Ländern südlich der Sahara mit niedrigem Einkommen ausmacht, in den offiziellen Sektor zu überführen.[24]

Bislang hat die Schaffung von Arbeitsplätzen in Afrika nicht mit den bestehenden Geburtenraten Schritt gehalten. So berichtet beispielsweise der *African Economic Outlook 2015*, dass nur 7 Prozent der kontinentalen Bevölkerung im Alter von 15 bis 24 Jahren in Ländern mit niedrigem Einkommen einen 'anständigen' Arbeitsplatz hatten. In afrikanischen Ländern mit mittlerem Einkommen stieg dieser Anteil geringfügig auf 10 Prozent.[25] Die Weltbank geht davon aus, dass bis zum Jahr 2030 trotz der großen Anstrengungen rund 19 Prozent der afrikanischen Bevölkerung noch immer in Armut leben werden. Diese 300 Millionen Menschen werden dann 80 Prozent der Weltbevölkerung repräsentieren, die von weniger als 1,25 US-$ pro Tag leben müssen.[26]

Die Risiken, die sich aus der großen Zahl digital vernetzter Jugendlicher ohne Arbeit ergeben, sind hoch.[27] Sie werden nicht untätig auf Veränderungen warten, sondern sie werden sie einfordern. In Zukunft wird sich der politische Fokus zunehmend auf die Städte, die Jugend und die von ihnen eingesetzten Technologien verlagern. Gleichzeitig verändert sich die Situation, in der Menschen in Afrika leben und arbeiten. Die Länder südlich der Sahara werden voraussichtlich die am schnellsten urbanisierende Region der Erde sein. Der Anteil der Menschen, die in den Städten dieser Region leben, wird um 16 Prozent steigen und bis 2050 auf 56 Prozent ansteigen.[28]

In diesem Zeitraum werden weltweit rund 2,5 Milliarden Menschen zur städtischen Bevölkerung hinzukommen, wobei fast 90 Prozent des Anstiegs auf die Städte in Asien und Afrika entfallen.[29] Zum Beispiel wird die Bevölkerung von Lagos - das 1970 eine Einwohnerzahl von 1,4 Millionen und 1991 von 5 Millionen hatte, sich bis 2020 auf 25 Mio. erhöhen und Kairo als bevölkerungsreichste Stadt des Kontinents ablösen. Afrikas städtisches Wachstum wird das historische Tempo der entwickelten und sich entwickelnden Regionen bei weitem übertreffen. Während die Bevölkerung Londons von 1800 bis 1910 jährlich um 2 Prozent wuchs und sich alle 35 Jahre verdoppelte, verdoppelt sich die Bevölkerung einiger afrikanischer Städte alle 10 Jahre, mit Wachstumsraten von über 7 Prozent jährlich.[30]

Wie sich zeigen wird, korreliert die Urbanisierung Afrikas bisher nicht mit einem Wirtschaftswachstum, das in ähnlicher Größenordnung wie in anderen Ländern liegt. Wie die Weltbank es formuliert hat, können afrikanische Städte ‚nicht als wirtschaftlich dicht, vernetzt und lebenswert bezeichnet werden. Stattdessen sind sie überfüllt, getrennt und teuer.'[31] Städtische Migranten haben sich weitgehend von Arbeitsplätzen in ländlichen Gemeinden mit niedriger Produktivität zu ebenso unproduktiven Arbeitsplätzen in städtischen Gebieten mit niedrigem Einkommen bewegt.

Weder die Migranten noch die afrikanischen Volkswirtschaften haben die wirtschaftlichen Vorteile städtischer Ballungsräume, Arbeitskonzentrationen oder Größenvorteile genossen.

Die Unausweichlichkeit einer schnell wachsenden Bevölkerung, die sich immer mehr in den Städten konzentriert, ist für Afrika ein Spielwechsel auf die eine oder andere Weise. Die alte Politik, die auf dem gesamten Kontinent in unterschiedlichem Maße zum Tragen kam - staatliche Einmischung in die Wirtschaft, Korruption und mangelnde Konzentration auf das Wachstum - werden nicht nur der Bevölkerung nicht dienen, sondern, was noch schlimmer ist, wenn diese Politik unverändert bleibt, wird sie die Staats- und Regierungschefs mit einer immer unruhigeren Bevölkerung konfrontieren. Diese Bedingungen haben das Potenzial, die Regierungen zu destabilisieren und die Amtszeit von leistungsschwachen Herrschern zu beenden. In einem stärker bevölkerten und verstädterten Afrika wird das Schicksal der Staats- und Regierungschefs in Zukunft viel direkter mit der Wirtschaftsleistung verknüpft sein.

Rohstoffe: Umgang mit der Sackgasse

Während des Rohstoffbooms herrschte erheblicher Optimismus darüber, dass sich die afrikanischen Volkswirtschaften wandelten und nicht mehr vom Export von Rohstoffen abhängig waren. 2010 behauptete das McKinsey Global Institute, dass der Rohstoffboom nur einen Teil der Wachstumsgeschichte Afrikas erklärt.

Die natürlichen Ressourcen machten in den Jahren von 2000 bis 2008 nur 24 Prozent des afrikanischen BIP-Wachstums aus. McKinsey argumentierte, dass die Hauptgründe für Afrikas Wachstumsschub die Verbesserung der politischen und makroökonomischen Stabilität und mikroökonomische Reformen seien. McKinsey war jedoch davon überzeugt, dass der Kontinent weiterhin von der steigenden globalen Nachfrage nach Öl, Erdgas, Mineralien, Nahrungsmitteln, Ackerland und anderen natürlichen Ressourcen profitieren würde.[32]

Diese Analyse hat McKinseys optimistischen Bericht *Lions on the Move* von 2010 über Afrika informiert.[33] In diesem Bericht heißt es: 'Wir stellen fest, dass Afrikas Wirtschaftswachstumsschub in allen Ländern und Sektoren weit verbreitet war und dass seine Wurzeln weit über den globalen Rohstoffboom hinausreichen', wobei 'die Geschäftschancen Afrikas potenziell sehr groß [seien], insbesondere für Unternehmen in verbraucherorientierten Branchen (z.B. Einzelhandel, Telekommunikation und Banken), in infrastrukturnahen Branchen, in der gesamten Wertschöpfungskette der

Landwirtschaft und in ressourcenbezogenen Branchen. In dem Bericht heißt es: 'Globale Führungskräfte und Investoren können es sich nicht leisten, das immense Potenzial des Kontinents zu ignorieren'.

Da sich die Nachfrage Chinas jedoch verlangsamt hat, ist klar, dass die Argumentation über die geringe Abhängigkeit Afrikas von Rohstoffen als Wachstumstreiber falsch war. McKinsey unterschätzte den Einfluss der Rohstoffexporte auf die gesamte Binnenkonjunktur. Es ist auch klar, dass der Bericht ein Zeichen für das Tempo und das Ausmaß der Verbesserung der Regierungsführung und den Appetit der afrikanischen Regierungen auf einen Politikwechsel war. Sechs Jahre später überprüfte McKinsey seine afrikanischen Thesen in *Lions on the Move 2*.[34] In der zweiten Ausgabe wurden das verlangsamte Wachstum Afrikas und die unterschiedlichen Wege seiner Länder anerkannt. 'Einige Länder sind weiterhin schnell gewachsen, während andere eine deutliche Verlangsamung als Folge niedrigerer Rohstoffpreise und höherer sozio-politischer Instabilität erlebt haben', räumt der Bericht ein. 'Fortschritte erfordern von den Regierungen und den Unternehmen Afrikas, ihre Leistung zu steigern'.

Ungeachtet des Wertes und der Genauigkeit solcher kühnen Vorhersagen ist klar, dass das afrikanische Wirtschaftswachstum nicht länger auf Rohstoffe angewiesen sein kann, nicht nur, weil die anhaltende Nachfrage fragwürdig ist, sondern auch, weil Rohstoffe nicht die Arbeitsplätze bieten, die Afrika braucht. Der Preisaufschwung wurde vor allem von der Nachfrage aus China getragen, das seinen Anteil am weltweiten Metallverbrauch von 6,4 Prozent im Jahr 1990 auf 43,9 Prozent im Jahr 2015 steigern konnte. Allerdings hat sich Chinas jährlicher Anstieg des Metallverbrauchs von 10,3 Prozent im Zeitraum 1995 bis 2008 auf 3,2 Prozent im Zeitraum 2010 bis 2014 verlangsamt.[35]

Es wird erwartet, dass Chinas Wachstumsraten weiter zurückgehen werden, wenn es von einer produzierenden Wirtschaft zu einer auf Dienstleistungen und Konsum fokussierten Wirtschaft übergeht.

Auf das Ende des Superzyklus der Rohstoffe folgte das Austrocknen anderer Finanzierungsquellen. In der Dekade ab 2005 emittierten 17 afrikanische Länder auf US-$ lautende Anleihen an ausländische Investoren, da Investoren in Afrika nach höheren Renditen Ausschau hielten. Ghanas Debüt-US-$-Anleihe war viermal überzeichnet. Sambias 10-jährige Anleihe, die 2012 emittiert wurde, war 24 Mal überzeichnet und verkaufte sich mit einer Rendite von 5,6 Prozent.

Durch den Schuldenerlass für 30 afrikanische Länder konnte die Auslandsverschuldung in der Region von einem Höchststand von 76 Prozent des BIP im Jahr 1994 auf 25 Prozent bis 2008 gesenkt werden, so dass afrikanische Regierungen neue Kredite aufnehmen konnten. Während in den Jahren 2014 und 2015 fast 14 Milliarden US-$ Schulden ausgegeben wurden, hat sich der Markt infolge niedrigerer Rohstoffpreise und schwächerer afrikanischer Währungen verlangsamt, und als sich die steigenden Zinssätze andernorts durchsetzten.[36] Obwohl der durchschnittliche Schuldenstand des Kontinents im Verhältnis zum BIP nur 42 Prozent beträgt, war er in einigen der früheren Boomländer, darunter Sambia, über die 50-Prozent-Hürde und in Ghana auf über 70 Prozent gestiegen. Wenn sich nichts ändert, wird sich die afrikanische Liquidität wahrscheinlich verschlechtern, wenn der Rückzahlungstermin dieser Anleihen, meist nach 2020, eintritt.[37]

Außerdem scheint es nicht so, als hätten viele afrikanische Länder die 'fetten' Jahre hoher Rohstoffpreise genutzt, um ihre Institutionen, ihre Politik und ihre Richtlinien grundlegend zu verändern. Der *Index of Economic Freedom* der *Heritage Foundation* ist ein umfassendes Ratingsystem, das Länder auf der Grundlage von Rechtsstaatlichkeit, Skalierbarkeit, Regulierung und Offenheit der Märkte bewertet. Der Index ist nicht perfekt - kein System, das darauf abzielt, alle Länder zu bewerten - aber er ermöglicht konsistente Vergleiche zwischen den Nationen und über alle Epochen hinweg.

Zwischen 2010 und 2015 hat Afrika gemäß dem Index keine großen Fortschritte gemacht. Die durchschnittliche Rangfolge der Länder in der Region stieg von 54,07 auf 54,95 (die höchste, Hongkong, ist 89,6). In der Rangliste hat sich der afrikanische Kontinent von einer Position, die (in der Tabelle von 2015) mehr oder weniger mit Surinam (Nummer 129) verbunden gewesen wäre, zu einer Position entwickelt, die ungefähr gleichwertig mit Ägypten (Nummer 124) ist.[38]

Afrikas unscheinbare Verbesserung der Regierungsführung wird in anderen Rankings bestätigt. Der Ibrahim-Index für afrikanische Regierungsführung 2016,[39] der zehnte, der von der Mo Ibrahim Foundation herausgegeben wurde, verzeichnete eine leichte Verbesserung der allgemeinen Regierungsführung um einen Punkt gegenüber dem vorangegangenen Jahrzehnt. Doch unter dieser Überschrift verbergen sich einige beunruhigende Trends. Im Jahr 2015 lebten fast zwei Drittel der afrikanische Bürger in einem Land, in dem sich Sicherheit und Rechtsstaatlichkeit in den letzten zehn Jahren verschlechtert hatten. Auch der kontinentale Durchschnittswert für den Indikator für Korruption und Bürokratie ist in den letzten zehn Jahren gesunken, wobei 33 Länder eine Verschlechterung zu verzeichnen hatten, 24 von ihnen fallen auf das schlechteste Ergebnis aller Zeiten im Jahr 2015 und zwei Drittel der Länder auf dem Kontinent, die 67 Prozent der afrikanischen Bevölkerung repräsentieren, erlebten in den letzten 10 Jahren eine Verschlechterung der Meinungsfreiheit.[40]

Regulierungs- und Verwaltungsprozesse sind entscheidende Determinanten für ein menschenwürdiges Wachstum und die Schaffung von Arbeitsplätzen, wie andere Regionen zeigen. Wie Paul Collier bemerkte, ist es in der Tat der ideale Zeitpunkt, die Regeln neu zu setzen, wenn die Rohstoffpreise niedrig sind, denn alle Akteure werden verstehen, dass sie nicht einfach die Flut der hohen Preise überstehen können, und Regierungsführung daher entscheidend für die Förderung des Wachstums sein wird.

Obwohl niemand den zukünftigen Verlauf der Rohstoffpreise vorhersagen kann, und viele, die es versucht haben, am Ende töricht aussehen, scheint es, dass die Preise wieder auf den ‚alten Normalzustand' zurückgekehrt sind. Es wäre leichtsinnig zu glauben, dass die hohen Preise des letzten Jahrzehnts bald, wenn überhaupt, wiederkehren werden.

Bessere Praxis: Wie sieht Entwicklung aus?

Trotz der Herausforderungen, vor denen Afrika steht, sind wir immer noch zuversichtlich, was den Kontinent angeht, denn andere Länder haben es geschafft, scheinbar unüberwindlichen Hindernisse zu überwinden. Armut ist nicht unvermeidlich. Inzwischen ist weltweit eine enorme Menge darüber bekannt, wie man Volkswirtschaften wachsen und den Lebensstandard verbessern kann.

Bis Ende 2015 lebten weniger als 10 Prozent der Weltbevölkerung in extremer Armut, trotz des Einsatzes einer neuen Angabe für das Tageseinkommen von 1,90 US-$, um diese Kategorie zu bestimmen, nach zuvor 1,25 US-$.[41] In der Tat haben auch aufgrund der Proteste gegen die zunehmende Ungleichheit zwischen Arm und Reich die letzten Jahrzehnte die größte Verringerung der Armut in der Weltgeschichte erlebt. In den 20 Jahren seit 1990 sank die Zahl der Menschen, die in extremer Armut leben, um die Hälfte des Anteils an der Gesamtbevölkerung in den Entwicklungsländern auf 21 Prozent, was einem Rückgang von fast einer Milliarde Menschen entspricht.

Ein Großteil der Armutsminderung ist auf die Entwicklungen in Ostasien zurückzuführen. Der wirtschaftliche Fortschritt Chinas war für drei Viertel dieser Entwicklung verantwortlich, indem er in den 30 Jahren seit 1980 680 Millionen Menschen aus dem Elend befreite. Das hat seine extreme Armutsquote in 33 Jahren von 84 Prozent auf nur noch 10 Prozent gesenkt.[42]

Die Armutsquoten sind in den letzten 30 Jahren zum großen Teil zurückgegangen, weil das Wachstum in den Entwicklungsländern von einer durchschnittlichen jährlichen Quote von 4,3 Prozent von 1960 bis 2000 auf 6 Prozent zwischen 2000 und 2010 gestiegen ist. Schätzungen zufolge sind rund zwei Drittel der Armutsbekämpfung auf Wachstum zurückzuführen.

Aber es gibt auch eine weit verbreitete internationale Anerkennung und Unterstützung für die Notwendigkeit, viel weiter zu gehen, wie die Verabschiedung von 17 'ehrgeizigen' Nachhaltigkeitszielen, den Nachfolgern der Millenniums-Entwicklungsziele, durch die Generalver-sammlung der Vereinten Nationen am 25. September 2015 zeigt.[43] Auch das Ausmaß der Armut in Afrika wird, wie oben erwähnt, durch die zunehmende Verstädterung auf dem Kontinent und durch die Sorge um die zunehmende Ungleichheit zwischen den Generationen, wo Mangel und Überfluss in unmittelbarer Nähe existieren, weltweit stärker in den Blickpunkt gerückt. Während die nachfolgenden Generationen in der Vergangenheit höhere Einkommen als die früher Geborenen erwarteten, ist dies vielleicht nicht mehr der Fall.

In der Tat unterschätzen wir die Herausforderungen, vor denen die afrikanischen Regierungen bei der Förderung des Wachstums und der Armutsbekämpfung stehen, nicht einen Augenblick lang. Das Buch wird in einigen Details die sehr harten Entscheidungen beschreiben, die afrikanische Führer treffen müssen, um viele der Standardverfahren zu ändern, die sich während des halben Jahrhunderts oder seit der Unabhängigkeit der meisten afrikanischen Länder entwickelt haben.

Gleichzeitig verdeutlichen Studien von Entwicklungsländern weltweit die Notwendigkeit nachhaltiger Maßnahmen zur Förderung der Regierungsführung bei außergewöhnlichen wirtschaftlichen Veränderun-gen. So galt beispielsweise in den 1950er Jahren die wirtschaftliche Entwicklung in Ostasien als eine schwierige, wenn nicht gar unmögliche Aufgabe, nicht zuletzt wegen so genannter kultureller Aspekte, einschließlich des Konfuzianismus. Auch China galt viele Jahre lang als hoffnungslos.

Auch wenn kein Land oder keine Region ein komplettes Analogon zu irgendeinem anderen ist, zeigt die ostasiatische Erfahrung doch die erstaunlichen Ergebnisse, die eine entschlossene Regierung liefern kann.

Singapur, das 1965, ein Jahr nach Sambia, seine Unabhängigkeit erlangte, illustriert eine Geschichte von zwei Ländern und Kontinenten. Sambias Pro-Kopf-Einkommen war 2016 mit 1.000 US-$ etwas mehr als dreimal so hoch wie bei der Unabhängigkeit 1964; das Pro-Kopf-BIP von Singapur war mit 56.284 US-$ mehr als 50 Mal so hoch wie 1965. Es ist schwer vorstellbar, das heutige Singapur als zerbrechliches, armes Hinterland zu betrachten. Dennoch wurde es in der Krise aus der Trennung der malaysischen Föderation geboren, inmitten der *konfrontasi*[44] mit Indonesien, und zerrissen durch multirassische, ethnische und religiöse Empfindlichkeiten und Differenzen. Während der Staat unter Lee Kuan Yew an der Spitze dieser Transformation stand, wurde sein Handeln stets von kommerziellen Prinzipien geleitet und durch eine Dezentralisierung der Macht und unter den Mitbegründern geteilte Verantwortung ausgeglichen.[45]

Von dem, was Singapur erreicht hat, kann man viel über die Perspektiven Afrikas erfahren. Trotz vieler Gelegenheiten sind die Lehren aus dieser und ähnlichen Transformationen jedoch nicht aufgegriffen worden.

Ironischerweise schien Afrika in die entgegengesetzte Richtung zu gehen. '1968', erinnert sich der ehemalige Premierminister von Kenia Raila Odinga, 'kam ein Team von Singapurern nach Kenia, um unsere Lektionen zu lernen, da wir damals ein entwickelteres Land waren, als sie'. 'Vierzig Jahre später', sagt Odinga, 'habe ich als Premierminister mit sechs Ministern eine Studienreise nach Singapur unternommen. Das war die letzte von vielen Reisen der kenianischen Regierung, über die nie ein Bericht geschrieben wurde und bei denen die Teilnehmer alles für sich behalten haben. Ich habe gesagt, dass diese Reise sehr viel Zeit in Anspruch nehmen muss, dass wir unsere Erkenntnisse in Taten umsetzen müssen. Nach unserer Rückkehr bat ich jeden Minister um einen Aktionsplan auf der Grundlage dessen, was er von Singapur gelernt hatte, denn es hat keinen Sinn, das Rad neu zu erfinden. Jeder Minister wurde beauftragt, seinen Aktionsplan gegen unsere Vision 2030 auszuarbeiten'. Aber nachdem er 2013 die Regierung verlassen habe, bemerkte Odinga deprimiert, 'ist nichts weiter passiert '.[46]

Dennoch schien Ostasien zum Zeitpunkt der Entkolonialisierung nur wenige Vorteile gegenüber Afrika zu haben. Traditionelle ostasiatische Gesellschaften waren oft gekennzeichnet durch ethnische Uneinigkeit, schwache Institutionen und begrenzte Regierungsführung außerhalb der Hauptstadt, schwache Demokratie, Subsistenzlandwirtschaft, fragmentarische Außenhandelsverflechtungen und akute soziale Schichtung. Diese Bedingungen waren auch in vielen afrikanischen Staaten vorherrschend.[47] Beide Kontinente teilten eine Geschichte der kolonialen (und rohstofflichen) Ausbeutung, in der die Eroberten scharf von den Eroberern durch die Rasse getrennt waren, obwohl die kolonialen Herrscher dazu tendierten, einige lokale Gruppen gegenüber anderen zu bevorzugen.

Abbildung 4: Ostasien und Afrika im Vergleich: 50 Jahre Pro-Kopf-Einkommen (in 2005 US-$)

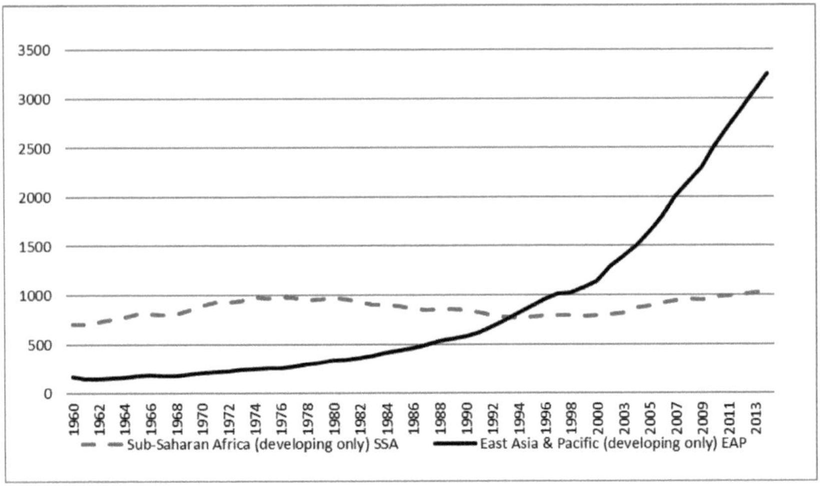

Quelle: Daten der nationalen volkswirtschaftlichen Gesamtrechnungen der Weltbank und der nationalen volkswirtschaftlichen Gesamtrechnungen der OECD, http://databank.worldbank.org/data/reports.aspx?source=world-development-indicators&preview=on#

Und auf beiden Kontinenten wurden den lokalen Gruppen Siedler aufgezwungen, die heftige Feindseligkeiten hervorriefen.[48] Dadurch blieben ihnen nicht nur unnatürliche Grenzen und schlechte Handelsbedingungen, sondern auch ein entwerteter Sinn für ihren eigenen Wert, verärgert über Außenseiter, denen es jedoch an Vertrauen in ihre eigenen Fähigkeiten mangelt und misstrauisch gegenüber ihren Landsleuten.

Doch der ostasiatische Raum hat sich gut entwickelt. Wie Barack Obama bei seinem ersten Besuch auf dem afrikanischen Kontinent als amerikanischer Präsident im Juli 2009 feststellte,[49] erklärt der Kolonialismus allein nicht die Stammes-, Gönner-, Vetternwirtschaft, Korruption und selbstzerstörerische Politik, die dazu geführt haben, dass die Entwicklung des Kontinents so weit hinter den Bedürfnissen der Menschen und der vergleichbaren Gesellschaften in anderen Regionen zurückbleibt.

Während die meisten ostasiatischen Länder durch koloniales Engagement eine komplexe ethnische Zusammensetzung akzeptieren mussten wie dies in Afrika der Fall war, hat dies in den meisten Fällen nicht zu einer endemischen Instabilität geführt. Auch Ostasien hatte mit dem unterentwickelten Humankapital zu kämpfen, aber die Staaten haben ihre Bevölkerung durch Investitionen in Bildung im Großen und Ganzen schnell zur Prosperität verholfen.

Während Afrikas institutionelle Kapazität als strukturelles Entwicklungshindernis angeführt wird, sind einige Länder in Südostasien wirtschaftlich gewachsen, wobei die Institutionen bei der Unabhängigkeit weitaus schlechter ausgestattet waren als in afrikanischen Ländern.

Tatsächlich waren die afrikanischen Länder im Hinblick auf ihre Unabhängigkeit in mancher Hinsicht besser dran als ihre asiatischen Kollegen. Denn nur wenige afrikanische Länder können die bitteren Kosten und Verwüstungen, die durch das Ausmaß des Konflikts in Vietnam, Laos und Kambodscha verursacht wurden, für sich in Anspruch nehmen.

Trotz der zeitgemäßen Modeerscheinung, mit der die Hilfe als Erklärung für alle Probleme Afrikas bezeichnet wird, haben auch 50 asiatische Länder vergleichsweise viel Geberhilfe erhalten. In den 1960er Jahren war die Pro-Kopf-Beihilfe für beide Regionen ähnlich hoch. Während einige asiatische Länder (wie Südkorea und Taiwan) über besonders große Hilfsleistungen verfügten und dies auch weiterhin tun (Vietnam), ließen sie sich nicht von dieser einzigen Einkommensquelle abhängig machen. Die asiatischen Länder haben die Hilfe sinnvoll eingesetzt, weil sie eine bessere Regierungsführung, eine solide Politik, eine effektive Planung und eine klarere, überzeugendere und solidere lokale Eigenverantwortung für die Projekte ermöglicht haben.[51]

Ostasiatische Staaten, die versuchten, zentral geplante wirtschaftliche Steuerung von oben nach unten durchzuführen, und die Entwicklungen waren eine Katastrophe, so wie sich das Modell auch als Katastrophe für jene afrikanischen und anderen Nationen erwiesen hat, die versucht haben, diesen Weg zu gehen, egal wie intellektuell kohärent und verlockend es auch für die postkoloniale Führung gewesen sein mag. Beide Regionen haben sich von den charakteristischen Problemen des sozialistischen Gigantismus und der Ausbeutung befreit. Aber die asiatischen Länder - China, Kambodscha und Vietnam zum Beispiel -, die dieses System verlassen haben, florierten sofort.

Ein besseres politisches Umfeld trägt auch dazu bei, zu erklären, warum einige ostasiatische Länder ihre bedeutende Ausstattung mit natürlichen Ressourcen zu ihrem Vorteil genutzt haben (z.B. Vietnam oder Malaysia), ohne sich allzu sehr in die Produktion von natürlichen Ressourcen einzugliedern und somit anfällig für Preisschwankungen zu werden.

Der Unterschied im Entwicklungsrückstand zwischen Ostasien und Afrika geht auch nicht auf politische Systeme zurück, auch wenn für einige der Entwicklungserfolg Ostasiens zur Rechtfertigung des Autoritarismus herangezogen wurde, da die Volkswirtschaften der Region hohe Wirtschaftswachstumsraten erreicht haben, ohne den Bürgern volle politische Rechte einzuräumen.

Demokratie und Entwicklung

Angesichts der historischen, postkolonialen Erfahrung Afrikas nehmen wir an, dass Demokratie und Entwicklung Hand in Hand gehen. Es ist nicht das eine oder andere, Demokratie oder Wachstum, vielmehr verstärken sich diese Aspekte gegenseitig, egal wie attraktiv afrikanische Führer (und einige Außenstehende), und der Autoritarismus als Regierungssystem, das die ‚Dinge zum Laufen bringt', auch immer sein mögen.

Wie in Kapitel 2 beschrieben, haben viele afrikanische Führer auf die überwältigenden Wünsche ihrer Bürger reagiert, indem sie von autokratischen Regimes - dem bevorzugten Regierungssystem der 1960er bis 1980er Jahre - zu Wahldemokratien wechselten. Es gab unweigerlich Rückschläge, und viele der Institutionen und Wahlen, die sie untermauert haben, waren unvollkommen. Es gibt noch andere sehr gute Gründe, diese Demokratien gegenüber einer anekdotischen Bevorzugung eines ‘gütigen Diktators' aufrechtzuerhalten. Zum einen sind, wie später untersucht wird, solche gutartigen Autokraten, die sich wie im ostasiatischen Modell für die Volksfürsorge einsetzen, in Afrika selten gewesen. Zudem ist die empirische Evidenz eindeutig: Afrikas Demokratien entwickeln sich schneller, sind sicherer für die etablierten Akteure und reicher als die Alternativen.

Bisher hat es sich als schwierig erwiesen, das ostasiatische Modell des weichen Autoritarismus in Afrika zu duplizieren. Da zum Beispiel Singapur eine kleine und kompakte Insel ist, könnten seine Führer argumentieren, dass die Bevölkerung Opfer, angesichts der realistischen Herausforderungen, die Malaysia und Indonesien stellen würden, bringen müsste, wenn Singapur ein armes Land bleiben würde.

Angesichts der Herausforderungen, mit denen sie konfrontiert sind, haben sie die ‘Legitimität durch Leistung' gesehen oder realistischerweise erwarten können, die für die Gewinnung und Aufrechterhaltung des Vertrauens, das die Bürger der Insel in ihre beeindruckenden Führer hatten, von zentraler Bedeutung war. Dazu gehören hohe Bildungsausgaben, bürokratische Reaktionsfähigkeit, die Schaffung einer attraktiven Politik für Unternehmensinvestitionen, niedrige Löhne, hohe Produktivität, Investitionen in die Infrastruktur, höhere landwirtschaftliche Erträge als erster

Wachstumsimpuls und eine überwältigende Konzentration auf die Wettbewerbsfähigkeit.

Insgesamt ist, wie in diesem Band hervorgehoben wird, die Beziehung zwischen Staat und Privatsektor der bemerkenswerteste Faktor, der zwischen Afrika und Ostasien zu unterscheiden ist. Das Wachstum des Privatsektors in Afrika war nicht nur in der Zeit nach der Unabhängigkeit weitgehend ein Desaster.

Die Kolonialisten - seien es Briten, Franzosen, Portugiesen oder Belgier - haben unabhängig von ihren Ideologien in Europa hochgradig interventionistische Staaten gegründet, die aktiv die wirtschaftliche Bereicherung afrikanischer Ureinwohner verhinderten und gleichzeitig weiße Siedler, Kolonialunternehmen und Monopolkapital schützten.

Im Großen und Ganzen waren die afrikanischen Führer, die nach der Unabhängigkeit auftauchten, mit den Wirtschaftssystemen zufrieden, die sie geerbt hatten (einst vom Rassismus befreit), zumal staatliche Interventionen viele Gelegenheiten zur Klientelisierung boten. Die Ausweitung der staatlichen Kontrolle und Intervention war einer der wenigen Hebel, die ihnen im Kontext der allgemeinen Staatsschwäche offen standen. Dieses Muster wurde dadurch übertrieben, dass es solchen Befreiern nicht gelungen ist, einen Plan zu entwickeln, der über die Umverteilung an ihre bevorzugten Wähler hinausging.[52] In der Folge blieben die afrikanischen Eliten weitgehend uninteressiert an größeren Reformen und Liberalisierungen, abgesehen von der stückweisen Öffnung des Systems (von Mobilfunkunternehmen bis hin zu Infrastrukturinvestitionen), und zwar in einer Weise, die jede Bedrohung für den Status quo ausschloss. Daher ist das Investitionswachstum nach wie vor sehr gering, das die Volkswirtschaften diversifiziert und Arbeitsplätze in Afrika insbesondere in der Industrie schafft.

Vermittlung von Dringlichkeit und Eigenverantwortung

Bettler arbeiten an den Ampeln in der Stadt Fes. Es sind Sub-Saharaner, sagt uns unser marokkanischer Kollege. ‘Sie arbeiten sich durch das Land, um nach Europa zu gelangen.’ Im Jahr 2016 warteten schätzungsweise 1 Million afrikanische Migranten südlich der Sahara an der nordafrikanischen Küste - vor allem in Marokko, Algerien und Libyen - auf ihren Weg zum europäischen Festland. In der Sahelzone war die Stadt Agadez im Niger (seit dem 15. Jahrhundert ein Tor zwischen West- und Nordafrika) zu einem Epizentrum des Migrantenschmuggels geworden, wobei sie 2016 monatlich mehr als 20.000 Menschen, vor allem aus Westafrika und insbesondere Nigeria, durchgeschmuggelt wurden.[53]

Angesichts des prognostizierten Bevölkerungswachstums auf dem Kontinent droht die Armut Afrikas ohne Wirtschaftswachstum Europa zu überwältigen. Während Europa daran arbeiten wird, seine Grenzen zu sichern und die Mittel zu finden und zu finanzieren, um die Afrikaner in Afrika zu halten, kann von den Europäern nicht erwartet werden, dass sie erfolgreicher als die Afrikaner selbst das afrikanische Wirtschaftswachstum fördern und verbessern können, oder dass sie sich dieser Aufgabe stärker verschreiben.

Im Vergleich zu Ostasien hat es in Afrika jedoch nicht die gleiche Dringlichkeit und die Notwendigkeit gegeben, als Reaktion auf diese sich abzeichnende Krise Reformen einzuleiten, insbesondere jene Reformen, die auf eine radikale Steigerung des Wirtschaftswachstums und der Zahl der Arbeitsplätze abzielen. Teilweise wird dadurch die Feindseligkeit gegenüber ausländischem Kapital reflektiert. Es geht auch um mangelnde Kapazität und schlechte Führung. Und es ist ein Versäumnis, aus den Erfahrungen anderer zu lernen.

Die Ambitionen des Kontinents sollten nicht darin bestehen, den asiatischen Weg zu kopieren, sondern darin, von Asien und anderen schnell wachsenden Regionen zu lernen, um eine Vision zu entwickeln, die sicherstellt, dass Staats- und Regierungschefs und die Menschen gemeinsam handeln können. Eine 'gute' Krise zu haben, d.h. die Chance zu nutzen, die die Krise mit sich bringt, ist ein Schlüsselelement der Katalyse von Reformen in Asien und Lateinamerika, darunter u.a. Kolumbien, Chile, El Salvador und Costa Rica.

Die afrikanischen Staats- und Regierungschefs werden sich bemühen müssen, der 'Tyrannei der Notlage' zu entkommen und stattdessen eine gemeinsame Vision davon zu entwickeln, wie ihre Länder vorankommen können. Ein Kollege hat uns daran erinnert, dass ein disziplinierter Nationalismus die geheime Zutat der Entwicklung ist. Dies kann als das tiefe Engagement für das Gemeinwohl interpretiert werden, wie es von ostasiatischen Führern, unabhängig vom System der offiziellen Regierung gezeigt wird. Wenn es nicht gelingt, eine gemeinsame Vision zu entwickeln, mit der die Gesellschaften als Ganzes vorankommen können, werden die Staats- und Regierungschefs nicht in der Lage sein, die Maßnahmen in einem breiteren Kontext zu erklären, kritische Wahlkreise werden nicht verstehen, warum sie aufgefordert werden, Opfer zu bringen, und die politische Stabilität wird unweigerlich gefährdet sein.

So wie die Argumente für die Bewältigung dieser Krise über die Statistik hinausgehen, und eine menschliche Geschichte von Hoffnung und

Angst erzählen, so sind es auch die Methoden. Kolonialismus und Rassenausgrenzung hinterließen eine tiefe Narbe der Ungerechtigkeit und Rivalität. Dies hat ein Erbe des Misstrauens gegenüber der Wirtschaft und insbesondere gegenüber ausländischen Unternehmen hinterlassen. In diesem Umfeld ist Emotion ebenso wichtig für die Bewertung der politischen Optionen wie Empirie.

Die Staats- und Regierungschefs müssen daher von vornherein eine 'Wachstumsideologie' entwickeln, die über die nichtssagenden Visionsdokumente hinausgeht, welche die politische Landschaft verunreinigen. Anstatt mehr Berater zu beschäftigen, müssen Regierungen und Regierungsparteien ihre Feindseligkeit gegenüber der Wirtschaft aufgeben. Ein solcher Ansatz erfordert, dass sich die Regierung mit der Wirtschaft verständigt und lähmende Einstellungen, die von gutartiger Vernachlässigung bis hin zu auffälligem Antagonismus reichen, korrigiert.

Die Wirtschaft ihrerseits muss ihre umfassendere soziale Verantwortung in offener und transparenter Weise klar verstehen und wahrnehmen, um Vertrauen aufzubauen und zu erhalten. Wenn dies bei einem raschen Bevölkerungswachstum nicht erreicht wird, besteht die Gefahr, dass sich eine soziale und politische Krise und letztendlich ein Staatsversagen und damit eine weit verbreitete menschliche Tragödie verschärfen.

Die folgenden Kapitel befassen sich mit den kritischen Sektoren, aus denen sich die Volkswirtschaften der afrikanischen Länder zusammensetzen, und veranschaulichen Reformmethoden und vorbildliche Praktiken.

Teil 1

Der Zustand der Menschen, Institutionen und Strukturen Afrikas

Kapitel 1
Menschen und Städte

Fünf Schritte zum Erfolg:

- Die Städte müssen als Motor für das diversifizierte Wachstum und die Beschäftigung in Afrika gesehen werden. Das urbane Wachstum stellt eine dramatische Veränderung gegenüber dem Export natürlicher Ressourcen dar, der für die meisten afrikanischen Volkswirtschaften von zentraler Bedeutung war.
- Dringende Maßnahmen sind der einzige Weg, um die bevorstehende Explosion der Stadtbevölkerung in den Griff zu bekommen.
- Fokussierung auf die Finanzierung und Autorität auf Stadtebene als Mittel, um die Ressourcen, die es den Kommunalverwaltungen ermöglichen, sich der Herausforderung einer schnell wachsenden Bevölkerung zu stellen.
- Förderung der Wohnraumdichte und kosteneffizienter Verkehrslösungen zur Realisierung der städtischen Dividende.
- Konzentration auf die Bereitstellung von lokaler Sicherheit als Tür, durch die vieles andere folgt.

Herausforderungen und Chancen: Bisher ist der rasante Anstieg der Bevölkerung Afrikas nicht mit einem Beschäftigungszuwachs einhergegangen. Die Urbanisierung in Afrika scheint noch nicht zu den Verbesserungen des Wirtschaftswachstums und der Lebensqualität zu führen, die anderswo, vor allem in Asien, erzielt wurden. Stattdessen wachsen afrikanische Städte weitgehend ungeplant, indem sie bestehende Infrastrukturen und Dienstleistungen bis über die Grenze der Belastbarkeit hinaus ausdehnen und es versäumen, die Produktivität zu steigern und Arbeitsplätze zu schaffen. Ob sich ein Bevölkerungsanstieg als gut oder schlecht erweist, hängt weitgehend davon ab, wie der Staat reagiert, Arbeitsplätze schafft und die Aufnahme von Menschen in den Privatsektor verbessert.

Wichtige Statistiken: Nach dem Ibrahim-Index für afrikanische Regierungsführung von 2016 haben 33 afrikanische Länder seit 2006 einen Rückgang von Sicherheit und Rechtsstaatlichkeit erlebt, davon fast die Hälfte ganz erheblich. Fast die Hälfte der Länder auf dem Kontinent verzeichnete im Zeitraum 2013 bis 2015 in dieser Kategorie die bisher schlechteste Punktzahl. Der Index hat gezeigt, dass ein enger Zusammenhang zwischen Sicherheit und Rechtsstaatlichkeit und der Leistung der Unternehmensführung besteht.[1]

Hillbrow ist der am dichtesten besiedelte Teil der Stadt Johannesburg. Es ist ein Potpourri aus Nationalitäten, Bräuchen, Küche und Sprache, eine Verschmelzung von inoffiziell und offiziell, legal und illegal. Ein Eintauchen in sein Labyrinth offenbart eine Fabel der modernen afrikanischen Stadt.

Unser Führer ist Brighton.[2] Er verließ die Armee in Simbabwe im Jahr 2005, um sich 'für grünere Weiden zu entscheiden', sagt er und arbeitet seit 2009 als Wachmann an einer Schule. 'Keine einzige Gruppe dominiert die Vororte', sagt er, während wir nach Osten fahren, obwohl es natürlich auch ethnische Noten gibt. Mehr Somalier und Bangladeschis leben in Mayfair', bemerkt er, während wir die Hauptstraße hinunterfahren. 'Es gibt hier mehr Studenten', sagt er und deutet auf ein junges Paar, das auf einem Balkon in Berea faulenzt. 'Aber alle sind durcheinander - Nigerianer, Ghanaer, Simbabwer, Malawier, Mosambikaner. Wir alle werden Südafrikaner, um zu überleben.'

Der Vorort Hillbrow hat eine rechteckige Form, die von Nord nach Süd verläuft, etwas mehr als einen Quadratkilometer umfasst und 100.000 Menschen beherbergt, vielleicht doppelt so viele, verglichen mit Johannesburgs Durchschnitt von knapp 2.500 Menschen pro Quadratkilometer.

Johannesburg, eine der 50 größten Städte der Welt und die reichste Stadt Südafrikas, wurde auf der Grundlage des Reichtums unter der Erde gegründet. Hier leben 7 Millionen Menschen, der Großteil der Bevölkerung in der Provinz Gauteng, dem Kernland der südafrikanischen Wirtschaft.

Heute ist Hillbrow gleichbedeutend mit einem Zusammenbruch der Regierungsführung in den 1990er Jahren und der Macht der reichen weißen Südafrikaner nördlich von Johannesburg oder weiter entfernt. Es gibt in Ihrem Gesicht Beweise für Illegalität - Brighton weist eifrig auf eine Schlange von Männern hin, die darauf warten, Drogen von einem Polizisten in Zivilkleidung zu kaufen, der aus dem Rücken eines vorbeifahrenden Lieferwagens in der O'Reilly Road gesprungen ist. Auf die Frage, welche Art von Drogen, 'Marihuana, Crack, [das Heroin-basierte] *unga*... was auch immer Sie wollen', kommt die Antwort. Es scheint, als ob das Getränk der größere Teufel ist, jedoch mit ständigen Hinweisen auf den bekifften Betrunkenen, der in der Straße in der Mitte steht oder über den Bürgersteig wackelt.

Aber nicht so sehr die Illegalität als vielmehr die Koexistenz von Inoffiziellität und offiziellerem Handel ist auffällig. Lebensmittelkioske und Gemüsehändler haben ihre Stände auf dem Bürgersteig vor den allgegenwärtigen Pfandhäusern, Shebeens, Friseursalons, Arztpraxen, Striplokalen, Elektrofachgeschäften und Metzgereien, No-Name-Geschäften und Markenartiklern. Hillbrow's Geschäfte fallen, wenn überhaupt, dann immer öfter aus dem Raster. Ein Besuch bei den Elektronikhändlern in den Straßen Esselen, Twist und Kotze, die zumeist von Ibos und Bangladeschis betrieben werden, deutet auf eine zunehmende Inoffiziellisierung hin. Es werden keine Fernsehkonzessionen beantragt oder verlangt, wie es gesetzlich vorgeschrieben ist, und auch keine Mehrwertsteuer. Für sie sind die Kosten für den Beitritt zum offiziellen Sektor, einschließlich der Zahlung von Steuern, höher als die Vorteile. Es ist alles inbegriffen.

Weiter östlich, an der Raleigh Street in Yeoville, befindet sich der relativ geordnete Congo Market. Im Inneren verkaufen die Stände der Kongolesen und Nigerianer geschwärzte, geräucherte Vundu, meist aus Sambia, gesalzene, ausgeweidete Tilapia, Süßkartoffeln, farbenfrohe kongolesische Wachsstoffe, orangefarbene Chilischoten und Chiliöl, Auberginen, diverse Dosen mit Lebensmitteln und Plastikpackungen mit Tofu, Reis und Grieß. Die Preise sind alle gleich von Stand zu Stand und konkurrenzfähig.

Mit Blick auf Hillbrow liegt Ponte City, ein 54-geschossiges, 173 Meter hohes Hochhaus aus Stahl und Beton, der höchste Wohnturm des Kontinents. Es wurde 1975 erbaut, als Hillbrow den Spitznamen 'Manhattan of Africa' genoss.

Entworfen von dem 29-jährigen Architekten Rodney Grosskop als Symbol für das Wohnen und Streben nach Wolkenkratzern der 1970er Jahre, war Ponte eines der ersten Opfer des innerstädtischen Verfalls der Mittelklasse und ihrer Unternehmen, die sich für eine sicherere und wohlhabendere Umgebung einsetzten. In den späten 1990er Jahren hatte sich der Müll fünf Stockwerke hoch in den inneren Zylinder des Gebäudes gestapelt, als der Turm von einem Gebiet voller Kriminalität, Drogen, Prostitution und Waffen verschlungen wurde. Es war die Rede davon, ihn in ein Gefängnis zu verwandeln. Fünfzehn Jahre später wurde Ponte City jedoch renoviert und revitalisiert und beherbergt heute 3.000 Studenten, Berufstätige und Arbeiter, darunter Südafrikaner, Nigerianer, Kongolesen und Simbabwer, die sich alle sorgfältig darum bemühen, die Autos am Eingang zu waschen und ihre Nase gegen den dichten Rauch von brennendem Müll haltenden Nigerianer zu schützen. Die monatliche Miete für ein großes Haus liegt bei R5.000 - es ist preiswert und bequem, egal, wie schwierig es ist, die Launen der Primrose Terrace und der Nachbarschaft von Ponte zu überwinden.

Unsere Wohnungen müssen nach oben gehen', sagt Grosskop, 'sonst werden wir nie mit den Entfernungen und dem damit verbundenen Verkehr umgehen können. ‚Die Frage', meint er, 'ist nicht, ob es der logische oder wissenschaftliche Weg ist; es ist, ob die Gesellschaft es vorzieht und zulässt?[3] Und wenn man dort wohnt, wo man arbeitet, verringern sich die Transportkosten erheblich.

Hillbrow ist kein Einzelfall von ungeplantem afrikanischem Wachstum und nicht realisiertem Entwicklungspotenzial - weit gefehlt. Gleich hinter den Schildern mit der Aufschrift 'No Idling Allowed' empfängt ein Faksimile von zwei riesigen Elefantenzähnen die Besucher des Daniel arap Moi International Airport in Mombasa. Zu Beginn des Jahres 2016 wurden umfangreiche Baumaßnahmen durchgeführt, um die Barack Obama Road zu verbreitern.

Die erste Straße führt auf vier Spuren und dann auf acht Spuren vom Changamwe-Kreisverkehr nach Mariakani, 36 Kilometer nordwestlich von Mombasa, auf der Straße nach Nairobi.

Die Route durch Mombasa zum Makupa Causeway, der Mombasa Island mit dem Festland verbindet, ist gesäumt von staubigen Straßenständen, deren schäbigen Blechfassaden immergleiche Gegenstände wie Lebensmittel, Gemüse, Obst, Pepsi, Cola, Airtime, Schuhe, Kleidung, Kosmetik, Bücher, Baumaterialien und so ziemlich alles, was man sich vorstellen kann, feilbietet. Der vordere Lkw, seine Heckklappe prangt auf dem Boden mit den Worten 'Glaube mir, ich werde da sein', torkelt, um die *Tuk-Tuks* zu vermeiden (wenn du den Motor einschaltest, sprechen sie ihren Namen aus), *boda-bodas* (Motorradtaxis) und *matatus* (Minibusse), und arbeitet sich um die anderen Lastwagen herum, die den Bürgersteig und die Straße blockieren.

Das Vatikan-Hotel bietet trotz seines Namens wenig göttliche Führung am geschäftigen Makupa-Kreisverkehr, der auf die nach dem Gründer des Landes benannte Kenyatta Avenue führt, wo die Händler für 10 Shilling Säcke mit Erdnüssen, geschnittenen Ananas, Bananen und Second-Hand-Kleidung verkaufen. Der Verkehr schlingert, um die mit Gemüse, Obst und Haushaltswaren beladenen Schubkarren und ihre schwitzenden menschlichen Drücker zu umfahren. Die vierspurige Nyali-Brücke, die sich über die gesamte Länge der Brücke über das Meer erstreckt, bietet die einzige Route nach Norden und befindet sich neben dem Grundstück einer neuen, hochwertigen Wohnanlage. Im Süden ist geplant, eine Brücke zu bauen, die den bestehenden, schwerfälligen und zeitaufwändigen Fährver-kehr ergänzen soll.

Die Besucher von Mombasa wären erstaunt gewesen über die Leichtigkeit des heutigen Verkehrs, auch ohne die im Bau befindliche neue Infrastruktur. Anscheinend, so der Fahrer, kam Präsident Uhuru Kenyatta für einen Monat an die Küste und die Dinge wurden aufgeräumt. Die Lösung war einfach: Erhöhen der Anzahl der Fahrspuren in Abhängigkeit vom Verkehr, und zuweisen von Fahrspuren durch Verkehrpolizisten, um wichtige Kreuzungen zu überwachen.

Als Haupthafen Ostafrikas ist Mombasa das Zentrum des Küstentourismus in Kenia. Obwohl es das Potenzial hat, als Wachstumsmotor für Kenia und die Region Ostafrika zu dienen, verarbeitet Mombasa in einem Jahr die gleiche Menge an Fracht (780.000 Container[4]), welche die aktivsten Häfen der Welt (Shanghai und Singapur) in einer Woche abwickeln.[5]

Jenseits des Hafens kämpft Mombasa weiterhin um die Entwicklung seiner Wirtschaft. Es ist ein kostspieliger Platz, um Geschäfte zu machen. Obwohl es die zweitgrößte Stadt Kenias und eine der bedeutendsten Wirtschaftsmetropolen Kenias ist, rangiert es im 'Ease of Doing Business Index' der Weltbank nur auf dem sechsten Platz von 13 kenianischen Städten.[6] Der Zugang zu Finanzmitteln ist begrenzt, und Informationen über Arbeitsplätze und Märkte sind rar.[7] Etwa 80 Prozent der 1,2 Millionen Einwohner von Mombasa leben in inoffiziellen Siedlungen, die mehr als 90 Prozent der Landfläche bedecken, und fast 40 Prozent leben unterhalb der Armutsgrenze.[8]

Die Mehrheit beteiligt sich ausschließlich oder zumindest überwiegend am inoffiziellen Sektor, der Arbeitsplätze mit geringer Wertschöpfung schafft.

Es gibt auch Schichten der Unsicherheit sowohl bei Mombasas Rolle als Transitpunkt für Drogen und die legendäre Korruption unter Hafen- und Zollbeamten. Der überwiegend muslimische Charakter der Stadt bringt zusätzliche Komplexität mit sich. So wurden zwischen 2012 und 2014 nicht weniger als 21 islamische Geistliche in der Stadt niedergeschossen. Radikalismus und Kriminalität haben in Ermangelung anderer Möglichkeiten an Attraktivität zugenommen.[9] Vor allem Jugendliche aus Mombasa erklären, dass sie 'nicht mehr zu Kenia gehören'.[10]

Aufgrund seiner strategischen Lage als Tor zu Ostafrika ist Mombasa bislang eine verpasste Entwicklungschance, bei der die Nachteile von Kriminalität und Terrorismus die Kosten schwacher Regierungsführung demonstrieren und verschärfen. Die Bekämpfung der eigentlichen Ursachen erfordert Maßnahmen an einer Vielzahl von Fronten, von der Verbesserung der Effizienz des Hafens angefangen, was einen bisher nicht gekannten politischen Willen erfordert, über die Zerschlagung und Umgestaltung korrupter Systeme bis hin zu Investitionen in harte und weiche Bildungs- und Berufsbildungsinfrastrukturen. Es ist eine große Aufgabe.

Hillbrow und Mombasa veranschaulichen die sich abzeichnenden urbanen und demographischen Herausforderungen Afrikas, obwohl Städte zugleich eine beschleunigte Entwicklung versprechen.

Der Vorteil von Städten

In Europa steht nun die afrikanische Migration über den Mittelmeerraum im Mittelpunkt. Die Internationale Organisation für Migration schätzt, dass 2015 mehr als eine Million Migranten auf dem Seeweg und fast 34.900 auf dem Landweg nach Europa gekommen sind, verglichen mit insgesamt 280.000 Ankünften auf dem Land- und Seeweg für das gesamte Jahr 2014. Und zu diesen Zahlen gehören nicht diejenigen, die unbemerkt nach Europa gekommen sind.[11] Migranten kommen vor allem aus Westafrika, dem Horn von Afrika und seit 2013 aus Syrien. Die Zahlen könnten heute und in Zukunft noch viel höher ausfallen. Allein in Libyen warten bis zu 1 Million Menschen darauf, ihre oft gefährliche Reise über das Meer nach Europa fortzusetzen.[12]

Aber innerhalb Afrikas hat es in den letzten hundert Jahren eine viel größere Zahl von Migranten unterschiedlicher Art gegeben - eine Zahl, die rapide zunimmt. Es handelt sich dabei sowohl um die Flut der ländlichen Afrikaner in die Städte, wie Abbildung 1.1 zeigt, als auch um die Flucht der Afrikaner über ihre Grenzen hinaus in andere afrikanische Staaten.

Historisch gesehen war ein solches Stadtwachstum eine gute Nachricht für Entwicklung und Beschäftigung. Städtische Agglomerationen tragen dazu bei, hohe Wirkungsgrade für die Menschen als Arbeitskräftepool zu erzielen und die Bereitstellung von Infrastruktur und Dienstleistungen zu erleichtern. Sie lösen auch zwei große Herausforderungen für eine verbesserte Produktivität: Konnektivität und Energie.[13] Da die Industrieländer sich von der verarbeitenden Industrie wegbewegen und Dienstleistungen als Beschäftigungsquelle nutzen, kann die Dichte weniger kritisch werden, da viele von zu Hause ausarbeiten können. Im Gegensatz dazu ist jedoch in den Volkswirtschaften, in denen die Arbeitsplätze durch das verarbeitende Gewerbe angetrieben werden, von dem einige in Afrika hoffen, zu profitieren, die Dichte des Wohnraums mit einem effizienten Transport zum Arbeitsplatz wichtig. Erfolg im Massenverkehr setzt eine hohe Dichte an Unterkünften voraus.

Afrika hat bisher das urbane Wachstum vernachlässigt. Laut einer Studie über 90 Entwicklungsländer aus dem Jahr 2007 ist Afrika die einzige

Region, in der die Urbanisierung nicht mit der Armutsbekämpfung korreliert (wie in der Einleitung hervorgehoben).[14] Und laut dem Brookings-Institute wurde die afrikanische Urbanisierung im Gegensatz zu anderen Regionen nicht durch die Steigerung der landwirtschaftlichen Produktivität oder die Industrialisierung vorangetrieben. Vielmehr sind afrikanische Städte Zentren des Konsums, in denen die aus natürlichen Ressourcen gewonnenen Gewinne von den Reichen ausgegeben werden. So haben afrikanische Städte es weitgehend versäumt, die Infrastruktur zu installieren, die Städte zu Orten des Wohlstands gemacht hat.[15]

Anstatt die Vorteile der Agglomerationen zu nutzen, gibt es in Afrika (wie in Kapitel 7 erläutert wird) nach wie vor akute Probleme, insbesondere bei der Stromerzeugung und -übertragung, und dort, wo die Migration eher zu immer mehr Überlastungen als zu einer verbesserten Konnektivität geführt hat. Mehr als die Hälfte der afrikanischen Bevölkerung in den Städten südlich der Sahara lebt in Slums, wobei nur 40 Prozent Zugang zu angemessenen sanitären Einrichtungen haben. Das sind die gleichen Verhältnisse wie 1990. Afrikas städtische Kinderabhängigkeitsquote ist 40 Prozent höher als in Lateinamerika und 65 Prozent höher als in Asien.

Städter bewohnen den Raum, in dem die Umsetzung stattfindet, wo der politische Kautschuk auf die Straße muss, und wo die politischen Entscheidungsträger mit den Problemen der Gesellschaft konfrontiert werden. Obwohl die Rolle der kommunalen Akteure häufig übersehen wird, ist ihr direkter Einfluss oft größer als der von Präsidenten. Tatsächlich ist der Aufstieg der nationalen Regierungen in der Politikgestaltung und -umsetzung ein relativ junges globales Phänomen, das durch die Globalisierung, die Notwendigkeit der Aufstockung der Armeen (insbesondere angesichts der Weltkriege des letzten Jahrhunderts) und die nationale Bedeutung der Bewältigung von Ungleichheiten angetrieben wird.

Die Stadtregierungen sind von Natur aus pragmatisch und weniger parteiisch, da es ihre Aufgabe ist, die Straßen zu säubern, ungeachtet ihrer politischen Zugehörigkeit. Bürgermeister sind zwangsläufig keine Legislative, sondern Exekutive. Oder, wie Teddy Kollek, der Jerusalem 28 Jahre lang regierte, es einmal bei dem Versuch ausgedrückt hat, zwischen israelischen und palästinensischen Gemeinden zu verhandeln, 'Ersparen Sie mir Ihre Predigten, und ich werde Ihre Kanalisation reparieren.'[16]

Dennoch fehlt es den Städten bei aller Verantwortung für den Kohlebergbau meist an den politischen Instrumenten. Wie Edward Glaeser von Harvard als Experte für Stadtentwicklung es formulierte: 'Städte sind der beste Weg, den wir aus der Armut kennen. Sie sind die besten Transformatoren der Zivilisationen. Aber es gibt auch Dämonen, die mit der Dichte kommen.'[17]

Abbildung 1.1: Afrika: Urbanisierung und Bevölkerung, 1950-2050

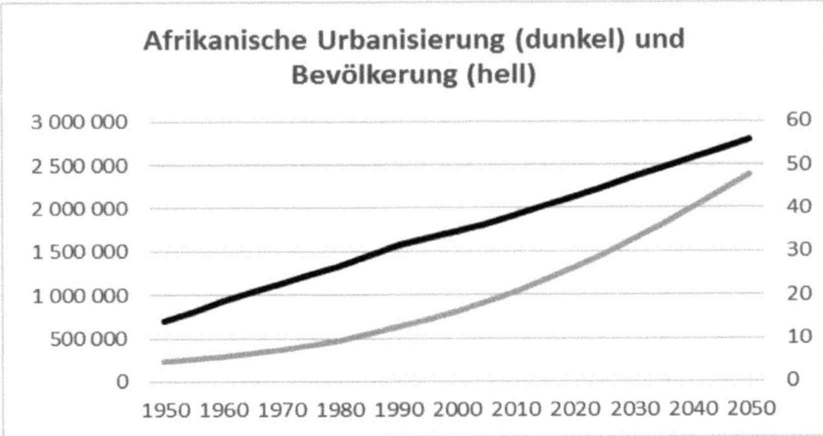

Quelle: Vereinte Nationen, Ministerium für Wirtschaft und Soziales, Abteilung Bevölkerung (2014). Aussichten für die weltweite Urbanisierung: Revision von 2014, https://esa.un.org/unpd/wpp/DataQuery/

Eine Herausforderung besteht darin, dass das politische Umfeld und die Grenzen nicht mit dem Tempo und der Realität der Expansion Schritt gehalten haben. Es bedarf einer klaren Abgrenzung zwischen städtischer und nationaler Verantwortung, verbunden mit der entsprechenden Delegation von Befugnissen und der Zuweisung von Ressourcen an die Stadtverwaltungen. In einer Zeit, in der Bürgermeister die Welt regieren sollen, haben die Kommunalverwaltungen angesichts der wachsenden Größe ihrer unmittelbaren Wahlkreise nur begrenzte Befugnisse und nur wenige Finanzierungsinstrumente und -mittel.

Eine zweite Herausforderung ist die der Ungleichheit und der damit verbundenen Belastungen. So ist beispielsweise das Herzstück der südafrikanischen Tourismusindustrie, Kapstadt, eine Studie über Kontraste. Vor dem Hintergrund üppiger Küstenvillen, unberührter Strände und 'altem' Reichtum sind die Besucher, die am Cape Town International Airport ankommen, oft schockiert, wenn sie durch kilometerlange, verwahrloste Slumbaracken reisen, in denen die sanitäre Grundversorgung und Elektrizität nur schwer zu finden sind. Als Erinnerung an die Ungerechtigkeiten der Apartheid spiegelt sich die Ungleichheit des Reichtums der Stadt in räumlichen Trennungen wider. Die armen und von

Gangs zerrissenen Vororte der Cape Flats und der Townships breiten sich endlos vom Herzen der Stadt aus, mit der Folge, dass die Menschen, die in diesen Gebieten leben, einen weiten Weg zu ihren Arbeitsorten zurücklegen müssen.

Dennoch bleibt die Stadt ein attraktives Ziel für Migranten aus dem ganzen Land und dem Kontinent. Das Ergebnis ist ein massiver Druck auf den Wohnungsbau, die Grundversorgung und die öffentlichen Verkehrsmittel und vor allem auf die Arbeitsplätze.

Laut Tim Harris, ehemaliger Leiter der Investitionsabteilung der Regierung der Stadt Kapstadt, haben die Behörden drei Prioritäten für die Bewältigung der neuen Herausforderung der Stadtmigration: die Verkehrsverbindung der Bürger durch Investitionen in den öffentlichen Verkehr und in die Informations- und Technologieinfrastruktur; die Aufrechterhaltung eines hohen Niveaus der Grundversorgung bei der Erweiterung der Stadt (einschließlich der kostenlosen Zuweisung von Wasser und Strom für diejenigen, die nicht zahlen können); und die Sicherstellung ausreichender und angemessener Lösungen für die Siedlungen.

Doch wie die meisten afrikanischen Städte hat Kapstadt nur einen sehr begrenzten Spielraum, um unabhängig von der Zentralregierung bei der Bewältigung seiner spezifischen Herausforderungen zu agieren - oder, positiver ausgedrückt, um seine Stärken auszunutzen. Die Gründe dafür liegen, wie auch in anderen Bereichen, im Geld und in der Autonomie.

Gegenwärtig verfügt die Stadt mit ihren 3,7 Millionen Einwohnern über ein jährliches Budget von 36 Milliarden Rand (2,6 Milliarden US-$), darunter 6 Milliarden Rand für Investitionen - verglichen mit dem Staatshaushalt von 1,25 Billionen Rand für eine Gesamtbevölkerung von 52 Millionen. Achtzig Prozent der Einnahmen der Stadt stammen aus den Abgaben, die auf die Versorgungsunternehmen (insbesondere Strom), Grundstücke und sonstige Gebühren erhoben werden. Der Rest stammt aus drei Quellen: einer Tranche der nationalen Regierung, die nach einer landesweiten Formel bestimmt wird; bedingten Zuschüssen des Finanzministeriums (die den Kommunen den Ermessensspielraum nehmen, den sie nach Bedarf ausgeben können); und einem Teil der Kraftstoffabgabe, die auf Verkäufe innerhalb der Gemeindegrenze erhoben wird. Der überwiegende Teil dieser Mittel (wie anderer kommunaler Haushalte auch) wird für die Instandhaltung und den Ausbau der Infrastruktur sowie für die Bereitstellung grundlegender Dienstleistungen wie Wasser-, Strom- und Müllabfuhr auf der Grundlage dieser Infrastruktur ausgegeben. Die Knappheit an Finanzmitteln wird durch 'ungedeckte Mandate', einschließlich Bibliotheksdienstleistungen und Kliniken, in denen die Stadt von Hunderten von Millionen Rand für erbrachte Dienstleistungen noch verschärft, die nicht durch Einnahmen oder Zuweisungen aus höheren Strukturen ausgeglichen und aus der Tasche gelassen werden', wie Harris notiert.[19]

Dieses fiskalische und politische Umfeld schränkt den Spielraum Kapstadts, wie auch anderer südafrikanischer Städte, stark ein, um unabhängig zu agieren, zum Beispiel bei der Gestaltung starker Investitionsanreize. Sie kann ‚nicht-finanzielle' Anreize bieten: beschleunigte Planfeststellungen, Biodiversitätsausgleiche, eine Investitionserleichterung als Berührungspunkt im Bürgermeisteramt und die allgemeinen Vorteile des Lebensstils. Auf der finanziellen Seite zur Unterstützung von Investitionen konnte die Stadt vergünstigte Stromtarife anbieten und auf verschiedene Antragsgebühren und Entwicklungsbeiträge verzichten, die normalerweise bei Infrastrukturprojekten anfallen würden. Sie kann auch vergünstigte Tarife und Landpachtverträge anbieten, obwohl dies innerhalb der Verwaltung umstritten ist, nicht zuletzt in Anbetracht der Notwendigkeit der Haushaltsfinanzierung.

Aus Sicht der Stadt wäre die wichtigste Reform, die es den Kommunen ermöglicht, ihr Schicksal zu gestalten, die Übertragung der Steuerbefugnisse von der Zentralregierung. Jegliche diesbezügliche Absicht der Verfassungsgeber scheiterte schnell an der geringen Kapazität vieler subnationaler Regierungen und an der Zentralisierung durch die nationale Regierung. Dies hat das Potenzial für Steuerwettbewerb zwischen subnationalen Regierungen, ein wichtiges Instrument zur Förderung der weltweiten Entwicklung, beseitigt.

Eine gemeinsame Herausforderung für die Städte besteht darin, das Potenzial an Konnektivität, das eine hohe Dichte an Unterkünften bietet, voll auszuschöpfen. Aber afrikanische Städte dehnen sich im Allgemeinen aus, indem sie sich ausbreiten und nicht durch eine erhöhte Dichte, wie in Hillbrow zu sehen ist, das sich nach außen und nicht nach oben ausdehnt.

Aber Afrika kann wieder von anderen lernen. Der Erfolg von Curitiba, einer Stadt im Süden Brasiliens, zeigt zum Beispiel, wie eine Stadt mit klugem Denken, gründlicher Planung, Kontinuität in der Führung und entschlossener Ausführung scheinbar unüberwindbare Probleme bewältigen kann. Curitiba ist berühmt dafür, wie die Erfindung und Anwendung eines neuartigen Verkehrssystems sein Verkehrsumfeld und damit die Verbindungswege der Stadt verändert hat. Doch bei genauerem Hinsehen zeigt sich, dass es sich dabei nur um ein Element eines Masterplans handelte, der in der ganzen Stadt und im Leben der Menschen echte Verbesserungen gebracht hat.

Curitiba und der Bus-Schnellverkehr[20]

Curitiba ist mit 2 Millionen Einwohnern die Hauptstadt des brasilianischen Bundesstaates Paraná. Im Jahr 2010 wurde Curitiba aufgrund seiner herausragenden städtebaulichen Leistungen mit dem jährlichen Global Sustainable City Award ausgezeichnet. Die Stadt hat es verdient, weil sie wirklich innovativ und integrativ war.

'Wir haben viele Besucher aus China, Südafrika, Kolumbien und anderen Ländern', sagt Silvia Ramos von der Urbanização de Curitiba, der Transportbehörde.

Das ist kein Wunder. Curitiba hat ein Landverkehrssystem, den so genannten Bus Rapid Transport (BRT), ins Leben gerufen, das zu einem internationalen Vorbild geworden ist, das andere zu replizieren versucht haben. Mittlerweile gibt es weltweit mehr als 250 Städte mit BRTs.

Damit das funktioniert, braucht es mehr als nur Mobilität. Curitiba hat erfolgreich ein relativ billiges öffentliches Nahverkehrssystem genutzt, um die Stadt zu transformieren, nicht nur in Bezug auf die Mobilität der Menschen, sondern auch in Bezug auf die Nutzung von Land und öffentlichen Räumen. Die Integration wurde durch die Vernetzung der Menschen erreicht, und das war der Schlüssel zum wirtschaftlichen Fortschritt der Stadt.

Bereits 1966, als die Stadt einen Masterplan entwarf, sahen sie sich unter anderem Modelle aus Frankreich und Großbritannien an. Aber die Kosten für eine U-Bahn wurden für die Stadt als unerschwinglich erachtet, trotz ihres landwirtschaftlichen Reichtums. So entschied man sich für ein Landverkehrssystem mit eigenen Busspuren, was etwa einem Zehntel der Kosten einer U-Bahn entsprach.

Als das System 1974 zum ersten Mal eingeführt wurde, beförderte es nur 50.000 Passagiere pro Jahr. Heute befördert das BRT täglich 1,7 Millionen Menschen auf einem Netz von 85,6 Kilometern auf sechs Linien mit einer Betriebsleistung von 1.368 Bussen, von denen einige 250 Fahrgäste befördern können, und hält an 6.500 Haltestellen an.

Die Busse fahren 328 Kilometer pro Tag und werden von privaten Unternehmen geliefert und betrieben, die kilometerweise bezahlt werden. Die Fahrgäste zahlen unabhängig von der Länge der Fahrt einen Normaltarif von knapp unter einem US-$.

Jaime Lerner war ein entscheidender Drahtzieher in diesem System. Er gehörte zu dem ursprünglichen Team, das über den Zuschlag für den Masterplan der Stadt entschied, und war 1965 an der Gründung des Instituto de Pesquisa e Planejamento Urbano de Curitiba (Curitiba Institute of Urban

Planning and Research - IPPUC) beteiligt, einer von der Gemeinde finanzierten Forschungs-, Überwachungs- und Durchführungsstelle.

Lerner wurde dreimal zum Bürgermeister gewählt, 1971 zum ersten Mal. Obwohl er eine Reihe wichtiger Veränderungen in der Stadt durchführte, darunter die Einrichtung weiterer Parks, die Schaffung eines Ausbildungssystems für benachteiligte Jugendliche und die Einführung eines erfolgreichen Recyclingsystems, bleibt der BRT seine größte Errungenschaft und Curitibas Geschenk an die Welt.

'Man muss an das BRT denken', sagt er, 'nicht nur als Verkehrssystem, sondern auch als Stadtdesign. Es war der Motor für das Wachstum der Stadt. Wir haben klein angefangen, aber für jede Phase, um jedes Problem zu lösen, haben wir Innovation eingesetzt.

Nicht nur die Zahl der Fahrspuren und Busse hat exponentiell zugenommen, sondern auch der Service hat sich radikal verbessert. Mehr als 90 Prozent der Flotte sind behindertengerecht ausgestattet. Verschiedene Zubringerlinien sind mit verschiedenen Bustypen und -größen voll integriert. Rohrförmige Bahnhöfe verbesserten das Fahrgasterlebnis. Die dreispurigen Systeme des BRT, die langsamen und schnellen Fahrspuren und die gestaffelten BRT-Ausrichtstationen wurden eingeführt, um Überfälle zu vermeiden.

Und jetzt nutzen immer mehr Busse Biokraftstoff, während der elektrische und hybride Hibri-Bus unmittelbar bevorsteht.

'Alles in Brasilien ist dem Auto gewidmet', sagt Lerner. 'Zum Beispiel gibt es allein in São Paulo mindestens 5 Millionen Autos, wobei jedes Auto 25 Quadratmeter Platz auf der Straße und im Parkhaus beansprucht. Das ist die Größe einer kleinen Wohneinheit. Selbst wenn die Hälfte davon für den Wohnungsbau bestimmt wäre, könnten wir weitere 2,5 Millionen Menschen näher an ihrem Arbeitsplatz unterbringen. Aber dazu müssen wir öffentliche Verkehrsmittel bereitstellen, um den Raum für Autos von privat auf öffentlich umzustellen'.

'Damals, in den 1970er Jahren, als wir es taten, hieß es, dass jede Stadt, die eine Million Einwohner hatte, eine U-Bahn haben sollte. Da wir dafür kein Geld hatten, fragten wir stattdessen: 'Was ist eine U-Bahn?' Die Antwort war, es ist ein System, das schnell ist und eine gute Frequenz hat, so dass Sie nicht warten müssen. Da wir nicht die Mittel hatten, um in den Untergrund zu gehen, fragten wir: 'Warum nicht die Oberfläche?' 'Also nahmen wir die bestehenden Straßen und verknüpften sie mit der Wachstumsstruktur der Stadt - wo wir Wohnen, Arbeiten, Freizeit und Mobilität miteinander verknüpften und integrierten.'

'Deshalb ist Curitiba', bemerkt er, 'anders. Es ging um die Erneuerung und Weiterentwicklung des bestehenden Systems.'

Das BRT hat zu einer geschätzten Reduzierung von etwa 27 Millionen Autofahrten pro Jahr geführt. Angesichts dieser Effizienzsteigerungen lag das Wachstum von Curitiba in den letzten drei Jahrzehnten bei über 7 Prozent, während das Pro-Kopf-Einkommen um 30 Prozent über dem nationalen Durchschnitt liegt. Ironischerweise ist Curitiba heute der zweitgrößte Automobilproduzent Brasiliens und verfügt über einen lebendigen Dienstleistungs- und Hightech-Sektor.

Curitiba ist es gelungen, dramatische Fortschritte bei den andauernden und ähnlichen Herausforderungen zu erzielen, mit denen die brasilianischen Städte konfrontiert sind: Verkehr, Regierungsführung, Infrastruktur und Sicherheit. Dennoch haben bemerkenswert wenige andere brasilianische Städte versucht, diesem Erfolg nachzueifern. Der Grund, so Lerner, sei ganz einfach: Politik. Das Problem, so glaubt er, ist, dass die heutigen Entscheidungen eng mit dem Konsens verbunden sind, aber Demokratie ist kein Konsens, sondern ein klug geführter Konsens. Anstatt zu versuchen, eine perfekte Lösung zu finden, deren Umsetzung einige Zeit, wenn nicht gar für immer, in Anspruch nehmen wird, bedarf es eines Pragmatismus: 'Verbesserung braucht einen Anfang. Manchmal muss man einen Demonstrationseffekt haben, um etwas in Gang zu bringen.'

Ein wesentlicher Grund für den vergleichbaren Erfolg von Curitiba ist die konsequente Planung und Umsetzung.

Daniele Moraes ist Architekt am IPPUC. Sie erinnert uns daran, dass der Masterplan von 1965 nicht der erste in der Geschichte von Curitiba war. Der erste Stadtplan wurde 1853 erstellt, 90 Jahre später folgte der Agache-Plan, der für die 180.000 Einwohner ein dichtes Stadtzentrum mit nach außen strahlenden Vororten - dem Designtrend der damaligen Zeit - vorsah. Der Zuschlag für den Plan von 1965, als die Stadt 500.000 Einwohner zählte, wurde auf der Grundlage des Agache-Programms vergeben, konzentrierte sich jedoch auf eine Kombination aus Landnutzung, Straßen und öffentlichen Verkehrsmitteln, um eine bessere Umwelt sowie soziale und wirtschaftliche Entwicklung zu gewährleisten. Seitdem gab es zwei weitere Revisionen, 2004 und 2014.

Dabei ging es nicht nur um Pläne, sondern auch um Kontinuität bei den Menschen, erklärt Moraes. Sie weist darauf hin, dass Curitiba sechs Amtszeiten - 24 Jahre - von Bürgermeistern der IPPUC genossen hat. Jaime Lerner, der für drei Amtsperioden gedient hat, Rafael Greca, der immer noch bei IPPUC arbeitet, und Cassio Taniguchi, der zwei Amtsperioden gedient hat. Sie stammten alle aus der gleichen politischen Gruppe, die die Gemeinde 40 Jahre lang leitete. Jaime Lerner war ein kluger Politiker und Diplomat. Er brachte den Kindern zum Beispiel das Thema Recycling bei und schuf so eine ganze Generation, die sich um Stadtplanung und Umwelt kümmert. Er erzeugte viel Unterstützung für den Wandel.'

Eine kritische Masse ist ebenfalls wichtig. Die IPPUC ist eine kommunal geförderte Einrichtung mit 160 Mitarbeitern, von denen die Hälfte Architekten und Ingenieure sind.

Natürlich gibt es Herausforderungen. Der renommierte lokale Ökonom Carlos Guimaraes von der FESP (São Paulo School of Engineering), einer privaten brasilianischen Universität mit Schwerpunkt Handel, stellt fest, dass es einen Unterschied zwischen dem IPPUC-Team und 'den Professoren im Rathaus gibt, die zwar sehr theoriefest sind, aber nicht wissen, wie man sie verwirklichen kann.' Und es gibt immer wieder Finanzierungsengpässe, erinnert sein Kollege Luis Fernando Ferreira da Costa daran, dass Brasilien nach wie vor ein sehr zentralisiertes Land ist. 'Die Steuern gehen von den Städten über die Bundesländer bis hin zum Bundeszentrum, aber die Höhe der Steuerrückerstattung hängt zum Teil von der Politik ab. Auch die Größe der Bundesregierung ist nicht zu unterschätzen: alle Brasilianer wollen für die Regierung arbeiten. Wir brauchen eine stärkere Dezentralisierung und eine größere Autonomie, wie die Vereinigten Staaten, damit die Staaten ihre eigenen Steuern erheben und ausgeben können.' Kapstadt ist nicht allein.

'Probleme lösen', bemerkt Lerner, 'hat nichts mit der Größe der Stadt oder den finanziellen Mitteln zu tun. Die Herausforderung liegt in der Organisation und in der Schaffung einer gemeinsamen Verantwortung zwischen Bürgern und Regierung, dem öffentlichen und dem privaten Sektor. Sonst bekommen Sie nicht das Ergebnis, das Sie brauchen.'

Der Erfolg von Curitiba wurde weltweit exportiert, unter anderem in Städte in Nigeria, Tansania, Südafrika und Marokko. Oscar Edmundo Diaz arbeitete mit Bürgermeister Enrique Peñalosa an der Implementierung des TransMilenio BRT-Systems in Bogotá, der Hauptstadt Kolumbiens zusammen. Das System startete im Jahr 2000 mit zwei Korridoren, 400.000 Passagieren und vier privaten Betreibern. Bis 2016 wurde es auf 12 Strecken, 2,5 Millionen Passagiere und 10 Betreiber ausgeweitet. Auf einigen Strecken wurden 52.000 Passagiere pro Stunde in jede Richtung befördert, was den effizientesten Metros der Welt entspricht. Aber das gilt für eine 9-Millionen-Stadt immer noch als unangebracht und spiegelt auch die Herausforderung wider, weitere Strecken zu erschließen.

Peñalosa kehrte nach 14-jähriger Abwesenheit im Jahr 2015 ins Amt zurück. Eine seiner Herausforderungen bestand darin, das 2015-Ziel von 366 Kilometern Korridoren im Netz zu erreichen und dafür zu sorgen, dass 85 Prozent der Bevölkerung bis 2030 in einem Umkreis von einem Kilometer um ein Massentransportsystem leben. Diaz kehrte auch als

Sonderberater des Bürgermeisters zurück, nachdem er einige Zeit in der Zwischenzeit afrikanische Länder bei ihren eigenen BRT-Plänen unterstützt hatte. Er hebt hervor, wie wichtig es sei, die Politik der Linienführung, die Sicherheit der Busse und der entsprechenden Fahrscheine sowie die Notwendigkeit der Dichte als Voraussetzung für den Erfolg der Massentransportsysteme zu steuern. 'Bauen Sie auf', sagt er, 'sonst können diese Systeme nicht liefern.'[21]

Die Bewältigung der Herausforderungen, die es ermöglichen, die Vorteile der Urbanisierung voll auszuschöpfen, ist jedoch nicht nur ein Planungsproblem. Entwicklungslösungen hängen davon ab, ob man über die entsprechenden Fähigkeiten verfügt und in die Schaffung solcher Fähigkeiten investiert. Sie erfordern auch die Verbesserung der Sicherheit und die Gewährleistung der Rechtsstaatlichkeit. Schlechte Sicherheit wirkt sich direkt gegen die Vorteile der Verstädterung aus, da die Antwort auf die schlechte Sicherheit in den Städten darin besteht, die Menschen auseinander zu halten, hinter hohen Mauern oder auf getrennten Verkehrssystemen.

Wie bereits im Vorwort erwähnt, ist Afrika der gewalttätigste Kontinent der Welt, auf dem zwei Drittel der nicht gemeldeten Todesopfer weltweit zu beklagen sind.[22] Der Ibrahim-Index der afrikanischen Regierungsführung für 2016 stellt fest, dass Schwächen bei der Gewährleistung von Sicherheit und Rechtsstaatlichkeit auf dem Kontinent weitere Fortschritte bei der Regierungsführung behindert haben. Rund 33 Länder haben seit 2006 einen Rückgang der Sicherheit und der Rechtsstaatlichkeit erlebt, 15 davon ganz erheblich. Wie der Index feststellt, weisen alle vier Unterkategorien innerhalb der Kategorie Sicherheit und Rechtsstaatlichkeit negative Trends auf, wobei die Personensicherheit und die nationale Sicherheit die größten Verschlechterungen auf der Ebene der Unterkategorien aufweisen. Darüber hinaus verzeichnete fast die Hälfte der Länder des Kontinents in dieser Kategorie in den letzten drei Jahren das schlechteste Ergebnis aller Zeiten. Der Index kommt zu dem Schluss, dass es eine starke Verbindung zwischen Sicherheit und Rechtsstaatlichkeit und Regierungsleistung gibt.[23]

Die Realität solcher Statistiken ist in Teilen Kapstadts zu sehen.

Die Sicherheitsdimension

Pater Craven Engel hat den stämmigen Körperbau eines Rugbyspielers. Wie sein berühmter Namensvetter, Dr. Danie Craven, vertrat er Südafrika bei dieser Sportveranstaltung.

Seit 27 Jahren arbeitet er im einstmals farbigen Township Hanover Park, Kapstadt, einem der gewalttätigsten Viertel der Welt. Die jährliche Mordrate in und um die zweigeschossigen Betonblöcke liegt bei bis zu 100 Todesfällen pro 100.000 Einwohner. Aufgrund der hohen Gewaltraten in anderen Townships wie Nyanga, Langa, Khayelitsha, Kraai Fontein, Delft, Bischof Lavis und Philippi ist Kapstadt die gewalttätigste Stadt Südafrikas und Afrikas. Im Berichtsjahr vom 1. April 2015 bis 31. März 2016 verzeichnete das Polizeirevier Philippi East mit 203,1 pro 100.000 Einwohner die höchste Mordrate des Landes, gefolgt von Gugulethu mit 140,1 pro 100.000 Einwohner und Nyanga mit 130,6 pro 100.000 Einwohner.[25] Mit 52 Morden pro 100.000 Einwohner, und damit achtmal so hoch wie die weltweite Rate, gehört Kapstadt zu den gefährlichsten Städten der Welt, zusammen mit Caracas in Venezuela, San Pedro Sula in Honduras und San Salvador in El Salvador.

Der nur zwei Quadratkilometer große Hanover Park wird von der Polizei offiziell in zwei Sektoren aufgeteilt. Wie die Google Earth-Karte im Konferenzraum von Engel zeigt, ist sie jedoch in mehrere Gruppen aufgeteilt: Cowboy Town, Back Streets, The States, The Taliban Area, The Valley of the Plenty und The Jungle. Jede Gruppe wird von einer Gruppierung kontrolliert, die im Wesentlichen aus zwei vorherrschenden großen Banden besteht, den Mongrels (unter der 'britischen Flagge') und den Americans. Die Americans haben vor kurzem einen weiteren Partner hervorgebracht - ISIS - obwohl der Pastor verständlicherweise daran interessiert ist, die religiöse Dimension in einer bereits angespannten und unbeständigen Umgebung herunterzuspielen.

Pater Engel führt im Rahmen der Pfingstkirche, die von der Stadt Kapstadt finanziert wird, ein Programm durch, um Gewalt zu verhindern, zwischen Banden zu vermitteln und ihre Mitglieder zu rehabilitieren. Fünf 'Unterbrecher', allesamt ehemalige Senior-Gang-Mitglieder, werden zusammen mit der gleichen Anzahl von Outreach-Mitarbeitern beschäftigt; außerdem gibt es vier Datenerfasser und wissenschaftliche Mitarbeiter. Das Team überwacht Sicherheitsereignisse mit Hilfe eines Systems von 'Shot-Spottern', Mikrophonen, die an Straßenlaternen installiert und mit einem Google Earth-System verbunden sind, und Mobiltelefonen. Diese Technologie ermöglicht die Echtzeit-Überwachung von Schießereien sowie sofortige Intervention und Vermittlung. Obwohl sie 'analytische' Informationen austauschen, wird der Polizei hier wenig vertraut, und sie kommt kaum zum Einsatz. Tatsächlich wird behauptet, dass die immer schwereren Waffen, die hier zum Einsatz kommen - darunter auch 16- und 21-schüssige Uzis - aus Polizeirüstungen in den Hanover-Park gelangten.

Pater Engel hat mit durchschnittlich 40 bis 50 Morden pro Jahr reichlich zu tun. So wurden im Mai 2016 im Township 325 Schüsse abgefeuert, darunter fünf Tote und acht Verwundete aus 36 Vorfällen, von denen etwa 30 Prozent auf Drogen- und Bandenkriege zurückzuführen waren. Der Rest der Gewalt, merkt der Pastor an, ist 'sporadisch' – oft 'Gelegenheits-Angriffe'. Am Tag vor unserem Besuch bei Ceasefire, der NGO von Pater Engel, wurden zwei Gangster in Vergeltungsgefechten erschossen, einer von ihnen ein Leibwächter von nur 15 Jahren.

Gangs sind, gibt Pater Engel zu, eine Lebenseinstellung bei den 55.000 Menschen im Hanover Park. Die Arbeitslosigkeit ist hier, trotz der insgesamt relativ niedrigen Arbeitslosenquote der Stadt (21,1 Prozent) im Vergleich zum südafrikanischen Durchschnitt von 36,3 Prozent endemisch. Bandenmitglieder verlassen die Schule oft vorzeitig und verdienen sich im Gefängnis - bekannt als 'Universität des Verbrechens' – ihren 'Rang' in einer strengen Hierarchie, die von 'Generälen', 'Kapitänen' und 'Schützen' bestimmt wird. Gewalttätige Aktivitäten konzentrieren sich auf die Grenzen zwischen den Ganglands, wo es wenig Bewegung von Menschen gibt oder wo die Beleuchtung in der Nacht schlecht ist.

Der Anteil der Hochrisikopersonen in Hanover Park liegt nach seinen Worten bei weniger als 8 Prozent der Bevölkerung. 'Wenn man die Gewalt aus den Bereichen herausholen kann, so wie man eine Toilette und einen Abwasserkanal benutzt, um Abfall zu entfernen, dann ist eine Lösung möglich.' Dies ist jedoch nicht einfach in einem Bereich, in dem das Vertrauen gering, der Transport zu den Arbeitsorten kostspielig und die Unsicherheit allgegenwärtig ist. Pater Engel ist dort eingestiegen, wo der Staat gescheitert ist, und hat die Situation stabilisiert. Damit das so bleibt, braucht es aber mehr als eine zivilgesellschaftliche Initiative. Eine nachhaltige Polizeiarbeit, bei der die verfügbaren Technologien zum Einsatz kommen, ist ein Aspekt, der das Verhältnis von Polizei und Bevölkerung erhöht und in Kapstadt durchschnittlich 439 Beamte pro 100.000 Einwohner (mit einigen Gebieten, wie z.B. bestimmten Townships, die weit über dieser Zahl liegen) auf die internationale Norm von 220 zu 100.000 bringt.[26] Es gibt, so der Bürgermeister J.P. Smith, eine Überschneidung zwischen dem Mangel an polizeilicher Aufmerksamkeit und den Gewaltraten, wo nur 15 Stadtviertel für die Hälfte des Verbrechens verantwortlich sind.[27] Aber es wird noch mehr nötig sein, sagt Pater Engel, um Alternativen zu schaffen - Arbeitsplätze. Wenn wir Arbeitsplätze für nur 10 Prozent von ihnen schaffen können, dann fängt der Rest an zu träumen. Es ist nicht verwunderlich, dass es in den Polizeirevieren am Kap, die durch hohe Mordquoten gekennzeichnet sind, hohe sozioökonomische Ungleichheiten und steigende Arbeitslosigkeit gibt.[28]

Afrika ist nicht der einzige Kontinent, der sich mit solchen Herausforderungen auseinandergesetzt hat. Scheinbar hoffnungslose Situationen können innerhalb einer Generation schnell umgedreht werden. Die Geschichte von Medellín, Kolumbien, illustriert dieses Versprechen.

Wie der Erfolg aussieht

Der Wendepunkt von Medellín, der zweitgrößten Stadt Kolumbiens, ist zum Teil auf eine bessere Führung und Stadtplanung zurückzuführen. Möglich wurde es aber auch durch eine veränderte Sicherheitsumgebung in der Stadt ermöglicht, die einst mit dem Drogenbaron Pablo Escobar gleichnamig war. Medellín hatte einst die höchsten Gewaltverbrechensraten der Welt aufzuweisen und erreichte auf dem Höhepunkt der Regierungszeit von Pablo Escobar Anfang der 90er Jahre fast 7.000 Morde pro Jahr. Im Jahr 2008 waren es nur noch knapp über 1.000 Morde, bis 2014 waren es 658.[29] 1991 erlebte Medellín, um ein anderes Maß zu verwenden, 381 Morde pro 100.000 Einwohner, doppelt so viel wie 20 Jahre später in Ciudad Juárez, dem Epizentrum des Drogenkrieges in Mexiko. Bis 2015 hatte Medellín die gleiche Mordrate wie Washington DC.[30]

Der Auslöser für diese Verbesserungen und das darauf folgende Wirtschaftswachstum kam 20 Jahre zuvor, als Escobar im Dezember 1993 in einem *Barrio* von Medellín von den Behörden aufgespürt und getötet wurde. Sein Ende signalisierte das Aufkommen eines neuen Sicherheits- und Geheimdienstregimes, einen erneuten Krieg gegen Drogen und ein gesamtstaatliches Konzept für den Umgang mit Sicherheits- und Entwicklungsfragen.[31] Insbesondere die Wahl der Regierung von Präsident Álvaro Uribe im Jahr 2002 brachte eine dramatische Wende in der Sicherheitslage Kolumbiens mit sich, indem den Sicherheitsdiensten mehr Mittel zur Verfügung gestellt wurden, höhere Ausgaben für die Infrastruktur getätigt wurden und die Führung selbst in den entlegensten Gebieten Kolumbiens die Aufmerksamkeit auf Details lenkte. Damit wurde ein Prozess in Gang gesetzt, der es ermöglichte, bis Ende 2016 einen Waffenstillstand mit den Guerillas der Revolutionären Streitkräfte Kolumbiens (FARC) zu vereinbaren.[32]

Die Polizeiarbeit wird jetzt von Medellins High-Tech-Zentrale in den Bürgermeisterämtern aus gesteuert, wo die Beamten die Datenerfassung auf riesigen Fernsehbildschirmen überwachen. Auch die Fähigkeiten der Polizei sind enorm gewachsen. Bis 2015 gab es zum Beispiel 10.211 Polizeibeamte für die geschätzten 3,5 Millionen Bürger, die im Großraum um Medellín leben,[33] fast doppelt so viele wie 15 Jahre zuvor.[34] Gleichzeitig hat sich die

Qualität der Polizeiarbeit verbessert, insbesondere durch einen höheren Prozentsatz an Akademikern in der Truppe[35] und eine verbesserte Zusammenarbeit mit dem Militär.

Medellín ist heute ein globaler Trendsetter in der Stadtentwicklung. Für die Stadt, wie für Kolumbien als Ganzes, war die Sicherheit die Tür, durch die viel anderes gefolgt ist. Es gab auch wichtige Änderungen in der Planung und Infrastruktur der Stadt, zusammen mit der Erkenntnis, dass Sicherheit, wie Wachstum, von einem differenzierten Betriebssystem abhängt, das öffentliche Räume besser nutzt und Randgebiete mit dem Central Business District (CBD) verbindet. Mit dem Integral Urban Project wurde das so genannte Gondelbahnverkehrssystem der Stadt realisiert, das verschiedene abgelegene inoffizielle Siedlungen über extreme Topographie hinweg mit dem Metrosystem und damit dem Stadtzentrum verbindet. Das Projekt förderte auch die Entwicklung rund um die U-Bahn-Stationen in Form von Bibliotheken und Grünflächen.

Die Linie J des Metrocable-Netzes von Medellín führt nun über La Comuna 13, eines der härtesten *Barrios* der Stadt. Die 2007 eingeweihte Standseilbahn verbindet die 28.000 Einwohner der *Comuna* und andere mit dem Stadtzentrum. Die Fahrt, die einst stundenlang auf kurvenreichen, schmalen Straßen hinauf und hinunter geführt hätte, dauert jetzt 10 Minuten und kostet nur US-$1.

Mit Blick auf die verrosteten Blechdächer und die roten Backsteinwohnungen am Hang bemerkte ein lokaler Polizist 2014: 'Wir hatten ein Problem beim Start der Seilbahn. Die Einheimischen schossen vom Boden aus darauf.' Das Sicherheitsproblem wurde durch verbesserte Patrouillen gelöst. Die Linie J, eine von drei Linien, die die Stadt überspannt, befördert täglich 30.000 Menschen, die Seilbahnen fahren mit 16 km/h schnell über die Barrios und befördern die Menschen effizient zum Bahnhof San Javier am Fuße des Berges, und nach La Aurora, auf dem 2,7 Kilometer entfernten Berggipfel.

Am Bahnhof San Javier steigen Pendler in die Metro ein, die 1995 in Betrieb genommen und von einem spanisch-deutschen Konsortium gebaut wurde. Die 27 Bahnhöfe und modernen Waggons des Systems sind ein Symbol für die Veränderung der Geschicke von Medellín. Einst die Stadt von Escobar, ist die Stadt heute das Epizentrum des kolumbianischen Bergbaus und der verarbeitenden Industrie. Die Metro befördert täglich eine halbe Million Fahrgäste, darunter 350.000 Einwohner aus dem nordöstlichen Viertel, in dem viele der Arbeiterklasse leben. Sie überwindet die Barrieren zwischen ehemals ungleichen armen und reichen Gebieten und ermöglicht das Wachstum neuer Unternehmen.

Da die Baukosten für das Metrocable bei 10 Millionen US-$ pro Kilometer liegen und die Metro selbst 2 Milliarden US-$ kostete, war die Entwicklung des städtischen Verkehrssystems ein mutiger Schritt. Die Nutzung der Metro als Entwicklungsachse wurde von den Planern von Medellín als entscheidend für die Erfüllung der modernen Bedürfnisse der Stadt in einer Zeit des sozialen Wandels und der Instabilität anerkannt. Das städtische Wachstum von Medellín seit den 1960er Jahren hatte das gesamte Aburra-Tal mit Gemeinden durchzogen, in denen die rauen Lebensbedingungen durch Drogenfahndung, Arbeitslosigkeit und Gewalt verschärft wurden.

In diesem positiven Zyklus hat die Verbesserung der Sicherheit zu wirtschaftlichem Wohlstand geführt, der wiederum die Stabilität gefestigt hat. Medellín verfügt über rund 1.750 Exportunternehmen, die größte Zahl aller kolumbianischen Städte, von Textilherstellern bis hin zu Dienstleistungsunternehmen. Ergänzt werden sie durch Bergbau, Stromerzeugung, Bauwesen und zunehmend auch Tourismus. Der Erfolg von Medellín hängt mit der Offenheit zusammen, sowohl zwischen den eigenen Gemeinden als auch mit den internationalen Märkten.

Diese Entwicklungen haben dazu beigetragen, lokale Einstellungen zu verändern und Gemeinden in das Stadtleben zu integrieren, indem sie das Offizielle mit dem Inoffiziellen verschmolzen haben. Medellín wurde 2013 vom Urban Land Institute mit dem Preis 'Innovative City of the Year' ausgezeichnet und hat dabei New York und Tel Aviv geschlagen. Aufsteigen und mit der Zeit gehen ist etwas, was die meisten afrikanischen Städte noch nicht geschafft haben, jedenfalls nicht ganz so positiv.

Fazit: Eine neue urbane Agenda

Medellín war noch vor nicht allzu langer Zeit ein Synonym für ein Niveau der Anarchie, das selbst die herausforderndsten afrikanischen Städte noch nicht erreicht haben. Eine engagierte Regierung mit einem umfassenden Sicherheits-, Wirtschafts- und Infrastrukturplan konnte jedoch eine Situation umkehren, die von vielen als hoffnungslos empfunden wurde. Die kritischen Bestandteile waren die Anerkennung der Ernsthaftigkeit der Situation und die Übernahme der Verantwortung für die Probleme und Lösungen durch die Führung.

Die positive Lektion aus Medellín für afrikanische Führer ist, dass Veränderungen stattfinden und selbst außergewöhnliche, schwierige Situationen in relativ kurzer Zeit bewältigt werden können. Es gibt noch eine andere Dimension. Ein positiver Wandel in der städtischen Umwelt bewirkt eine proportional höhere Bevölkerungszahl als in den ländlichen Gebieten und setzt damit eine erhebliche unternehmerische Dynamik und Wirtschaftswachstum frei.

Um dies zu erreichen, bedarf es einer konzertierten Aktion des Staates und seiner Führer. Manchmal, wie im Fall von Pater Engel, gibt es heldenhafte Menschen, die alles daran setzen, ihre Nachbarschaft zu verbessern. Sie können jedoch nicht die Sicherheit selbst kleinerer Gebiete, geschweige denn hochkomplexer und explosiver afrikanischer Städte gewährleisten, und es ist für sie schwierig, ihre Programme aufrechtzuerhalten. Die Dynamik des hohen Bevölkerungswachstums, des Mangels an Arbeitsplätzen und der raschen Verstädterung kann große Gebiete schaffen, in der die Regierungsgewalt nicht in Erscheinung tritt und Kriminelle und andere sich frei bewegen können. Folglich wird die Zukunft, solange 'business as usual' andauert, von zunehmend anarchischen städtischen Gebieten bestimmt, in denen Menschen versuchen, unter großem Stress und großer Unsicherheit ihr Leben zu führen.

Angesichts der derzeitigen Politik werden die Regierungen Afrikas nicht in der Lage sein, die Bedingungen und Ressourcen bereitzustellen, die erforderlich sind, damit die Städte ihre inhärenten Vorteile von Dichte und Größe optimal nutzen können.

Die Lösungen müssen der gesamten politischen Ökonomie zugute kommen, wenn die städtische Umwelt eine Antwort auf Afrikas extreme Herausforderungen der sozialen und wirtschaftlichen Ausgrenzung geben soll. Kann in diesem Rahmen eine Lösung gefunden werden, die Wohnen, Finanzierung, Sicherheit, Internetkonnektivität, Verkehr und Governance mit Bildung, Wirtschaftswachstum, Gesundheitsfürsorge und der Schaffung von Arbeitsplätzen verbindet? Entscheidend ist dabei die Rechtssicherheit und die Vermeidung von Korruption. Das Ausmaß der afrikanischen Herausforderung lässt sich kaum leugnen.

Afrikas gegenwärtige städtische Rahmenbedingungen, wie sie in Kapitel 6 zu sehen sein werden, sind weniger ein Produkt positiver Push- und Pull-Faktoren als vielmehr der Verzweiflung. Diese Chance zu nutzen, um eine bessere Zukunft zu schaffen, setzt voraus, dass man einerseits die Notwendigkeit der Wohnungsdichte und andererseits die Rolle akzeptiert, die inoffizielle Gemeinschaften und Unternehmen positiv spielen können. Bei Planung, Regierungshandeln und Architektur geht es auf diese Weise weniger um einen Neuaufbau, sondern vielmehr um das Einfügen von Strukturen in den inoffiziellen Sektor, um die bereits vorhandenen Ressourcen und deren Einsatz geschickt zu nutzen.[36]

Ungeachtet des Ausmaßes dieser Herausforderungen und der knappen Zeit und Ressourcen zeigt Medellín, dass 20 Jahre lang genug sind, um die negativen Muster der Vergangenheit grundlegend zu durchbrechen, wenn gute Führung und die richtigen Anreize vorhanden sind. Die Herausforderung für die afrikanischen Staats- und Regierungschefs besteht darin, dass solche dramatischen Ergebnisse eine deutliche Abweichung vom Status quo erfordern, der diese Bedingungen hervorgebracht hat.

Der Sicherheitsaspekt kann natürlich nicht alleine gelingen. Die Bereitstellung beträchtlicher militärischer und finanzieller Mittel in so unterschiedlichen Kontexten wie Irak und der Demokratischen Republik Kongo zeigt, dass es keine Sicherheitslösung für die Probleme eines Landes gibt. Sicherheitsmaßnahmen könnten Raum bieten, aber für eine längerfristige Stabilität ist eine politische und wirtschaftliche Lösung erforderlich.

Kapitel 2
Demokratie und Entwicklung

Fünf Schritte zum Erfolg:

- Demokratie und Entwicklung sind unteilbar. Die demokratische Regierung vertritt die Interessen der Bevölkerung und nicht nur einer Elite.
- Angesichts der überlegenen globalen Wirtschaftsleistung und der Stabilität demokratischer Regierungen auf lange Sicht hin gesehen müssen die Stabilitätskämpfe, die autoritäre Regime mit sich bringen können, mit Skepsis betrachtet werden.
- Demokratien müssen so gestaltet werden, dass sie den besonderen politischen, wirtschaftlichen und demografischen Herausforderungen gerecht werden, mit denen die Länder konfrontiert sind.
- Demokratie ist für das Selbstbestimmungsrecht der Städte von entscheidender Bedeutung, da nur demokratische Führer in der Lage sind, Macht zu übertragen.
- Um den Bedrohungen für demokratische Wahlen und Institutionen zu begegnen, ist eine 'Anleitung zur Demokratie' notwendig.

Herausforderungen und Chancen:

Die grundlegende Herausforderung für die Verbesserung der afrikanischen Volkswirtschaften besteht darin, Strukturen und Anreize zu entwickeln, die das Wachstum des Privatsektors und den Wohlstand der Bevölkerung fördern. Entsprechend müssen die Interessen und Überlegungen der Eliten auf dem ganzen Kontinent abgewertet werden. Demokratische Systeme, die weitgehend verleugnet werden, sind am besten in der Lage, ganze Gesellschaften zu bereichern, weil sie von den Wählern und ihren Interessen angetrieben werden. Empirische Beweise zeigen, dass Demokratien dazu neigen, besser regiert zu werden. Es ist die Rechenschaftspflicht der Institutionen - das Markenzeichen der Demokratie -, die sowohl die politische Partizipation als auch eine gute Wirtschaftsleitung fördert. Doch der demokratische Fortschritt, ja sogar die Konsolidierung, scheinen in Teilen des Kontinents ins Stocken geraten oder sogar rückwärts gegangen zu sein.

Schlüsselzahlen:
Trotz der Herausforderungen im Aufbau institutioneller Demokratien und der ungleichmäßigen Fortschritte in diesem Bereich auf dem gesamten Kontinent haben bis 2013 70 Prozent der befragten Afrikaner in 34 Ländern angegeben, dass sie die Demokratie den 'anderen Regierungsformen' vorziehen. Die Zahl der afrikanischen Wahldemokratien stieg von nur zwei im Jahr 1980 auf über 40 ein Vierteljahrhundert später. Aber die Zahl der Länder, die als 'nicht frei' gelten, übersteigt die Zahl der Länder, die als 'teilweise frei' gelten. Obwohl der Kontinent mit einem Durchschnittsalter von 19,5 Jahren[1] die jüngste Bevölkerung der Welt hat, liegt das Durchschnittsalter der zehn ältesten afrikanischen Staats- und Regierungschefs bei 78,5 Jahren, verglichen mit 52 Jahren bei den Staats- und Regierungschefs der zehn am weitesten entwickelten Volkswirtschaften der Welt. Bis 2016 waren die fünf dienstältesten Präsidenten Afrikas zwischen 29 und 36 Jahren an der Macht.

'Eine der Asymmetrien der Geschichte', schrieb Henry Kissinger über den ehemaligen Premierminister von Singapur, Lee Kuan Yew, 'ist der Mangel an Übereinstimmung zwischen den Fähigkeiten einiger Führer und der Macht ihrer Länder'. Noch schmeichelhafter war Kissingers ehemaliger Chef Richard Nixon. Er spekulierte, dass Lee, wenn er in einer anderen Zeit und an einem anderen Ort gelebt hätte, 'vielleicht die politische Größe eines Churchill, eines Disraeli oder eines Gladstone erreicht hätte'.[2]

Singapur wurde unter anderem von Ruandas Präsident Paul Kagame als Vorwand benutzt, um die Demokratie nicht vollständig zu demokratisieren. Es ist so, dass der wirtschaftliche Erfolg des Inselstaates untrennbar mit Lees Herrschaftsstil verbunden ist. Oberflächliche Hinweise auf Singapur als Alternative zur Demokratie lassen jedoch einige wichtige Wahrheiten vermissen.

Wie andere ostasiatische Nationen - darunter Südkorea, China, Indonesien und Taiwan - modernisierte Singapur das Land unter strenger politischer Kontrolle. Nichtsdestotrotz hat der Inselstaat eine außerordentliche Freiheit der individuellen Wahl und der wirtschaftlichen Offenheit genossen, eine sanfte Autokratie, die sich von den manchmal gewalttätigen und korrupten afrikanischen Epochen autoritärer Herrschaft, die Lee selbst kritisch betrachtete, unterscheidet. Auch wenn einige Diktatoren Lees 'Big Man'-Image vielleicht mochten, war die Realität von Singapur weit mehr als nur das Vertrauen in eine Person; es ging im Grunde genommen um das Vertrauen in Institutionen und um Verbesserungen in der Politik und der Regierungsführung bei der Verfolgung der Entwicklung.

Obwohl Lee das artikulierte Gesicht der Öffentlichkeit präsentierte und Politik und Persönlichkeiten geschickt managte, war sein Team beeindruckend. Lees Memoiren, *From Third World to First*, ist ein Beweis dafür, wie hoch er die Meinung seiner Kollegen einschätzte und wie oft es innerhalb der Regierung zu wichtigen Themen Meinungsverschiedenheiten gab.[3] Meinungsverschiedenheiten wurden toleriert, der Ideenwettbewerb führte zu einem besseren Ergebnis.

Darüber hinaus hat Singapur dafür gesorgt, dass die Besten und Klügsten angezogen wurden, dass sie angemessen bezahlt wurden und dass sie die volle Unterstützung der Führung erhielten, um ihre Arbeit zu erledigen. Wie Lee bemerkte, ‘ [wir] haben eine bessere Chance, nicht zu scheitern, wenn wir uns an die Grundprinzipien halten, die uns geholfen haben, voranzukommen: sozialer Zusammenhalt durch die gemeinsame Nutzung der Vorteile des Fortschritts, Chancengleichheit für alle und Leistungsgesellschaft, mit dem besten Mann oder der besten Frau für den Job, vor allem bei Regierungschefs.’[4]

Im Gegensatz zur Fremdenfeindlichkeit und Identitätspolitik, die in einigen afrikanischen Ländern betrieben wird, ist die Einbeziehung der ethnischen Vielfalt und die Anziehung globaler Talente ein weiterer Schlüsselfaktor für den Erfolg von Singapur. Das Land hatte bei der Erlangung der Unabhängigkeit etwas mehr als eine Million Einwohner. Von den derzeit 5,3 Millionen Singapurern sind rund 1,5 Millionen Zuwanderer, haben einen festen Wohnsitz oder sind Arbeitsmigranten. Die Zuwanderung war Teil einer Strategie zur Aufrechterhaltung der BIP-Ziele, und dies entspricht dem Bedürfnis von Singapur nach kontinuierlicher Innovation und Effizienz.

All dies wurde durch die Entschlossenheit Singapurs untermauert, die Globalisierung nicht zu nationalisieren, sondern zu globalisieren. Afrikanische Regierungen machen es routinemäßig schwierig, Waren in und aus ihren Ländern zu befördern, und sind gegenüber den Motiven ausländischer Investoren inhärent misstrauisch. Im Gegensatz dazu hat Singapur seine strategische geographische Lage genutzt, indem es sie mit der Politik und dem Fokus der Institutionen in Einklang gebracht hat. Auf der Insel gibt es einen Nulltarif für importierte Waren, niedrige Steuersätze, eine Reihe von Freihandelsabkommen und eine starke Handels- und Exportförderung mit fast 40.000 internationalen Unternehmen, darunter 7.000 multinationale Unternehmen. Singapur hat es vermieden, sich gegen die Märkte oder die Bedürfnisse und Befindlichkeiten multinationaler Unternehmen und internationaler Finanzinstitutionen zu wehren. Tatsächlich hat es stets darauf hingewirkt, die Regulierungsinstitutionen zu stärken, um jegliche Wahrnehmung des Risikos von Entwicklungsländern zu negieren.

Das Argument für eine autoritärere Herrschaft bestünde darin, dass eine Kombination aus niedrigem Alphabetisierungsgrad, der Zerstreuung und den Kosten, die durch regelmäßige inländische Wahlzyklen entstehen, und dem Mangel an starken, fähigen alternativen Führern die Demokratie nach westlichem Muster in Afrika unwirksam macht. Die Befürworter dieses Arguments geben eine Vorliebe für eine harte Persönlichkeit an, vermutlich wie Lee, der 'auf lange Sicht die Dinge erledigen kann' - eine Form der wohlwollenden Diktatur.

Das Problem mit einem solchen Modell besteht bisher darin, dass viele afrikanische Staaten bereits eine solche Einparteien- oder Ein-Mann-Führung erlebt haben, die weniger wie Lees Singapur funktioniert hat, sondern vielmehr als die Karikatur einer blechernen und oft extrem brutalen Diktatur wahrgenommen wurde. In Afrika, aber auch in weiter entfernten Ländern, sind Diktaturen in der Regel nicht wohlwollend. So wie sie Repressionen einsetzen, um ihre Bürger in Schach zu halten, so enden sie auch oft gewaltsam. Das Problem war, dass die afrikanischen Autoritäten nicht den Fokus auf Wirtschaftswachstum, die Betonung von Talent und eine globale Perspektive übernommen haben, welche die entscheidenden Aspekte des Singapur-Wunders waren.

Wir sind daher der Meinung, dass der langfristige wirtschaftliche Erfolg davon abhängt, dass die afrikanischen Länder demokratischer werden. Das ist der einzige Weg, der die Regierungen zwingen wird, Institutionen zu schaffen, welche für die Mehrheit der Bevölkerung Nutzen bringen. Ohne den Zwang, wieder gewählt zu werden, und abhängig vom guten Willen und der Weisheit einer kleinen Elite ist sie in Dutzenden von Ländern seit Jahrzehnten gescheitert. Es gibt kein offensichtliches System, das die afrikanischen Staats- und Regierungschefs dazu zwingt, angesichts des außerordentlichen Bevölkerungswachstums in Afrika den Privatsektor zu fördern und Arbeitsplätze zu schaffen.

Afrikanischer demokratischer Fortschritt

Während des Kalten Krieges war ein großer Teil Afrikas in Systeme der Einparteien- oder autoritären Herrschaft verstrickt, die naturgemäß den Wettbewerb von Ideen und Systemen unterdrückten.

Vor dem Fall der Berliner Mauer hatten nur zwei Länder das, was man als institutionalisierte demokratische Systeme bezeichnen könnte: Botswana und Mauritius.[5] Als der Wettbewerb der Supermächte zusammen mit der militärischen und wirtschaftlichen Hilfe zusammenbrach, die viele afrikanische Diktatoren unterstützt hatten, stieg die Zahl der Länder, die regelmäßige, wettbewerbsfähige Mehrparteienwahlen abhielten, zwischen 1990 und 2005 dramatisch auf über 40 an. Die Elfenbeinküste hatte 1990 eine Mehrparteienwahl, 1991 folgten Benin und Sambia, 1992 Kenia und 1995 Tansania. Ghana und Nigeria kehrten mit Mehrparteienwahlen in den Jahren 1996 und 1999 zur Zivilregierung zurück. Seit 1991 gab es 36 friedliche Machtübertragungen von Amtsinhabern an der Wahlurne in Afrika südlich der Sahara.[6]

Während dieser Zeit hat sich die Zahl der afrikanischen Länder, die von der US-amerikanischen Denkfabrik Freedom House als 'frei' eingestuft wurden, fast vervierfacht - auf 11 Länder.[7] Die größere Verschiebung war wohl durch die Länder mit der Bezeichnung 'nicht frei' gekennzeichnet, die 1990 70 Prozent des Kontinents ausmachten, 2005 aber nur noch 33 Prozent. Die meisten Länder, die aus dieser Kategorie ausgetreten sind, wanderten in die Kategorie 'teilweise frei' ab, die 2005 von 24 Prozent auf 44 Prozent anstieg.

Die große Überraschung im Jahrzehnt von 2005 bis 2014 zeigt sich jedoch in den begrenzten Fortschritten - und wohl auch Rückschritten - bei den politischen Reformen. Die Zahl der Länder, die 2014 als 'frei' eingestuft wurden, ist um eins geringer als 2005, und es gab einige bedeutende Enttäuschungen, insbesondere in Mali. Vielleicht noch bemerkenswerter ist, dass nach einem Jahrzehnt, in dem die Kategorie 'teilweise frei' denjenigen in der Kategorie 'nicht frei' überlegen war, die Zahl der Länder, die als 'nicht frei' gelten, nun deutlich höher ist als die Zahl der Länder, die als 'teilweise frei' gelten (21 zu 18).

Natürlich neigen afrikanische Regime zu fließenden Übergängen. Von denjenigen, bei denen der Fortschritt ins Stocken geraten ist, einschließlich der oben erwähnten Rückfälle, kehren 80 Prozent innerhalb von drei Jahren, einige Länder sogar mehr als einmal, auf den demokratischen Weg zurück. Diese Regime beinhalten oft komplexe, sich verändernde Koalitionen, mit institutionellen und ethnischen Partnerschaften, manchmal auch mit dem Militär. Von den 91 Präsidenten und Premierministern, die seit 1989 in zivilen Regimen auf dem Kontinent im Amt waren, diente fast die Hälfte (45 Prozent) entweder in der Armee oder waren einmal Guerillas.[8]

Die Bedrohungen für die Demokratie in Afrika reichen von Beziehungen zu Außenstehenden, die mehr an kurzfristigen Profiten, einschließlich Einnahmen aus Mineralien und Erdöl als an der Unterstützung der Entwicklung von Regierungsinstitutionen interessiert sind, bis hin zu tief verwurzelten Problemen schwacher Institutionen, schwankendem Nationalismus und anhaltender Armut, die dazu führen können, dass Stimmen für eine Mahlzeit oder ein T-Shirt gekauft werden.[9] Demokratische Institutionen (d.h. Parlamente, Gerichte und Staatsanwälte) waren oft im Entstehen begriffen und schwach, einfach weil es sehr schwierig ist, solche belastbaren Strukturen zu schaffen. Finanzielle Redlichkeit und Transparenz verbessern sich auch bei solchen Institutionen immer wieder, wie aus dem im nächsten Abschnitt angedeuteten Wachstumsgefälle hervorgeht, auch wenn das Verhältnis zwischen Regierungswillen und Demokratie nicht linear ist. Wahldrohungen manifestieren sich auf verschiedene Weise. In der Erklärung der Afrikanischen Union (AU) von 2002 zu den Grundsätzen für demokratische Wahlen in Afrika werden einige der Herausforderungen hervorgehoben, die sich aus der Forderung ergeben, dass die Wahlen von unparteiischen, allumfassenden, kompetenten und rechenschaftspflichtigen nationalen Wahlgremien organisiert werden müssen. Sie fordert die Mitgliedstaaten ferner auf, Betrug, Manipulationen und andere illegale Praktiken zu verhindern.[10]

Diese Herausforderungen zu meistern, war eine offensichtliche Veränderung im Engagement der internationalen Gemeinschaft in ihrer Rolle bei der Förderung der Demokratie. Seit Anfang der 2000er Jahre scheint sich der Schwerpunkt auf die Verhinderung der Ausbreitung von Radikalisierung und Terrorismus auf dem gesamten Kontinent verlagert zu haben.

Die Antwort der USA auf die Wahlen 2016 in Uganda war, ihre Kritik zu mildern, weil die Anwesenheit der ugandischen Truppen in der AU-Mission in Somalia aufrechterhalten werden müssen. Sambias Präsidentschaftskandidat Hakainde Hichilema, der im Februar 2016 in Sambia die Diktionen der ugandischen Opposition angesichts der Beweise für Manipulationen, Schikanen und mangelnde Transparenz bei den Wahlen in der ostafrikanischen Nation im Februar 2016 anerkennt, bemerkte: 'Wir können uns nur selbst helfen.'[11] Oder, wie Raila Odinga, der kenianische Oppositionsführer und ehemalige Premierminister, es 2016 formulierte: 'Es gibt einen Angriff auf die Demokratie auf dem Kontinent. Wahlen werden jetzt als Rituale abgehalten, die darauf abzielen, die Herrschaft des Amtsinhabers, eine vorher festgelegte verfassungsmäßige Forderung, aufrechtzuerhalten'. Odinga sagt, dass dies auf das Aufkommen Chinas als dominierenden Wirtschaftsakteur zurückzuführen ist. Die USA waren einst die Verteidiger der Demokratie auf dem Kontinent, aber jetzt zögern sie, diese Rolle zu spielen. 'Vielleicht', meint er,' operiert es in seinem strategischen Eigeninteresse, aus Angst, von China verdrängt zu werden.'[12] Teilweise als Folge dieser Veränderungen im internationalen Streben nach Demokratie hat der frühere UN-Generalsekretär Kofi Annan festgestellt, dass die Herrscher nach einer ersten Phase des echten Wandels gelernt haben, dass Wahlen nicht unbedingt Demokratie bedeuten müssen: Wahlen könnten gespielt werden, um an der Macht zu bleiben, manchmal sogar unbegrenzt. Das Ergebnis, sagt er, ist, dass einige Wahlen lediglich das Lippenbekenntnis sind, das die undemokratischen Führer der Demokratie geben, und dabei 'Legalität mit Legitimität' verwechseln, selbst wenn die Gerichte die Ergebnisse bestätigen. Die Folge von 'Repression mit Stabilität', insbesondere auf lange Sicht, und von 'einem Wahlmandat mit Blankoscheck' sei die Schließung des politischen Raums. 'Gesunde Gesellschaften beruhen auf drei Säulen: Frieden und Sicherheit, nachhaltige Entwicklung, Menschenrechte und Rechtsstaatlichkeit', schreibt Annan. 'Viele Staaten glauben heute, dass sie die ersten beiden ohne das Dritte haben können, was Wahlen mit Integrität einschließt. Sie irren sich.'[13]

Was sich sowohl aus den Wahlen 2016 in Uganda als auch in Sambia ergeben hat, ist ein Musterbeispiel dafür, dass etablierte Amtsinhaber einen Wahlprozess zu ihren Gunsten steuern können: Schließung des demokratischen Raums, Einmischung, Missbrauch staatlicher Ressourcen, Kontrolle der Informationskultur und, wenn nötig, Änderung der Zahlen. Diese Ereignisse machen deutlich, dass die Abhaltung von Wahlen an sich noch keine Demokratie bedeutet. Sie können den Autoritarismus sogar noch verstärken, wenn sie die Unterwanderung des demokratischen Prozesses durch Wahlfälschungen zulassen.

Das haben in den letzten Jahren zahlreiche 'Staatsstreiche' gezeigt, bei denen die Führer ihre Macht durch Wahlen festigten. So hat beispielsweise Sam Nujoma, Namibias Gründungspräsident, 1998 einen Gesetzentwurf vorgelegt, der es ihm erlaubt, eine dritte Amtszeit trotz einer verfassungsmäßig vorgeschriebenen Zweijahresbegrenzung zu absolvieren.[14] Sambia und Malawi folgten 2001 bzw. 2003, obwohl die Amtsinhaber Frederick Chiluba und Bakili Muluzi ihre Gebote nicht durchsetzen konnten. Referenden änderten die Verfassungen in Tschad, Guinea und Niger. Yoweri Museveni aus Uganda kombinierte die Abschaffung der Laufzeitbeschränkungen mit dem Versprechen einer Rückkehr zur Mehrparteiendemokratie im Jahr 2005.[15] Im Dezember 2015 wurde die ruandische Verfassung durch ein Referendum geändert, um Paul Kagame die Möglichkeit zu geben, seine Herrschaft auszuweiten. Er hatte de facto bereits seit 1994 regiert. Bis zu diesem Änderungsantrag war Kagame nicht berechtigt, 2017 für das Amt des Präsidenten zu kandidieren, da die ruandische Verfassung den Präsidenten auf zwei Amtszeiten beschränkte. Ein Referendum stimmte der Änderung mit einer Mehrheit von 98,3 Prozent zu, wodurch Kagame für eine weitere siebenjährige Amtszeit und dann für zwei weitere Amtsperioden, möglicherweise bis 2034, zugelassen wurde, bis zu dem Zeitpunkt, an dem er 40 Jahre im Amt sein würde.

Gewöhnlich ist es die Praxis autoritärer Herrscher, sich unentbehrlich zu machen. Kagames Antwort auf die Frage: 'Warum streben Sie eine dritte Amtszeit an?' des ehemaligen britische Premierminister Tony Blair 2016 war, dass er einfach nur den Wunsch des ruandischen Volkes respektiere. 'Ich habe nicht darum gebeten', sagte Kagame. 'Ich sagte, vielleicht musst du mit jemand anderem ein Risiko eingehen. Aber sie sagten immer wieder, nein, wir wollen, dass du bleibst.'[16]

Doch im Vergleich dazu beträgt die durchschnittliche Amtszeit der CEOs der 500 größten amerikanischen Unternehmen 4,9 Jahre, was ungefähr der Länge einer einzigen Amtszeit entspricht. Die durchschnittliche Dauer aller CEOs beträgt 8,1 Jahre.[17] Obwohl es Ausnahmen gibt, befürchten die Unternehmen die Rolle eines 'imperialen' CEOs.

Eine Demokratie, die zur wirtschaftlichen Stärkung der Bürgerinnen und Bürger beiträgt, muss daher mehr als nur aus einer Wahlmöglichkeit bestehen. Es geht darum, eine Gewaltenteilung zwischen Justiz, Legislative und Exekutive zu gewährleisten. Es geht um die Gewährleistung leistungsorientierter Ernennungen in der gesamten Regierung, aber vor allem in den wichtigsten Kontrollinstitutionen der Regierung; es geht um die Notwendigkeit einer Reform des Beschaffungswesens, um die Sauberkeit der Verträge zu gewährleisten; und um eine freie und kraftvolle Medienlandschaft. Es verlangt von den Politikern, sich auf politische Entscheidungen zu konzentrieren, nicht auf Identitätspolitik.

Wo es Institutionen an Biss und Unabhängigkeit mangelt und die Regierungsführung schwach ist, sind die Voraussetzungen geschaffen, um staatliche Institutionen zu 'erobern' und die daraus resultierende Umverteilung von Gefälligkeiten, Arbeitsplätzen und Verträgen zu erreichen.[18]

Die Hauptstädte Afrikas südlich der Sahara dürften in dieser Hinsicht größer werden als in anderen Ländern, da die aus diesen Ressourcen stammenden staatlichen Inbesitznahmen oder Mieteinnahmen in Anspruch genommen werden müssen. Im Gegensatz dazu weisen Nicht-Hauptstädte in Afrika nicht nur eine geringere Bevölkerungskonzentration, sondern auch höhere Wachstumsraten auf.[19] Die Natur des politischen Systems kann auch die Urbanisierung beeinflussen. Eine in den 1990er Jahren veröffentlichte Studie kam zu dem Ergebnis, dass Diktaturen 50 Prozent größere Städte haben als Demokratien.[20] Als Gründe für diese relative Konzentration wurden hohe Außenzölle, hohe Kosten des Binnenhandels und ein niedriges Niveau des internationalen Handels angeführt. Noch deutlicher wird in der Studie festgestellt, dass die Politik, wie etwa der Grad der Instabilität, das Vorrecht der Städte bestimmt.

Die Stärke einer Demokratie liegt nicht nur in der Natur der öffentlichen Institutionen, sondern auch in der Art und Weise, wie die Regierung mit diesen Institutionen und der politischen Opposition umgeht.

Drei Gründe, warum Demokratie für die afrikanische Bevölkerung wichtig ist

Der erste Grund für die Unterstützung der Demokratie in Afrika ist, dass die Demokratien des Kontinents typischerweise Wirtschaftswachstumsraten aufweisen, die ein Drittel schneller wachsen als die der Autokratien. Sie sind daher besser gerüstet, um die Anzahl der benötigten Arbeitsplätze zu schaffen, wenn ihre Bevölkerung wächst.

Dies entspricht dem, was global und über einen längeren Zeitraum hinweg beobachtet wurde. Wie beispielsweise die Arbeit von Joseph Siegle und Kollegen zeigt,[21] haben seit dem Ende des Kalten Krieges nur neun von 85 Autokratien weltweit ein nachhaltiges Wirtschaftswachstum realisiert. Darüber hinaus hatten 48 dieser Autokratien in diesem Zeitraum mindestens eine Episode katastrophaler wirtschaftlicher Erfahrungen (definiert als jährlicher Rückgang des Pro-Kopf-BIP um mindestens 10 Prozent). In dieser Hinsicht besteht ein Zusammenhang zwischen demokratischer und wirtschaftlicher Leistungsfähigkeit. Von den 47 führenden Ländern im Human Development Index der Vereinten Nationen - d.h. denjenigen, die als ‘sehr gute menschenrechtliche Entwicklung’ eingestuft werden - gelten 41 als ‘frei’, zwei (Singapur und Seychellen) als ‘teilweise frei’ und nur vier (Brunei, Hongkong, 22 VAE und Katar) als ‘nicht frei’.

Die Analyse von Nicolas van de Walle und Takaaki Masaki untermauert den Zusammenhang zwischen Demokratie und Wachstum weiter.[23] Bei der Untersuchung von 43 (von 49) Ländern in Subsahara-Afrika für den Zeitraum 1982 bis 2012 fanden die Autoren 'starke Beweise dafür, dass Demokratie positiv mit Wirtschaftswachstum assoziiert wird', und dass dieser 'demokratische Vorteil' für diejenigen afrikanischen Länder ausgeprägter ist, die seit längerer Zeit demokratisch sind.

Abbildung 2.2, die auf der Grundlage der Freedom House-Klassifikationen berechnet wird, zeigt, dass das BIP-Wachstum in den Ländern, die als ‘frei’ eingestuft werden, wesentlich höher ist als das Wachstum in den Kategorien ‘teilweise’ und ‘nicht frei’.

Abbildung 2.1: Der Zustand der Freiheit in Afrika, 2016

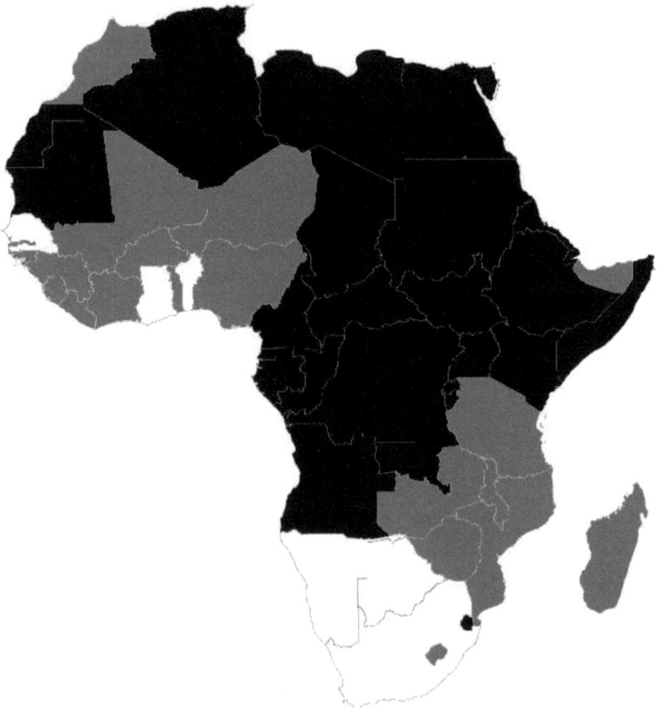

frei

teilweise frei

nicht frei

Quelle: Freedom House, Freedom in the World 2016, https://freedomhouse.org/report/freedom-world-2016/table-scores

Wie man sehen kann, ist die Leistung der Gruppe 'nicht frei' erheblich schlechter, wenn man die Öl-produzierenden Staaten (Sudan, Äquatorialguinea, Angola, Gabun und die Demokratische Republik Kongo) ausklammert. Obwohl die Rohstoffausstattungen kurzfristig die Wachstumsraten erhöhen können, gewinnt die Qualität der Regierungs-führung mittel- bis langfristig an Bedeutung, da die Rohstoffpreise zyklisch sind und eine gute Regierung notwendig ist, um Investitionen zu tätigen.

Abbildung 2.2: Das Pro-Kopf-BIP Afrikas südlich der Sahara nach Freiheits-Indikatoren

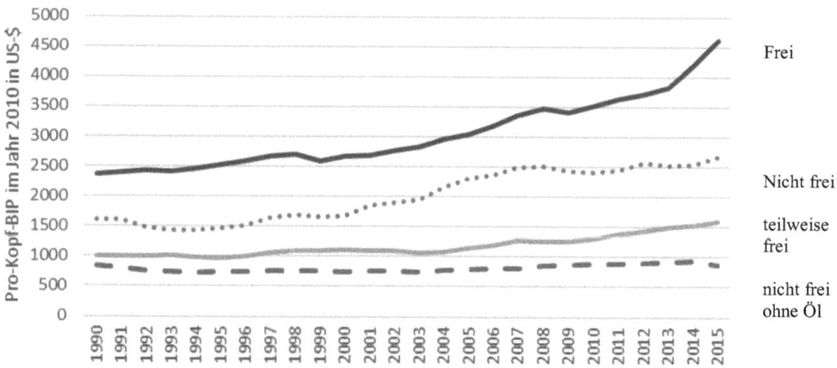

Quelle: Basierend auf den Klassifizierungen vonFreedom House's Freedom in the World Bericht (https://freedomhouse.org/report-types/freedom-world) sowie BIP-Daten aus den Weltentwicklungsindikatoren (Daten der Weltbank-Volkswirtschaftlichen Gesamtrechnungen und der OECD-Volkswirtschaftlichen Gesamtrechnungen).

Demokratische Regime verbessern nicht nur die Rechenschaftspflicht, sondern der große Vorteil der Demokratie besteht darin, dass sie auch einen Abgleich der Philosophien auf dem Marktplatz des politischen Konsumenten ermöglicht. Eine der inhärenten Stärken demokratischer Systeme ist ihre Flexibilität und ihr Pragmatismus. Sie ermöglichen einen Konsens - dass die Hilfe kein Allheilmittel mehr ist, dass die regionale Integration gefördert werden muss, dass Investitionen in Bildung und Qualifikationen unerlässlich sind -, dass sie umgesetzt werden müssen und dass Institutionen funktionieren.[24] Demokratie macht Politik wettbewerbsfähiger, was insbesondere unter autokratischen Regimes fehlt, und um erfolgreich zu sein, brauchen Unternehmen und Volkswirtschaften einen Wettbewerbsvorteil. Eine 'wohlwollende Diktatur' hat also Kosten für das potenzielle Wirtschaftswachstum zur Folge.

Dieses Argument wird durch die schlechte Leistung der Militärregime noch verstärkt. Seit dem Ende des Kalten Krieges sind die Anzahl der

Militärregime und die Anzahl der Staatsstreiche deutlich zurückgegangen. Auch wenn es eine revisionistische Literatur über die Auswirkungen von 'guten Staatsstreichen' in Afrika gibt[25], spricht die Bilanz der wirtschaftlichen Führung und der politischen Gewalt der Putschzeit für sich selbst, da afrikanische Militärs die Länder schlechter verwalten als ihre zivilen Kollegen.

Abbildung 2.3 veranschaulicht den Unterschied in der Wirtschaftsleistung zwischen den Regierungen in Afrika südlich der Sahara, in denen das Militär auf eine politische Rolle verzichtet hat (Botswana, Kamerun, Kap Verde, Dschibuti, Gabun, Kenia, Malawi, Mauritius, Senegal, Südafrika, Swasiland, Tansania und Sambia), und den Regierungen in anderen Ländern, in denen es seit der Unabhängigkeit tätig ist.

Abbildung 2.3: Wirtschaftliche Leistung der afrikanischen Länder südlich der Sahara (BIP pro Kopf in konstanten 2000 US-$)), 1981–2011, die militärische Interventionen in der Politik erlitten haben (gestrichelte Linie) und Staaten ohne militärische Interventionen in der Politik (durchgezogene Linie).

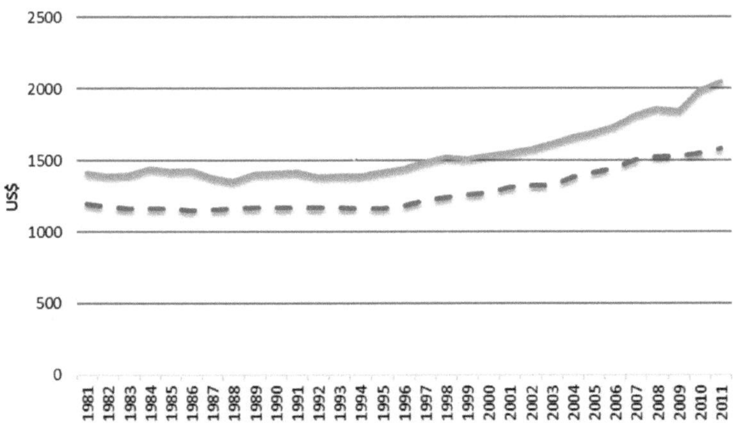

Quelle: World Bank Databank, http://databank.worldbank.org/data/reports.aspx?source=world-development-indicators&preview=on#

Bei Autokratien ist es in der Regel dreimal so wahrscheinlich, dass sie starke wirtschaftliche Einbrüche haben, die zu regelmäßigen Krisenperioden führen. Diese Volatilität ist zum Teil auf die stärkere Abhängigkeit einer Autokratie von Einnahmen aus natürlichen Ressourcen zurückzuführen. Darüber hinaus zeigt die Analyse, dass Autokratien in Zeiten wirtschaftlicher Stagnation (d.h. bei einem Pro-Kopf-Wachstum von weniger als 1 Prozent) eher zurückgehen. Tatsächlich entspricht dies einem breiteren Muster - weltweit ist der Grad der Wachstumsschwankungen in autokratischen Regimen wesentlich höher. Der Variationskoeffizient (Standardabweichung über Mittelwert) für die autokratische Wachstumsrate seit 2000 beträgt 4,28, für gemischte Regime 2,11 und für Demokratien 1,48. Mit anderen Worten, das demokratische Wachstum war etwa dreimal weniger volatil als das der Autokratien. In der Praxis bedeutet dies, dass Autokratien von Jahr zu Jahr und untereinander in ihrem Wachstum sehr viel stärker schwanken als Demokratien. Diese Volatilität untergräbt die sich verstärkende Wirkung eines stetigen Wachstums.[26]

Wie bereits erwähnt, ist die Rolle des Privatsektors ein Schlüsselelement demokratischer Reformen. Wo dieser schwach ist, sind die wirtschaftlichen Möglichkeiten und das Potenzial für die Schaffung von Arbeitsplätzen eingeschränkt, die notwendig sind, um eine stagnierende Wirtschaft zu sanieren.[27] Diese Perioden stellen die Ansprüche der Autokratie auf 'Leistungslegitimität' - oder essentiell der Legitimität durch Lieferung trotz fehlender Menschenrechte - in Frage und können zu abrupteren Übergängen führen.

Demokratien sind friedlicher.

Der zweite Grund für die Unterstützung der Demokratie besteht darin, dass sich Demokratien historisch gesehen als wesentlich effektiver erwiesen haben, um Spannungen und Konflikte innerhalb der Gesellschaften friedlich zu lösen. Daher liegt es paradoxerweise ganz im Eigeninteresse der Führer autoritärer Regime, sich in Richtung Demokratie zu bewegen, denn autoritäre Regime enden oft gewaltsam, mit schwerwiegenden Folgen für den Amtsinhaber. Frieden und Stabilität, oder ihr Fehlen, haben wirtschaftliche und soziale Folgen, wie oben skizziert.

19 demokratische Wahlen, 14 undemokratische oder umstrittene Wahlen und 77 Fälle von undemokratischen Regimewechseln waren vor 1990 in Subsahara-Afrika zu verzeichnen. Siebzehn Staatsoberhäupter starben gewaltsam im Amt oder kurz nachdem sie durch einen Staatsstreich abgesetzt wurden. Die Realität auf dem Kontinent ist nach 1990 sehr stark

differenziert. Seitdem hat es deutlich mehr Wahlen gegeben. Bis 2016 gab es 118 demokratische Wahlen, 77 undemokratische oder angefochtene Wahlen und 34 undemokratische Regimewechsel. Elf Anführer erlitten im Amt einen gewaltsamen Tod. Wenn die Daten weiter in die jüngsten Freedom-House-Kategorien freier, teilweise freier und nicht freier Länder aufgeschlüsselt werden, ist es möglich, zu sehen, wie sich die gravierenden Veränderungen des Regimewechsels auf die Freiheitsgrade innerhalb eines Landes auswirken.

Das sollte nicht überraschend sein. 'Demokratien', bemerkt Annan, 'haben weitaus niedrigere Ebenen interner Gewalt als Nicht-Demokratien. In einer Zeit, in der mehr als 90 Prozent der Kriege innerhalb von Staaten und nicht zwischen Staaten stattfinden, sollte die Bedeutung dieses Begriffs für die Prävention von Konventionen offensichtlich sein.'[28]

Demokratie führt zu geordneten Führungswechseln. Sie ermöglicht es den Menschen, geduldig zu sein, anstatt zu einem Staatsstreich zurückzukehren. In diesem Zusammenhang hat die Organisation zur Konferenz der Afrikanischen Einheit über Sicherheit, Entwicklung und Zusammenarbeit in Afrika 1991 den Mangel an integrativer Demokratie als Hauptursache für die Unsicherheit auf dem Kontinent identifiziert.[29]

Eine lebensfähige demokratische Ordnung bietet die Möglichkeit einer alternativen Regierung und vermeidet die Selbstgerechtigkeit von Regierenden.

Schließlich und wahrscheinlich ist der wichtigste Grund für ein demokratisches Regierungssystem in Afrika, dass es der Regierungsstil ist, den die Bürger bevorzugen. Der Afrobarometer Index zur Forderung nach Demokratie kletterte zwischen 2002 und 2012 in 16 untersuchten Ländern um 15 Punkte von 36% auf 51%. Sieben von zehn Afrikanern in 34 Ländern, die befragt wurden, bevorzugten bis 2013 die Demokratie gegenüber anderen Regierungsformen. Am stärksten ist die Nachfrage nach Demokratie in Westafrika. Auch für Afrikaner sind Wahlen das beste Zeichen für ein demokratisches Regime.[30] Es gibt auch gute Beispiele dafür, dass die Demokratie trotz eines schwierigen Erbes funktioniert hat.

Ende der Putschversuche: Eine persönliche Reflexion über Nigeria von Olusegun Obasanjo, dem ehemaligen nigerianischen Staatsoberhaupt.

Die Intervention des Militärs in die nigerianische Politik im Januar 1966 dauerte 33 Jahre lang wie eine Musicalshow, welche die politische Luft verschmutzte, Instabilität und Unsicherheit verursachte, Leben und

Eigentum zerstörte, einen Bürgerkrieg auslöste und das Land innerlich und äußerlich geteilt zurückließ. Dies erreichte seinen Höhepunkt, als General Sani Abacha rücksichtslos und leichtsinnig sein Programm der Selbstnachfolge und der Lebenspräsidentschaft durchzog. Nigeria war wirtschaftlich, politisch, intellektuell und kulturell verarmt. Es wurde ein Paria-Staat. Die Nigerianer verließen das Land in Scharen und suchten in der ganzen Welt Zuflucht. Nigeria wurde auf dem Boden liegen gelassen. Diejenigen, die ihre Stimme erhoben, wurden entweder ermordet oder ins Gefängnis gesteckt, darunter auch ich und mein Stellvertreter als militärisches Staatsoberhaupt, Shehu Yar'Adua. Wir wurden wegen eines Phantomputsches verhaftet und zu langen Haftstrafen verurteilt. Aber bei einer internationalen Intervention wären wir getötet worden. Dennoch starb Chief M.K.O. Abiola, der als Sieger der gescheiterten Wahl vom 12. Juni 1993 galt, im Gefängnis.

Der plötzliche Tod von Abacha war ein Glücksfall, der die Tore zu Gefängnissen und politischen Reformen öffnete und den Exodus aus Nigeria umkehrte. General Abubakar Abdulsalami, der Nachfolger von Abacha, verlor keine Zeit, um politische Gefangene freizulassen, und schuf eine förderliche Atmosphäre, in der nigerianische Exilanten nach Hause zurückkehren konnten. Er hat auch den Weg für einen weiteren Versuch einer demokratischen Befreiung geebnet. In diesem neuen demokratischen Experiment wurde ich dazu überredet, mich um die Präsidentschaft Nigerias zu bewerben.

Ich bin einer der drei politischen Parteien beigetreten, der Demokratischen Volkspartei. Seit dem Aufkommen des Militärs im politischen Leben Nigerias gab es eine Debatte darüber, wie man der Wiederholung und dem Fortbestehen von Staatsstreichen ein Ende setzen kann. Die Coups wurden immer zerstörerischer und destabilisierender. Unabhängig von den Ausreden hatten sie einen großen negativen Einfluss auf die Demokratie, die Regierungsführung und die Einheit des Landes. Nigeria musste seinen ewigen Putschversuchen ein Ende setzen.

Die oft vorgeschriebene Lösung, ein Putschverbot in die Verfassung aufzunehmen, war keine Lösung. Ein Staatsstreich ist ein Verrat, der nur dann mit dem Tode bestraft wird, wenn er scheitert, und doch bringt er den Verschwörer ins Kabinett, wenn er gelingt. Es war eine destruktive und destabilisierende Praxis, die für das Militär selbst verlorene Zeit war und die Disziplin, Ordnung und militärisches Verhalten untergrub.

Ein Junioroffizier nimmt ein Gewehr und betrachtet seinen politischen Chef und ältere Offiziere durch seine Brille, stößt sie vom Thron und setzt sich selbst an die Spitze. Er dominiert augenblicklich gegenüber allen politischen und militärischen Vorgesetzten und ist ihnen überlegen. So war die Situation in Nigeria zwischen 1966 und 1999.

Als ich das Amt des Präsidenten antrat, beschloss ich, diesen unaufhörlichen Putschversuchen ein Ende zu setzen. Ich bat das Militär, mir die Liste aller Offiziere vorzulegen, die entweder in der Vergangenheit an Putschversuchen teilgenommen oder von den Dividenden der Putschversuche profitiert haben, indem sie als Gouverneure oder Minister in die politische Führung berufen wurden. Nicht wissend, wofür die Liste gedacht war, hat das Militär sie treu zusammengestellt und mir als Oberbefehlshaber und Ratsvorsitzender jede einzelne Waffengattung vorgelegt. Insgesamt dreiundneunzig Offiziere bekamen sechs Stunden Zeit für ihren Rücktritt an einem Freitag, wurden in den Ruhestand geschickt und es wurde ihnen befohlen, die Freitagnacht nicht in Uniform oder in Baracken zu verbringen, um unerwünschte Reaktionen zu verhindern. Am darauffolgenden Montag trafen sich die Diensthabenden, um den Rücktritt aller Mitarbeiter zu ratifizieren. Aus meiner Position und meinem Hintergrund als kampferprobter und siegreicher General wusste ich, dass ein Offizier ohne Uniform und Kaserne wie ein Fisch ohne Wasser ist, und dass ihre Macht und ihr Einfluss stark abnehmen würden.

Die Pensionierung dieser 93 Offiziere an einem Tag war heilsam. Es bedeutete, dass die Teilnahme an einem Staatsstreich oder die Teilnahme an einem solchen sie einholen könnte, egal, wie lange es dauern würde, und solange sie am Leben wären. Ihre Pensionierung stand keinem von ihnen im Wege, um in das öffentliche Leben einzutreten oder Karriere zu machen. Einige von ihnen traten später in die Politik ein und wurden zu Gouverneuren gewählt; einige gingen ins Parlament; andere wurden zu Ministern oder Botschaftern ernannt. Die Idee war nicht, sie lebenslang zu bestrafen, sondern sie von Positionen im Militär auszuschließen, in denen sie Putschplaner, Putschverschwörer, Putschisten oder Putschprofiteure sein könnten. Und sobald ein Offizier einmal die Fänge eines politischen Lebens, des Lebens in einem Regierungshaus, mit kostenlosem Essen und so weiter probiert hat, würde er leicht nach Ausreden suchen, um mehr zu wollen, wenn er dazu in der Lage ist.

Die Tatsache, dass es seit 1999 keinen Staatsstreich oder Putschversuch in Nigeria gegeben hat, spricht für die Wirksamkeit der Maßnahmen, die ergriffen wurden, um dem destabilisierenden Einfluss von Staatsstreichen auf das politische Leben und der Destabilisierung Nigerias ein Ende zu setzen. Vor 1999 und seit der Unabhängigkeit dauerte eine demokratische Regierungsform am längsten sechs Jahre - von 1960 bis 1966.

Es war weder einfach noch perfekt, aber es gibt Verbesserungen und Beweise für das Lernen in der politischen Klasse. Schlechte Zeichen und Fehlverhalten müssen sorgfältig überwacht werden. Für die Länder mit ähnlichen Erfahrungen wie Nigeria ist es notwendig, einen wirksamen und relativ schmerzlosen Weg zu finden, um die Häufigkeit von Staatsstreichen und Korruption durch das Militär einzudämmen.

Verhinderung von zivilen Putschversuchen, Entwicklung eines demokratischen Drehbuchs

Es muss eine aussagekräftige Debatte über den Wert der Demokratie für die afrikanischen Länder und ihre Führer erfolgen, die mit den ernsten Entwicklungsherausforderungen zu kämpfen haben, mit denen der Kontinent konfrontiert ist. Dies ist umstritten, da wir eine Pause im demokratischen Fortschritt und in der Konsolidierung erleben, wie die Daten des Freedom House belegen, einschließlich der Tatsache, dass die Verfassungen geändert wurden, um es den amtierenden Führern zu ermöglichen, längere und vermehrte Anschuldigungen über manipulierte Wahlen zu erheben.

Ein Argument, das benutzt wird, um die Demokratie hinauszuziehen, ist, dass sie von den Entscheidungen über die Entwicklung ablenkt, jedoch mit der Zeit mit steigendem Nationaleinkommen zu einem Luxus wird, den man sich leisten kann. Anders ausgedrückt, wird dies manchmal als die Ansicht wiedergegeben, dass eine Diktatur für arme Länder optimal sein kann, bis sie einen bestimmten Entwicklungsmaßstab erreicht haben, manchmal gemessen am Pro-Kopf-Vermögen.[31] Die ökonometrische Analyse stützt jedoch nicht die Ansicht, dass Demokratie ein Hindernis für das Wirtschaftswachstum unterhalb einer bestimmten Entwicklungsschwelle wird.[32] Auch dieses Argument erklärt nicht, warum Afrika trotz mehr als einem Jahrzehnt hohen Wirtschaftswachstums in Richtung zunehmenden Autoritarismus abgerutscht ist.

Bei der Hinwendung zum Autoritarismus geht es weniger um eine eindeutige Entscheidung, wie oben erwähnt, zwischen Autokratie und Demokratie, sondern um subtilere Interventionen, um den Verlauf einer Wahl oder eines institutionellen Prozesses zu ändern. Solche Interventionen werden von der internationalen Gemeinschaft selten als so bedeutsam angesehen, dass sie einen Mißtrauensantrag, geschweige denn eine Intervention rechtfertigen. Doch die Aneignung des demokratischen Prozesses ist in Afrika zu einer Kunstform geworden, in der die Verlierer und Opfer wenig Mitspracherecht haben und nach den Worten des ehemaligen sambischen Präsidenten Guy Scott nach der umstrittenen Wahl 2016 in seinem Land 'Stück für Stück' abgehakt werden können.[33]

Bei dieser Wahl wurde beispielsweise ein externes Team hinzugezogen, um die Wählerliste auf Unstimmigkeiten hin zu prüfen. Die Prüfung erfolgte jedoch viel später als ursprünglich geplant, was den Verdacht aufkommen ließ, dass sie verzögert wurde, um eine Inspektion durch die Opposition und jegliche rechtliche Anfechtung ihrer Integrität zu verhindern. Obwohl der Prozess im Hauptquartier der Wahlkommission von Sambia stattfinden sollte, wurden das offizielle Audit und der Laptop, der es enthielt, angeblich unter der Leitung des Präsidialamtes in ein sicheres Haus um die Ecke von der Wahlkommission gebracht und Beratern, die für das Büro des Präsidenten arbeiten, übergeben. Die Opposition, die United Party for National Development (UPND), sagte: 'Das Ziel der Regierung war es, Zugang zum Serverraum der wichtigsten Wahlkommission Sambias zu erhalten und während des Auszählungsprozesses auf der Grundlage der Informationen aus dem Wählerverzeichnis günstige Zahlen einzufügen'.

Die UPND erfuhr von diesem Plan durch einen Informanten, der sie mit Bildern aus dem Unterschlupf versorgte. Eine Option, die von der Opposition in Betracht gezogen wurde, bestand darin, das Haus zu plündern und die Ausrüstung zu zerstören. Dies hätte jedoch die UPND-Quelle in erhebliche Gefahr gebracht und den Auditoren genügend Zeit gegeben, sich an einen anderen sicheren Ort zu begeben. Das UPND-Team dachte auch darüber nach, die Bilder an die internationalen Medien weiterzugeben, erkannte aber die Wahrscheinlichkeit einer lauwarmen Reaktion, wobei sie auch ihre Quellen kompromittiert hätte. Stattdessen identifizierte das UPND den Weg der unterirdischen Kabel vom Unterschlupf zum Gebäude der Wahlkommission und ließ, ohne dass irgendjemand etwas davon wusste, die Kabel kappen, als der Zählvorgang begann. Das gab ihnen keine Zeit mehr, sich zu bewegen', erinnert sich der UPND-Beamte, 'und eliminierte falsche Zahlen, die in das System eingegeben wurden. In Panik versuchte einer der Berater [vom Büro des Präsidenten], das ECZ-Gebäude zu betreten, um das Problem durch manuelle Eingabe von Zahlen zu beheben. Er wurde von einem der UPND-Mitglieder gesichtet und zu Boden gerungen, bevor er verhaftet wurde.[34] Nach dem Scheitern dieses Plans griff die Patriotische Front offenbar auf einfachere, aber nicht weniger effektive Taktiken zurück, einschließlich des Einsatzes von bewaffneten Schlägern in verschiedenen Wahllokalen, um UPND-Mitarbeiter zu verfolgen.

Was sich aus den Wahlen in Sambia und anderen afrikanischen Ländern ergibt, einschließlich der Wahlen 2016 in Uganda und Gabun (wo eine angebliche 99,9-prozentige Beteiligung in der Hochburg von Präsident Ali Bongo, der Provinz Haut-Ogooué, behauptet wurde, die gerade mit

5.000 Stimmen die Waage zu seinen Gunsten gekippt hatte), ist eine Erfolgsvorlage für die etablierten Betreiber: Schließung des demokratischen Raums, Einmischung, Missbrauch staatlicher Ressourcen, Kontrolle der Informationspläne und, wenn nötig, nicht zuzulassen, dass die Zahlen Ihnen im Weg stehen.

Im Vorfeld des Wahltages in Sambia standen keine Medien zur Verfügung, um Pro-Oppositions-Nachrichten zu verbreiten, obwohl dem staatlichen Sender, der Zambia National Broadcasting Corporation (ZNBC), beträchtliche Geldbeträge und internationale Subventionen gezahlt wurden, um seine Programme zu unterstützen. Dadurch wurde ein Umfeld geschaffen, in dem nur regierungsfreundliche Sendungen zu hören waren. Das International Press Institute stellte fest, dass die Behinderung oppositioneller Medien einen Schatten auf Sambias Demokratie wirft.[35]

Das ZNBC weigerte sich, eine günstige Berichterstattung über die Opposition zu senden, einschließlich Hichilemas Dokumentarfilm über die politische Kampagne der UPND, bis der Oberste Gerichtshof dies anordnete.[36] Der Dokumentarfilm wurde nur einmal ausgestrahlt, weit außerhalb der Hauptsendezeit. Nach dem Gerichtsurteil, das entschieden hat, dass er ausgestrahlt werden sollte, behauptete der ZNBC, dass es keine Programmplätze mehr gäbe.

Als die Zeitung *The Post*, MUVI Television und Komboni FM weiterhin über die Opposition berichteten, wurden ihre Büros durchsucht und Mitarbeiter angegriffen. Sie mussten schließen. Die öffentlichen Kundgebungen der Opposition wurden eingeschränkt, und es wurden Beschränkungen durchgesetzt, um die Freizügigkeit der Oppositionsführer einzuschränken.[37] Diese Einschränkungen waren ein großer Schlag für die Opposition, da es bei vielen politischen Kampagnen in Afrika darum geht, die Kandidaten zu treffen und Souvenirs zu bekommen.

Aus Sicht der Opposition waren Einschüchterung und Gewalt durch die Polizei auch bei der Wahl 2016 weitaus deutlicher zu spüren als bei allen früheren Wahlen in der Geschichte Sambias. Oppositionsanhänger wurden getötet, viele andere wurden von angeheuerten Schlägern vor den Augen der Polizei verprügelt, Frauen angegriffen und ausgezogen. Der scheinbare Zweck war eine weit verbreitete Einschüchterung. Die Verhaftung von Oppositionsführern wegen verdächtiger Anschuldigungen war während der gesamten Kampagne an der Tagesordnung, deren Ziel es war, Störungen zu verursachen. Nach Angaben der Opposition wurden vor der Wahl zusätzliche Stimmzettel gedruckt. Auch die Eintragung ausländischer Wähler in das Wählerverzeichnis wurde zu einem Thema, wobei eine große Zahl dieser Wahlen in wichtigen Grenzstädten stattfanden. Die Opposition konnte jedoch wenig tun, da ihnen der Zugang zur Wählerliste bis 11 Uhr verwehrt wurde. Am eigentlichen Wahltag, dem 11. August 2016, verlief der Wahlprozess in den meisten Bereichen reibungslos. Danach behauptete die UPND, dass die Stimmzettel eingelagert worden seien und dass es weit verbreitete Einschüchterungen, manipulierte Ergebnisse und systematische Verzerrungen beim Zählen gegeben habe.

Die Opposition behauptete, dass die 'Gen 12'-Formulare - die das Ergebnis der Zählung in jedem Wahllokal mit Mitarbeitern und Vertretern aller anwesenden Parteien unterzeichneten - den UPND-Mitarbeitern vorenthalten wurden, so dass sie nicht in der Lage waren, die Ergebnisse zu überprüfen. Die Verzögerung, so sagen sie, ermöglichte es der Patriotischen Front, die Zahlen zu manipulieren, vor allem in der Hauptstadt Lusaka, wo fast jeder sechste registrierte Wähler wohnte. Tatsächlich verlangsamten sich die Stimmenauszählung und die Ausgabe der Ergebnisse am Wochenende nach der Wahl, obwohl sie viel früher erwartet wurden, was ein Zeichen dafür ist, dass daran korrigiert wurde.

Trotz - oder gerade deswegen - erreichte die Patriotische Front ihre 50,1 Prozent Gewinnmarge mit nur 5.000 Stimmen aus fast 3,8 Millionen Stimmen.[38] Selbst wenn man alle Vorwürfe der Wahlverletzung außer Acht lässt, war der Spielraum zur Vermeidung einer Stichwahl mit nur 0,13 Prozent verdächtig gering.

Diese Ereignisse zeigen, dass die Abhaltung von Wahlen für sich allein genommen nicht geeignet ist, den Anspruch auf eine Demokratie zu behaupten. Wahlen können den Autoritarismus sogar noch verstärken, wenn sie die Unterwerfung des demokratischen Prozesses durch Wahlbetrug ermöglichen.

Noch bevor die Ergebnisse veröffentlicht wurden, fanden verschiedene internationale Beobachterteams den Abstimmungs- und Auszählungsprozess, wie es im Commonwealth-Bericht heißt, 'glaubwürdig und transparent'. Die Wahlbeobachtungsmission der Europäischen Union sagte: 'Die Wahlen waren friedlich und im Allgemeinen gut organisiert', obwohl sie durch systematische Voreingenommenheit in den staatlichen Medien und Einschränkungen der Kampagne der [Opposition] beeinträchtigt wurden. Es gab weitere internationale Missionen des Carter Centre, der AU, der Southern African Development Community (SADC), des Gemeinsamen Marktes für das östliche und südliche Afrika und des Wahlinstituts für nachhaltige Demokratie in Afrika.[39]

Mit Blick auf die Verhütung von Gewalt ermutigte die internationale Gemeinschaft die UPND, Rechtsmittel einzulegen und nicht auf die Straße zu gehen. 'Jegliche Anfechtungen des Prozesses auf jeder Ebene, vom Präsidenten bis hinunter zur Distriktebene, sollten mit legalen Mitteln zu den Gerichten gebracht werden, mit Beweismitteln, nicht auf die Straße', sagte Janet Rogan, Leiterin des UN-Büros in Sambia, kurz nachdem die Ergebnisse bekannt gegeben worden waren.[40] Die Partei von Hichilema beantragte die Ergebnisse innerhalb der vorgeschriebenen Frist von sieben Tagen bei den Gerichten. Sie hatten dann 14 Tage Zeit, um ihren Fall zusammenzustellen und dem Verfassungsgericht vorzulegen, das entschieden hatte, mit der Anhörung am 2. September 2016 zu beginnen. Daraufhin beschloss die vollständige Richterschaft (die von Präsident Lungu nominiert worden war), dass die Anhörung am Montag, dem 5. September, fortgesetzt werden solle. Am Montag entschieden drei der fünf Richter, dass die von der Verfassung für eine Anhörung zum Wahlgesuch vorgesehenen 14 Tage am 2. September abgelaufen seien, und gaben den Fall daher auf.[41]

Es wäre für internationale Beobachter und externe Regierungen - und ebenso für Investoren - verlockend zu glauben, dass ihren Interessen unter solch ungünstigen Umständen am besten gedient ist, wenn sie nichts tun, eine klischeehafte politische Entscheidung, nämlich den Kopf unten zu halten, das Boot nicht zu schaukeln, sie mit den Dingen weitermachen zu lassen und abzuwarten. Der Maßstab für eine erfolgreiche Wahl wird von internationalen Beobachtern sehr niedrig angesetzt: es geht vor allem darum, Gewalt vorzubeugen, auch wenn die Bücher offenbar gefälscht sind. Und ihre mangelnde Bereitschaft, das System zu erschüttern hat einen strategischen Wettbewerbsaspekt, da andere internationale Akteure dies wahrscheinlich nicht tun werden, und sie könnten vor einem bilateralen Konflikt protestieren. Es ist notwendig, ein ‘Demokratiedrehbuch’ für Wahlen zu entwickeln.

Um Betrug und Einschüchterung zu bekämpfen, müssen die Oppositionskräfte ihre eigenen ausgeklügelten Prozesse der Wahlbeobachtung, einschließlich der parallelen Wähler-Registrierungen entwickeln und sicherstellen, dass ihre Ergebnisse vor denen der Regierungsbehörde gebündelt und veröffentlicht werden. Das ist etwas, was die siegreiche Kampagne von Muhammadu Buhari im Jahr 2015 in Nigeria geschafft hat, als er gegen die riesigen Ressourcen, die hinter Goodluck Jonathan's Kampagne stecken, antreten musste. Hier stellt die Verbreitung der Digitaltechnik in Afrika ein Paradoxon dar. Technologie ermöglicht die Mittel, um Massenbewegungen, insbesondere in Städten, schnell zu mobilisieren.

Gleichzeitig kann sie, in Ermangelung institutioneller Normen und Kontrollmechanismen, dazu benutzt werden, empörende Propaganda zu verbreiten, und die Regierung kann die Kommunikation per Knopfdruck abschalten.

Um diesen Trends entgegenzuwirken, bedarf es Wachsamkeit, aber auch alternativer Medien, die frei von staatlichen Eingriffen sind, und einer Opposition, die in der Lage ist, in Radio, Fernsehen, Druckmedien und den sozialen Medien zu werben. Es erfordert umfangreiche - und teure - Umfragen, um solche Nachrichten zu bewerten und gezielt zu versenden. Es erfordert die Freizügigkeit von Parteikämpfern, Wahlwerbern und Wahlbeobachtern gleichermaßen.

Alles das erfordert finanzielle Mittel - viel Geld. Es wird beispielsweise geschätzt, dass die sambischen Präsidentschaftskandidaten vor dem Wahlkampf 2016 jeweils bis zu 15 Millionen US-$ für ihre früheren Kampagnen 2011 und 2015 ausgegeben hatten. Jonathans gescheiterter Versuch, die Wahlen in Nigeria im Jahr 2015 aufrechtzuerhalten, soll mehr als eine Milliarde US-$ gekostet haben. Die Kampagne des späteren Gewinners Muhammadu Buharis lag näher bei 200 Millionen US-$. Der Sieg von Buhari zeigt aber, dass Geld nicht alles ist und durch geschickte Bündnispolitik und Wahltaktik konterkariert werden kann.

Hichilema sagt, dass internationale Beobachter bei der Unterstützung des demokratischen Prozesses in seinem Land 'absolut nutzlos' waren.[42] So gut sie es auch meinen mögen, ihre Rolle könnte eher schädlich sein, da sie durch ihre bloße Anwesenheit nicht akzeptieren können, dass sie einem betrügerischen Ereignis vorgestanden haben. Für viele von ihnen wäre das eine unbequeme Wahrheit. Natürlich könnten sie eine nützlichere Rolle spielen. Anstatt einem Amtsinhaber zu gestatten, seine Versorgung aus Dubai zu erleichtern, warum nicht Stimmzettel zur Verfügung stellen, die nicht manipuliert werden können, anstatt für Beobachter zu zahlen, damit sie im Intercontinental leben können, warum nicht private Sicherheitsunternehmen finanzieren, um Wahllokale zu sichern? So können Beobachter nützlich sein, und das Geld der Steuerzahler kann sinnvoll eingesetzt werden.

Wenn es ihnen an politischen Zähnen, Ressourcen oder beidem mangelt, würden Beobachter in solchen Fällen besser abschneiden, wenn sie nichts vortäuschen und einfach wegbleiben.

Dennoch zeigt die Geschichte, dass die Schlüssel zur innenpolitischen Macht, ebenso wie dem Frieden, von lokalen Akteuren gehalten werden, nicht von Fremden, sei es aus Afrika oder aus der Ferne. Beispielsweise haben afrikanische Regierungen 2003 den African Peer Review Mechanism (APRM) als freiwillige Selbstbewertung der Regierungsführung der Länder eingeführt. Bis heute gibt es 34 Mitglieder, während 18 Länder bis November 2016 den Bewertungsprozess abgeschlossen hatten.[43] Obwohl der APRM, wie andere Institutionen auch gut begonnen hat, ist er mit einem Ansatz der 'Wäscheliste' in Konflikt geraten und hat eine lange Liste von

Regierungsprioritäten aufgestellt, ohne dafür die notwendigen Mittel oder den Willen zu haben, um diese anzugehen. Hinzu kam der fehlende politische Wille 'der afrikanischen Staats- und Regierungschefs, insbesondere nach dem Ausstieg der Präsidenten Mbeki und Obasanjo', erklärt ein Beamter, der im Sekretariat tätig war, nach dem Tod von Premierminister Meles Zenawi von Äthiopien.[44]

Dieses Versagen afrikanischer Regierungen - und Investoren -, den APRM ernst zu nehmen, und der Mangel an hartem Engagement bei Wahlen sind ein Indiz dafür, dass sich die innenpolitische Dynamik verändert und dass auf die Eliten und ihre Handlungsweisen Druck ausgeübt wird. Infolgedessen ist die Bilanz für Außenstehende, welche die Regierungsführung und Demokratie in Afrika verbessern wollen, schlecht, nicht zuletzt, weil afrikanische Führer sich routinemäßig gegen eine solche 'Konditionierung' der Außenhilfe wehren. Die Geber haben folglich in ihren Anstrengungen für Demokratie und rechtsstaatliche Interventionen nachgelassen und weniger kontroverse Initiativen, wie die Unterstützung der Infrastruktur und die Entwicklung von Qualifikationen, vorgezogen. Aber es ist richtig, die Demokratie entschiedener und offener zu vertreten, und zwar aus Gründen des langfristigen Wirtschaftswachstums, und weil man sich damit auf die Seite der Mehrheit der Afrikaner stellt.

Fazit: Die Notwendigkeit von Institutionen und ihre Dringlichkeit

Die Frustration über das Tempo der afrikanischen Wirtschaftsreform kann Populismus fördern und Autoritarismus im Interesse des'Erledigens von Dingen' entschuldigen.

Aber Demokratie ist nicht nur eine Frage der Ergebnisse. Es geht um faire Ergebnisse und faire Prozesse. Dazu gehören offene Wahlen, integrative Regierungsführung und die Achtung der Rechtsstaatlichkeit. Das Problem, mit populistischen Politikern ist, wie Nic Cheeseman uns erinnert, dass sie selten einem fairen Prozess folgen.[45] Anstatt Institutionen aufzubauen, bauen sie alte Barrieren ab, um ihre Ziele zu erreichen. Weil sie die Dinge aufrütteln, erhalten sie oft sofort ein hohes Lob dafür, dass sie Veränderungen vorgenommen haben. Aber ihre Weigerung, institutionellen Regeln zu folgen und sich an akzeptierte Normen zu halten, führt unweigerlich zur Aushöhlung ohnehin schwacher Systeme, zur Aushöhlung der Kontrolle und des Gleichgewichts und zu ihrer Substitution durch politisches Theater und Persönlichkeitskulte. Das schafft noch mehr Raum für Missbrauch. Es beginnt oft mit der Korruption des Wahlsystems und der

Schikanierung und Verfolgung der Opposition. Mit der Zeit, wenn es schwieriger wird, die Dynamik aufrechtzuerhalten, schleicht sich der Autoritarismus unweigerlich ein.

Demokratie und Entwicklung sind kein Handel gegeneinander. 'Auf lange Sicht', sagt Cheeseman, 'werden die Maßnahmen zur Förderung von Entwicklung und Korruptionsbekämpfung nur dann erfolgreich sein, wenn sie die Institutionen des Staates stärken'.[46] Ad-hoc-Bemühungen zur Korruptionsbekämpfung mögen zwar Aufmerksamkeit erregen und effektiv wirken, aber durch ihre hohe Personalisierung dienen sie nur dazu, das Problem zu verschärfen. Das Ziel von Regierungshandeln ist es schließlich, weniger persönliche Diskretion zu ermöglichen, nicht mehr. Und es geht nicht darum, ob einzelne Führer stehlen, was die politische Ökonomie definiert, auch wenn ihr Beispiel moralisch wichtig sein kann. Es geht darum, ob ihre Aktionen dazu dienen, Institutionen und ihre Kontrollmechanismen zu stärken oder zu untergraben. Wie Cheeseman sagt, ist das, was Populisten tendenziell machen, selten für Demokratie oder Entwicklung nachhaltig.

Es gibt noch einen weiteren Aspekt, den es hervorzuheben gilt, wenn die Regime nicht auf die Bedürfnisse und Forderungen ihrer Bürger eingehen, wenn sie sich mit dem Durcheinander begnügen und in erster Linie den Interessen der Eliten dienen. Der Arabische Frühling und in der Folge der Brexit und der Aufstieg von Donald Trump lehren die Beseitigung früherer Hindernisse für die Politik, insbesondere für Geld und den Zugang zu traditionellen Medien. Die Tweets von 10 Millionen Anhängern kostet schließlich nichts. Blogging und das Internet sind ebenfalls mächtige Werkzeuge, frei von traditionellen Media-House-Filtern. Dies ist ein Trend, dem die afrikanischen Wählerschaften durch die ständig steigenden Mobilfunk-Verbindungsraten ausgesetzt sind. Die Möglichkeit größerer politischer Umwälzungen kann auch den Anteil der jüngeren Generationen, den sie in diesem Status quo wahrnehmen, wiederherstellen.[47] Natürlich ist der Einsatz von Technologie keine Einbahnstraße - im Gegenteil, ausgefeilte Medienmitteilungen der russischen Regierung und die Manipulation des Internetzugangs durch bestimmte afrikanische Regierungen zeigen, dass die Behörden auch die Macht der digitalen Technologie verstehen und nutzen können.

Das prognostizierte Bevölkerungswachstum für die afrikanischen Länder südlich der Sahara stellt eine enorme Herausforderung dar und unterstreicht die Dringlichkeit. Um dies zu bewerkstelligen, müssen die Länder rasch Arbeitsplätze schaffen und gleichzeitig die sozialen Spannungen kontrollieren, die ein solches Wachstum mit sich bringen wird. Ein demokratisches Regierungssystem mit starken Institutionen hat sich in der Vergangenheit als der effektivste Regierungsstil zur Bewältigung dieser Herausforderungen erwiesen, und das ist es, was die Afrikaner wollen. Letztendlich fühlen sich wirklich starke Führungspersönlichkeiten wohl mit der Herausforderung, dem Wettbewerb und der Rechenschaftspflicht, die die Demokratie mit sich bringt. Sie brauchen die Opposition nicht mit Gewalt oder Wahlkampf zu unterdrücken: Sie gewinnen mit einer besseren, effektiveren Politik, die auf einer Erfolgsbilanz beruht.

Kapitel 3
Infrastruktur

Fünf Schritte zum Erfolg:

- Die Entwicklung der Infrastruktur erfordert einen langfristigen Ansatz zur Unterstützung von Projekten, deren Fertigstellung viele Jahre in Anspruch nehmen kann, und zur Aufrechterhaltung des Vertrauens der Investoren.
- Klare Ertragsmodelle für Kapitalinfrastrukturprojekte müssen von vornherein entwickelt werden.
- Die entscheidende Rolle des Privatsektors bei der Entwicklung der Infrastruktur wird durch das Ausmaß der staatlichen Monopole beeinflusst.
- Die Infrastruktur muss sorgfältig mit den Richtlinien in Handel, Konnektivität, Qualifikationen und Offenheit verknüpft werden.
- Der Wohnungsbau kann unterstützt werden, indem man den Kommunen mehr Autonomie einräumt, eine Politik der zunehmenden Dichte in den Städten verfolgt, die Verfahren für den Grundbesitz vereinfacht und Initiativen für bezahlbaren Wohnraum unterstützt.

Herausforderungen und Chancen:

Eine funktionierende Infrastruktur - Straßen, Eisenbahnen, Häfen, Strom- und Wassernetze und andere grundlegende Systeme, die ein Land zum Laufen bringen - ist eine unabdingbare Voraussetzung für Entwicklung und Wachstum in den Sektoren, die in den folgenden Kapiteln untersucht werden. Die afrikanische Infrastruktur ist derzeit so schlecht, dass schon geringe Verbesserungen das Geschäftsklima vieler Länder dramatisch beeinflussen und den Beginn einer Trendwende signalisieren können. Der gegenwärtige Zustand der Basisinfrastruktur und der Regulierungssysteme in Afrika stellt eine mehr oder weniger absolute Wachstumsbeschränkung dar. Um nur ein Beispiel zu nennen: Es ist schwer vorstellbar, wie Afrika seinen verarbeitenden Sektor ausbauen kann, ohne seine Kapazität zur Erzeugung des Stroms, auf den diese Unternehmen angewiesen sind, zu verbessern.

Schlüsselzahlen:
Zwei Drittel der Bevölkerung Afrikas - 600 Millionen Menschen - haben keinen Zugang zu Elektrizität. Zum Vergleich: 75 Prozent der ostasiatischen Bevölkerung haben Zugang zu Strom. Zwei Drittel der installierten Stromkapazität in Afrika südlich der Sahara befinden sich in einem Land, Südafrika, das selbst von Engpässen und Stromausfällen heimgesucht wird. Nur ein Drittel der Afrikaner, die in ländlichen Gebieten leben, sind weniger als zwei Kilometer von einer ganzjährig befahrbaren Straße entfernt, verglichen mit zwei Dritteln der Bevölkerung in anderen Entwicklungsregionen. Es wird geschätzt, dass Afrika jährlich 93 Milliarden US-$ an Ausgaben benötigt, um seinen Infrastrukturstau zu beheben, von denen fast die Hälfte für die Stromversorgung bestimmt ist. Mehr als 90 Prozent des afrikanischen Handels werden auf dem Seeweg außerhalb des Kontinents abgewickelt.

'*Sklikktery klak ... screee ... sklikkerty klak.*' Die Tazara-Eisenbahn schüttelte, klapperte und rollte auf der Strecke zwischen Kapiri Mposhi im Zentrum Sambias und Dar es Salaam, 1.860 Kilometer entfernt am Indischen Ozean. Tazara wurde von den Präsidenten Kenneth Kaunda und Julius Nyerere ins Leben gerufen, einem gemeinsamen Kernstück afrikanischer Solidarität, Entwicklung und Antikolonialismus. Heute ist Tazara mit vier planmäßigen wöchentlichen Personenverkehrsdiensten und seltenen Güterzügen nur noch wenig in Betrieb.[1] Im Jahr 2015 beförderte Tazara gerade einmal 88.000 Tonnen Fracht, weit entfernt von der 5 Millionen Tonnen schweren Kapazität, die die Chinesen im Oktober 1975 beim Bau der Strecke installiert hatten, und der niedrigsten Jahresleistung seit Beginn des Güterverkehrs.[2]

Es gibt gute Gründe, warum Tazara nicht besonders gut funktioniert. Die Statue vor dem Bahnterminal in Kapiri Mposhi, 200 Kilometer nördlich von Lusaka, erzählt eine Geschichte über die Hoffnungen, das Blut, den Schweiß und die Tränen, die mit der Eisenbahn verbunden waren - und ihrem Scheitern. Allein die Strecke umfasst eine Drittelmillion Tonnen Stahlschienen, die alle aus China verschifft wurden. Ein riesiger Spaten erinnert an die Arbeit und das Opfer der 50.000 Chinesen und 60.000 Afrikaner, die 320 Brücken, 22 Tunnel und 2.225 Durchgänge bauten. Mehr als 160 Arbeiter, darunter 64 Chinesen, starben bei Unfällen auf dem Weg dorthin.

Die Zähmung des Geländes war eine Meisterleistung der Ingenieurskunst, der Härte und des Mutes. Zu dieser Zeit war Tazara das größte chinesische Hilfsprojekt in Afrika und kostete in den 70er Jahren mindestens 500 Millionen US-$. Nyerere hatte sich an die Chinesen gewandt, weil unter anderem die USA die Eisenbahn für unwirtschaftlich erklärt hatten. Das Motiv war die Notwendigkeit, einen anderen Versandweg für Sambias Kupfer zu finden, als über das weiß regierte Angola, Mosambik, Rhodesien oder Südafrika. Fügen Sie eine große Portion Panafrikanismus und Nyerere's *uhuru* hinzu, ganz zu schweigen von einer Prise anti-westlicher Salzung, und Tazara war ein abgemachter Deal.

Bis zum Jahr 2016 waren die Reisezugwagen alt und abgenutzt, die Sanitäreinrichtungen ein heftiger Angriff auf die Sinne; der ständige Kampf bestand darin, aufrecht stehen zu bleiben, was durch den Geruch noch grimmiger gemacht wurde, und ihr Standort wurde nur durch eine Spur nasser Fußspuren angezeigt. 'Sie sollten die dritte Klasse sehen', sagte der Chefkondukteur. 'Sie haben nicht mal einen Wassereimer.'

Der Zug rattert langsam vom rauen, trockenen, braunen Hochland und über die grüne, mit Bananen- und Palmenbäumen und üppigen Gräsern übersäte Küstenebene nach Dar. Auf dem Weg dorthin führt die Strecke über 93 Stationen und verbindet ansonsten die sonst eher abgelegenen, besonders armen ländlichen Gemeinden. In Kapwila zum Beispiel, zwei Stunden von der Grenze zu Tansania entfernt, drängen sich die Menschen um den Zug, um alles, von Wasser bis Rindfleisch, zu verkaufen. Die Szenen sind manchmal erbärmlich. Ein kleines Mädchen versuchte erfolglos, das von ihr in alte Fanta-Flaschen umgefüllte Wasser zu verkaufen.

Im Inneren des Zuges findet ein komplexerer Handel statt. Eine der Zugführerinnen erklärte, dass sie, obwohl sie ihr Gehalt von US-$ 90 seit fünf Monate nicht erhalten habe, das Privileg ihrer Position ihr erlaube, Handel zu treiben. Zum Beispiel nimmt sie Reis in Dar für 300 Kwacha pro Beutel mit und verkauft ihn in Kapiri für 400 Kwacha. Andere tun das Gleiche mit Second-Hand-Kleidung, die in Bemba als '*salaula*' (zum 'pflücken' oder 'stöbern') bekannt ist, und mit Bananen und Süßkartoffeln, wodurch die zentral- und ostafrikanischen Regionen trotz ihrer Regierung integriert werden.

Unsere Reise dauerte 50 Stunden, mit durchschnittlich weniger als 40 Stundenkilometern, aber mehr als 10 Stunden lang wurden wir an den Bahnhöfen auf dem Weg angehalten, wo wir rangierten, Menschen und Waren verladen und die Grenze überquerten. Eine weitere Stunde oder mehr kam durch eine defekte Bremsmembrane hinzu, die von vielen Männern mit großen, lauten Hämmern repariert wurde. Es gibt kein Geld, um Gehälter zu zahlen, und manchmal reicht es gerade für einen halben Tank Treibstoff für die Fahrt, so dass die Züge auf der Strecke liegen bleiben. Verzögerungen sind auch auf Software-, Personal- und Organisationsprobleme zurückzuführen, nicht nur auf Ausrüstungsmängel.

Trotz der umgekippten Waggons und des kaputten rollenden Materials, das die Strecken verunreinigt, sowie der erklärten 48 verfallenen Abschnitte, in denen eine Geschwindigkeitsbegrenzung verhängt wurde und die Wagen mehr als normal hüpfen und sich zur Seite lehnen, ist die Strecke im Allgemeinen in gutem Zustand - wenig überraschend, da sie im Hinblick auf die Nutzung der Eisenbahn fast brandneu ist. An einigen Stellen wurden die in China beschrifteten Betonschwellen gestohlen. Tazara verfügt außerdem über 90 praktisch neue chinesische Waggons mit mehr als 500 Fahrzeugen und 14 einsatzbereite Riesenlokomotiven von General Electric.

Die Chinesen sind nach wie vor nur zur Hälfte daran interessiert, den Eisenbahntraum am Leben zu erhalten. Bis 2015 waren sie in das 15. Hilfsprotokoll eingebunden, aber sie scheinen sich nicht darauf festlegen zu wollen, es zu reparieren. Pekings Afrikapolitik wird nicht mehr nur von nebulösen Gefühlen und gegenseitigem Sozialismus getrieben, sondern auch von hartnäckigen Eigeninteressen und Kommerz. Auch die Politik anderer Geber hat im Allgemeinen nicht geholfen. In den letzten 15 Jahren konzentrierte sich die westliche Hilfe auf die Verbesserung der Straßen, insbesondere im Binnenland Sambia. Die Entwicklungshilfe ging Hand in Hand mit der Überarbeitung von Straßenbauverträgen, einem Teil des Geldes, um politische Kampagnen zu finanzieren. Und wenn die Geber die Regierungspolitik verschärften, blieb das Geld ungenutzt. So wurde beispielsweise die Hälfte der europäischen Mittelzuweisung 2014 in Höhe von 140 Mio. EUR für die Straßenfinanzierung in Sambia an Brüssel zurückgegeben.

Als Folge davon wurde der Verkehr von der Eisenbahn auf Autobahnen verlagert. Während vor 25 Jahren noch 60 Prozent des Verkehrs, der den Hafen von Dar es Salaam verließ, mit der Bahn über die Zentral- und Tazara-Linien fuhr, waren es 2015 weniger als 0,7 Prozent.

Bis 2015 beförderte Tazara weniger als 2 Prozent seiner geplanten Frachtkapazität. Die Kosten für den Transport von Gütern auf der Straße über Tansania, Mosambik, Namibia oder Südafrika sollten angesichts der relativen Ladeeffizienz der Schiene höher sein. Aber das ist es nicht. Beide liegen bei 145 US-$ pro Tonne. Und während ein Lastwagen vom Copperbelt nach Durban etwa eine Woche benötigt, dauert die Zugfahrt nach Dar bekanntlich bis zu zwei Monate. Wie einer der größeren Kupferproduzenten in Sambia bemerkte, wird täglich eine Tonne Kupfer gestoppt und kostet das Unternehmen 60 US-Cent pro Tonne.

Das Tazara-Problem kann umgedreht werden, aber dazu braucht es eine Umkehr des politischen Willens. Zunächst einmal wird es notwendig sein, zu erkennen, dass sein gegenwärtiger Zustand nicht angemessen ist, auch wenn es mehreren Schlüsselakteuren passt, das Problem klein zu halten. Unter anderem wird es auch erforderlich sein, dass die kürzlich dekonzessionierte Sambia-Eisenbahn ihren eigenen Service für die Verbindung zwischen den Bergbaugebieten und der Tazara-Linie durch Kapiri Mposhi verbessert.

Die Vorteile einer Verbesserung wären enorm und würden über den Bergbau hinausgehen. Sambia hat zum Beispiel das Potenzial, seine jährliche Maisproduktion mit Leichtigkeit auf 4 Millionen Tonnen zu verdoppeln. Bis heute ist es Sambia gerade nur gelungen, in einem Jahr 600.000 Tonnen zu exportieren, weil es logistische Zwänge gibt. Es kostet 180 US-$ pro Tonne, um Dünger auf der Straße von Beira aus zu transportieren, und nur 50 US-$ von der Außenwelt nach Beira. Daher die hohen Kosten von 400 US-$ pro Tonne. Sambia verbraucht 400.000 Tonnen Dünger für seinen jährlichen Bedarf von 2 Millionen Tonnen Mais. Reduziert man diese Inputkosten, so werden die Erträge in die Höhe schnellen.

Am Ende der Tazara-Linie muss der Hafen funktionieren, im Moment macht er das nicht. Im Jahr 2014 hatte Dar 14,5 Millionen Tonnen Handel, darunter 642.000 Container, abgewickelt, gegenüber 3,8 Millionen Tonnen und 124.000 Containern im Jahr 2000. Davon gehen nur 1,8 Millionen nach Sambia. Ein Bericht der Weltbank hat gezeigt, dass jedes Schiff durchschnittlich 20 Tage in Dar wartet, verglichen mit drei bis vier Tagen in Häfen von Weltrang.[3] Da der Hafen unter der Last des täglichen Umschlags von 1.250 Lkw knarrt, steht die Bahn still. In den Worten des Hafenmanagers heißt es: ‘Damit wir effizient werden können, muss die Eisenbahn effizient sein...’. Die Eisenbahn hat uns im Stich gelassen.[4] Das System zu reparieren erfordert Champions für die Schiene, die fähiger sind als die gegnerische Trucking-Lobby und diejenigen, die von endlosen Verzögerungen und Liegezeiten profitieren. Es war nicht überraschend, aber gleichzeitig ermutigend, dass einer der ersten Amtshandlungen des tansanischen Präsidenten John Magufuli darin bestand, den Verwaltungsrat der Hafenbehörde aufzulösen, weil dieser es versäumt hatte, Maßnahmen gegen die lange Geschichte der schlechten Leistung des Hafens zu ergreifen.

Wenn Dar heute ein so effizienter Hafen wie Mombasa werden würde (und das ist kaum ein globaler Führer), würde Tansania jährlich etwa 2 Milliarden US-$ zusätzlich verdienen, was 7 Prozent seines BIP entspricht, und weitere 800 Millionen US-$ jährlich dank der Nachbarländer. Es gäbe offensichtliche Vorteile, die sich aus den gestiegenen Einnahmen für die Hafenbetreiber und Steuerbehörden ergeben würden, weit mehr als die 300

Millionen US-$, die derzeit als Verlustbetrag durch die Verzögerung der Aufgaben geschätzt werden.

Die Herausforderung der afrikanischen Infrastruktur

Die Infrastruktur Afrikas hat einen enormen Nachholbedarf. Die Infrastrukturausgaben Afrikas haben sich zwischen 1980 und 1998 auf knapp über 1 Prozent des BIP nahezu halbiert. Und während die afrikanischen Verteidigungsausgaben (in Prozent der Staatsausgaben) 1998 durchschnittlich 10 Prozent betrugen, betrugen die Ausgaben für Infrastruktur nur 4 Prozent. Nehmen wir das Beispiel Ghana. Mit weniger als einem Viertel der Straßendichte Chinas (und nur 4 Prozent der Straßendichte Indiens) war es kein Wunder, dass die Kosten für Straßentransporte in Ghana zweieinhalb Mal höher waren als in Thailand, Pakistan und Sri Lanka Mitte der 2000er Jahre.

Die Weltbank schätzte 2009, dass Afrika, zusammen mit den Auswirkungen des Bevölkerungswachstums, jährliche Ausgaben in Höhe von 93 Milliarden US-$ benötigte, um seinen Infrastrukturstau zu beheben. Der Bericht '*Africa's Infrastructure: A Time for Transformation*' schätzt, dass fragile Staaten rund ein Drittel ihres BIP für ein Aufholprogramm aufwenden müssten. Das Rätsel ist, dass Länder mit dem größten Infrastrukturbedarf oft die Länder sind, die für Investoren am wenigsten attraktiv sind', heißt es in dem Bericht.[5] Von den 93 Milliarden US-$ wurde fast die Hälfte benötigt, um die Stromversorgung des Kontinents zu verbessern, etwa das Siebenfache der jährlichen Durchschnittsfinanzierung der letzten zehn Jahre. Er stellte ferner fest, dass ein Viertel der installierten Stromerzeugungskapazität Afrikas nicht betriebsbereit ist. Der Bericht errechnete, dass die Verbesserung der betrieblichen Leistungsfähigkeit der vorhandenen Infrastruktur, das Sammeln von Rechnungen, der Handel zwischen den Regionen, die Reduzierung von übertriebenen Kosten und andere Einsparungen die jährliche Finanzierungslücke auf 31 Milliarden US-$ reduzieren könnten. 6 afrikanische Regierungen geben bereits 45 Milliarden US-$ pro Jahr für die Infrastruktur aus, von denen 40 Prozent allein für die Stromversorgung bestimmt sind. Theoretisch ist also durch die effektive, effiziente Allokation von Ressourcen eine Lösung in greifbare Nähe gerückt. Aber die Realität sieht etwas anders aus.

Wenn die Aufholarbeiten schon jetzt entmutigend aussehen, so ist anzumerken, dass sich der Strombedarf des Kontinents bis 2030 verdoppeln und bis 2040 verdreifachen wird.

Abbildung 3.1: Zugang zu Elektrizität (in % der Bevölkerung) im Jahr 2012

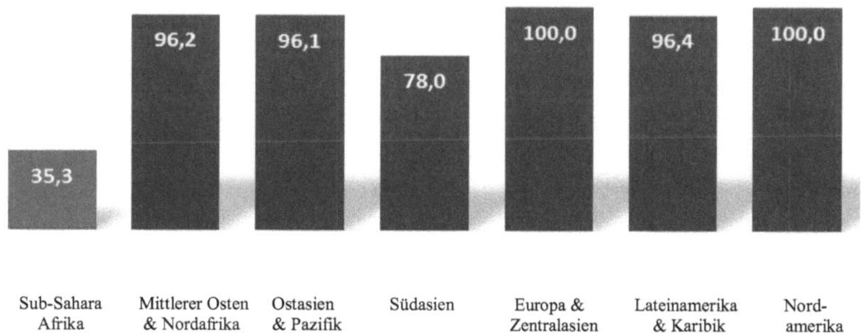

Quelle: Weltbank, Sustainable Energy for All, Globale Elektrifizierungsdatenbank, http://databank.worldbank.org/data/reports.aspx?source=world-developmentindicators&preview=on#

Noch 1970 verfügte Afrika südlich der Sahara über die dreifache Erzeugungskapazität Südasiens. Heute ist die Bevölkerung ohne Zugang zu Elektrizität in Afrika südlich der Sahara die höchste aller Regionen der Welt (siehe Abbildung 3.1). Afrikas durchschnittlicher Stromverbrauch pro Kopf der Bevölkerung entspricht etwa der Hälfte des durchschnittlichen Stromverbrauchs von China oder einem Drittel der europäischen Bevölkerung. Anders ausgedrückt: Zwölf Länder in Afrika südlich der Sahara verfügen über 90 Prozent der Kapazität, 30 Länder haben Stromversorgungssysteme mit weniger als 500 Megawatt und 13 Länder haben Systeme mit weniger als 100 Megawatt.[7]

Straßen und andere Basisinfrastrukturen sind ebenfalls unzureichend. Die Weltbank weist darauf hin, dass nur ein Drittel der Afrikaner, die in ländlichen Gebieten leben, innerhalb von zwei Kilometern von einer ganzjährig befahrbaren Straße entfernt sind, verglichen mit zwei Dritteln der Bevölkerung in anderen Entwicklungsregionen.[8] Die Frachtkosten in Afrika südlich der Sahara waren 2010 laut Weltbank durchschnittlich um 200 Prozent teurer als anderswo auf der Welt. In Südafrika, das weiter entwickelt ist als seine Nachbarn, waren die Kosten immer noch um 40 Prozent höher als in anderen Ländern außerhalb des Kontinents.

Ein Großteil dieser Situation lässt sich durch mangelnde Reinvestitionen, eine schlechte Politik und einen (absichtlichen) Mangel an

Wettbewerb erklären, der durch Monopolpraktiken aufrechterhalten wird. So ist das Schienennetz Südafrikas das zehntgrößte der Welt und macht etwa 80 Prozent des gesamten afrikanischen Schienennetzes aus. Dennoch sind die Schienendienste Südafrikas so ungünstig, dass nur 13 Prozent des gesamten Güterverkehrs auf der Schiene abgewickelt werden (gegenüber 48 Prozent in Australien oder 21 Prozent in Brasilien[9]). Dadurch steigen die Transportkosten, insbesondere für den Export von Schüttgütern. Die Transportkosten Südafrikas beliefen sich auf 57 Prozent der gesamten Logistikkosten im Jahr 2014,[10] und lagen damit deutlich über dem weltweiten Durchschnitt von 39 Prozent.

Abbildung 3.2: Eisenbahnlinien in Afrika, Strecke in km, 1990-2005

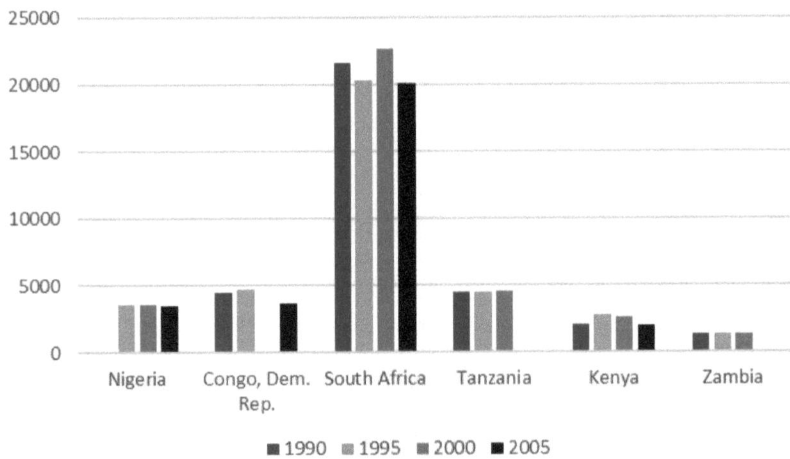

Quelle: Weltbank, Verkehr, Wasser und Information und Kommunikation Technologies Department, Transportabteilung. (Informationen nur für ausgewählte Jahre verfügbar.) http://databank.worldbank.org/data/reports.aspx?source=world-developmentindicators&preview=on#

Niedrige Investitionen sind nicht nur ein Problem Südafrikas. In den 1970er Jahren galt Sambia als Besitzer eines der besten afrikanischen Eisenbahn- und Straßennetze. Doch 20 Jahre später schätzte die Regierung selbst, dass sich 80 Prozent des Straßennetzes verschlechtert hatten. Von den gesamten Straßenanlagen im Wert von 2,3 Milliarden US-$ waren 400 Millionen US-$ durch vernachlässigte Instandhaltung verloren gegangen. Tazara war mit vermeidbaren Problemen konfrontiert, insbesondere mit

Vandalismus in der Infrastruktur, Wartungs- und Investitionsstau. Die Züge mussten oft anhalten, weil Laschen und Schwellen aus dem Gleis entfernt worden waren. Die Betonschwellen wurden entnommen und zerkleinert, um den Betonstahl für den Schrott zu gewinnen.

Obwohl die Entwicklung der Infrastruktur schwierig ist, liegt die Wurzel des Infrastrukturversagens in der politischen Ökonomie. Der begrenzte Wettbewerb entlang der LKW-Handelskorridore in der Subsahara-Region hat die Straßentarife unnötig hoch gehalten. Die Verbindungen zwischen der herrschenden Elite und den Spediteuren haben zu unausgewogenen politischen Präferenzen geführt. Wie die Weltbank anmerkt, bewegen sich die Profit-Margen jedoch zwischen 60 Prozent (im südlichen Afrika) und 160 Prozent (Westafrika), die sich zwischen Bestechungsgeldern, regulierenden Mieten und Transportgesellschaften aufteilen'.[11]

'Trotz des kommerziellen und wirtschaftlichen Imperativs für Investitionen in die Infrastruktur', stellt ein Investor mit Erfahrung in einer Reihe von Ländern und Sektoren fest, 'zeigen afrikanische Regierungen selten eine brennende Dringlichkeit, Dinge zu erledigen. Dies ist eine Erfahrung, die sich in der gesamten Branche wiederholt hat,' sagt sie, 'Mangel an Regierungskapazität, Fachkompetenz, einem robusten Rechtssystem, in dem internationale Konventionen in nationales Recht umgesetzt werden, finanzielle Scharfsinnigkeit und das allgemeine Umfeld für Unternehmen.' Wenn es beispielsweise um die Debatte um die Macht geht, stellt sich die Herausforderung, einen langfristigen Strombezugsvertrag zu sichern. 'Ein Mangel an Verständnis für die Grundlagen von Tantiemen und Verträgen', bemerkt sie, 'führt zu viel Verhandlungszeit, selbst bei kleinsten Investitionen, und viel 'binärem' Geschick im Prozess.'[12]

Erfolg braucht also mehr als nur Finanzierung für die Entwicklung. Die Panama-Erfahrung verdeutlicht, wie wichtig es ist, sich auf die Notwendigkeit eines umfassenden politischen Umfelds zu konzentrieren, Infrastruktursoftware zusätzlich zur Bereitstellung einer physischen Infrastrukturhardware zur Verfügung zu stellen.

Panama: Ein Lieferpaket

Sowohl Dar es Salaam als auch Panama haben sie, aber nur letzteres nutzt sie wirklich: die Lage, Lage, Lage.

Das ist nicht nur die Maxime eines Immobilienmaklers, sondern gilt auch für den Entwicklungserfolg. Denken Sie an Singapur am Handelsknotenpunkt Südostasiens. Oder Marokko, gleich gegenüber der Straße von Gibraltar von Europa. Oder Panama.

Die Fertigstellung des Kanals vor etwas mehr als 100 Jahren, der die mittelamerikanische Landenge durchbrach, war selbst für heutige Verhältnisse eine außerordentliche Leistung. Mehr als 150 Millionen Kubikmeter Erde, zwei Jahrzehnte und zwei Versuche waren nötig, zuerst von den Franzosen ab 1881, dann von den Amerikanern.

Der französische Versuch ging 1889 in Konkurs, nachdem sie fast 290 Millionen US-$ ausgegeben hatte, und kostete 22.000 der 63.000 Arbeiter das Leben, vor allem durch Malaria und Gelbfieber.

Als die Amerikaner 1904 das Projekt wieder aufnahmen, machten sie es 10 Jahre später fertig. Sie vollendeten den Gaillard Cut, bauten die 1.000 Fuß langen Schleusen mit ihren 50 Fuß dicken Betonwänden und 88 Paar 700-Tonnen-Stahltüren und schufen so den Gatun Lake, den damals größten künstlichen Stausee der Welt. Der Bau des Kanals kostete 375 Millionen US-$, etwa 9 Milliarden US-$ an Geld des 21. Jahrhunderts und das Leben weiterer 5.600 Arbeiter.

Obwohl immer noch erschreckend hoch, wurde die Sterblichkeitsrate mit der Entdeckung des Zusammenhangs zwischen Malaria und der Mücke als Ergebnis von Forschungen unter der Leitung von Dr. Carlos Finlay und Walter Reed und den Sanitärprojekten zur Linderung der daruf folgenden Erkrankung signifikant gesenkt.

Diese erstaunliche technologische Errungenschaft, die die Schiffe auf der Pazifik- und der Atlantikseite durch riesige, durch Schwerkraft gespeiste Lagerzapfen mit einem Durchmesser von 6 Metern in drei Kammern auf jeweils 85 Fuß anhebt, war ein außerordentlicher Geldesel sowohl für die US-Regierung als auch, seit der Übergabe der Kontrolle im Jahr 1977, für die Panamaer.

Jeden Tag machen 45 bis 50 Schiffe die 77 Kilometer lange Reise zu einem Durchschnittspreis von 85.000 US-$ pro Schiff - die maximalen Kosten betragen 490.000 US-$ - je nach Größe. Ursprünglich wurde geschätzt, dass der Kanal jährlich rund 80 Millionen Tonnen Schiffsverkehr befördern würde. Bis 2016 waren es über 300 Millionen Tonnen.

Doch die Geographie allein ist noch keine Erfolgsgarantie. Panama hätte Nicaragua sein können, ein Land mit eigenen Plänen für einen Kanal. Jetzt hat die erstere eine Wirtschaftsleistung von 8.200 US-$ pro Kopf, die letztere von 1.450 US-$. Es ist einfach nur so, dass Panama seine Lage ausgenutzt hat.

Panama war in den letzten 15 Jahren eine der am schnellsten expandierenden Volkswirtschaften weltweit und wuchs zwischen 2001 und

2014 um durchschnittlich über 7 Prozent, mehr als doppelt so stark wie der regionale Durchschnitt in Lateinamerika.

Nicolás Barletta, Wirtschaftswissenschaftler und ehemaliger Vizepräsident der Weltbank, war vom 11. Oktober 1984 bis zum 28. September 1985 Präsident von Panama, als er wegen der zunehmend gewalttätigen Rolle des Militärs zurücktrat. Barletta, die später als Leiter der Kanalbehörde fungierte, identifiziert mehrere treibenden Faktoren in der panamaischen Wirtschaft: Geographie, regionale und globale Konnektivität (einschließlich der regionalen Fluggesellschaft Copa), den Kanal, seine hochentwickelte Telekommunikation und ein gesundes politisches Umfeld. Als Ergebnis dieser Faktoren, so der ehemalige Präsident, besteht die Wirtschaft zu 83 Prozent aus Dienstleistungen, darunter Tourismus, Handelszonen, medizinische Gesundheit, Häfen, Schiffsdocks und -reparatur sowie Bankwesen. Auf der Nachfrageseite der Wirtschaft sind die Exporte in den letzten 12 Jahren um durchschnittlich 14,5 Prozent pro Jahr gewachsen, und auf der Angebotsseite machen die Investitionen 27 Prozent des BIP aus, wobei der Staat, der lokale Privatsektor und die Ausländer gleichermaßen einbezogen sind. Dieser Satz liegt weit über dem regionalen Durchschnitt von 20 Prozent des BIP.[13]

Es bestand immer die Gefahr, dass ein Verdiener wie der Kanal, der jährlich 1 Milliarde US-$ an Gewinnen für die Regierung einbringt, zu staatlicher Apathie und nationaler Trägheit hätte führen können. Doch die Panamaer haben sich nicht auf ererbten Infrastrukturen ausgeruht

An beiden Enden des Kanals werden die beiden Häfen seit dem Jahr 2000 von einem Unternehmen mit Sitz in Hongkong betrieben. Und 2007 begannen die Arbeiten an einem 7,8 Milliarden US-$ teuren Kanalausbau, damit Schiffe mit einer Breite von 180 Fuß passieren können, wie z.B. Schiffe mit 13.000 Containern. Die Erweiterung wurde im Juni 2016 eröffnet.

Der alte Kanal konnte Schiffe bis zu einer maximalen Tragfähigkeit von 80.000 Tonnen mit bis zu 4.400 Containern (Panamax) aufnehmen. Durch die Erweiterung des Kanals können Schiffe mit bis zu 120.000 Tonnen Tragfähigkeit und bis zu 13.000 Containern befördert werden. Die Gebühr pro Schiff durch die neuen Schleusen wird auf jeweils 1,5 Millionen US-$ geschätzt. Das ist immer noch günstiger als die Alternative einer Fahrt um das Kap Horn.

Die Expansion ist nicht die einzige sinnvolle langfristige Investition, die Panama getätigt hat. Während andere von Sonderwirtschaftszonen sprechen, hat Panama sechs geschaffen. Amerikanische Truppen waren bis zum 31. Dezember 1999 in Panama an 14 Orten stationiert. Obwohl ihre Anwesenheit eine Beleidigung für einige Panamaer war, erkannten viele die finanziellen Vorteile, die diese'versteckten Touristen' mit sich brachten. Anstatt den finanziellen Verlust nach dem Abzug der Amerikaner zu beklagen, machten sich Regierung und Privatsektor daran, die alten Stützpunkte in produktive Zentren und Wirtschaftsgemeinschaften umzuwandeln. Die ehemalige US-Luftwaffenbasis in Howard ist heute Panama Pacico, eine Sonderwirtschaftszone, nur 15 Autominuten von Panama City über die Brücke der Amerikas entfernt. In dieser Sonderwirtschaftszone sind 248 Unternehmen angesiedelt, von denen zwei Drittel im verarbeitenden Gewerbe tätig sind. Die meisten sind ausländischer Herkunft, darunter große Namen wie 3M, BASF, Caterpillar, Dell und SAB Miller.

Panama Pacifico zielt auf die Ansiedlung von Unternehmen ab, die letztendlich 40.000 Menschen beschäftigen werden, mit Wohnraum für 60.000 Personen. Seine Motivation war es, 'Wege zu finden', sagt der Marketingleiter Frank Terracina, 'die Waren, die durch den Kanal transportiert werden, aufzuwerten'. Vorbei am pazifischen Ende des Anschlussgleises der Panama Canal Railway, wo 40-Fuß-Container auf 50-Wagen-Doppelstockzüge verladen werden, liegt die City of Knowledge auf dem Gelände der alten US-Armeebasis Fort Clayton, wo heute 5.000 Menschen arbeiten. Die Stadt wurde von den beiden visionären Geschäftsleuten Gabriel Lewis und Fernando Eleta ins Leben gerufen und als Innovationszentrum geschaffen.

War das Land die Stiftung für die City of Knowledge, so stellen die Mieteinnahmen aus den 200 Gebäuden auf dem 120 Hektar großen Areal die Barmittel zur Verfügung. Die Arten von Unternehmen, Nichtregierungsorganisationen und Forschungseinrichtungen werden aufgrund ihrer Technologie- und Wissenskomponente sorgfältig ausgewählt.

Die Anziehungskraft sowohl von Panama Pacifico als auch von der City of Knowledge für Unternehmen und andere Akteure liegt in einer Kombination aus exzellenter Konnektivität, vereinfachten bürokratischen Verfahren, liberalen Visagesetzen und Steuerfreiheit.

Damit hat die City of Knowledge 15-mal so viele Bewerber wie freie Plätze. Obwohl Panamas monatlicher Mindestlohn 600 US-$ beträgt, beträgt der durchschnittliche Lohn für die, die auf der Anlage arbeiten, mehr als 1500 US-$.

Natürlich hat Panama seine Probleme. Seine Politik ist nach wie vor angespannt, und es gibt anhaltende Besorgnis über Rechtsstaatlichkeit und Korruption. So wurde beispielsweise der ehemalige Präsident Ricardo Martinelli, der im Juli 2014 zurückgetreten ist, der Bestechung beschuldigt und ist nach Florida übergesiedelt. Ein Viertel des Landes lebt in Armut, die in den ländlichen Gebieten besonders hoch ist, wenngleich sie von 40

Prozent im Jahr 2008 deutlich zurückgegangen ist. Und die Rolle des Landes als Steuerparadies wurde von den Panama Papers durch ein Leck von 11,5 Millionen belastenden Dokumenten der viertgrößten Offshore-Kanzlei der Welt, Mossack Fonseca, ins Rampenlicht gerückt.[14]

In nur fünf Jahren sind jedoch fast eine halbe Million Panamaer der Armut entkommen, hauptsächlich als Folge eines schnelleren Wirtschaftswachstums. Auch die Ungleichheit ist insgesamt zurückgegangen. 'Wenn wir das Richtige tun, ist Panamas Potenzial, auf absehbare Zeit um sechs Prozent zu wachsen', bemerkt der ehemalige Präsident Barletta.

Ein Schlüsselelement des'Richtigen' war es, die Entwicklung der Infrastruktur ernst zu nehmen und ehrgeizige Pläne in die Tat umzusetzen.

Die kritische Wohnungs- und Baukomponente

Das Township Khayelitsha, isiXhosa für'unser Zuhause', wurde Mitte der 80er Jahre 35 Kilometer vom CBD Kapstadt entfernt angelegt. Es stellte einen letzten Versuch der Apartheid-Raumplanung und eine Lösung für die damals aufkeimenden Probleme der Behörden dar, die sich aus dem Zustrom von Migranten, insbesondere vom Ostkap, ergeben hatten, was zur Schaffung inoffizieller Siedlungen wie Crossroads in der Nähe des Kapstädter Flughafens geführt hatte. Der Druck nahm zu, als 1986 die Gesetze abgeschafft wurden, die darauf ausgerichtet waren, die Bewegungsfreiheit der schwarzen Bürger zu beschränken, als das Apartheid-System sich auflöste.

Der Wohnungsbau spielt eine zentrale Rolle in der Entwicklung, sowohl als sozialer 'Klebstoff' als auch als persönliche Geldanlage.

Trotz der jüngsten Verwerfungen mit spekulativen Immobilienblasen und finanzieller Instabilität ist der Wohnungsbau in den entwickelten Volkswirtschaften oft die größte persönliche Sachinvestition. Paul Collier und Anthony Venables von der Oxford University zeigen, dass Immobilien mehr als ein Drittel des gesamten privaten Vermögens der britischen Haushalte von 15 Billionen US-$ ausmachen. Der nationale Vermögensaufbau ist somit grundsätzlich mit Investitionen in den Wohnungsbau verbunden.[15] Darüber hinaus schafft der Wohnungsbau Arbeitsplätze, insbesondere aufgrund seiner arbeitsintensiven Natur, die durch den Bau von Verkehrs- und sonstigen Infrastrukturen noch verstärkt wird.

Wie Abbildung 3.3 zeigt, sind die Ausgaben für Infrastrukturprojekte in Afrika deutlich gestiegen. Allerdings wird nur ein sehr geringer Prozentsatz dieser Ausgaben für den Wohnungsbau aufgewendet - schätzungsweise nur 10 Prozent der öffentlichen und privaten Ausgaben für

Immobilien und soziale Entwicklung. So wurden beispielsweise im Jahr 2015 37 Prozent für den Verkehr, 28 Prozent für Energie und Strom und nur 6 Prozent für Immobilien ausgegeben.[16]

Abbildung 3.3: Afrikas Infrastrukturprojekte (in Millionen US-$), 2013-2015

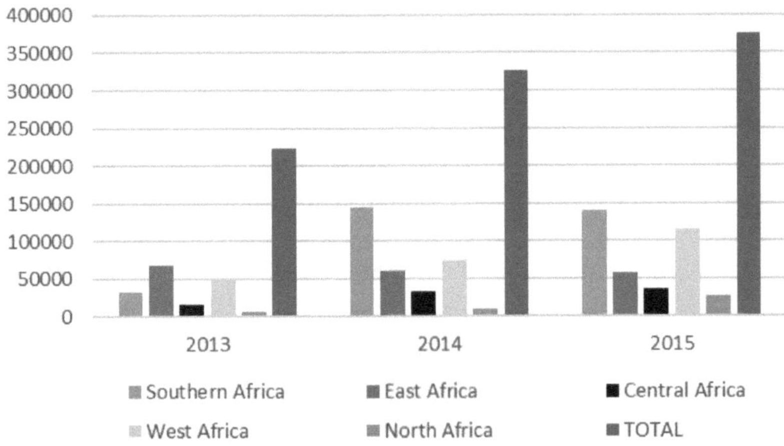

Quelle: Deloitte, Africa Bautrend-Bericht 2015, https://www2.deloitte.com/content/dam/Deloitte/za/Documents/manufacturing/ZAConstructionTrendsReport-2015.pdf

Doch in weiten Teilen Afrikas, von Khayelitsha bis Kibera, von Makoko bis Manenberg, lebt der typische Haushalt in einer billigen Hütte oder schlimmer noch. Nach Angaben der Afrikanischen Entwicklungsbank hat Afrika südlich der Sahara mit 65 Prozent den niedrigsten Anteil an Stadtbewohnern weltweit, während es mit 65 Prozent den höchsten Anteil an Slumbewohnern aufweist. Nur etwa die Hälfte der Stadtbewohner des Kontinents hat Zugang zu sanitären Einrichtungen und ein Drittel zu Elektrizität. Infolgedessen, da die Land-Stadt-Migration und das Bevölkerungswachstum diese Ressourcen weiter ausdehnen, bleibt die Ungleichheit in den afrikanischen Städten mit einem durchschnittlichen Gini-Koeffizienten von 0,58 die zweithöchste der Welt und liegt damit deutlich über dem globalen Durchschnitt von 0,4.[17]

In der entwickelten Welt, einschließlich Nordafrika, wird der Wohnungsbau meist von privaten Unternehmen nach akzeptablen Standards mit einem erkennbaren Marktwert gebaut und für eine Mischung aus Vermietung und Eigentum, sowohl öffentlich als auch privat, zur Verfügung gestellt. Das Ausmaß des Bauens hat offizielle Arbeitsplätze und Anreize für Investitionen und Eigentumsbildung geschaffen.[18] Afrikanische Häuser hingegen, die oft selbst gebaut werden, entsprechen oft nicht den Bauvorschriften, sind häufig auf inoffizielle und unklare Nutzungsrechte angewiesen sind werden häufig nicht mit Straßen, Elektrizität, Straßenbeleuchtung, Wasser oder Kanalisation von der lokalen Regierung versorgt, insbesondere in einkommensschwachen Gebieten.

Khayelitsha ist über mehrere Standorte verteilt - von der Ankunftsstation für neue Migranten im Südosten bei Nkanini bis zu den Randgebieten von Harare und Monwabisi. Die Gesamtbevölkerung beläuft sich auf 800.000 Einwohner, aber das Township wurde ursprünglich für 250.000 Menschen konzipiert.[19] Es hat eine junge Bevölkerung (nur 7 Prozent der Einwohner waren bei der Volkszählung 2011 über 50 Jahre alt), die zumeist junge Migranten umfasst (fast zwei Drittel sind Migranten vom Land zu Stadt), die dem Township den Namen 'Rural in an Urban Setting' verleihen. Mit einer Fläche von 43 Quadratkilometern ist es eine der ärmsten Gegenden Kapstadts: Das durchschnittliche Jahreseinkommen pro Familie liegt bei 20.000 Rupien (1.250 US-$) - etwa die Hälfte des Durchschnitts der Stadt. Die Hälfte der Siedlungen sind inoffizielle Baracken. Es kostet einen Arbeiter R40 pro Tag (etwa ein Fünftel eines Tageslohns), um in das Stadtzentrum Kapstadts zu pendeln, wo die meiste Arbeit zu finden ist. Diese hohen Kosten sind für die Geographie ausschlaggebend: Die meisten Menschen leben nicht in der Nähe ihres Arbeitsplatzes. Trotzdem ist diese tägliche Pendelfahrt kürzer als in Südafrika üblich, wo die Arbeiter durchschnittlich zwei Stunden am Tag unterwegs sind und 40 Prozent ihres Lohnes für den Transport ausgegeben werden.

Es gibt mehrere Initiativen, die von der Stadtregierung finanziert werden, um Fähigkeiten, Sicherheit und Geschäftsmöglichkeiten rund um Khayelitsha's Hauptadern zu verbessern. In den angrenzenden Townships Harare und Kusaya beispielsweise wurden in der Nähe des Bahnhofs eine Reihe von Mietflächen errichtet, in denen einige der 3.000 Spaza-Shops des Townships untergebracht sind. Im Zentrum befindet sich auch eine gut ausgestattete Bibliothek. Wie ein Beamter sagte, es ist wie ein 'ausgelagertes Einkaufszentrum'.

Diese Initiativen wurden von Geschäftsleuten mit Begeisterung aufgenommen, wenn auch mit erheblichen finanziellen Kosten für die Stadt. Für diese Verbesserungen werden allein in Harare und Kusaya fast 200 Millionen Rand (13 Millionen US-$ zum Zeitpunkt der Erstellung) ausgegeben, weitere 627 Millionen Rand sind für den Hanover Park vorgesehen. Aber die Initiativen bleiben durch Fragen des Vertrauens und Führung innerhalb der lokalen Gemeinschaften (in Bezug darauf, wer für wen spricht und mit welcher Agenda) und durch das kulturelle Gepäck des ländlichen Lebens kompliziert - ein Beispiel dafür ist die Bevorzugung von einstöckigen Wohnungen durch die Menschen. Es besteht auch die Erkenntnis, dass die Stadt 400.000 neue Wohnungen benötigt, einige davon in den so genannten Integrationszonen, die näher an der Stadt liegen, entlang der Pendlerkorridore und durch eine frühere Nutzung bestehender städtischer Flächen und Wohnungen. 'Über die nächste Generation hinaus', schätzt ein städtischer Beamter, 'werden 80 Prozent des Bevölkerungswachstums unter den städtischen Armen stattfinden'.[20] Ohne Maßnahmen zur Wohnraumförderung wird die Armut in diesen Townships, in denen die Häuser untervermietet werden und die 'Hinterhofarbeiter' ihre eigenen Unterkünfte unter den bestehenden Häusern errichten, tief verwurzelt sein.

Die Ausgaben für Wohnraum in Afrika dürften durch eine Kombination aus Bevölkerungswachstum und gestiegenen Ansprüchen steigen. Mehr als die Hälfte des Budgets einer durchschnittlichen afrikanischen Familie wird für Nahrungsmittel ausgegeben; Wohnen, Gesundheitsversorgung und Bildung machen weitere 24 Prozent der Haushaltsausgaben im Jahr 2015 aus. Mit prognostizierten 1,2 Milliarden Stadtbewohnern bis 2050 gewinnt Afrika jährlich 4,5 Millionen neue Bewohner in inoffiziellen Siedlungen hinzu und verdoppelt damit die Slumbevölkerung alle 15 Jahre.[21] Die UNO schätzt, dass bis 2020 mehr als 200 Millionen Menschen in afrikanischen Slums südlich der Sahara leben werden.[22]

So wird zum Beispiel geschätzt, dass allein in Südafrika ein Fehlbestand von 2,5 Millionen Einheiten besteht und dass der Bedarf für Ägypten, Nigeria und Südafrika zusammengenommen bis zu 23 Millionen betragen kann, bei geschätzten Marktkosten von 350 Milliarden US-\$.[23]

Die Verbesserung des Wohnraumangebots und des Zugangs zu Wohnraum hat erhebliche Vorteile - Vorteile, die über eine komfortable, leicht zugängliche und warme Unterkunft hinausgehen. Es gibt einen globalen Zusammenhang zwischen Urbanisierung und BIP-Wachstum. Dies ist auf höhere Produktivitätsraten zurückzuführen, die durch eine höhere Bevölkerungsdichte, Kosteneinsparungen durch Größenvorteile und die Bereitstellung besserer Infrastrukturen und Dienstleistungen, wie z.B. Bildung erreicht werden. Dies zeigt sich zum Beispiel an der Khayelitsha's Site C Nolungile Station, wo sich die Straßen Japhta K. Masemola und Solomon Tshuku kreuzen. In der Nähe des Taxistandes 'Kuwait' herrscht ein wahrer Trubel von Aktivität. Mamas stehen in Rauch gehüllt, fächeln

Braais von Hühnern, Innereien, Kutteln und anderen Schnitten inmitten von Containern, in denen Bestattungsdienste, Friseursalons, Praxen und Schneidereien untergebracht sind. Trotz seiner Armut ist das Gebiet relativ sicher, weil es voll ausgelastet ist, nicht zuletzt, weil die Verkäufer ständig auf ihre eigenen Waren aufpassen. Das Geschäft versammelt sich unweigerlich um den Durchlauf von Menschen und Geld.

Dennoch ist es Afrika bisher im Allgemeinen nicht gelungen, die Vorteile der Verstädterung im Hinblick auf das Wirtschaftswachstum in gleichem Maße zu nutzen wie andere Entwicklungsregionen. Wie bereits in Kapitel 1 erwähnt, ist dies zum einen darauf zurückzuführen, dass die Stadtmigration nicht auf den Zugfaktor der Industrialisierung, sondern auf die Umverteilung der Mieten zurückzuführen ist, und zum anderen darauf, dass der Schubfaktor eher auf niedrige landwirtschaftliche Erträge als auf landwirtschaftliche Verbesserungen und Effizienzsteigerungen zurückzuführen ist. Beispielsweise erreichte die städtische Bevölkerung Afrikas südlich der Sahara im Jahr 2013 40 Prozent und das Pro-Kopf-BIP betrug 1.018 US-$; Ostasien und der Pazifik erreichten 1994 mit einem Pro-Kopf-BIP von 3.617 US-$ diesen Grad der Verstädterung; der Nahe Osten und Nordafrika 1968 mit 1.806 US-$ pro Kopf; und Lateinamerika und die Karibik 1950 mit 1.860 US-$ pro Kopf. Das vergleichsweise geringe Wachstum des Pro-Kopf-Einkommens begrenzt angesichts des weltweit hohen Anteils an persönlichem Vermögen, das in Wohnraum gebunden ist, die Ressourcen, die afrikanische Haushalte verbrauchen oder in Wohnraum investieren müssen.[24]

Dies ist ein doppeltes Problem, da der Bausektor auch die Möglichkeit von Arbeitsplätzen bietet, insbesondere in den Kategorien ungelernte und angelernte Arbeitskräfte. Zu Beginn des 21. Jahrhunderts gab es weltweit 111 Millionen Menschen in der Baubranche, davon 75 Prozent in Ländern mit niedrigem Einkommen, obwohl die Bauproduktion pro Arbeitskraft in reicheren Ländern fast zehnmal so hoch war.[25] In Südafrika, dem am besten dokumentierten Fall in Afrika, beliefen sich die Ausgaben für Bauarbeiten im Jahr 2013 auf 310 Mrd. Rand (200 Mio. US-$) und beschäftigten 820.000 Personen im offiziellen Sektor (8 Prozent der nationalen Gesamtzahl) und weitere 340.000 (17 Prozent) im inoffiziellen Sektor. Davon beliefen sich die Ausgaben für den Wohnungsbau auf 50 Mrd. Rand, ein Sektor, der (offiziell) 150.000 Menschen beschäftigte.[26] Der Bau eines Einfamilienhauses in Afrika schafft schätzungsweise fünf Arbeitsplätze.[27]
Um diese und andere Vorteile zu realisieren, bedarf es im Kern der Investitionen. Es erfordert die Schaffung der richtigen Bedingungen, es erfordert Planung, und es erfordert die gleichzeitige Behandlung mehrerer Aspekte, einschließlich Verkehrsstaus und Umweltverschmutzung, die, wie

McKinsey betont, zu den weiteren Gefahren eines unkontrollierten Wachstums gehören.[28] Es erfordert Partnerschaften, um Fachwissen, Technologie und Finanzierung einzubringen, und es erfordert den Umgang mit politischen Hindernissen.

Die einfache Akzeptanz des Prinzips und der Praxis der Verdichtung bietet einige der Lösungen. Viele der Townships sind bereits vollgestopft: Die Dichte der 150.000 Einwohner von Delft, zum Beispiel in der Nähe von Khayelitsha, beträgt 14.000 pro Quadratkilometer; die Dichte der 17.000 Einwohner von Sweet Home Farm, einer der 323 inoffiziellen Siedlungen Kapstadts, die sich in der Nähe des Hannover Parks befinden und auf einer Müllhalde begonnen haben, wird auf 33.000 pro Quadratkilometer geschätzt.[29] Mumbai hat zum Vergleich eine Bevölkerungsdichte von 21.000 Einwohnern pro Quadratkilometer.

Die Akzeptanz des Bedarfs an Wohnraum mit hoher Dichte, die Verfügbarkeit von Grundstücken, die Erbringung effektiver Dienstleistungen in großem Umfang, insbesondere Strom, und die Fähigkeit der Bauunternehmen, Volumen einzubauen, sind allesamt erforderlich, um den Rückstand zu bewältigen.

Drei weitere Dinge sind ebenfalls notwendig. Erstens: Angesichts der Komplexität des Landbesitzes und der Notwendigkeit, die Finanzierung zu priorisieren, muss es einen politischen Schub von oben geben. Die Kommunalverwaltungen brauchen mehr Autonomie, um Einnahmen zu generieren und auszugeben. Ohne dies werden sie wenig Interesse an der Förderung des Wirtschaftswachstums haben, und sie werden auch nicht in der Lage sein, die dringend benötigte notwendige Infrastruktur zu schaffen, ohne die 'vernünftige Pläne zu leeren Träumen werden'.[30] Das bedeutet, dass die Banken, Entwickler und die Regierung ein Finanzierungssystem entwickeln müssen, das Risiko und Ertrag teilt.

Zweitens muss das Wohnen bezahlbar gemacht werden. Das Centre for Affordable Housing Finance in Africa hat berechnet, dass der Preis für das preiswerteste neu gebaute Haus eines offiziellen, privaten Bauträgers 31.085 US-$ beträgt, während das durchschnittliche Pro-Kopf-Einkommen 1.764 US-$ beträgt. Dies steht im Vergleich zu dem üblichen globalen Erschwinglichkeitsmaßstab von drei- bis fünfmal so viel wie dem jährlichen Haushaltseinkommen.[31] Kein Wunder also, dass die meisten stattdessen in den inoffiziellen Wohnungssektor einkaufen, wo die Kosten zwischen 2 Prozent (in Malawi) und 15 Prozent (in Sambia) der billigsten offiziellen Einheit liegen. Um Wohnraum erschwinglicher zu machen, ist es notwendig, sowohl kostensparend zu bauen als auch innovative Finanzierungsmodelle anzubieten, einschließlich subventionierter Häuser und Darlehen. Zudem ist beispielsweise der afrikanische Hypothekenmarkt hoffnungslos unterversorgt. Typische Bedingungen für afrikanische Hypotheken sind ein Zinssatz von rund 22 Prozent und eine Laufzeit von nur 10 Jahren, die auf eine winzige einkommensstarke Elite abzielen.[32]

Drittens muss Klarheit über Rechtstitel und Ansprüche herrschen. Hier muss die Regierung Innovationen einleiten. Es gibt eine Reihe positiver Möglichkeiten, wie sie sich engagieren könnte - entweder durch Lockerung der Statuten, die es ermöglichen, dass Wohnungen legal zu Unternehmen werden können, oder durch die Bereitstellung von Grundstücken für Unternehmen mit hohem Beschäftigungsgrad in schwierigen Stadtvierteln, die sich in nomineller Pacht befinden, oder durch den Bau von Hochhäusern. Es besteht auch die Notwendigkeit, sich nicht nur mit dem Eigentum an Grundstücken einschließlich der Förderung von Sektionaltiteln zu befassen, sondern auch mit deren Verfügbarkeit durch staatliche Intervention. Gegenwärtig sind die meisten Städte in einer räumlichen Zwangsjacke eingeschlossen.[33] Chancen, die keine große Regulierungsaufsicht oder finanzielle Belastung erfordern, sind vorzuziehen.

Dabei müssen die Regierungen die Effizienz und das Qualifikationsniveau ihrer Bürokratie verbessern. Die durchschnittliche Wartezeit in Afrika für eine Baugenehmigung beträgt 162,2 Tage, während die Registrierung von Immobilien typischerweise 8,3 Prozent des Wertes kostet.[34]

Die Schaffung von Arbeitsplätzen in Afrika wird vor allem dadurch gefördert, dass es den Menschen ermöglicht wird, an Orten zu leben, an denen sie leicht Zugang zu ihrer Arbeit haben. Per definitionem kann eine Low-Tech- und High-Labour-Produktion nicht virtuell durchgeführt werden, und da China die Entwicklungsskala nach oben schiebt, können gut entwickelte afrikanische Städte realistisch darauf abzielen, einen Teil dieser Arbeit zu erfassen. Ebenso wird das Gelingen des Eintritts in die afrikanische Mittelschicht durch Wohneigentum und den damit verbundenen Einsatz für wirtschaftliche, politische und politische Stabilität erfolgen. Um diese Zukunft zu erreichen, muss die Bereitstellung von Wohnraum in Afrika sowohl den privaten als auch den öffentlichen Sektor einbeziehen. Es wird zweifellos ein Marathon ohne Ziellinie sein, ein Dauerlutscher, denn je mehr man in der Stadt alles richtig hinbekommt, desto mehr Leute werden kommen und desto größer ist die Herausforderung. Der Erfolg wird eng mit effektiven Landtiteln und Bankensystemen und der Etablierung von Krediten durch sorgfältiges Erarbeiten von Profilen verknüpft sein.

Fazit: Die Lücke schließen

Die Umwandlung der politischen Ökonomie des Schutzes von Privilegien, Plünderungen und Überleben in Wohlstand wird wie bei jedem Infrastrukturprojekt in Afrika im Mittelpunkt der Transformation von Tazara stehen. Es erfordert, dass die Führung die Kontrolle loslässt und die Mittel und Strukturen findet, um diejenigen zu motivieren, die näher am unteren Ende der Hierarchie arbeiten. Es erfordert, die Politik so stark, wenn nicht sogar mehr, als die Wirtschaft zu managen.

Das Infrastrukturdefizit ist ein Problem für alle afrikanischen Länder und spiegelt jahrelange Vernachlässigung, Politisierung und Unterentwicklung wider. Die Kosten werden hoch sein, wenn diese Situation anhält. Nach Angaben der Weltbank schränkt die schlechte Qualität der Infrastruktur das Wirtschaftswachstum jedes Jahr um etwa zwei Prozentpunkte ein, was dazu führt, dass sich die Produktivität der Unternehmen um bis zu 40 Prozent verringert. Innovationen bei Finanzierung und Design sowie bessere Systeme zur Nutzung der vorhandenen Infrastruktur sind der Schlüssel zur Lösung des afrikanischen Infrastrukturdefizits.

Die Gewinnung privater Finanzmittel ist ein wesentlicher Bestandteil der Pläne zur Reduzierung des Defizits. Seit dem Bericht der Weltbank von 2009, in dem die jährliche Finanzierungslücke bei der Infrastrukturfinanzierung von 93 Mrd. US-$ ermittelt wurde, belief sich die Kapitalfinanzierung für afrikanische Infrastrukturen zwischen 2009 und 2014 auf 328 Mrd. US-$, was einem Durchschnitt von 54 Mrd. US-$ pro Jahr entspricht. Im Jahr 2013 betrugen beispielsweise die Ausgaben der Entwicklungsinstitutionen 44 Milliarden US-$, wobei Asien mit rund 15,9 Milliarden US-$ den größten Teil der öffentlichen Gelder ausmachte (davon entfielen 13,4 Milliarden US-$ auf China und 1,5 Milliarden US-$ auf Japan). Afrikanische Entwicklungsbanken stellten 2,2 Mrd. US-$, multilaterale Entwicklungsbanken 9,2 Mrd. US-$, Europa 6,3 Mrd. US-$, arabische Geber 3,3 Mrd. US-$ und Amerika 7,2 Mrd. US-$ zur Verfügung. Kommerzielle Kredite machten in diesem Jahr nur 9 Mrd. US-$ zusätzlich aus.[35]

Innovationen bei der Finanzierung, wie in Kapitel 10 zu sehen sein wird, können helfen, aber die Antwort liegt nicht nur in neuen Projekten. Eine effizientere Nutzung der vorhandenen Infrastruktur kann die Ausgabenlücke auf vielleicht nur ein Drittel des geschätzten Kapitalbedarfs reduzieren. Die Technologie könnte auch einige Antworten auf den Rückstand bieten. So sinken zum Beispiel die Kosten für Solarstrom weiter und bieten Energiealternativen für Afrika. Diese Kosten sind zwischen 2010 und 2016 um 75 Prozent gesunken und beim Wind um 25 Prozent, was das Primat der fossilen Brennstoffe, die derzeit 85 Prozent der Weltenergie erzeugen, in Frage stellt.[36]

Die Instandhaltung der Infrastruktur ist ebenfalls besonders wichtig, aber auch schwierig, da es sich dabei nicht um eine 'neue Sache' handelt und es daher an Ansehen und Potenzial zum Geldverdienen mangelt. Es gibt jedoch positive Signale. So hat Äthiopien beispielsweise einen laserähnlichen Fokus auf die Bereitstellung von Infrastrukturen, einschließlich Mega-Projekten wie dem Grand Renaissance Damm und der Eisenbahnverbindung Dschibuti-Addis, beibehalten und einen Großteil seiner Mittel vor Ort aufgebracht. Andere haben sich für einen neuen Privatisierungsprozess entschieden, um den Rückstand aufzuholen. Der Erfolg dieser Initiativen wird davon abhängen, inwieweit ihnen, wie Panama zeigt, nicht nur die Bereitstellung der Infrastrukturmittel folgt, sondern auch, inwieweit ein ganzes Reformpaket auf den Weg gebracht wird, einschließlich des Raums, in dem der Privatsektor frei von regulatorischer Überlastung agieren kann. Bei der Entwicklung der Infrastruktur ist ein langfristiger Ansatz von entscheidender Bedeutung, ebenso wie der politische Wille, Reformen voranzutreiben.

Teil 2

Der Zustand der afrikanischen Wirtschaft

Kapitel 4
Landwirtschaft

Fünf Schritte zum Erfolg:

- Beseitigung staatlicher Verzerrungen bei den Agrarpreisen.
- Befürchtungen vor Nahrungsmittelknappheit durch bessere Marktprognosen ausräumen.
- Sicherstellen, dass die Regierungspolitik moderne Anbaumethoden berücksichtigt, einschließlich Mechanisierung, Kostenersparnis und höheren Erträgen.
- Sicherstellung der langfristigen Sicherung des Eigentumsrechts für die Landwirte, sei es durch Pacht oder Grundbesitz.
- Verbesserung der Logistik ist sowohl bei der Nahrungsmittelproduktion als auch bei den Exporten der Agrarindustrie von entscheidender Bedeutung für den Erfolg.

Herausforderungen und Chancen:

Die afrikanische Landwirtschaft hat ein immenses, unerschlossenes Potenzial. Andere Regionen der Welt haben die Erträge verdoppelt oder sogar verdreifacht, während die Getreideerträge Afrikas, um nur ein Beispiel zu nennen, von der Ernährungs- und Landwirtschaftsorganisation der Vereinten Nationen (FAO) auf 66 Prozent unter dem globalen Durchschnitt geschätzt werden.[1] Vierzig der 55 afrikanischen Volkswirtschaften sind Nettoimporteure von Nahrungsmitteln, mit einigen der weltweit schwächsten Agrarsektoren, wobei 300 Millionen Afrikaner an Unterernährung leiden.

Die Gründe für Afrikas agrarische Stagnation liegen auf der Hand: Krieg, Instabilität, Unklarheit über Landbesitzrechte, geringe Investitionen in Menschen und Managementsysteme, Einmischung der Regierung in die Nahrungsmittelpreise und das Fehlen von Wachstums- und Technologieeffekten. Mit 600 Millionen Afrikanern, die direkt oder indirekt in der landwirtschaftlichen Produktion tätig sind und von denen schätzungsweise 70 Prozent Frauen sind, kann eine Leistungssteigerung die Vorteile des Wirtschaftswachstums auf einen marginalisierten Teil der Bevölkerung übertragen.

Schlüsselzahlen:
Afrika verfügt über 874 Millionen Hektar Ackerland, das sind 60 Prozent der weltweiten Anbaufläche.[2] Allerdings nutzt der Kontinent nur 43 Prozent seiner Ackerfläche mit Regenpotenzial. Weniger als 4 Prozent der geschätzten 39 Millionen Hektar geeigneter landwirtschaftlicher Nutzfläche werden derzeit bewässert.[3]

Afrikas Düngemitteleinsatz pro Hektar beträgt nur 13 Prozent des weltweiten Durchschnitts. Der Kontinent ist relativ unmechanisiert: Seine Landwirte haben nur einen Traktor pro 868 Hektar, verglichen mit dem weltweiten Durchschnitt von einem Traktor pro 56 Hektar. Die Nahrungsmittelimporte nach Afrika südlich der Sahara belaufen sich auf insgesamt 25 Milliarden US-$ jährlich.[4]

Der Witz, den die Argentinier oft liebevoll gegen sich selbst richten, besagt, dass Gott, als er Argentinien erschaffen hat, ihm die besten Ländereien, das beste Klima, die besten Mineralien und vieles mehr gegeben hat. Als der Rest der Welt sich beschwerte, glich Gott die Dinge aus, indem er diesem neuen, großzügigen Land die Argentinier hinzufügte.

Die letzten 70 Jahre der argentinischen Wirtschaftsgeschichte waren von Zyklen geprägt: Kurzer Boom, gefolgt von einer immer länger werdenden Pleite, gefolgt von Sparmaßnahmen. So trat Carlos Menem 1990 sein Amt an und führte eine Reihe von Reformen durch, die die Lage stabilisierten, und die Dinge begannen sich wieder zu verbessern. Doch Anfang der 2000er Jahre befand sich das Land erneut in einer Krise, mit sukzessiven Führungswechseln und Kapitalflucht. Néstor Kirchner wurde 2003 zum Präsidenten gewählt, seine Regierung stabilisierte die Situation und bewirkte einen dramatischen Rückgang von Arbeitslosigkeit und Armut. Trotz seines Politikpopulismus kehrte ein Anschein von wirtschaftlicher Stabilität zurück, obwohl dies viel weniger mit der Regierungspolitik zu tun hatte, die einen massiven Schuldenausfall beinhaltete, als mit dem Einfallsreichtum des Privatsektors.

In den 1990er Jahren investierte die argentinische Privatwirtschaft in erheblichem Umfang in neue Anbaumethoden, insbesondere in die Direktsaat, in die Saatgutbehandlung mit Direktsaat sowie in den umfangreichen Einsatz von Herbiziden und gentechnisch verändertem Saatgut. Mitte der 2000er Jahre sorgte die chinesische Nachfrage nach Soja, getrieben von einem verdreifachten Fleischkonsum pro Kopf, für einen argentinischen Exportboom. 'Soja', sagte ein argentinischer Landwirtschaftsexperte, 'ist Fleisch'. Infolgedessen stieg die pflanzliche Erzeugung zwischen 1995 und 2010 von 20 Millionen auf 93 Millionen Tonnen. Im gleichen Zeitraum stiegen die Ausfuhren von 2 Millionen Tonnen Soja auf 56 Millionen Tonnen. Maßgeblich verantwortlich dafür war ein Ertragsschub, da die Anbaufläche (rund 40 Millionen Hektar) nur um 25 Prozent zunahm.

Argentinien ist heute das drittgrößte Sojaproduktionsland (führend sind die USA und Brasilien) und der größte Exporteur von verarbeiteten Sojaprodukten wie Mehl, Öl und Biodiesel.

Diese landwirtschaftliche Produktions- und Exportrevolution hat sich in Brasilien wiederholt, wo die Sojaexporte 2014/15 auf 54 Mio. t anstiegen, was mehr als der Hälfte der jährlichen Produktion von 98 Mio. t entspricht, wobei China fast 75 % der Gesamtproduktion auf sich vereinigt.[5] Im Jahr 2000 lag die Gesamtproduktion Brasiliens bei etwas mehr als 30 Mio. t.

Solche Momente des raschen Agrarwandels sind nicht auf Lateinamerika beschränkt. Der Begriff 'Grüne Revolution' wurde geprägt, um das zu beschreiben, was sich in Indien in den 1960er und 1970er Jahren ereignete.

Die bengalische Hungersnot, die weltweit schlimmste Nahrungsmittelkatastrophe aller Zeiten, ereignete sich 1943 im von Briten beherrschten Indien, als 4 Millionen Menschen an Hunger starben, hauptsächlich verursacht durch das Versäumnis, der Nahrungsmittelver-sorgung Vorrang einzuräumen. Diese Tragödie zwang die Ernährungs-sicherheit auf die Tagesordnung des postkolonialen Indiens und führte zur Grünen Revolution zwischen 1967 und 1978. Die landwirtschaftliche Produktion stieg in diesem Zeitraum durch Ausweitung der Anbauflächen, Doppelkulturen, verbesserte Technologie und besseres Saatgut, vor allem bei der so genannten K68-Weizensorte mit hohem Ertragswert. Diese Veränderungen erhöhten die Getreideproduktion von 72 Millionen auf über 130 Millionen Tonnen bis 1978.[6]

Aber die Grüne Revolution hatte Defizite - nicht zuletzt in den Köpfen vieler Menschen, weil sie keine Nahrungsmittelselbstversorgung schuf. Die Grüne Revolution hat jedoch nicht nur die Ernährungssicherheit verbessert und Arbeitsplätze in der Landwirtschaft geschaffen, sondern auch die Industrialisierung direkt durch den Bau von Bewässerungsdämmen und Wasserkraftwerken und indirekt durch die Sicherstellung der städtischen Nahrungsmittelversorgung ermöglicht.[7]

Ähnliche Geschichten können über andere Kulturen und in anderen Ländern erzählt werden. Zum Zeitpunkt der Vereinigung von Nord- und Südvietnam 1975 betrug die Reisproduktion 10,3 Millionen Tonnen bei einer Bevölkerung von 48 Millionen Menschen. Daher waren Importe erforderlich, um Defizite auszugleichen. Diese wurden größer, da die

Produktionssteigerungen nicht ausreichten, um dem Bevölkerungswachstum gerecht zu werden. Bis 1980 bestand ein Importbedarf für Reis von 2 Mio. Tonnen. Nach einer Hungersnot Mitte der 80er Jahre wurde der Prozess der Bodenreform beschleunigt und das staatliche Monopol gelockert, so dass die Erzeuger stärker an der Verbesserung der Erträge beteiligt waren. So produzierte Vietnam bis 2008 einen Überschuss von 7 Millionen Tonnen und wurde damit nach Thailand zum zweitgrößten Reisexporteur der Welt. Ähnlich beeindruckend ist die Bilanz in anderen Bereichen der vietnamesischen Landwirtschaft, insbesondere in der Fischzucht und der Kaffeeproduktion. Der Anteil des Landes am weltweiten Kaffeeexport wuchs in den 90er Jahren um mehr als 20 Prozent pro Jahr und sprang in 30 Jahren von 0,1 Prozent auf 20 Prozent. Mit einem Export von 1,2 Millionen Tonnen im Jahr 20158 ist Vietnam zum zweitgrößten Kaffeeexporteur der Welt geworden. Es handelt sich um eine Branche, die heute etwa 2,6 Millionen Menschen beschäftigt, wobei Bohnen auf einer halben Million Kleinbetrieben angebaut werden.[9]

Im Wesentlichen ist Vietnams gesteigerte Produktion - in der Landwirtschaft, ebenso wie im Dienstleistungssektor und in der Industrie - auf das Paket von Wirtschaftsreformen zurückzuführen, das darauf abzielte, durch Lockerung der zentralen Kontrolle und Marktliberalisierung das zu schaffen, was als sozialistisch orientierte Marktwirtschaft bezeichnet wird, und damit die für ein rasches Wachstum erforderlichen Investitionen und Initiativen freizusetzen. Die Ergebnisse sind beeindruckend: 1994 lebten rund 60 Prozent der Vietnamesen unterhalb der Armutsgrenze, 20 Jahre später waren es weniger als 10 Prozent.

Auch Afrika hat seine Erfolge gehabt. Kenia und Äthiopien sind Beispiele für Fortschritte im Blumenanbau. Diese Länder haben jetzt 2.000 Hektar bzw. 600 Hektar Anbaufläche. Sie liegen in der Nähe der europäischen Märkte (im Vergleich zu anderen Regionen), ihr Klima und ihre Höhenlage erlauben es ihnen, das ganze Jahr über zu wachsen und die Löhne dort sind niedrig. Während beide über regionale Flughafendrehkreuze mit zahlreichen Flügen verfügen, hat Kenia sogar ein spezielles Terminal in Kenia eingerichtet.

Kenias Schnittblumenexporte haben sich zwischen 1988 und 2014 auf 137.000 Tonnen verzwölffacht und machen Kenia zum drittgrößten Exporteur der Welt.

Mittlerweile liefert das Land ein Drittel der Importe der Europäischen Union (EU). Eine halbe Million Kenianer sind von diesem Sektor abhängig und bringen jährlich 600 Millionen US-$ ein.

Obwohl weiter nördlich die Blumenanbauindustrie 1995 mit nur einem Hektar Sommerblumen begann, zählt Äthiopien heute zu den fünf größten

Anbietern weltweit. Unter den afrikanischen Produzenten und Exporteuren von Blumen steht es nach Kenia an zweiter Stelle. Der Umsatz lag 2015 bei über $265 Millionen und der Sektor ist verantwortlich für 75.000 direkte Arbeitsplätze, von denen die meisten von ihnen mit Frauen besetzt sind.

'Die erste Sonderladung im Jahr 2005', erinnert Tsegaye Abebe, Gründer der Ethiopian Horticulture Producer Exporters Association und Landwirt, der den ersten Hektar gepflanzt hat, 'hat nur 19 Tonnen der 36-Tonnen-Kapazität der Boeing 757 ausgefüllt. Dann haben wir sie aufgefüllt, die Anzahl der Flugzeuge erhöht und sind später auf eine MD-11 mit 75 Tonnen Kapazität umgestiegen. Heute', lächelt er, 'benutzen wir zwei 777er täglich, davon drei in der Spitze nach Europa, plus Passagier-Bauchfracht in den Nahen Osten. Insgesamt beläuft es sich im Jahresdurchschnitt auf rund 300 Tonnen pro Tag.'[10]

Addis Abeba hat zinsgünstige Kredite an Investoren, eine Steuerbefreiung für Vorleistungen und Investitionsgüter sowie eine Steuerbefreiung für Exporteure für ein Jahr vergeben. Die Pacht von staatlichem Land liegt 'fast kostenlos' bei 7,70 $ pro Hektar und Jahr, und es gibt vergünstigte Darlehen mit langen Amortisationszeiten.

Die Schnittblumenindustrie ist ebenso eine Logistik wie ein Landgeschäft, in dem der Erfolg von einem soliden Management und einer reaktionsschnellen Regierung abhängt, die sich sorgfältig um die Märkte kümmert und die Kosten senkt. Wenn die Logistikkosten günstiger sind als die Kosten für die Beheizung europäischer Gewächshäuser, ist es sinnvoll, Blumen zu importieren.

In Südafrika bleibt der Agrarsektor ein großer Arbeitgeber mit rund 700.000 Arbeitnehmern, das sind etwa 5 Prozent der Arbeitskräfte.[11] Bei allen Sorgen um die Rückgabe und Umverteilung von Land ist der Sektor ein vorbildlicher afrikanischer Exporteur, insbesondere bei Getränken, Nüssen und Früchten, die zwei Drittel der Agrarexporte ausmachen. Allein die Weinexporte brachten 2012/13 fast 500 Mio. US-$ ein.[12] Diese stellen auch hochgradig begünstigte Güter mit einem signifikanten Multiplikatorwert dar.[13] Der direkte und indirekte Gesamtnutzen der Weinindustrie durch Tourismus und andere Einflüsse wird auf nicht weniger als 1,2 Prozent des südafrikanischen BIP berechnet.[14] Allein in der Provinz Westkap macht die Landwirtschaft mehr als ein Drittel aller Exporteinnahmen aus.[15]

Doch trotz dieser Erfolgsgeschichten ist der Agrarsektor in Afrika überwiegend nicht nur durch ungenutztes Potenzial, sondern auch durch erhebliche Kosten in Bezug auf Ernährung, hohe Preise und entgangene Einnahmen gekennzeichnet.

Das Problem mit der afrikanischen Landwirtschaft

Das Hauptquartier der FAO in Rom befindet sich im ehemaligen Department of Italian East Africa. Doch die äußerlich klaren Linien des kolonialen Hauptquartiers Mussolinis, gegenüber dem Circo Massimo, sind im Inneren nicht nachgebildet. Der innere Grundriss ist ein Durcheinander von alphabetisch gekennzeichneten Bereichen, die sich über acht Stockwerke erstrecken - eine treffende Metapher für die Frustration der FAO in Afrika. Ihre Aufgabe ist es, den Hunger zu bekämpfen, indem sie als Problemlösungsforum und Anbieter von technischen Informationen fungiert. Ein großer Teil der 10.000 Mitarbeiter konzentriert sich auf Afrika, das Nettoempfänger von Nahrungsmittelhilfe ist.

Trotz großer Anstrengungen scheinen Organisationen wie die FAO bisher weitgehend machtlos zu sein, um etwas gegen diesen Zustand zu unternehmen. Bis 2016 waren von den 37 Ländern weltweit, die Krisenhilfe für Nahrungsmittelknappheit benötigten, mehr als 28 in Afrika.[16] Obwohl die weltweite Getreideproduktion im Jahr 2016 mit rund 2,5 Milliarden Tonnen konstant bleiben sollte, wurde erwartet, dass sie in Afrika um mehr als 10 Prozent auf 156 Millionen Tonnen zurückgehen würde.

Solche extremen Unwägbarkeiten - und schlechte Leistungen - sind sowohl auf die Wettbewerbsbedingungen als auch auf Konflikte zurückzuführen. Insgesamt verdeutlichen sie jedoch die sehr schlechte landwirtschaftliche Leistung Afrikas seit der Unabhängigkeit. Während andere Länder ihre Erträge revolutioniert haben, um ihre Bevölkerung zu ernähren, wie oben hervorgehoben wurde, stagniert Afrika zum überwiegenden Teil. Die Unterernährung in Afrika ist mit fast einem Viertel der Bevölkerung nach wie vor eine der höchsten in den Entwicklungsländern. Dies hat eine bleibende Auswirkung auf Kinder und ihre kognitive Entwicklung, schafft die Voraussetzungen für Generationenprobleme und verschärft die ohnehin schon gewaltigen Herausforderungen im Gesundheitswesen.[17]

Diese schlechte Leistung ist auch ein treibender Faktor für andere Kosten. Die überwiegende Mehrheit der afrikanischen Länder sind Nettoimporteure von Nahrungsmitteln, was bedeutet, dass die Lebensmittelpreise den Importkosten, einschließlich der Kosten für Transport und Aufschlag entsprechen. Auch der Verlust potenzieller Einnahmen aus Agrarexporten hat enorme Auswirkungen. Hinzu kommt der verzerrende, ablenkende Effekt hoher Preise auf die Haushalte.

Abbildung 4.1: Afrikanische Netto-Agrarexporteure (in grau)

Nettoexporteure in Afrika	
Land	**Überschuss aktuell in US-$ (Mio.)**
Elfenbeinküste	4354
Kenia	1402
Südafrika	1178
Malawi	814
Äthiopien	555
Kamerun	377
Uganda	256
Sambia	248
Tansania	157
Benin	141
Burkina Faso	57
Togo	50
Burundi	30
Swasiland	27
Ghana	20

Quelle: Weltbank, Afrika Entwicklungsindikatoren, http://databank.worldbank.org/data/reports.aspx?source=africa-development-indicators#

Während der Durchschnittsamerikaner nur 6,7 Prozent seines Einkommens für Nahrungsmittel ausgibt und mit Singapur an erster (d.h. billigster) Stelle liegt, liegt Südafrika als das erste afrikanische Land der 92 vom US-Landwirtschaftsministerium befragten Länder mit 19,4 Prozent des Einkommens auf Platz 47; Kenia und Nigeria nehmen mit 47 Prozent bzw. 56,9 Prozent die letzten beiden Plätze ein. Kein Wunder also, dass mehr als ein Drittel der Kenianer als unterernährt gelten. Das Niveau in Nigeria liegt bei über 40 Prozent.[19] Diese hohen Nahrungsmittelkosten wirken sich auf die Fähigkeit der Bürger aus, anderswo zu investieren - zum Beispiel in Gesundheitsfürsorge, Kleidung, Wohnung und Bildung.

Die amerikanischen Nahrungsmittelkosten sind niedrig, weil die Produktivität ständig verbessert wird, angetrieben durch die Entwicklungen in Mechanisierung, Technologie und die zunehmende Verfügbarkeit von chemischen Rohstoffen, die zu immer größeren Kostenersparnissen geführt haben. Auch wenn in den USA die Menge der für die Landwirtschaft genutzten Flächen und Arbeitskräfte zurückgegangen ist, hat sich die landwirtschaftliche Gesamtproduktion zwischen 1948 und 2013 mehr als verdoppelt.[20]

Die Analysten der FAO rätseln jedoch, warum die tieferen Probleme - wie die so klar identifizierten Kosten - dann nicht gelöst werden. Die geringe Bevölkerungsdichte - etwa die Hälfte des globalen Durchschnitts und ein Zehntel des vietnamesischen Durchschnitts - behindert den Handel und den Marktzugang, wo Farmen und Landwirte vergleichsweise isoliert leben. Und jeder kennt den schlechten Zustand der afrikanischen Infrastruktur, insbesondere Bewässerungspraktiken und –systeme, sowie schwache und teure Erweiterungsdienste. Alle diese Faktoren wirken sich negativ aus und verstärken das Fehlen von Wirtschaftseffekten. Gewohnheitsmäßige Einmischung der Regierung in die Preisgestaltung ist ein weiterer Grund. Um diese Fragen anzugehen, bedarf es jedoch eines politischen Willens und einer politischen Feinfühligkeit, die bisher fehlte. Diese Misserfolge spiegeln das historische Desinteresse der meisten afrikanischen Eliten an der Transformation der Landwirtschaft wider. Niedrige Bevölkerungsdichten bedeuten nicht nur, dass weniger in feste Agrarsysteme investiert wurde und die Bereitschaft zur physischen Migration in Stresssituationen zunimmt, sondern auch, dass die ländliche afrikanische Bevölkerung so weit über das Land verstreut ist, dass ihr politischer Einfluss im Zentrum begrenzt ist.

Dies hat sich in hohen Subventionen für die städtische Bevölkerung und niedrigen Preisen für die ländlichen Erzeuger niedergeschlagen. Solche Subventionen waren oft eng mit dem Zeitpunkt der Wahlen verknüpft. ‘Anstatt die Bauern als Unternehmer zu betrachten,’ sagt der FAO-Chef für

Handel und Märkte, Ben Belhassen,'werden sie als arme Landbevölkerung angesehen. '[21] Er beschreibt dies als die Kosten eines Spannungsfeldes zwischen kurzfristigen politischen Impulsen und der Notwendigkeit einer langfristigen Entwicklungsvision, zu der auch die Landwirtschaft gehören sollte.

Die Lösung, so sagt er, 'muss von dem politischen Willen ausgehen, die Landwirtschaft in den Mittelpunkt der nationalen Entwicklung zu stellen.' Es bedeutet auch die Notwendigkeit, die Landwirte bei ihren unternehmerischen Bemühungen zu unterstützen. Wenn sowohl die Probleme als auch die Lösungen bekannt sind, werden, sobald der politische Wille vorhanden ist, rasch Verbesserungen folgen.

Es besteht kein Zweifel daran, dass die Verbesserung der landwirtschaftlichen Leistungsfähigkeit große Vorteile für alle afrikanischen Staaten bietet; sie birgt das Potenzial für enorme Einnahmen und die Schaffung von Arbeitsplätzen. Heute ist der Agrarsektor in Afrika entscheidend für die Schaffung von Arbeitsplätzen für die Hälfte der Gesamtbevölkerung. Sie ist auch die primäre Lebensgrundlage für etwa ein Viertel der städtischen Haushalte.[22] Aber der Sektor ist weitgehend in der kleinbäuerlichen Landwirtschaft mit niedrigem Ertrag und niedrigem Gewinn stecken geblieben. Bei den Entwicklungserfolgen, insbesondere in Asien, ist der Anteil der Landwirtschaft an der Gesamtwirtschaft umso geringer, je reicher die Länder und ihre Bevölkerung geworden sind. So gesehen besteht das Problem für Afrika darin, dass es nicht aus der kleinbäuerlichen Landwirtschaft herausgetreten ist.

Es gibt also drei zentrale Herausforderungen, die es zu bewältigen gilt, damit sich die Landwirtschaft in ganz Afrika verbessern kann. Erstens muss der Kontinent seine Grundnahrungsmittelerträge verbessern, nicht zuletzt angesichts der Kosten für den Transport von Gütern über weite Entfernungen; zweitens muss er die Sortenvielfalt und den Zugang zu den Finanzmärkten im In- und Ausland diversifizieren; und drittens muss er den landwirtschaftlichen Erzeugnissen einen größeren Mehrwert verleihen.

Die Richtlinien, die für höhere Erträge erforderlich sind, sind bekannt: Verbesserung der Inputs, Einführung neuer Saatgutsorten, bessere Beratungsdienste, Investitionen in Qualifikationen und Basisinfrastruktur, Einführung von Landreformen, Entwicklung von ländlichen Gebieten und Versicherungen sowie Gewährleistung der Vorhersehbarkeit sowohl bei der Preisgestaltung als auch bei der Rolle der Regierung.

Trotz der Tatsache, dass diese Bedürfnisse verstanden werden, finden die notwendigen Reformen noch immer nicht statt. Es scheint, dass dies mehr mit der Politik und den Entscheidungen der Politiker zu tun hat.

Produktion, Systeme und Technik

Ende des 19. Jahrhunderts war fast die Hälfte aller US-Arbeiter in der Landwirtschaft beschäftigt; hundert Jahre später war dieser Anteil auf unter 2 Prozent gesunken. Dasselbe gilt für Großbritannien, wo der Anteil der in der Landwirtschaft beschäftigten Arbeitskräfte von 22 Prozent in der Mitte des 19. Jahrhunderts auf unter ein Prozent im 21 Jahrhundert sank.[23]

Es gibt keinen Grund zu der Annahme, dass ein afrikanischer Weg zur landwirtschaftlichen Produktivität nicht zu ähnlichen Ergebnissen führen wird, mit Gesamtkosten für die Beschäftigung in den landwirtschaftlichen Betrieben, wenn die Erträge steigen. Aber es wird noch andere Möglichkeiten geben.

Equalizer ist ein Hersteller von Saatgut und landwirtschaftlichen Pflanzgeräten. Sein Gründer, Gideon Schreuder, begann mit der Herstellung eines 'Kornsiebes' für seine Familienfarm in Hopeeld, an der Westküste, nördlich von Kapstadt. Die Modelle auf dem Markt', sagt er 16 Jahre später, 'waren nicht sehr effizient. Und das Sieben und Vorreinigen war wichtig, denn es würde uns einen besseren Preis einbringen, wenn wir an die Genossenschaft liefern würden'.

Eines führte unweigerlich zum anderen, und schon im Jahr 2000 war der Maschinenbauingenieur im Landmaschinenbau tätig. Mit mehr als 80 Mitarbeitern in der Produktion hat sich Equalizer auf die Entwicklung und Herstellung von Pflanzmaschinen und Sämaschinen mit minimaler oder gar keiner Bodenbearbeitung konzentriert. 'Entwickelt für Afrika, hergestellt für Afrika, zäh und robust' ist das Mantra für die Konstruktion der Equalizer-Geräte, aber das widerlegt die innovative Raffinesse seiner automatisierten Maschinen, die hinter selbstlenkenden Traktoren geschleppt werden, Herbizid sprühen, eine sich verengende Furche schneiden, durch Druckluft Saatgut fallen lassen und Dünger sorgfältig dosiert nach Tiefe und Menge auf den auf die Bodenverhältnisse abgestimmten Gittern verteilen, bevor sie alles wieder zumachen. Die Effizienz der Maschinen veranschaulicht die Größe der landwirtschaftlichen Betriebe, für die sie konzipiert sind. Eine 18 Meter lange, 60 Einheiten starke Sämaschine für Weizen kann 12 Hektar pro Stunde säen; die 24 Meter lange Maispflanzmaschine bewältigt 14 Hektar gleichzeitig.[24]

Da Australien und Kanada zu seinen internationalen Märkten gehören, gab es bis 2016 mehr als 800 Equalizer Pflanz- und Sämaschinen. Das Unternehmen produzierte eine Maschine pro Tag und überholte John Deere als bevorzugten südafrikanischen Lieferanten.

Der Erfolg von Equalizer zeigt nicht nur, dass es Produktionsmöglichkeiten für afrikanische Unternehmen gibt, sondern signalisiert auch die Richtung der Landwirtschaft: hin zu größeren, kommerziellen, kapitalintensiven Betrieben mit Kostenersparnissen. Es gibt auch eine Tendenz zu besseren Anbaumethoden, die durch eine verbesserte Boden- und Wassernutzung zur Produktivitätssteigerung angetrieben werden. Heinrich Schönfeldt, ein Weizenbauer aus dem 100 Kilometer von Kapstadt entfernten Overberg-Gebiet über den Hottentots Holland Mountains, fasst die Herausforderung für die Landwirtschaft in der Region zusammen: 'Unterm Strich müssen wir mehr von besserer Qualität produzieren, um mit dem Rest der Welt konkurrieren zu können'. Oder, wie der ehemalige Landwirtschaftsminister der Provinz Lampie Fick, dessen Familie seit mehr als 200 Jahren im selben Gebiet Landwirtschaft betreibt, es ausdrückt: 'Man kann nicht von mehr Nahrung auf weniger Land sprechen, ohne die Gewohnheiten zu ändern'.

Die weltweit führenden Agrarexporteure sind die USA (175 Mrd. USD an Exportprodukten im Jahr 2015), Brasilien (90 Mrd. USD), China (70 Mrd. USD), Kanada (65 Mrd. USD), Indien (47 Mrd. USD), Indonesien (43 Mrd. USD) und Argentinien (41 Mrd. USD).[25] Alle verwenden gentechnisch veränderte Organismen (GVO). Dabei handelt es sich um Saatgutsorten, die Mitte der 90er Jahre kommerziell eingeführt wurden. Alle drei führenden Maisproduzenten (d.h. USA, China und Brasilien) und Sojaproduzenten (USA, Brasilien und Argentinien) verwenden GVO.[26] Obwohl die Verwendung solcher Hybridsorten weltweit besorgniserregend ist und einige dagegen sind, sind sie viel resistenter als normales Saatgut gegen Herbizideinsatz, insbesondere bei Soja und Mais, aber auch bei Raps, Baumwolle, Luzernen und Zuckerrüben.

Die Einführung von gentechnisch verändertem Mais hat zu einem deutlichen Anstieg der südafrikanischen Produktion geführt, der die Durchschnittserträge in nur zehn Jahren nahezu verdoppelt und die nationale Maisproduktion in diesem Jahrhundert um mehr als 40 Prozent auf 14 Millionen Tonnen im Jahr 2014 erhöht hat, obwohl die Anbaufläche um mehr als 50 Prozent auf unter 2 Millionen Hektar zurückgegangen ist. Die landesweiten Durchschnittserträge stiegen in dieser Zeit von 2,9 Tonnen auf 5,3 Tonnen pro Hektar. Ebenso stieg die Sojaproduktion von 282.000 Tonnen im Wirtschaftsjahr 2007/08 auf 1,1 Mio. Tonnen im Wirtschaftsjahr 2014/15, was sowohl auf eine Vervierfachung der Anbauflächen als auch auf die Verfügbarkeit widerstandsfähiger Sojasorten zurückzuführen ist.[27]

Aber nicht alle Fortschritte sind auf neue Saatgutsorten zurückzuführen. Die Western Cape Anbaugebiete Südafrikas produzieren etwas mehr als die Hälfte der jährlichen Produktion von 1,7 Millionen Tonnen Weizen, weitere 500.000 Tonnen werden im Free State und am

Nordkap produziert. Der durchschnittliche Ertrag pro Hektar im Overberg-Gebiet des Südkaps, rund um die Stadt Caledon, beträgt 3,5 Tonnen pro Hektar und ist damit doppelt so hoch wie Mitte der 80er Jahre.

Eine Fahrt auf der N2 von Kapstadt in Richtung Caledon bietet ein Bild ländlicher Glückseligkeit: sorgfältig bepflanzte Felder zu beiden Seiten der Nationalstraße, ein Flickenteppich aus grüner Gerste, Weizen und gelbem Raps wird von sauberen, hellweißen Farmhäusern unterbrochen.[28]

Es gibt hier keine gentechnisch veränderten Weizensorten, zumindest nicht kommerziell. Die Weizenerträge haben sich in der Region Caledon durch konservierende Anbaumethoden um mehr als die Hälfte erhöht. Durch den Verzicht auf kontinuierliches Pflügen zur Unkrautbeseitigung und durch den Verzicht auf Stroh und andere Abfälle vor Ort wird die Biodiversität und der Kohlenstoffgehalt der Böden verbessert, ebenso wie die Wasserspeicherung und -nutzung. In der Südkap-Region, in der mehr als 90 Prozent der Landwirte solche Konservierungsverfahren praktizieren, hat sich das Verhältnis von 6 bis 8 Kilogramm Weizen pro Millimeter Niederschlag auf 13 bis 15 Kilogramm verbessert.

Richard Krige ist geschäftsführendes Mitglied des Industrieverbandes Grain SA. Er bewirtschaftet über 2 600 Hektar Weizen, Hafer, Raps, Luzerne, Klee und Gerste sowie Vieh in Boontjieskraal, einer Fram südlich von Caledon. Die Landwirte sind aus der Zeit der Mechanisierung herausgekommen', sagt Krige,'wo wir die ganze Zeit gepflügt haben, um Pilze, Krankheiten und Unkräuter loszuwerden, die aber die Böden an organischem Material und Struktur verloren haben, bis hin zu einer Konzentration auf die chemische Zusammensetzung der Böden, insbesondere das Ausmaß der Phosphate und Stickstoffverbindungen. Jetzt geht es um die biologische Bodenkomponente als Nahrungsquelle. Das bedeutet eine Verbesserung der Böden, aber auch der Sorten, die einen stärkeren Einsatz von Herbiziden zur Unkrautbekämpfung ermöglichen, dem größten Konkurrenten der Kulturpflanzen. Bei Mais beispielsweise ermöglicht durch die ausschließliche Verwendung von Düngemitteln einen durchschnittlichen Ertrag von 3 Tonnen pro Hektar, bei Herbiziden von 5 Tonnen und bei beiden zusammen von 7 Tonnen.

Trotz solcher Ertragsverbesserungen muss Südafrika jedoch mehr als die Hälfte seines jährlichen Weizenverbrauchs importieren. Mit der Kombination aus neuen Saatgutsorten und besseren Anbaumethoden ist eine noch höhere Produktivität möglich - vielleicht sogar bis zu 50 Prozent mehr. Um diesen Nutzen zu erzielen, ist eine bessere Zusammenarbeit zwischen Erzeugern und Verbrauchern erforderlich, wie es bei der Gersteproduktion der Fall war, die eine Kofinanzierung neuer Sorten ermöglicht. Es bedeutet auch, so Krige, dass wir die Vorleistungskosten senken müssen, wo wir die Importpreise für Düngemittel und Chemikalien zahlen.[29]

Obwohl sie dazu beitragen wird, die steigende Nachfrage nach Nahrungsmitteln aus einer zunehmend urbanen Bevölkerung zu befriedigen, ist es unwahrscheinlich, dass dieser Anstieg eine große Quelle für Beschäftigung sein wird. Heinrich Schönfeldt bewirtschaftet mehr als 5.000 Hektar mit nur neun Mitarbeitern, wo einst 45 Mitarbeiter beschäftigt waren. Überall am Südkap ist die Beschäftigung in der Landwirtschaft um fast die Hälfte zurückgegangen, da die großen Maschinen und die Intensivierung übernommen wurden. Die Zahl der Landwirte ist ebenfalls gesunken, da die Betriebe größer geworden sind. Tatsächlich hat es in Südafrika eine Produktivitätsrevolution gegeben, mit weniger als der Hälfte der Zahl der kommerziellen Landwirte im Jahr 2015 (32.000) als Ende der 80er Jahre, während die landwirtschaftliche Produktion seit 1994 um fast 30 Prozent gestiegen ist.[30]

'Wir haben zwar enorme Steigerungen und Verbesserungen durch neue Verfahren erlebt', sagt Schönfeldt,'aber im restlichen Afrika gibt es ein enormes Potenzial, wo wir drei Kulturen pro Jahr anbauen könnten. Dazu müssen wir die Landwirtschaft zu einer sexy Investitionsmöglichkeit machen, zu einem Unternehmen und nicht nur zu einer Leidenschaft, die von den Realitäten der globalen Märkte, den neuesten Produktionsmethoden und neuen Technologien angetrieben wird. Das bedeutet letztendlich, dass wir uns von einer Subsistenzlandwirtschaft lösen müssen.'

Im Gegensatz zu früheren Produktionssteigerungen in Afrika südlich der Sahara, die durch eine Ausweitung der Anbaufläche angetrieben wurden, wird ein zunehmender Anteil des künftigen Produktionswachstums auf eine verbesserte Produktivität zurückzuführen sein. Unter der Annahme eines raschen Bevölkerungswachstums, 'ergänzt durch steigende Einkommen und die Fortsetzung der derzeitigen Politik und Marktstrukturen', warnt die OECD jedoch, 'wird die Produktion von Nahrungsmittelpflanzen in vielen Ländern voraussichtlich langsamer wachsen als die Nachfrage. Ohne produktivitätssteigernde Investitionen' sei daher mit einem Anstieg der Rohstoffimporte nach Afrika zu rechnen.[31]

Malawis 10 Ochsenkarren sind eine Entwicklung wert

Die Situation von Michael Kamzawa veranschaulicht perfekt Malawis Herausforderung und die Herausforderungen für die wachsende afrikanische Produktion.[32]

Umgeben von Kindern im Dorf Chikasauka, 50 Kilometer nördlich von Lilongwe, erzählt uns Herr Kamzawa, 64, dass er für das Integrierte Produktionssystem - allgemein bekannt als das IPS - ausgewählt werden möchte, um seinen Tabakanbau zu fördern. Die Teilnahme am IPS würde sowohl den Ertrag als auch die Qualität seines Burleytabaks und damit sein Einkommen erhöhen. Als Mitglied des Programms könnte er Dünger und Saatgut der örtlichen Tabakhandelshäuser verwenden, und Benet könnte von der Erfahrung der 'Blatttechniker' profitieren, die im Land auf Motorrädern mit 125 ccm Hubraum aus chinesischer Produktion umherfahren.

Sein unmittelbares Problem ist, dass er nicht als Teil des Programms ausgewählt wurde. Der Welttabakmarkt ist einfach zu klein, und es gibt zu viele Tabakbauern in Malawi, als dass sie alle im IPS unterzubringen wären. Sein Problem ist, dass staatliche Eingriffe in den Maismarkt bedeuten, dass er keinen kommerziellen Preis für diese Ernte erzielen kann. Zwischen den beiden Kulturen ist er somit zu einem Leben in harter Arbeit und Armut verurteilt.

Herr Kamzawa, und viele wie er, sind verarmt, weil Malawi nicht in der Lage ist, seine Agrarpolitik in die richtige Richtung zu lenken.

Bei der Unabhängigkeit 1964 war Malawi ein kleiner Akteur in der weltweiten Tabakindustrie. In den achtziger Jahren war es zu einem bedeutenden Hersteller von luftgetrocknetem Burley-Tabak geworden, der in Zigaretten amerikanischer Herkunft sehr beliebt war und die in Simbabwe hergestellte Sorte Virginia ergänzt. Die Beziehungen zwischen den Bauern, der Regierung und den Käufern wurden von Hastings Banda's Regime in Malawi sorgfältig reguliert, um die Kontrolle sowohl der Qualität als auch der Quantität zu gewährleisten. Malawis Burley-Produktion wuchs zwischen 1980 und 1992 um fast 500 Prozent auf 100 Millionen Kilogramm.

Dann brach alles zusammen. Als die diktatorische Herrschaft von Banda Anfang der 90er Jahre ins Stocken geriet und die wachsende Bevölkerung Malawis versuchte, mehr zu anzupflanzen, um zu überleben, folgte eine Überproduktion, die mit einem dramatischen Rückgang des Tabakpreises einherging. Michael Kamzawa wird aufgrund seiner Produktion minderwertiger Qualitäten nur 25 Prozent des Marktwertes erhalten.

Die Ernte und der Preis haben sich dadurch dramatisch verändert, von einem Spitzenwert von 208 Millionen Kilogramm im Jahr 2011 (als der Preis bei 1,13 US-Dollar pro Kilo lag) bis zu 65 Millionen Kilogramm im Jahr 2012 (als sich der Preis auf 2,05 US-Dollar pro Kilo erholte).

Die weltweite Nachfrage nach Malawis Burley-Marke liegt bei rund 140 Millionen Kilogramm pro Jahr. Mehr als das und der Preis, der für die Erntespitzen gezahlt wird, ist gefährlich niedrig, um die geschätzten Produktionskosten von etwa 1,50 $/kg zu erreichen.

Als Folge dieser wilden Schwankungen und bei dem Versuch, die Industrie in den Griff zu bekommen, hat sich die Regierung 2012 bereit erklärt, 80 Prozent des weltweiten Tabakabsatzes (basierend auf dem 140-Millionen-Kilogramm-Wert) direkt zwischen den Handelshäusern und den Landwirten zu vereinbaren. Im Rahmen dieser Regelung ermöglichte das IPS für eine kleine Lagerstätte den Landwirten, Düngemittel, Saatgut und technisches Wissen von Beratern zu erhalten. Im Gegenzug würden die Bauern zu einem vorab zu garantierten, aber marktgerechten Preis an die Handelshäuser verkaufen. Diese Regelung wurde nicht nur aus Gründen der Qualitäts- und Mengenkontrolle als Gewinn für beide Seiten betrachtet, sondern auch, weil die Tabakindustrie daran interessiert war, die Einhaltung der Vorschriften zu verbessern. Durch sorgfältiges Screening der Landwirte wurden umfassendere Themen angegangen, darunter die Abschaffung der Kinderarbeit, die Gewährleistung einer guten Landwirtschaft und die Verbesserung der Qualität der Produktion. Praktiken, bei denen alle nicht-tabakbezogenen Materialien, wie z.B. Plastik, aus dem Produkt entfernt werden und die ökologische Nachhaltigkeit verbessert wird; dies beispielsweise geschieht durch die weit verbreitete Anpflanzung von Wäldern.

Die großen Vorteile für die Landwirte waren höhere Erträge und stabilere Preise, was zu höheren Erträgen und dem Beginn eines Verbesserungszyklus führte, was wiederum dazu führte, sie aus der Armut zu befreien. Die IPS-Landwirte konnten nach Abzug der Kosten für Saatgut und Düngemittel, und sogar nachdem die Regierung 380 Dollar an Steuern, Abgaben und Transportgebühren für die Lieferung der Produkte an die Märkte entrichtet hat, rund 1.000 Dollar pro Hektar Umsatz erwirtschaften. Für jeden Hektar Tabakanbau liefert das IPS-Paket auch Saatgut und zur Ernährungssicherung Düngemittel für einen halben Hektar Mais und für Hülsenfrüchte wie Soja oder Erdnüsse, was eine zusätzliche Einkommensquelle darstellt.

Für den Landwirt zeigt sich der Unterschied in der Notlage von Kamzawa, der außerhalb des IPS-Systems 'sieben bis acht Tabakballen bekam', sagte er in seinem heimatlichen Chichewa 'oder zehn Ochsenkarren Mais' pro Hektar. Im Vergleich dazu steht sein nächster Nachbar Gabriel Kumandakuyitana (ein Name, der wörtlich übersetzt 'das Grab ruft' bedeutet), 33, der einen IPS-Vertrag hatte und seinen Ertrag von 10 Tabakballen (zu rund 90 Kilogramm) pro Hektar auf 23 Ballen steigern konnte. In

Kombination mit der Ablehnung der Ernte aufgrund der Qualität, unter der die Landwirte außerhalb des IPS leiden, und des niedrigeren Preises (2015 erhielten Nicht-IPS-Landwirte 1,45 $ pro Kilo im Vergleich zu 1,71 $ pro Kilo für die IPS-Vertragslandwirte) ist der Einkommens-unterschied sehr groß.

Das Problem ist, dass es einfach zu viele Landwirte gibt - oder anders ausgedrückt - zu wenig andere Möglichkeiten in Malawi und zu wenig Nachfrage nach Tabak weltweit. Aus diesem Grund sind Kamzawa und die meisten seiner Mitbürger nicht an dem Programm beteiligt. Da die Nachfrage klein und die Qualität wesentlich ist, wie z. B. bei Burley-Tabak, spielt die Regulierung eine entscheidende Rolle bei der Gewährleistung von Stabilität auf dem Markt und einer angemessenen Rendite für die Landwirte.

Um diese Herausforderungen zu meistern, steht Malawi in den nächsten 35 Jahren vor einer gewaltigen Bevölkerungszunahme. Seine Bevölkerung bei der Unabhängigkeit 1964 betrug nur 3,8 Millionen. Fünfzig Jahre später überschritt sie die 16-Millionen-Grenze und soll bis 2050 auf 50 Millionen ansteigen. Ein solches Wachstum wird zu einem erheblichen Druck auf das Land führen. In der Zentralregion beträgt die durchschnittliche landwirtschaftliche Nutzfläche etwa 1 Hektar. In den reicheren Anbaugebieten des Südens ist es die Hälfte dieser Größe, wo das Bevölkerungswachstum nach den Worten eines kommerziellen Landwirts '15 Jahre vor dem der Zentralregion liegt'.

Die Folge dieses Bevölkerungswachstums wird sein, dass die Grundstücksgröße noch weiter reduziert wird, wenn das Land an die Familie weitergegeben wird. Während die Bauern in Malawi normalerweise mehr Land wollen, wie Kumandakuyitana es ausdrückte, 'haben die Häuptlinge kein Land mehr, um es zu verteilen'. Und die Tatsache, dass die Renditen niedrig geblieben sind, verstärkt diesen teuflischen und scheinbar endlosen Zyklus. Eine Verdoppelung der Renditen hätte einen dramatischen Effekt.

Malawi wetteifert mit Burundi, Niger, der Demokratischen Republik Kongo und der Zentralafrikanischen Republik darum, gemessen am Pro-Kopf-Einkommen, das 2015 nur 381 Dollar (in aktuellen Zahlen) betrug, offiziell das ärmste Land der Welt zu sein. Malawier sind statistisch gesehen mehr als dreimal ärmer als Sambier. Dennoch sind Sambier, die 2015 1.300 Dollar pro Person verdienten,[33] im globalen Vergleich bereits sehr arm, wo das Durchschnittseinkommen bei über 10.000 Dollar lag.

Abgesehen von den Statistiken ist die Differenz zwischen den beiden Ländern dennoch stark ausgeprägt. Die Reise von Lilongwe entlang der M12 bis zum Grenzposten Mchinji zeigt ein Land, das auf einem niedrigen

Niveau arbeitet. Auf der schmalen, 120 Kilometer langen Straße säumen unzählige Wanderer die schmale Straße, dazu selbstmörderische Radfahrer, deren Fahrräder mit wogenden, taumelnden Holzstapeln, Balken, Zuckerrohr, Holzkohle, gewebte Matten und gelegentlich Ziegen beladen sind. Sie kommen aus einer Unzahl von Kleinstädten wie Mphandula, Kamwendo und Kahona. Müde aussehender Mais wächst am Straßenrand, in den Dörfern eine schäbige Ansammlung von Ständen und Läden, Müll und gelegentlich auch Burley-Scheunen, kleine Holzkonstruktionen, in denen Tabak zum Trocknen aufgehängt wird.

Das Chaos nimmt zu, wenn sich die Straße Mchinji nähert. Die Grenzstadt, ein relatives Chaos von Lastwagen, Ziegelhaufen, Hinweisen für internationale Nichtregierungsorganisationen, mehrere Tankstellen, eine Versicherungsagentur und Armeen von Schleppern, hat als Kernstück eine Ziegelsteinstruktur im Stil der 70er Jahre, in der Pässe mit einem mürrischen Schlag gestempelt werden und riesige Hauptbücher scheinbar die Kontrolle über Fahrzeugbewegungen behalten. Der Straßenzustand verschlechtert sich, die Ränder sind mit Schlaglöchern umsäumt, die mit Stakkato-Frequenz auftreten - nicht umsonst werden malawische Fahrer als PhDs' bezeichnet: *Pothole Dodgers* [wörtl. Schlagloch-Umfahrer].

Gegen den Krach und das Chaos der Mwami-Grenzkontrolle, und entlang der Straße nach Chipata, ist der Unterschied auf der sambischen Seite mit seinen Shoprites, Spars, Fast-Food-Läden und smarten neuen Tankstellen, gut zu sehen. Es ist im Vergleich mit der Schweiz, der Unterschied zwischen endemischer Armut und etwas Geld.

Es ist nicht nur Sambia. Neue Konkurrenten sind aufgetaucht, unter anderem in Mosambik, dem einstmals ärmsten Land der Welt, mit einem Pro-Kopf-Einkommen von nur 160 Dollar im Jahr 1996. Dennoch ist das Pro-Kopf-BIP Malawis als Anteil am BIP Mosambiks von 150 Prozent Mitte der 80er Jahre auf heute weniger als die Hälfte gesunken. Ein großer Teil davon ist auf den Erfolg von Mosambiks Tabakprogramm in der Provinz Tete zurückzuführen, das Anfang der 2000er Jahre begann.

Aber die heutige Notlage Malawis ist nicht das Ergebnis dessen, was andere taten, sondern im Grunde genommen eher das, was die Malawier taten - oder genauer gesagt, nicht getan haben. Die Antwort auf die Beschäftigungs- und Einkommenskrise liegt nicht in mehr Beihilfen. Die Geber stellen bereits jetzt ein Viertel des Bruttoinlandsprodukts Malawis zur Verfügung. Es liegt darin, was Malawi für sich selbst tun kann.

Die Lösung für Michael Kamzawas Überlebensherausforderung liegt in der Entpolitisierung und Liberalisierung des Maismarktes. Bei Mais, wo die regionale Nachfrage riesig ist, hatte die staatliche Intervention, um den Preis niedrig zu halten, bisher weitreichende negative Folgen.

In den achtziger Jahren wurde die von der Weltbank unterstützte Teilprivatisierung der Agricultural Development and Marketing Corporation (ADMARC) mit begrenzten Mitteln für die Versorgung von Kleinbauern mit Düngemitteln und Saatgut unterstützt, was zur Schließung vieler ihrer Depots führte. Dem Privatsektor fehlte jedoch die Kapazität, wettbewerbsfähige Marketingdienstleistungen im ganzen Land anzubieten. Der Sektor war auch nicht in der Lage, genügend Mais für magere Zeiten einzulagern, und die Händler waren in ihrer Möglichkeit zum Import von Mais, um die Preise während der Defizite aufrechtzuerhalten, eingeschränkt. In der Folge kamen die Subventionen erneut in Anwendung, und die staatlich kontrollierte ADMARC spielte wieder eine immer größere Rolle und kehrte damit die Liberalisierung um.

Die Herausforderung besteht zum Teil darin, dass es keine Landbesitzrechte und daher keine Finanzierungsmöglichkeiten gibt, liegt jedoch vor allem in der Preisstruktur und in der Rolle von ADMARC, dessen routinemäßiges Dumping von Mais nicht nur kostspielig für den Fiskus ist, sondern auch den Preis nach unten treibt. Verstärkt wird dieser Trend durch Exportverbote. 'Billige Lebensmittel untergraben die Wirtschaft, die Nutznießer davon sind die drei bis vier Millionen städtischen Malawier auf Kosten von vier Millionen landwirtschaftlichen Haushalten', sagt Jimmy Giannakis von *Farmer's World*,[34] und gibt damit eine weit verbreitete Meinung wieder.

Stattdessen muss der Marktdruck erhöht werden, um Angebot und Nachfrage durch die Liberalisierung des Maispreises näher an den Rand zu bringen. Die Rolle der Regierung bestünde darin, für die am stärksten gefährdeten Bevölkerungsgruppen durch genaue Prognosen und Überwachungen ein Sicherheitsnetz zu gewährleisten und so die Art von politischen Veränderungen zu vermeiden, die die malawische Maispolitik charakterisiert haben. Ein Beispiel für solche Politikschwankungen wäre das politisch attraktive Subventionsprogramm für landwirtschaftliche Betriebsmittel, das von dem verstorbenen Präsidenten Bingu wa Mutharika eingeführt und von vielen Gebern als wichtiger Beitrag zur Ernährungssicherheit begrüßt wurde, obwohl es nicht nachhaltig war und den Preis durch nicht marktbezogene Produktion drückte. Bisher bestand das politische Interesse an der Versorgung mit billigem Mais, obwohl die wirtschaftlichen Interessen der Bauern - und damit von Malawi an sich - in der Herstellung eines teureren Grundnahrungsmittels liegen.

Wenn die Preise stimmen, werden Mengen und Erträge steigen, sagen die Experten, wenn der Landwirt darauf reagiert. Angesichts der Unwägbarkeiten von Wetter und Politik ist immer mit einer regionalen Nachfrage zu rechnen. 'Es gibt immer jemanden', sagt ein malawischer

Landwirt bei der Einschätzung der Marktchancen, 'der sich bei Mais in der Region täuscht'. Um Zugang zu den regionalen Märkten zu erhalten, müssen jedoch größere Anstrengungen unternommen werden, um die Transportkosten zu senken, die für einen 40-Fuß-Container von Lilongwe zum nur 950 Kilometer entfernten Beira 4.400 $ betragen, während die Verschiffung von Beira in die Vereinigten Arabischen Emirate nur 1.450 $ kostet. Dies zu beheben, bedeutet auch, die unglaublichen Unannehmlichkeiten mit den Grenzposten, einschließlich Mwami und Mchinji, anzugehen.

Es gibt ein tieferes Problem, mit dem sich die Führung Malawis auseinandersetzen muss, wenn sie die Wirtschaft ausbauen will. Der private Sektor bleibt ausgeschlossen, die Anreize verzerrt, um diejenigen in der Regierung zu belohnen, oder als Handelsvermittler zu fungieren, die Lizenzierung oder Zollabfertigung betreiben, den Handel von Agrargütern zwischen Verkäufer und Käufer kontrollieren, Politiker, die auf Zugang und Beziehungen angewiesen sind, um ihre Geschäftsinteressen zu schützen. Es ist eine Situation, die dazu führt, dass Interessengruppen die nationalen Entwicklungsbedürfnisse ausschalten und die Armut von Menschen wie Michael Kamzawa verfestigen.

Fazit: Einige Arbeitsplätze, stärkere Mechanisierung

Um das landwirtschaftliche Potenzial Afrikas zu realisieren, bedarf es mehr als nur fähiger, akribischer Bauern – auch wenn das zweifellos hilfreich sein wird. Dazu bedarf es auch einer Reihe integrierter Maßnahmen. Wie Gideon Schreuder bemerkt, 'braucht man nicht nur eine bessere Landwirtschaft, sondern auch ein vollständiges Back-up-System von Unternehmen, die Saatgut, Chemikalien, Düngemittel, Ausrüstung und Logistik herstellen, und die Politik einer Regierung, die sie hinreichend attraktiv macht'.

Auf dem Weg dorthin wird es bittere politische Pillen zu schlucken geben, vor allem für die Regierung. Dies gilt insbesondere für die Grenzen der kleinbäuerlichen Getreideproduktion, nicht zuletzt angesichts der Kosten für die Art der Maschinen und Verfahren, die erforderlich sind, um eine Produktivitätssteigerungen zu erzielen, die für die wachsende städtische Bevölkerung Afrikas erforderlich ist. Für Südafrika, um nur ein Beispiel zu nennen, beträgt die Mindestgröße, so Schreuder, für eine profitable Farm, der Getreide anbaut und in der Lage ist, sich gebrauchte Investitionsgüter zu leisten, mindestens 400 Hektar. In der Overberg-Region am Westkap sind es mindestens 1.000 Hektar.

In Zukunft geht es nicht nur um Grundnahrungsmittel, sondern darum die Produktion zu verbessern, damit Afrika sich selbst ernähren kann, um den Überschuss in die Städte zu exportieren, um eine Arbeitsteilung weg von der Landwirtschaft hin zu anderen, höherwertigen Berufen in der Industrie und im Dienstleistungssektor zu ermöglichen. Für einen Kontinent, der Arbeit sucht, gibt es auch Chancen in jenen Kulturen, deren Produktion noch nicht vollständig mechanisiert werden kann. In Südafrika sind Orangen ein Markt, auf dem das Land zum zweitgrößten Exporteur der Welt avanciert ist,[35] sowie verschiedene neue Anbaugebiete wie Avocados, Nüsse, Beeren, Früchte und Blumen. 'Solche Kulturen', sagt der Wein- und Apfelbauer Paul Cluver, 'sind höherwertiger und arbeitsintensiver und könnten viel mehr Menschen beschäftigen.'[36]

Unter dem Strich, so Schreuder, 'müssen sich die Landwirte so sicher fühlen, dass sie ihre Investitionen in ihr Leben aufs Spiel setzen können'. Es handelt sich um eine Bemerkung, die für alle Wirtschaftssektoren gilt, insbesondere aber für diejenigen, die feste, unbewegliche Investitionen wie Landwirtschaft und Bergbau betreffen.

Kapitel 5
Bergbau

Fünf Schritte zum Erfolg:

- Verbesserung der Politik und der Sicherheit der Anleger. Stabile, effiziente und transparente Regulierungs- und Verwaltungsprozesse sind für Bergbauunternehmen wichtige Investitionsfaktoren.
- Entwicklung einer überzeugenden, zukunftsorientierten, realistischen Darstellung der Rolle, die der Bergbau in der nationalen Entwicklung spielen wird, und dessen Einhaltung.
- Die Weitere Nutznießung ist abhängig von billigem Strom und heimischen Produktionsmöglichkeiten.
- Realistische Einschätzung der Logistiksysteme, die für Investitionen in Schüttgüter (insbesondere Eisen und Kohle) erforderlich sind, und die immensen Kosten, die damit verbunden sind.
- Die Regierungspolitik muss die Realitäten der Schwankungen der Rohstoffpreise und die langfristigen Bedürfnisse der Investoren berücksichtigen.

Herausforderungen und Chancen:

Da große Teile der Welt ihre Infrastrukturnetze und Produktionssektoren ausbauen, wird es eine hohe Nachfrage nach Mineralien geben. Dies eröffnet einigen afrikanischen Ländern Möglichkeiten zur Qualifizierung ihrer Arbeitskräfte, zur Industrialisierung, zu internationalen Investitionen und zum internationalen Handel. Dennoch ist der Bergbau ein zyklisches Geschäft, und die Aussichten des Sektors unterliegen einem sich verändernden Gleichgewicht zwischen Angebot und Nachfrage. Auch in Afrika sind Bergbauprojekte durch mangelndes Vertrauen zwischen Bergbauunternehmen, Regierungen und den von ihnen geführten Nationen gekennzeichnet. Der Bergbau ist ein komplexes, langfristiges und kapitalintensives Unterfangen, bei dem Risiko und Ertrag sorgfältig ausbalanciert werden müssen und das durch politische Veränderungen und Instabilität leicht beeinträchtigt werden kann.

Schlüsselzahlen:
Afrika ist gut mit Mineralien ausgestattet. Der Kontinent verfügt über 20 Prozent der bekannten globalen Goldreserven, 23 Prozent Titan, 28 Prozent Vanadium, ein Viertel des gesamten Mangans, mehr als die Hälfte des weltweiten Kobalts, über 60 Prozent der Edelstein-Diamantreserven, 80 Prozent Phosphate, 90 Prozent Chromit und 95 Prozent Platin. Weite Teile Afrikas sind auch hinsichtlich Mineralvorkommen wenig erforscht. Auch wenn es sich als problematisch erwiesen hat, die wirtschaftlichen Chancen von Mineralien zu nutzen, ist die Abhängigkeit von Rohstoffen bei wichtigen Produzenten in den letzten 15 Jahren gestiegen. In Botswana ist der Beitrag der Mineralienexporte zum BIP (hauptsächlich Diamanten) von 58,7 Prozent auf 83,7 Prozent gestiegen, in Sambia ist die Abhängigkeit von 79,4 Prozent auf 83,6 Prozent und in der Demokratischen Republik Kongo von 72,4 Prozent auf 78,3 Prozent.[1]

Trotz eines Anstiegs des Durchschnittseinkommens während des Rohstoffpreisbooms der 2000er Jahre lebt mehr als die Hälfte der Bevölkerung der afrikanischen Länder, die von Extrakten abhängig sind, von weniger als 2 $ pro Tag.[2]

James, 29, stammt aus Maseru.[3] Er arbeitet als illegaler Bergmann, oder *zama zama* (wörtlich: Menschen, die bereit sind, ‘ihr Glück zu versuchen’), in der Durban Deep Area, 20 Kilometer südwestlich von Johannesburg. Er arbeitet mit vier seiner Landsleute zusammen, steht in knöcheltiefem, gefrierendem Wasser und wäscht die Ausgrabungen in einem Plastikeimer. Die Lösung wird durch Perforationen im Eimer auf einen Wellblechboden fallen gelassen, der das dichte, goldbeladene Konzentrat aufnimmt. Später wird es gemahlen, bevor es mit Quecksilber vermischt wird, um den Goldgehalt aufzunehmen, und dann mit Gasbrennern erhitzt, um den wertvollen gelben Glanz von reinem Gold zu hinterlassen.

James verkauft seinen Ertrag an einen lokalen Händler, für den er, wie er sagt, 21 Dollar pro Gramm erhält, weniger als die Hälfte des internationalen Marktpreises. Er und seine Freunde verdienen nach seinen Angaben mit ihrer Arbeit jeden Tag $3,50, kaum genug, um zu essen und Miete zu zahlen.

Das Gebiet um Durban Deep wurde aktiv abgebaut, bis 2001, nach einer gescheiterten Fusion mit Johannesburg Consolidated Investments, die Grube geschlossen und die Schächte verstopft wurden, so dass schätzungsweise 12 Millionen Unzen nicht abgebautes Gold übrig blieben. Zum Zeitpunkt dieses Buchs bemühte sich ein neues, von Australien geführtes Unternehmen, West Wits Mining, die Mine wieder zu öffnen, und arbeitet mit einem Bauträger zusammen, um auf den 4 000 Hektar des Schürfreviers für 75.000 Menschen bezahlbare Wohnungen zu errichten, die in den 800 000 Wohnungsbestand in Gauteng eingreifen.

Südafrika produzierte im Jahr 2015 144,5 Tonnen Gold im Wert von 6,6 Milliarden Dollar. *Zama zamas* förderte weitere geschätzte acht Tonnen, im Wert von 400 Millionen Dollar. Sie befinden sich am unteren Ende des Beschäftigungsniveaus. Schätzungsweise drei Viertel von ihnen sind verzweifelte illegale Einwanderer aus Lesotho, Mosambik, Malawi und Simbabwe. Da die südafrikanische Arbeitslosigkeit 40 Prozent erreicht, wird es für Migranten immer ein Kampf sein, Arbeitsplätze zu finden. Und es ist kaum eine Goldgrube - eher ihre letzte oder einzige Chance.

Minenbeamte und Sicherheitspersonal schätzen, dass es insgesamt bis zu 15.000 *zama zamas* geben kann, verglichen mit 120.000 Bergleuten, die in Südafrika als offizielle Goldgräber arbeiten. Im Jahr 2015 gab es mehr als 65 Todesfälle von *zama zama*s. Um das Risiko in einen Zusammenhang zu stellen, verloren südafrikanische Goldminen im Jahr 2015 33 Arbeiter bei Unfällen. Mit den Säulen, die die Minendächer von einigen der reichhaltigsten, nicht abgebauten Materialienschächten stützen, untergraben sich einige *zama zamas* buchstäblich selbst.

In einem hochgradig organisierten, syndizierten System, in dem die kriminellen Bosse an der Spitze der Banden und, um es mit den Worten eines australischen Bergarbeiters zu sagen, die 'shit-kickers at the bottom' stehen, werden viele Rivalen ermordet. Im Jahr 2014 hat eine Bande 200 *zama zamas* gefangen, indem sie die Ausgänge einer illegalen Mine blockierten. Unzählige starben, ohne offizielle Konsequenzen. Vier Jahre zuvor starben mehr als 100 illegale Bergleute bei einem einzigen Zwischenfall in Welkom.

Es sollte Mitgefühl mit der Notlage der *zama zama* geben, die unter harten, bedrohlichen Bedingungen für magere Erträge arbeiten. Allerdings entstehen durch ihre Tätigkeit erhebliche Kosten, die über den Verlust von Steuereinnahmen, Anlegerrenditen und Vertrauen hinausgehen. Die *zamas zamas* sind Teil eines Schattennetzes rücksichtsloser Kriminalität, mit wenig oder gar keinem Interesse am Eigentum, der Umwelt oder der Sicherheit anderer, während es gleichzeitig die Korruption im öffentlichen und privaten Sektor züchten und nährt.

Natürlich ist Südafrika nicht allein. Von Kolumbien bis Simbabwe gibt es schätzungsweise 25 Millionen Bergleute, die als solche gelten, sich aber durch den Bergbau und nicht durch die Beschäftigung in einem Bergbauunternehmen ernähren und rudimentäre und gefährliche Techniken und Technologien zur Gewinnung anwenden. Weitere geschätzte 150 Millionen Menschen in mehr als 50 Entwicklungsländern sind schätzungsweise indirekt auf diese Bergleute angewiesen.[4] Der handwerkliche Abbau findet in der Regel in abgelegenen Gebieten statt, die weitgehend frei von staatlichen Eingriffen, Umwelt- und anderen Kontrollen sind.

Der Aufstieg der *zama zamas* spiegelt den dramatischen Niedergang der südafrikanischen Bergbauindustrie wider. In den späten 1980er Jahren betrug der offizielle Anteil Südafrikas am globalen Bergbau insgesamt 40 Prozent, wobei die Beschäftigung mit 880.000 Beschäftigten ihren Höhepunkt erreichte.

Damals hatte allein der Goldbergbau 540.000 Arbeitsplätze. Bis 2016 betrug der Anteil Südafrikas weniger als 5 Prozent des gesamten weltweiten Bergbaus, und die Industrie beschäftigte 473.000 Beschäftigte, obwohl sie immer noch 8 Prozent des BIP des Landes und mehr als die Hälfte der Deviseneinnahmen ausmachte.

Mangelndes Investorenvertrauen in Verbindung mit einer unruhigen Arbeiterschaft und einer immer schwieriger werdenden, tiefen und teuren Erzförderung haben dazu geführt, dass Südafrika im Januar 2015 87 Prozent weniger Gold produzierte als im gleichen Monat 1980.[5]

Seine Goldproduktion ist vom ersten Platz in der Welt im Jahr 2006 (als es 300 Tonnen förderte - klein im Vergleich zu dem Allzeithoch von 1.000 Tonnen im Jahr 1970) 10 Jahre später hinter China, Australien, Russland, die USA, Kanada und Peru auf den siebten Platz zurückgefallen.

Dieser Rückgang ist auf mangelnde Investitionen und damit auf mangelndes Vertrauen in die Zukunft zurückzuführen. Im Jahr 2011 betrug der weltweite Anteil Südafrikas an Greenfield-Mining-Projekten nur noch 5 Prozent, der Anteil Australiens dagegen 38 Prozent. Ein solcher Rückgang der Investitionen steht im Einklang mit den Trends in anderen Teilen Afrikas (wie z.B. Sambia) und führt dazu, das Wachstum zu untergraben.

Der Bergbau muss aber nicht zwangsläufig eine untergehende Industrie sein. Eine Citibank-Umfrage aus dem Jahr 2010 hat Südafrika als das reichste Bergbauland der Welt im Hinblick auf die Nicht-Öl-Reserven im Wert von schätzungsweise 2,5 Billionen Dollar zu den dann aktuellen Preisen bewertet. Dies ist mehr als der Wert der Reserven in Russland und Australien, die bei etwa 1,6 Billionen Dollar pro Land liegen.[6] Zum Zeitpunkt dieses Berichts schätzten Experten, dass Südafrika mit dem richtigen regulatorischen Umfeld seine Kohle-, Platin-, Eisen- und Manganproduktion innerhalb von fünf Jahren mindestens verdoppeln und 200.000 direkte und indirekte Arbeitsplätze schaffen könnte.[7]

Aber eine neue südafrikanische Goldmine benötigt angesichts der Tiefe fünf Jahre Investition und erfordert mindestens 140 Millionen Dollar, um die Machbarkeitsphase zu überstehen. Weitere 2 bis 3 Milliarden Dollar (zu Preisen von 2016) sind dann erforderlich, um in die 'mittlere Tiefe', zum Flöß selbst, zu gelangen, was weitere 10 Jahre Arbeit bedeutet. Erst dann beginnt die Mine, die Kapitalanlage zu amortisieren und schließlich nach einem weiteren Jahrzehnt oder mehr einen Gewinn zu erwirtschaften.[8]

Doch um den Niedergang der afrikanischen Bergbauindustrie aufzuhalten, bedarf es keiner größeren Neuinvestitionen, sondern nur der Zusammenarbeit - und eines verbesserten Vertrauens - zwischen Wirtschaft und Regierung.

Der Grund für die Schließung von Durban Deep und das anschließende Auftauchen der *zama zamas* liegt in der fehlenden Investorenzuversicht, dass sich die Dinge in Südafrika umkehren werden. Sie hängt auch mit Fragen der Rechtsstaatlichkeit und der bürokratischen Reaktionsfähigkeit auf kommerzielle Belange und Bedürfnisse, der mangelnden Grundsicherheit in den Bergbaugebieten, der sich ständig verändernden politischen Landschaft, insbesondere im Zusammenhang mit der Stärkung der schwarzen Wirtschaft zusammen. Kurz gesagt, es mangelt an staatlicher Vision für die langfristige Zukunft des Bergbaus und an Sensibilität für die wirtschaftlichen Realitäten und die Volatilität der Rohstoffpreise.

Die australischen Eigentümer von Durban Deep glauben, dass sie mit Sicherheit in einer schnellen Reaktion auf Bergbaubewilligungen und Baugenehmigungen für die Siedlung die Oberfläche sterilisieren und die Mine wiederbeleben können. Sie schätzen, dass in der Nähe der Oberfläche 500.000 Unzen Gold liegen, die ausgegraben und aufgefüllt werden müssen. Dieses Gold wird die Finanzierung der nächsten Etappe ermöglichen, die den Abbau von weiteren 1,5 Millionen Unzen über 270 Meter ermöglicht. Wenn alles nach Plan läuft, könnte die Mine in ihrer neuen Inkarnation 2.500 Arbeiter beschäftigen, die zehnmal so viele Menschen unterstützen würden, nicht zuletzt deshalb, weil das 'Wits-Riff', sagen Geologen,'sich nicht für eine Mechanisierung eignet'.[9] Beschäftigung und Staatseinnahmen sind jedoch nicht die einzigen Treibkräfte. Es gibt Umwelt-, Gesundheits- und andere Sicherheitsaspekte, ein besonderes Anliegen für diejenigen, die durch den Abbau von Geröll und *Zama Zama*-Aktivitäten in den umliegenden Gemeinden gefährdet sind.

Ohne ein höheres Maß an Vertrauen in die Bergbaupolitik, politische Stabilität und das daraus resultierende frische Kapital kann Südafrikas offizieller Bergbau nur noch weiter abnehmen, ebenso wie die Zahl der *zama zamas* steigen wird, wenn die Arbeiter um andere Arbeitsplätze kämpfen. Ohne den Einsatz von frischem Kapital bedeutet eine solche Informalisierung eine Sackgasse für die Industrie und ist ein deutliches Zeichen für das Scheitern der Politik.

Die afrikanische Herausforderung

Die afrikanischen Volkswirtschaften sind stark abhängig vom Rohstoffsektor, der im Jahr 2012 28 Prozent des gesamten BIP des Kontinents ausmachte, 77 Prozent der Gesamtexporte und 42 Prozent aller Staatseinnahmen.[10] Studien des International Council on Mining and Metals (ICMM) zeigen zum Beispiel, dass für jeden $1, der durch den Bergbau generiert wird, mindestens weitere $3 an anderer Stelle in der lokalen Wirtschaft generiert werden, und dass für jeden Mitarbeiter im direkten Bergbau an anderer Stelle in dieser Wirtschaft bis zu 15 weitere Arbeitsplätze geschaffen werden.[11]

Der Gesamtwert der globalen Mineralproduktion hat sich von 1992 bis 2012 versechsfacht. Während dieses Booms waren die Länder mit niedrigem Einkommen stärker von Mineralienexporten abhängig, insbesondere in Afrika südlich der Sahara.[12] Daher hat der Rückgang der afrikanischen Mineralienexporte, wie in Abbildung 5.1 dargestellt, zu einem Rückgang des Wirtschaftswachstums in den Ländern südlich der Sahara geführt, insbesondere in den Ländern, die von Rohstoffen für Exporte und Staatseinnahmen abhängig sind. So wuchs das Wachstum des Kontinents 2015 nur um 3 Prozent und lag damit deutlich unter dem Durchschnitt von 6,8 Prozent zwischen 2003 und 2008. Die Weltbank hat die schwächere Performance vor allem auf den Einbruch der Rohstoffpreise zurückgeführt.[13]

Abbildung 5.1: Gesamter Afrikanischer Handel mit Primärrohstoffen, Edelsteinen und nichtmonetärem Gold (in aktuellen US-$), 1995–2015

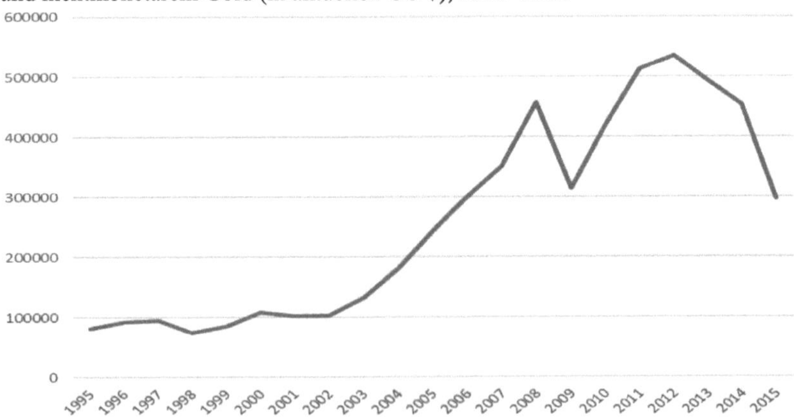

Quelle: UN-Konferenz für Handel und Entwicklung, http://unctadstat.unctad.org/wds/ReportFolders/reportFolders.aspx

Trotz der Boomjahre ist das Verhältnis zwischen Industrie und Regierung in vielen Ländern Afrikas durch anhaltendes Misstrauen auf beiden Seiten gekennzeichnet, das durch Fehleinschätzungen geschürt wird. Es wird behauptet, dass Minen mit massivem Reichtum gleichzusetzen sind und dass Bergbauunternehmen im Extremfall absichtlich Erz stehlen oder Steuern durch Unterdeklaration oder Verrechnungspreise einbehalten. Unterdessen beklagen die Bergbauunternehmen, dass die Langfristigkeit ihres Geschäfts in guten und schlechten Zeiten und die Höhe des Risikos, das sie zu tragen haben, von denen, die die Regeln festlegen, nicht verstanden werden. Hinzu kommen die zunehmende Kapitalintensität und die Mechanisierung des Bergbaus, die sich vor allem in den Ländern bemerkbar macht, in denen der Bergbau die tragende Säule der Wirtschaft ist.

Wahrnehmungen über den Wert und die Rolle des Bergbaus finden sich in Umgebungen, in denen es nur wenige andere Möglichkeiten gibt. Die vorherrschenden Darstellungen über den Bergbau handeln von riesigen Protesten, die auf Kosten der Bevölkerung gemacht wurden – ein 'win-lose'-Szenario. Paradoxerweise sind die Gemeinden um die Minen herum oft von der Wiege bis zur Bahre von den Bergbauunternehmen stark abhängig, denen der Staat seine Verantwortung entzieht. Doch oft müssen sich gerade die Unternehmen, die diese Entwicklung einbringen, mit erheblichen Einmischungen, Korruption und Renditesuchen auseinandersetzen und die Schwierigkeiten bei der Verwaltung eines festen, unbeweglichen Vermögenswertes, bei dem in der Wirtschaft kaum etwas anderes vor sich geht, in Kauf nehmen.

Anstatt die Industrie als langfristiger Entwicklungspartner zu engagieren, verfolgen einige Regierungen, die dem öffentlichen Druck der Bevölkerung nachgeben und verzweifelt nach Einnahmen streben, einen kurzfristigen Ansatz, indem sie versuchen, den Sektor mit Hochsteuerregelungen und anderen Umverteilungsmechanismen auszustatten, einschließlich Aufforderungen zur Begünstigung und Wertschöpfung.

Die Forderung nach einer höheren Wertschöpfung berücksichtigt jedoch selten, inwieweit das Erz bereits gefördert wird. Es ist kaum so, als ob die Unternehmen Steine exportieren. Weit gefehlt. Im Falle der Kupfergewinnung, zum Beispiel nach geologischen Erkundungen und Bohrungen (um ein dreidimensionales Modell der Lagerstätte zu erstellen), gefolgt von Sprengen, Graben und Fördern, umfasst der Prozess der Oxidgewinnung das Zerkleinern, Mahlen, Flotation, Auslaugen, Lösungsmittelextraktion und Elektrogewinnung zur Bildung von Kathoden.

In der Zwischenzeit werden die Sulfide durch Flotation zu Kupferkonzentraten aufbereitet. Die Herstellung der Kupferanode aus letzterer erfolgt in einem ebenso aufwendigen Hochtemperatur-Schmelzprozess. In der größten Mine Sambias, Kansanshi, wird täglich eine Viertelmillion Liter Diesel für die Gewinnung von 80.000 Tonnen Erzfutter verwendet, aus dem 700 Tonnen Kupfer gewonnen werden. Sie produziert jährlich mehr als 270.000 Tonnen Kupfer. Die Forderungen nach einer weiteren Begünstigung scheinen in der Überzeugung zu liegen, dass die Unternehmen reinen Kupferdraht aus dem Boden holen.

Ähnliche Wertschöpfungsprozesse gelten auch für andere Mineralien, wie z.B. Platin. Die Komplexität wird durch den Prozess der Gewinnung des Minerals vernachlässigt. Das unerbittliche Verfahren der 'Bohrer-Sprengung' fördert das Platinerz, das mit Hilfe von Winden und Schaufeln von der Abbaufläche bis zu einer Mittelschlucht geschabt wird. Von dort wird es in den Auffangbehälter befördert, wo es in Züge entleert wird, die von einem Quertrenner zu einer Stationsspitze führen. Dann wird er an einem Erzpass nach unten gekippt und in 7-Tonnen-Kübeln an die Oberfläche gehoben, die alle zwei Minuten mit hoher Geschwindigkeit laufen und ihn zum Zerkleinerer schicken. Von dort aus wird das Erz, das etwa 6 Gramm pro Tonne Mineralien enthält, in einen Konzentrator gefördert. Dadurch verbessert sich die Reinheit auf 140 Gramm pro Tonne und es werden Rückstände von 0,6 Gramm pro Tonne an den Damm abgegeben. Das Konzentrat wird geschmolzen, wodurch Kieselsäure entfernt wird, und die so entstandene Schmelze, 'matte' wird in einem Konverter weiterverarbeitet, um Eisen und Schwefel zu entfernen, der dann zu Schwefelsäure für den Verkauf verarbeitet wird. Die langsam gekühlte Konvertermatte wird zerkleinert und einer magnetischen Konzentratoranlage zugeführt, die die 'Magnetik' (die Platingruppe der Metalle) für die Edelmetallverarbeitung aufspaltet, die Platin, Palladium, Rhodium, Iridium, Ruthenium, Gold und Silber extrahiert, und die'Nichtmagnetik' für die Basismetall-Verarbeitung von Kupfer, Nickel und Kobalt. Das Platin wird dann mit dem Hubschrauber zu einer sicheren Einrichtung transportiert.

Die nachgeschaltete Begünstigung konzentriert sich zunehmend auf größere Unternehmen, da kleinere Projekte nicht über die gleichen Größenvorteile verfügen.

Trotz (oder vielleicht gerade wegen) der Forderungen nach höherer Wertschöpfung liegt das allgemeine Wohlergehen des Bergbausektors grundsätzlich im Interesse der Regierung, nicht nur aus Gründen der langfristigen Einnahmen, der Arbeitsplätze und der Aussichten auf Industrialisierung, sondern auch, weil viele Regierungen direkt am Bergbau beteiligt sind.[14]

Obwohl der Erfolg des Bergbaus eine Partnerschaft von gemeinsamem Interesse erfordert und die schnell wachsende junge Bevölkerung Afrikas

Arbeitsplätze braucht, hat die politische Instabilität den Grundstein für einen Teufelskreis im Bergbau gelegt. Politische Unsicherheit führt zu Unsicherheit bei den Anlegern und schränkt den verfügbaren Kapitalpool ein. Die Unterkapitalisierung des Bergbausektors führt unweigerlich zu teureren Minen und im allgemeinen globalen Wettbewerb um Fonds zu einer Verlagerung des Interesses weg vom Bergbau in risikoreicheren Ländern. So werden die Entscheidungen über viele große Bergbauinvestitionen konsequent auf Eis gelegt. Da große Bergbauunternehmen ihre Portfolios immer wieder neu ausbalancieren und die kostengünstigsten Minen ausfindig machen, führt die politische Unsicherheit weiterhin dazu, dass der Zyklus von seriösen zu weniger seriösen und letztendlich zu kleinen Bergbauunternehmen führt, was letztendlich zu einer 'De-Evolution' des Bergbausektors führt. Da kleinere Bergbauunternehmen tendenziell über weniger entwickelte Governance-Systeme verfügen, erhöht dies die Belastung der Regulierungsaufsicht in einem Umfeld, in dem viele Regierungen bereits über nur begrenzte Kapazitäten verfügen.

Daher ist es notwendig, diese Beziehungen neu zu beginnen, da ein klares gemeinsames Interesse besteht. Der Teufelskreis muss durchbrochen, das Vertrauen wiederhergestellt, eine gemeinsame Erzählung entwickelt und ein fairer Deal vereinbart werden. Um diesen Prozess neu zu beginnen, was nicht einfach sein wird, müssen neue Wege für den Dialog gefunden und gemeinsame Interessen herausgearbeitet werden. Zuerst müssen sich die Regierungen jedoch der Zwänge bewusst sein, mit denen Investoren konfrontiert sind.

Wonach Investoren suchen

Eine Reihe von Faktoren treiben Investitionen in Rohstoffe an: die Art der Mineralien, die Geographie, der Erzgehalt, die Phase des Projekts (z.B. Exploration gegenüber früher oder später Produktion), die Komplexität und die Kosten des Engineerings und der erforderlichen Infrastruktur, das politische Umfeld und die Dauer der Investition vom Eingang bis zum Ausgang.

Dies ist eine Branche mit sehr langfristigen Perspektiven. Bei einigen Mineralvorkommen kann allein die Explorationsphase bis zu 15 Jahre dauern. Weniger als eines von zehn Explorationsprojekten schafft es bis zur Bauphase, die zwischen drei und sieben Jahren dauern kann, einschließlich der Machbarkeitsarbeiten. Es wird noch ein paar Jahre dauern, bis sich die Investition amortisiert hat, vorausgesetzt, es gibt genügend liquide Mittel, und die meisten Minen basieren auf einem Lebenszyklus von 20 Jahren.

Dies erfordert einen Akt des Anlegervertrauens, der über das unmittelbare Regierungs- und Politikregime hinausgeht, da es während der Lebensdauer der Mine bis zu drei oder vier Präsidenten geben kann.

Es besteht auch ein grundsätzlicher Unterschied zwischen wertvollen Mineralien (Gold, Diamanten, Platin, Silber) und Basismineralien (Kohle, Kupfer, Eisen, Mangan, Bauxit, Zinn, Zink, Nickel usw.) in Bezug auf die Volumina und damit die erforderliche Transportlogistik, bei der die Nähe zur Straßen-, Schienen- und Hafeninfrastruktur entscheidend ist. Strom und Wasser sind für alle Bergbauarbeiten unerlässlich. Die Beschaffenheit eines Rohstoffs und eines Bergbauvorhabens lässt sich weiter unterteilen in' Schüttgut' und' Nicht-Schüttgut' - im Wesentlichen die Differenz zwischen Kohle und Eisenerz (Schüttgut) auf der einen Seite und dem Rest auf der anderen Seite. Schüttgüter, die einen relativ geringen Wert, aber ein hohes Volumen aufweisen, erfordern zusätzliches Kapital für Transport, Umschlag und technische Fähigkeiten und erfordern eine solide Bilanz, um ihre Geschäftstätigkeit zu ermöglichen und aufrechtzuerhalten.

Bergbauunternehmen suchen, wie alle Interessengruppen, nach der größten Sicherheit bei der Berechnung des Investitionsortes. Das Problem ist, 'bemerkt ein in London ansässiger Fondsmanager, 'dass die Vermögenswerte in Ländern mit solider und stabiler Politik selten sind. Dort, wo sie es sind - zum Beispiel in Nordamerika -, werden sie sehr sorgfältig ausgewählt. Meistens geht es dann darum, in die 'am wenigsten schlechteste' Umgebung zu gehen.'[15]

Die erste, eine so genannte 'wissenschaftliche Methode', versucht, Risikofaktoren auf Zahlen zu reduzieren. Diese Zahlen gehen über die technischen Fragen der Güteklasse, des Volumens und der Förderkosten hinaus und umfassen auch andere Fragen, wie die Wahrscheinlichkeit einer Steuererhöhung, Änderungen der Währungswerte, die Wahrscheinlichkeit der Enteignung, Umweltbelange und die Möglichkeit der Verhinderung der Rückführung von Lizenzgebühren. Das andere ist der ‚Kunstansatz': im Wesentlichen eine instinktive ‚binäre Entscheidung', bei der das Top-Management aufgrund seines Instinktes und seiner Erfahrung ein Urteil fällt. Beides sind die Hauptannahmen über Preis, Inflation, Devisen und politische Risiken über den Lebenszyklus des Projekts.

Manchmal können die getroffenen Urteile teuer schiefgehen. Die brasilianische Eisenerz-Mine Minas-Rio von Anglo-American ist ein Beispiel für die Gefahren, die mit dem Kauf auf einem Markt verbunden sind, auf dem Bergbauunternehmen und Regierungen (vor allem in Afrika) Preistreiber sind, die anfällig für exogene Faktoren sind, aber wo manchmal auch rohe Emotionen Ereignisse diktieren können.

Minas-Rio wurde als Entwicklungsprojekt auf dem Höhepunkt des Preiszyklus im Jahr 2008 für 5,5 Mrd. $ gekauft. Der Kauf wurde offenbar sowohl durch den Glauben, dass der Superzyklus eine neue Norm sei, als auch durch die Angst motiviert, dass Anglo-American aus dem Boom ausgeschlossen werden könnte. Die Entwicklung von Minas-Rio sollte 2,7 Milliarden Dollar kosten, einschließlich des Baus einer 525 Kilometer langen Erzschlamm-Pipeline zu einem vorher bestimmten Hafen.[16] Sechs Jahre und mindestens 8 Milliarden Dollar später, als die Eisenerzpreise von 145 Dollar zum Zeitpunkt des Kaufs auf 55 Dollar pro Tonne gefallen waren, begann Anglo schließlich, aus der Mine zu liefern. Die Kosten und der Zeitplan für die Entwicklung wurden durch Verzögerungen und die Nachfrage nach Genehmigungen, insbesondere im Bereich der Landnutzung und des Zugangs, erhöht, obwohl Anglo ein Team von 400 Anwälten hinter sich hatte. Diese Schwierigkeiten wurden nach Ansicht einiger durch die Entscheidung erschwert, den brasilianischen Partner aufzukaufen, wodurch Anglo im Hinterhof von Vale, dem brasilianischen Bergbaugiganten und einem der größten Eisenerz-Produzenten der Welt, allein operieren musste.[17]

Anglo ist nicht allein, wenn es darum geht, durch schlechtes Timing und schlechtes strategisches Management zu verlieren. Vale gab ebenfalls eine ähnliche Menge Geld aus, um sein Moatize-Kohlefeld in Mosambiks Tete-Provinz zu entwickeln. Das Kohlebecken von Moatize enthält Kokskohle, die zur Herstellung von Stahl verwendet wird. Das Projekt umfasste den Bau einer 900 Kilometer langen Eisenbahnstrecke, die Malawi durchquert und zum mosambikanischen Hafen von Nacala führt. Die Kosten der Investition, zusammen mit einem Rückgang der Kohlepreise (von 150 $ pro Tonne im Jahr 2011 auf unter 80 $ zu Beginn des Jahres 2016) und der enttäuschenden Qualität von Moatizes Kohle führten zu einem angegebenen Verlust von 500 Millionen $ pro Jahr für die Vale-Gruppe, einschließlich des Abschreibens von 2,4 Milliarden $ auf die Investition in 2016.[18]

Während die oben hervorgehobene 'Kunstform' ein gewisses Vertrauen in Vorurteile und Bauchgefühl suggeriert, was wahr ist, wenn Gespräche mit einigen Bergbauinvestoren alles andere als selbstverständlich sind, gibt es mehr systemische Bedingungen und Bedenken, die regelmäßig von Bergleuten artikuliert werden.

Für diejenigen, die langfristig in Afrika suchen, vor allem wenn es um den Abbau von unedlen Metallen geht, ist ihr Appetit von der Unsicherheit über die Häufigkeit von Politikwechseln, Devisenkontrollregimen, allgemeiner Willkür der Politik und dem Ausmaß der Korruption geprägt. Die Herausforderungen an die Politik werden durch das Rätsel um die

Notwendigkeit eines lokalen Partners zusammengefasst. 'Erstens eröffnet das Fragen über die Exposition gegenüber PEPs [politisch exponierten Personen]', sagt ein Geschäftsführer eines großen multinationalen Konzerns. 'Aber es ist ein doppeltes Problem. Es sagt Ihnen auch, dass Sie sich nicht auf den rechtlichen Rahmen verlassen können, um Sie zu schützen, sondern dass Sie dafür einen lokalen Partner brauchen.' Ein solches Unternehmensverhalten widerspricht nicht nur der instinktiven Haltung einiger Bergbauunternehmen, die eine '*state capture*' [politische Korruption, um bei Entscheidungen des Staates private Interessen einzelner zu begünstigen] vermeiden wollen, sondern es kann auch gegen Gesetze verstoßen, die auf den Standards der Financial Action Task Force von 2003 zur Geldwäsche beruhen, einschließlich des UK Bribery Act und des US Foreign Corrupt Practices Act.

Vor allem in Afrika sind Bergbauunternehmen auch über die Kontrolle des physischen Zugangs besorgt. Häufige Herausforderungen in diesem Zusammenhang erklären, warum erfolgreiche Bergbaubetriebe in Afrika in der Regel, von wenigen Ausnahmen abgesehen, Diamanten und Gold sind, die keine großen Summen an Infrastrukturinvestitionen erfordern im Vergleich zu Eisenerz und Kohle, die eine bedeutende logistische Komponente haben (und im Falle von Gold sind sie in der Regel zu Industriemineralien im Preis antizyklisch). Auch fehlen den afrikanischen Regierungen in der Regel die Mittel, um in solche Infrastrukturen zu investieren, auch wenn sie manchmal Mehrheitseigentümer sind.

Dies führt unweigerlich entweder zu Verzögerungen oder zu einer kostenlosen Übertragung der Investitionen durch den Staat - oder beidem. 'Bei einem Bahnpreis von 5 bis 15 Millionen Dollar pro Kilometer', bemerkt ein Bergbau-Infrastrukturspezialist, 'wollen Sie sicher sein, dass Sie Priorität auf der Strecke haben, wenn Sie dafür bezahlen. Aber das Problem', sagt er, 'besteht darin, dass die afrikanischen Länder diese Infrastrukturen als nationales Gut betrachten, das auch Rechte für Passagiere und andere Frachtgüter beinhaltet, was die Dinge komplizierter macht'.

Schließlich sollte die versuchte Anwendung der australischen Superprofits-Steuer für den Bergbau von 2010 - und die Aufhebung der darauffolgenden Minerals Resource Rent Tax im Jahr 2014 - eine weitere heilsame Warnung für afrikanische Regierungen sein. Mit einem Schlag verbannte die Steuer Australien von den besten Eisenerzminen der Welt. 'Beste Minen', erklärt ein Bergmann, 'wird durch eine wirtschaftspolitische Perspektive, nicht durch die Geographie oder die Art des Vermögenswertes definiert'.

Investitionen im Bergbau funktionieren genauso wie die in anderen Sektoren, da sie ein Gleichgewicht zwischen Risiko und Ertrag darstellen. Die Bereitschaft, das Risiko einzugehen, wird jedoch durch die Höhe des Risikos und den voraussichtlichen Lebenszyklus der Mine beeinflusst. Je größer das Vertrauen in die Regierung und in die Kontinuität der Politik - im Wesentlichen, dass sich das Regulierungsregime mit den Veränderungen des politischen Regimes nicht ändern wird - desto größer ist die Wahrscheinlichkeit von Investitionen. Das muss man auch, wie ein Bergbaumanager sagt, 'alle möglichen technischen Diskontinuitäten rund um Preis, Wechselkurse, Qualität und Volumen mit berücksichtigen. Wir sind es gewohnt, Überraschungen auf der Oberseite zu erleben, aber noch mehr auf der Unterseite.'[19]

Guinea ist ein Beispiel dafür, dass die Risiken bisher die möglichen Chancen überwogen haben - und dass die Erwartungen von Regierung und Bürgern offenbar nicht mit denen von Bergbauunternehmen übereinstimmen.

Verpasste Gelegenheit

Guinea ist auf dem Papier enorm reich. Es ist nicht nur mit einem Drittel (oder 16 Milliarden Tonnen) der weltweit bekannten Bauxitreserven gesegnet, sondern es verfügt auch über reichlich Uran, Diamanten, Gold und andere Metalle, darunter schätzungsweise 6 Milliarden Tonnen Eisenerzreserven, angeblich ein Viertel des weltweiten Vorrats. Das Simandou-Gebirge in der Provinz Faranah, nahe der Grenze zu Sierra Leone und Liberia, gilt als riesiger Eisenklumpen. Dasselbe gilt für den Berg Nimba in der benachbarten Provinz Forestiere im Süden.[20]

Mehr als ein halbes Jahrhundert nach der Unabhängigkeit liegt Guinea unter den 20 ärmsten Ländern der Erde. Mit einem durchschnittlichen Pro-Kopf-Einkommen von etwas mehr als 500 Dollar pro Jahr lebt die Hälfte des Landes unterhalb der Armutsgrenze. Die Landwirtschaft beschäftigt 80 Prozent der arbeitenden Bevölkerung. Es gibt nur eine sehr begrenzte Leichtindustrie - nur Erfrischungsgetränke, Bier, Palmöl und andere kleinere landwirtschaftliche Verarbeitungen. Bauxit und Tonerde machen mehr als die Hälfte aller Exporterlöse aus. Obwohl Guinea über ein enormes Wasserkraftpotenzial verfügt, da es eines der feuchtesten und gebirgigsten Länder Westafrikas ist, produzierte es 2013 nur 220 Megawatt Strom. In der Hauptstadt Conakry kommt es häufig zu Unterbrechungen, und in den ländlichen Gebieten, in denen zwei Drittel der Bevölkerung leben, kommt es zu dauerhaften Ausfällen.

Tatsächlich war Guinea bis 2013, wie ein europäischer Diplomat es beschrieb, in jeder der 'schlechten' Metriken Spitzenreiter: Inkompetenz, Regierungskapazität, Fähigkeiten, Bildung, Korruption, Organisation und Zerstörung der Infrastruktur. Bei jeder dieser Maßnahmen handelte es sich um einen gescheiterten Staat. Auch wenn sie sich nicht im Krieg mit sich selbst befand, so war sie doch eines der sechs Länder, die im Mittelpunkt der UNO-Friedenskommission standen.[21]

Die Regierung von Alpha Condé, die seit 2010 an der Macht ist, hat ihre Entwicklungsvision formuliert: Guinea soll bis 2030 ein 'Schwellenland' sein, in dem der Bergbau der Schlüsselsektor sein wird. Die Regierung strebte Investitionen im Wert von 20 Milliarden Dollar an, bis Condé 2015 zur (erfolgreichen) Wiederwahl anstehen würde. In diesem Jahr sollte ein gigantisches Rio Tinto-Projekt mit dem Export von Eisenerz beginnen, und zwar mit Hilfe einer neuen Eisenbahn- und Hafenanlage im Wert von 12 Milliarden Dollar und 650 Kilometern. Allein in der Bauphase sollte dieses Einzelprojekt 10.000 direkte Arbeitsplätze schaffen und das BIP auf 15 Milliarden Dollar verdreifachen.

Seit 2010 sind jedoch verschiedene Bergbauprojekte in eine virtuelle Schwebe geraten. Dieser Stillstand ereignete sich vor dem Hintergrund sinkender Welterzpreise und eines ursprünglichen (wenn auch nachträglich überarbeiteten) Bergbaugesetzes, das ein Steuer- und Lizenzgebührenregime vorsah, das an die lukrativere Ära gebunden war. Eine weitere Hürde stellten die Kosten für die Entwicklung der Trans-Guinean Railways dar, ein lang gehegter Wunsch der Regierung, das Land von Norden nach Süden zu verbinden. Die Regierung verlangte zunächst eine Mehrheitsbeteiligung an der Strecke und die Einbeziehung von Passagieren sowie von Nicht-Eisen-Fracht. Tatsache ist, dass der kürzeste Weg zu den Exportmärkten für die Bergleute über Liberia führt. Darüber hinaus fehlte der Regierung Guineas der Anteil von 6 Milliarden Dollar, den sie für das Eisenbahnprojekt aufwenden musste, und das Einbeziehen von Passagieren und anderen Gütern in den Mix hat die Dinge nur noch komplizierter gemacht und die ohnehin schon beträchtlichen Projektkosten erhöht.

Doch das Versäumnis, die Minen zu entwickeln, war nicht alles, was die Regierung tat. Die Rechte an der Simandou-Lagerstätte wurden 1997 an Rio Tinto übertragen. Nachdem die guineische Regierung erklärt hatte, dass das anglo-australische Unternehmen die Mine zu langsam erschließt, wurde Rio Tinto im Juli 2008 von der damaligen Präsidentin Lansana Conté die Lizenz entzogen. Die Rechte zur Ausbeutung der Hälfte der Lagerstätte wurden dann an die Beny Steinmetz Group Resources (BSGR) übertragen, ein Unternehmen, das sich bis dahin auf Diamanten konzentriert hatte. Trotz der Proteste von Rio wurde der Regierungsvertrag mit dem BSGR im April

2009 ratifiziert. Steinmetz verkaufte dann eine 51-prozentige Beteiligung an seinem Simandou-Betrieb an den brasilianischen Minenriesen Vale für 2,5 Milliarden Dollar, für das, was zu diesem Zeitpunkt angeblich eine 160-Millionen-Dollar-Investition von BSGR war. Damals betrug der Staatshaushalt in Guinea weniger als die Hälfte dieser Summe.[22] Paul Collier, Berater der Condé-Regierung, hatte eine wenig optimistische Einstellung zu solchen Betreibern: 'Ihre technische Kompetenz ist eine Karte des sozialen Netzwerks. Sie wissen, wie man einen Vertrag bekommt - das ist ihre Fähigkeit', sagte der in Oxford ansässige Wirtschaftswissenschaftler.[23] Als Condé 2010 gewählt wurde, verlor das BSGR und Vale Venture nach einer Überprüfung aller Minenverträge seinen Titel, nachdem die Regierung herausgefunden hatte, dass BSGR es durch Bestechung erhalten hatte - etwas, was das Unternehmen bestreitet.

Im Jahr 2011 hat Rio seinen Deal neu verhandelt und der Regierung 700 Millionen Dollar an Steuervorauszahlungen geleistet. Die Regierung bestand jedoch darauf, dass ihre Vision, die Trans-Guinean Railways endgültig fertig zu stellen, im Rahmen des Abkommens verwirklicht werden sollte. Das Vertrauen zwischen Regierung und Wirtschaft hat in der Folge den Tiefpunkt erreicht. Der Berater des Präsidenten fragte, ob es jemals die Absicht der Bergbauunternehmen gewesen sei, in ihre Betriebe zu investieren: 'Wie sonst kann man erklären, dass Rio Tinto seit 15 Jahren hier ist und nicht einmal eine Tonne Erz exportiert hat'? Die Bergbauunternehmen befürchteten jedoch, dass Versuche, isoliert von anderen allgemeinen Verbesserungen im Land zu operieren, zu steigenden Erwartungen und räuberischem Verhalten führen würden, wie es eine Führungskraft formulierte.[25] Diese recht unangenehmen Erwartungen haben viel Reibung verursacht und zu Verzögerungen geführt. Natürlich wollen sich die Unternehmen davor hüten, den Markt mit billigen Rohstoffen zu überschwemmen.[26] Aber wenn ihnen Zeit für die Entwicklung ihrer Vermögenswerte eingeräumt werden sollte, ist es vernünftig, davon auszugehen, dass diese an andere weitergegeben werden.

Im Oktober 2016 wurde bekannt gegeben, dass Rio Tinto eine Vereinbarung über den Verkauf seiner Simandou-Beteiligung an das chinesische Unternehmen Chinalco unterzeichnet habe. Rio würde eine Zahlung von bis zu 1,3 Milliarden Dollar für ein Projekt erhalten, das über eine Erzreserve von über 2 Milliarden Tonnen, ein jährliches Produktionspotenzial von 100 Millionen Tonnen und eine Minenlebensdauer von über 40 Jahren verfügt.[27] Im selben Monat kündigte die International Finance Corporation auch an, dass sie ihre 4,6-prozentige Beteiligung an demselben Projekt verkaufen werde.

Unabhängig von den langfristigen potenziellen Belohnungen scheinen der Eisenpreis, die Herausforderungen bei der Finanzierung und die Kosten und die Komplexität der erforderlichen Infrastruktur den Ausschlag von'entwickeln' zu 'verkaufen' gegeben zu haben. Unternehmen sind nicht bereit, dort zu investieren, wo ein hohes Unsicherheitsrisiko in Politik und Preis besteht: Sambia ist ein weiteres Beispiel dafür.

Sambias Steuersalto

Sambia veranschaulicht die Kosten, die entstehen, wenn sich eine Industrie mit der Regierung trotz der schlechten Erfolgsbilanz bei der Verstaatlichung der Industrie über die Politik streiten muss.

Die Kupferproduktion Sambias belief sich 1973 auf 720.000 Tonnen, das sind 15 Prozent der weltweiten Gesamtproduktion, und die Industrie beschäftigte 48.000 Menschen. Nach der Verstaatlichung in jenem Jahr ging die Produktion in eine lange Rezession über, wobei die Kupferproduktion bis zum Jahr 2000, dem Jahr der Privatisierung, auf 257.000 Tonnen zurückging, als 21.000 Menschen beschäftigt waren (siehe Abbildung 5.2). Infolgedessen sank das reale BIP pro Kopf von 1 455 $ im Jahr 1976 auf 1 037 $ im Jahr 1987 oder -3,6 Prozent pro Jahr und dann auf 892 $ im Jahr 2000, als der Staat für den Betrieb seiner Minen Kosten in Höhe von 1 Million $ pro Tag auf sich nahm.[28]

Die Verstaatlichung der Minen soll Sambia 45 Mrd. $ an Produktionsverlusten gekostet haben, mehr als die Summe der im Zeitraum erhaltenen Beihilfen.[29] Wenn Sambia seinen Anteil an der weltweiten Kupferproduktion von 1970 beibehalten hätte, würde es jetzt 2,7 Mio. Tonnen erzeugen.

Nach erneuten Investitionen nach der Privatisierung stieg die Produktion bis 2014 wieder auf über 700.000 Tonnen, wobei rund 65.000 Personen in der Industrie beschäftigt waren. Angesichts der Fortschritte in anderen Ländern belief sich diese Tonnage jedoch auf weniger als 4 Prozent des weltweiten Gesamtvolumens. Die Mine in Kansanshi, eine Investition nach der Privatisierung, ist Sambias größter Kupferproduzent mit rund 250.000 Tonnen pro Jahr, von denen über 3 Milliarden Dollar an Steuern gezahlt und fast genauso viel wieder investiert wurden. Mehr als 8.000 Arbeiter sind beschäftigt, und die Lohn- und Strompreise bringen monatlich weitere 50 Millionen Dollar in die sambische Wirtschaft. Der Beitrag der Mine zu Sambia ist enorm: Es gab einige Jahre, in denen allein Kansanshi für bis zu 90 Prozent der in Sambia gezahlten Körperschaftssteuer verantwortlich war.

Abbildung 5.2: Trends in der sambischen Kupferproduktion und Beschäftigung im Bergbau, 1971-2014

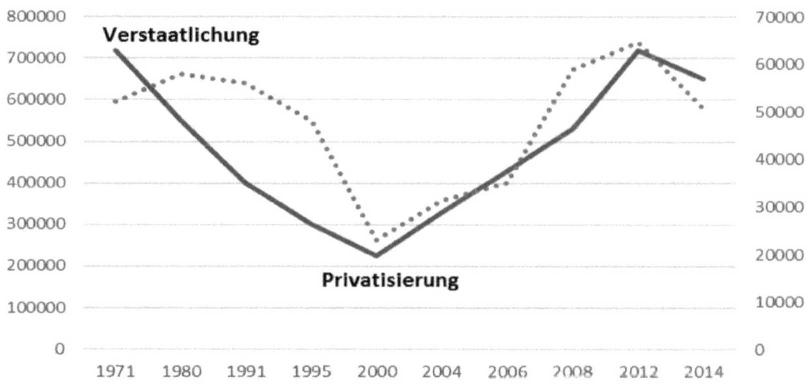

Durchgezogene Linie: Kupferproduktion in Tonnen
Gepunktete Linie: Entwicklung der Beschäftigung im Bergbau

Quelle: Berechnungen des Autors[30]

Dennoch ist der Bergbau in Sambia nach wie vor eine angeschlagene Industrie. Die gigantische Kalumbila-Mine im Nordwesten Sambias, die mit Herausforderungen in Bezug auf die Stromversorgung und die Landtitelrechte konfrontiert ist, war die letzte große neue Mineninvestition des Landes. Neue Investitionen und die Verlängerung der Lebensdauer von Minen werden durch Änderungen der Regierung im Bergbau-Steuerregime und die Aufhebung von Entwicklungsvereinbarungen abgeschreckt, die den Investoren eine 15-jährige Stabilitätsperiode in der Fiskalpolitik zugesichert haben. Seit 2008 wurden von der sambischen Regierung nicht weniger als 797 Rechtsverordnungen (im Wesentlichen Ministerialverordnungen zur Änderung, Aktualisierung oder Durchsetzung des bestehenden Primärrechts) erlassen, die die Bergbauindustrie direkt und indirekt betreffen, wovon die Mehrheit (501) seit 2011 verabschiedet wurde.

Im Jahr 2011 führte die sambische Regierung eine 6-prozentige Umsatzsteuer und eine 30-prozentige Körperschaftsteuer für die Minen ein. Im Januar 2015 wurde auf eine 8-prozentige Umsatzsteuer auf Untertagebergwerke und eine 20-prozentige Bergbauabgabe[31] für Tagebaubetriebe umgestellt. Wie der IWF im Juni 2015 beschloss, 'war der AETR [durchschnittlicher effektiver Steuersatz] für Sambia mit 50 Prozent der zweithöchste unter den großen Kupfer produzierenden Ländern'.[32] Die war die Folge einer früheren Änderung der MwSt.-Regelung, die dazu führte, dass die Regierung die Rückzahlung von rund einer Milliarde Dollar an die Bergbauunternehmen nicht mehr rechtfertigte.

Nach heftigen Debatten schlug die Regierung 2016 eine 30-prozentige Körperschaftssteuer und eine gleitende Lizenzgebührenskala von 4-6 Prozent vor.[33] Der Konsens ist jedoch weltweit eine 30-prozentige Körperschaftssteuer und eine dreiprozentige Lizenzgebühr.[34] Wie der Finanzminister im April 2016 vor dem Parlament feststellte, schadet eine solche Instabilität der Politik Sambias Glaubwürdigkeit für Investoren, die 'auf zwei Themen beruht: Berechenbarkeit und Konsistenz. Wenn Purzelbäume unser Rezept sein werden, wird dies das Vertrauen der Investoren in unserem Land verringern.'[35]

Das Versäumnis, eine bessere oder kohärentere Bergbaupolitik zu verfolgen, liegt nicht daran, dass es an Publizität über die besten (und schlechtesten) Praktiken mangelt oder dass diese Praktiken alle außerhalb Afrikas liegen. So ist zum Beispiel die unten beschriebene chilenische Erfahrung weithin bekannt, nicht zuletzt, weil dort südafrikanische Bergleute erfolgreich operiert haben.

Wie der Erfolg aussieht - Chile und Mauretanien

Das Wirtschaftswachstum Chiles seit den 1980er Jahren ist bemerkenswert, vor allem in den 1990er Jahren, als es im Durchschnitt bei über 7 Prozent lag. Es ist jedoch leicht zu vergessen, dass es 1972 als zweitschlechteste Volkswirtschaft Lateinamerikas eingestuft wurde, als unter den Bedingungen staatlicher wirtschaftlicher Dominanz die Inflation 500 Prozent erreicht hatte, häufige Streiks stattfanden und Verstaatlichung, Preiskontrollen und hohe Zölle an der Tagesordnung waren.[36]

Von einem Tiefstand von 4.000 $ pro Kopf im Jahr 1975 hat sich das reale Einkommen pro Kopf in den nächsten 30 Jahren mehr als verdreifacht. Bis 2011 wurde ausländisches Kapital in Höhe von fast 82 Milliarden Dollar in den Bergbau investiert, was mehr als der Hälfte des gesamten ausländischen Kapitals entspricht, das seit 1974 in Chile investiert wurde.[37]

Die Transformation des Landes stützt sich auf zwei Säulen.[38] Die erste war die Einführung marktwirtschaftlicher Wirtschaftsreformen in den späten 1970er und frühen 1980er Jahren, die von einem Team junger, kluger Ökonomen eingeleitet wurden. Der zweite Grund war ein massiver Anstieg der inländischen Kupferproduktion. Kupfer, von dem Chile fast ein

Drittel des weltweiten Jahresverbrauchs liefert, macht rund zwei Drittel der Exporteinnahmen des Landes aus.

Die Veränderungen in diesem Sektor in einem Vierteljahrhundert waren spektakulär. 1990 entfiel weniger als ein Viertel der chilenischen Kupferproduktion auf den privaten Sektor. Ende der 2000er Jahre produzierte das staatliche Bergbauunternehmen CODELCO mehr als doppelt so viel Kupfer wie vor 20 Jahren, während der private Sektor zwei Drittel der jährlichen nationalen Produktion von 6 Millionen Tonnen produzierte. 1970 produzierte Chile die gleiche Menge Kupfer wie Sambia, vier Jahrzehnte später acht Mal mehr.

Ausländische Investitionen wurden durch ein niedriges und stabiles Steuersystem und eine diskriminierungsfreie Behandlung ausländischer und einheimischer Unternehmen erleichtert. Die chilenischen Steuergesetze wurden vom Staat und den Investoren vereinbart, meist unter dem Decree Law 600 von 1974. Dieses Gesetz sah einen 'Vertrag' zwischen dem Investor und dem Staat Chile vor, die Einrichtung von Freihandelszonen, die Einführung von politischen Maßnahmen zur Gewährleistung der Überweisung von Gewinnen und Kapital, die freie Wahl des Anteils an ausländischem Eigentum, die Nichtdiskriminierung lokaler Investoren und die Liberalisierung der Tarife.

Die byzantinische Arbeitsmarktpolitik wurde durch eine Reihe von Maßnahmen zur Dezentralisierung der Tarifverhandlungen, zur Verbesserung der Transparenz bei den Gewerkschaftswahlen und zur Ermöglichung einer größeren Auswahl bei der Gewerkschaftsmitgliedschaft aufgehoben. Die Reform des Rentensystems im Jahr 1980 ermöglichte es den Arbeitnehmern auch, aus dem staatlichen Rentensystem auszusteigen und stattdessen die ehemals obligatorische Lohnsteuer (10 Prozent der Löhne) auf privat geführte private Altersvorsorgekonten zu überweisen.

Während dieser transformativen Periode hielt Chile die Korruption gering. Im Korruptionswahrnehmungsindex von Transparency International rangiert das Unternehmen stets unter den Top 20 (d.h. besser abschneidenden) Ländern, vor vielen Industrieländern.

Wenn das chilenische Beispiel von afrikanischen Politikern als zu weit entfernt angesehen wird, gibt es andere Illustrationen, die näher an der Heimat liegen.

Die Straße von der mauretanischen Hauptstadt Nouakchott zur Mine in Akjoujt verläuft 250 Kilometer nordöstlich in Richtung der Grenze zur Westsahara. Es ist hartes Territorium, mehr Mars, wie es scheint, als Mauretanien.[39]

Ein kurzes Stück mit vier von Solarlampen beleuchteten Fahrspuren wird gebaut, um den neuen internationalen Flughafen mit der Hauptstadt zu verbinden. An der Stadtgrenze ist die Straße ein Chaos aus Eselskarren, Tanklastwagen, LKWs, Kamelen und selbstmörderischen Mauretanern. Es ist von einem schäbigen Salat aus Plastikmüll, alten Reifen, Wüstensträuchern, Fahrzeugabfällen, der gelegentlichen Moschee und den allgegenwärtigen *Khaimas* - Zelten umsäumt, um die herum Ziegen meckern und aus denen gelegentlich ein Schäfer in einem bunten *Boubou* erscheint und in einen ebenso hellen *Cheche*-Kopfschmuck verhüllt ist. Roter Sand von den Wanderdünen läuft an verschiedenen Stellen auf die Straße und wird in einem geisterhaften Nebel über die Straße geweht, was die Herausforderung noch verschärft.

Und dann gibt es plötzlichso gut wie nichts mehr. Nur ein schwarzer Streifen, eine Schnur durch den endlosen Sand, unterbrochen durch ein gelegentliches Zelt, solarbetriebene Handytürme, grasende Kamele und geschäftige Ziegen, feste Polizeistraßensperren und die eine oder andere Wasserblase am Straßenrand. Mauretanien ist - neben Botswana (3,48), Island (3,24), Namibia (2,56) und der benachbarten Westsahara (2,25) eines der zehn am dünnsten besiedelten Länder der Welt und hat eine Bevölkerungsdichte von 3,5 Menschen pro Quadratkilometer auf einer Fläche von etwa einer Million Quadratkilometern.[40] Die Kosten für die Bereitstellung von Infrastruktur in diesem riesigen Gebiet pro Kopf sind hoch.

Einstmals am wirtschaftlichen Rand der Welt - sogar Kurierdienste bringen es mit dem tropischen Mauritius auf der anderen Seite des Kontinents durcheinander - hat Mauretanien vom globalen Bergbauboom profitiert, da es große Vorräte an Eisenerz und Kupfer besitzt. Jährliche ausländische Direktinvestitionen (FDI) sprangen von 100 Millionen Dollar im Jahr 2006 auf 1,5 Milliarden Dollar im Jahr 2012, davon 90 Prozent im Bergbau. Das Land verzeichnete ab 2010 seit Jahren ein jährliches Wachstum von 5,4 Prozent.

Dennoch bleibt Mauretanien eines der ärmsten Länder der Welt mit einem Pro-Kopf-BIP von 1.300 Dollar und liegt damit auf Platz 156 unter den 188 Ländern des Human Development Index der Vereinten Nationen. Obwohl die Bevölkerung im regionalen Vergleich langsam wächst, sind 60 Prozent unter 25 Jahre alt, die Alphabetisierung liegt bei nur 52 Prozent. Die Infrastruktur ist fragil - nur ein Fünftel der Bevölkerung hat Zugang zu Elektrizität, und es herrscht ein chronischer nationaler Wassermangel. Mauretanien importiert bis zu 90 Prozent seines inländischen Nahrungsmittelbedarfs.[41]

Und makroökonomische Probleme sind aufgetaucht, da sich der Rohstoff-Superzyklus abgekühlt hat. Mit einem Rückgang der Bergbauproduktion um 10 Prozent im Jahr 2015 sank das BIP-Wachstum von 6,4

Prozent im Vorjahr auf 3 Prozent. Und die Staatsverschuldung stieg auf über 90 Prozent des BIP und zwang zur Abwertung der Ouguiya.

Die fortgesetzte Partnerschaft mit den Minen bietet jedoch eine gewisse Erleichterung. Mauretanien ist der zweitgrößte Eisenerzproduzent Afrikas und strebt an, bis 2025 mit einer Jahresproduktion von 40 Millionen Tonnen zu den fünf größten Exporteuren von Eisenerz weltweit zu gehören. Es gibt auch Investoren, die Kupfer- und Goldminen betreiben, einschließlich der mauretanischen Kupferminen in Akjoujt. Diese Mine, die ursprünglich von Anglo American in den 1960er Jahren gegründet wurde, produziert jährlich rund 40.000 Tonnen Kupfer und 60.000 Unzen Gold.

Die Straße von Nouakchott nach Akjoujt wurde 2012 von den mauretanischen Kupferminen für 25 Millionen Dollar umgebaut. Das lag im Eigeninteresse des Unternehmens, das täglich durchschnittlich sechs 30-Tonnen-Kraftstofftanker und fünfzehn 50-Tonnen-Kupferkonzentrat-Lkw auf der Strecke bewegen muss. Mauretanische Kupferminen spielen eine größere Rolle, da sie 120 Kilometer von einem Grundwasserleiter in Benn'chahab entfernt Wasser pumpen. In der Hitze des Sommers, mit Temperaturen von über 50 Grad, bekommt die Mine weniger als 75 Prozent des Wassers, das ursprünglich in die Leitung eindrang, der Rest wird in die Stadt umgeleitet, und verschiedene Gemeinden und Kamele sind unterwegs. In der Stadt Akjoujt befinden sich 360 Häuser im Besitz des Bergwerks, das auch Ausbildungsprogramme für Jugendliche, Frauen, Bauern und Schulkinder eingerichtet hat.

Damit wird den Aktivitäten der Mine, die bereits durch die Entfernung und die Kosten der Dienstleistungen belastet sind, eine zusätzliche Aufgabe auferlegt, die sowohl von der Erwartung als auch von den Kosten her gesehen werden kann. Die Kosten für den Transport zum Hafen von Nouakchott belaufen sich beispielsweise auf 16 Dollar pro Tonne, zuzüglich 10 Dollar Bearbeitungsgebühren und 35 Dollar für den Versand nach China. Dazu kommen noch die Verarbeitungskosten, weshalb die Pläne zur Gewinnung von Eisenerz aus dem ausrangierten Kupfer-Gold-Konzentrat in der Mine zurückgestellt werden mussten, als die Eisenpreise unter 60 Dollar pro Tonne fielen.

Der Abbau von Ungleichheiten und die Bekämpfung der Umverteilung des Reichtums, so die Weltbank, sind zentrale Herausfor-derungen, die Mauretanien bewältigen kann, vorausgesetzt, es setzt sein Engagement für eine verantwortungsvolle Staatsführung fort, insbesondere im Bergbau und bei der Überwachung staatlicher Unternehmen.[42] Die von der Mine in Akjoujt verkörperte Partnerschaft zwischen Regierung und Privatwirtschaft beantwortet einige der Entwicklungsfragen Mauretaniens - und der Sahelzone insgesamt.

Fazit: Entwicklung eines 'win-win'-Deals

Um mehr Wert zu schaffen und die Einnahmen aus dem Bergbau in Afrika zu sichern, müssen wir von einer Reihe taktischer Maßnahmen zu einem kohärenteren, integrativeren und strategischeren Ansatz übergehen. Die Länder müssen zu einem positiven, konstruktiven Zyklus gelangen, der eine Win-Win-Vereinbarung für alle Beteiligten darstellt. Eine solche Strategie muss auf einer Reihe von bestehenden nationalen und internationalen Initiativen aufbauen, jedoch mit viel mehr Zusammenhalt, Engagement und Dringlichkeit.

Um dies zu erreichen, müssen alle Parteien die unvermeidlichen Ergebnisse des gegenwärtigen Zyklus - die allmähliche Deflation und Verkleinerung der Industrie - und die Verlierer erkennen: gegenwärtige und zukünftige Arbeitnehmer, Regierungen, Gemeinden und letztlich auch die Bergbauunternehmen.

Die schwierigen Fragen, die die gegenwärtige Krise in vielen Ländern Afrikas südlich der Sahara mit sich gebracht haben, müssen ehrlich und offen angegangen werden: Wie soll mit dem historischen Erbe umgegangen werden? Wie viel Gewinn ist angemessen? Welche Verantwortung trägt ein Bergbauunternehmen gegenüber seinen Mitarbeitern und der Gesellschaft? Ebenso wichtig ist, dass man sich darüber einigen muss, wie eine erfolgreiche Bergbauindustrie aussieht. Es muss auch anerkannt werden, dass der Bergbau ein von Natur aus riskantes und langfristiges Unterfangen ist. Für den Erfolg und den gegenseitigen Nutzen, der sich aus dem Bergbau ergibt, muss das Risiko von allen Beteiligten so weit wie möglich reduziert werden. Es ist viel mehr als nur eine betriebswirtschaftliche Analyse erforderlich: der Bergbau muss auch die Probleme verstehen, mit denen sich die Regierung auseinandersetzen muss, und dabei einen strategischen Beitrag zu umfassenderen Themen wie Unternehmensentwicklung, Wasser, Land, Bildung und so weiter leisten.

Obwohl es einen breiten Konsens über das Fehlen eines gemeinsamen Narrativs in der gesamten Bergbauindustrie gibt, hat ein Mangel an Einigkeit ihre Entwicklung verhindert. Eine solche zusammenhängende Narrative muss für die Aufrechterhaltung und Entwicklung der Bergbauindustrie für jedes Publikum (Regierung, Nation, Lobby-Organisationen) plädieren. Sie muss sich mit dem Status der Industrie in der Gesellschaft und mit Fragen des historischen Erbes, der Notwendigkeit politischer

Stabilität, der Ausgewogenheit zwischen Einnahmenerzeugung und Begünstigung, der Notwendigkeit der Einhaltung der grundlegenden, aber gerechten Mindestanforderungen und der Notwendigkeit einer gerechten Regelung für alle Parteien befassen. Werden diese Aspekte nicht berücksichtigt, führt dies letztendlich zu einem weiteren Rückgang der Branche.

Die Regierung ihrerseits muss sich darüber im Klaren sein, dass der Bergbau Kapital und langfristige Partnerschaften erfordert, die geduldig über einen längeren Zeitraum hinweg verwaltet werden und auf konsistenten Regelungen und transparenter Rechtsstaatlichkeit beruhen. Der Aufbau und die Aufrechterhaltung von Vertrauen durch Kommunikation mit der Bergbauindustrie stehen im Mittelpunkt dieses Prozesses. Und die Festlegung und Einhaltung solider, vereinbarter Industriestandards ist ein wesentlicher Bestandteil der Vertrauensgleichung. Wettbewerbsfähigkeit gilt nicht nur für die Bergbauunternehmen, sondern für das ganze Land.

Einige Mineralien sind sehr knapp und werden unabhängig vom Risiko abgebaut. Denken Sie an seltene Erden im Kongo. Die meisten Mineralien sind jedoch nicht so knapp, wie Eisenerz, Kohle, Bauxit und sogar Kupfer. Wegen des relativen Mangels an Knappheit werden Bergbauinvestitionen zu einem großen Teil von den Rohstoffpreisen und den Kosten ihrer Gewinnung getrieben.

Um im Wettbewerb bestehen zu können, muss Afrika sicherstellen, dass es ein attraktives Investitionsziel ist. Angesichts der niedrigen Preise ist es jetzt an der Zeit, Reformen durchzuführen und die richtigen Rahmenbedingungen zu schaffen. Diese können den Ländern dabei helfen, den vollen Wert eines Preisaufschwungs zu erkennen, wenn und sobald dies geschieht.

Kapitel 6
Fertigung

Fünf Schritte zum Erfolg:

- Attraktivität für produzierende Unternehmen, die aus China abwandern, Verständnis für genau das, was diese Unternehmen brauchen, um nach Afrika zu kommen.
- Die Rekrutierung von Produktionsbetrieben wird davon abhängen, ob sie wettbewerbsfähiger sind als ihre weltweiten Konkurrenten.
- Die Regierung sollte gegen bürokratische Verzögerungen vorgehen und die Möglichkeiten für Korruption verringern, da dies wesentliche Elemente sind, um die Rahmenbedingungen für den Erfolg der Unternehmen zu schaffen.
- Handelspolitik, Präferenzen und Abkommen nutzen, um die industrielle Entwicklung und nicht die 'Industriestrategie' voranzutreiben.
- Höherwertiges 'Mind Facturing' hängt davon ab, dass grundlegende Fertigungskompetenzen entwickelt und durch entsprechende Bildungs-, Forschungs- und Ausbildungseinrichtungen ergänzt werden.

Herausforderungen und Chancen:

Ein erheblicher Anstieg des verarbeitenden Gewerbes wird dazu beitragen, Arbeitsplätze für die schnell wachsende städtische Bevölkerung Afrikas zu schaffen; Afrikas eigene wachsende Bevölkerung wird für einen wachsenden einheimischen Markt sorgen. Milliarden von Dollar an Investitionen werden China in den nächsten Jahren verlassen, da steigende Löhne das Land am unteren Ende der Fertigungslieferkette weniger wettbewerbsfähig machen. Hersteller können sich überall auf der Welt niederlassen, aber um zu überleben und zu gedeihen, brauchen sie Investitionen und Wettbewerbsfähigkeit. Afrika kann in Bezug auf Qualifikationen, Arbeitskosten und Standort konkurrieren, aber oft sind es schlechte politische Rahmenbedingungen, die dazu führen, dass afrikanische Länder nicht in der Lage sind, dringend benötigte Investitionen anzuziehen. Die produzierenden Unternehmen brauchen konsistente, wettbewerbsfähige, wirtschaftliche Bedingungen, eine Infrastruktur, in der die Stromversorgung gewährleistet ist, und die Verkehrsverbindungen, um wettbewerbsfähige Exporte zu ermöglichen.

Schlüsselzahlen:
In Afrika südlich der Sahara macht das verarbeitende Gewerbe nur 14 Prozent des BIP aus.[1] Mit Ausnahme des Nahen Ostens und Nordafrikas ist dies weniger als in jedem anderen Teil der Welt.[2] Insgesamt macht das verarbeitende Gewerbe in Afrika nur 1,5 Prozent des weltweiten verarbeitenden Gewerbes aus.[3] Die Bevölkerung Afrikas südlich der Sahara mit Zugang zu Elektrizität beträgt 35,3 Prozent, während der Durchschnitt für Südasien (die nächstniedrigere Region in Bezug auf den Zugang zu Energie) 78 Prozent und Ostasien 96,1 Prozent beträgt.[4] Die Zeit, die benötigt wird, um ein Unternehmen in Afrika südlich der Sahara zu gründen, beträgt 25,8 Tage (die Zahl von 2015), verglichen mit dem globalen Durchschnitt von 20,4 Tagen.[5] In 28 von 38 afrikanischen Ländern machen Rohstoffe mehr als 60 Prozent der Warenexporte aus. Ein Index der Exportdiversifizierung für Afrika südlich der Sahara stieg von 1995 bis 2013 um 1 Prozent, während der Anteil des verarbeitenden Gewerbes der Region am BIP seit 2000 von 14 auf 10 Prozent zurückgegangen ist.

Außergewöhnlich arme und herausgeforderte Länder können in einer Generation zu Industriekraftwerken werden. Vietnam und Mexiko veranschaulichen diese Perspektive für Afrika.

Vietnam[6] hat innerhalb einer Generation eine außerordentliche Entwicklungswende vollzogen, von einem (realen) Pro-Kopf-BIP von 97 $ im Jahr 1989 auf 2.052 $ im Jahr 2015.[7] Diese Leistung ist ein dynamischer Wachstumsrekord, der seit 1997 durchschnittlich über 6 Prozent beträgt, obwohl dies in den Städten höher war. Mit mehr als 6 Millionen Einwohnern erzielte Ho Chi Minh City (früher Saigon) zwischen 2010 und 2015 ein Wachstum von 9,6 Prozent.

'Wir stellen uns vor, dass Vietnam bis 2025 ein Land der Industrie und der Moderne wird', sagt Le Thanh Liem, der stellvertretende Vorsitzende der Stadt, dessen Dienstalter durch ein goldenes Parteiabzeichen gekennzeichnet ist.

'Dazu nutzen wir unsere internen Stärken und mobilisieren externe Reserven durch Investitionen. Die Verhandlungen über die Transpazifik-Partnerschaft sind,' bemerkt er,'ein Teil davon, aber wir wollen versuchen, dass sich Investoren hier willkommen fühlen. Kapital ist von zentraler Bedeutung, ebenso wie die Entwicklung der Humanressourcen und zunehmend die totale Faktorproduktivität (TFP)' (d.h. die Verbesserung der Produktionsergebnisse, die nicht auf Verbesserungen bei Arbeit und Kapital, einschließlich Technologie und Governance, zurückzuführen sind). 'Obwohl die Stadt mit 9,6 Prozent pro Jahr wächst', bemerkt er, 'ist unser jährlicher Anstieg des TFP von 20 Prozent im Jahr 2014 auf 32 Prozent im Jahr 2015 gestiegen'

Diese anspruchsvolle Analyse, so wünschenswert sie auch sein mag, wird von einem Stadtbeamten nirgendwo erwartet, geschweige denn in einem Land, das erst vor 30 Jahren zögernd mit den Marktreformen begonnen hat, und das erst nach dem Zusammenbruch der Planwirtschaft inmitten der Hungersnot.

Trotz aller Nachteile eines Einparteienstaates, einschließlich der weit verbreiteten Korruption, und dem rhetorischen Bekenntnis zum allgegenwärtigen Hammer und Sichel und dem sozialistischen Banner ist das vietnamesische Denken sowohl liberal als auch pragmatisch genug, um die Notwendigkeit zu erkennen, dass der Staat seinen Einfluss auf die Wirtschaft verringern muss.

Das Ausmaß der Transformation Vietnams lässt sich an der Rolle der staatlichen Unternehmen (SOEs) ablesen. Im Zuge der Privatisierung - besser bekannt als 'Gleichstellung' - halbierte sich die Zahl der SOEs zwischen 1990 und 2000 auf 5.800 und bis 2013 auf 3.135. Diese Desinvestition ging einher mit einer Veränderung des wirtschaftlichen Beitrags der Staatsbetriebe, die 2001 60 Prozent des Gesamtkapitals einsetzten, um 38 Prozent des BIP zu erwirtschaften. Bis 2012 sanken diese Werte auf 38 Prozent bzw. 33 Prozent. Bis 2015 trugen die SOEs 31,5 Prozent zum BIP bei und beschäftigten nur noch 1,7 Millionen Arbeitsplätze oder 3,2 Prozent der Gesamtbelegschaft von 52,2 Millionen, nach 1,8 Millionen im Vorjahr. Zum Vergleich: Zwei Drittel der Arbeitsplätze des Landes stammen aus dem privaten Sektor, 26 Prozent aus ausländischen Investitionsunternehmen.[8]

Öffentliche Notierungen sind ein weiteres Maß für diesen Übergang. Die Ho-Chi-Minh-Börse wurde im Jahr 2000 mit zwei Unternehmen gegründet. Fünfzehn Jahre später notierte sie an 303 Aktien mit einer Marktkapitalisierung von 50 Milliarden Dollar und weitere 370 Aktien der Börse von Hanoi. Bis 2017 sollen weitere 400 SOEs gelistet sein.

Eine Reihe von Unternehmen hat den Sprung vom staatlichen zum kommerziellen Privatunternehmen erfolgreich vollzogen.

Vinamilk wurde 1976 von einem sowjetisch ausgebildeten Ingenieur gegründet und hat seinen Sitz nördlich von Ho-Chi-Minh-Stadt in My Phuoc. Die hochmoderne, hyperautomatisierte Milchfabrik im Wert von 120 Millionen US-Dollar ist in der Lage, jährlich 400 Millionen Liter zu produzieren.

Vietnams jährlicher Milchkonsum ist von nur 10 Litern pro Person im Jahr 2010 auf 17 Liter pro Jahr später gestiegen, was auf eine Kombination aus verbessertem Wohlstand und größerer Sensibilität für die Gesundheitsnetze zurückzuführen ist. Dieses Verbrauchsniveau liegt noch weit hinter dem von China (26 Liter), Thailand (35 Liter) und Malaysia (58 Liter) zurück - daher ist geplant, die Kapazität der von Tetra Pak gebauten Fabrik bis 2018 zu verdoppeln. Vinamilk hat im Jahr 2003 eine Reihe ausländischer Investoren zum Börsengang (Initial Public Oering, IPO) angelockt.

Das Gleiche gilt für das Textilunternehmen Vinatex, das im September 2014 mit einem Börsengang im Wert von 57 Millionen US-Dollar in eine Aktiengesellschaft umgewandelt wurde.

Ebenso ist der Internationale Flughafen Tân Són Nhát kaum wiederzuerkennen, nachdem er während des Vietnamkrieges die wichtigste amerikanische Lufteinrichtung war. Damals war es einer der verkehrsreichsten Militärflugplätze der Welt. Anfang der 90er Jahre waren die in den USA gebauten Militärflugzeuge noch erkennbar und mit Friedenszeichen und Slogans beschmiert. Heute ist der Flughafen umgebaut worden - ein geschäftiges Drehkreuz mit 26 Millionen Passagieren im Jahr 2015.

Vietnam Airlines gehört zu den großen SOEs, die nach wie vor 'gleichgestellt' sind. Diese Veräußerung wird zum Teil durch die Transpazifik-Partnerschaft vorangetrieben, die unter anderem eine Bedingung für die Einstellung der Subventionen vorsieht. Wie bei Mexiko und dem Nordamerikanischen Freihandelsabkommen (NAFTA) treibt die Handelspolitik auf diese Weise die Industriepolitik an, nicht umgekehrt. Unternehmen werden durch Korruption und die Forderung nach endlosem Papierkram behindert, denn viele der so genannten 'Baby Permits' müssen sich an die Gesetze und Vorschriften halten. Um dieses Problem in den Griff zu bekommen, hat Vietnam rund 300 Industrieparks eingerichtet, in denen der Betrieb von One-Stop-Shops und speziellen Zollanlagen die gierige Beamtenschaft weitgehend umgeht. Diese Initiative hat Ausländer ermutigt, zu investieren.

Vietnams Fähigkeit, die Produktion trotz des schwierigen Vermächtnisses rasch auszubauen, ist nicht einzigartig. Andere Länder konnten ähnliche Ziele erreichen.

Die afrikanische Herausforderung

Kann Afrika das nächste China sein? Das ist die Frage für diejenigen, die über die Entwicklungschancen aufgrund der steigenden Lohnstückkosten in der Volksrepublik und durch den Übergang ihrer Industrien in eine höhertechnologische, kapitalintensive Produktion nachdenken. Schätzungsweise 85 Millionen Arbeitsplätze werden in den nächsten zehn Jahren zur

Verfügung stehen, wenn China die industrielle Leiter nach oben schiebt. Kann Afrika davon profitieren, indem es die präferenziellen Handelsabkommen des Kontinents mit den USA und Europa nutzt?[9]

Die Beantwortung dieser Frage hängt weitgehend davon ab, dass die richtigen Bedingungen geschaffen werden, von der Wirtschaftspolitik über die Infrastruktur bis hin zur politischen Stabilität. Und es bedeutet, dass man die Dinge besser machen muss als seine Rivalen. Andere werden um den Platz konkurrieren, der von China möglicherweise geräumt wird; sie werden sich wahrscheinlich nicht einfach zurücklehnen und zusehen.

Diese Frage ist nicht nur für Niedriglohnarbeitsmärkte geeignet. Sie ist auch für reichere afrikanische Volkswirtschaften, einschließlich Südafrika, von Bedeutung, insbesondere angesichts der Versuchung, entwicklungspolitische Dilemmas durch staatliche Unternehmen zu bewältigen.

Abbildung 6.1: Handel mit Industrieerzeugnissen, 1995-2015

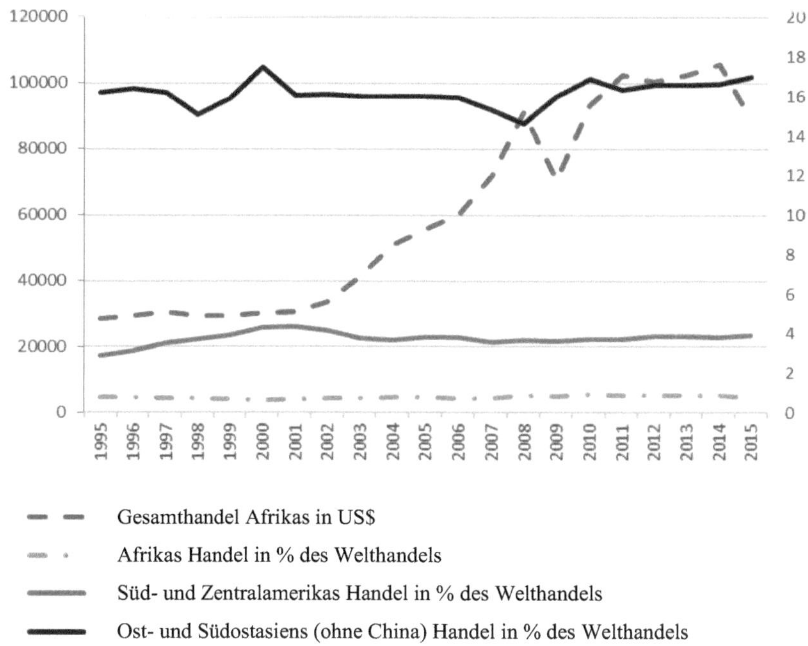

Quelle:
UN-Konferenz für Handel und Entwicklung, http://unctadstat.unctad.org/wds/

Afrikanische Politiker sind routinemäßig daran interessiert, darauf hinzuweisen, dass sie all das tun, was von ihnen erwartet wird, um eine Produktionsstätte aufzubauen. Beispielsweise richten viele von ihnen Sonderwirtschaftszonen ein, um zoll- und steuerfreie Bedingungen für Exportproduzenten zu schaffen, zusammen mit einer Reihe anderer Anreize. Diese Zonen können nützlich sein, da sie über eine zuverlässige Energie- und Wasserversorgung, gute Straßenverbindungen und Land verfügen, das ansonsten nur schwer zugänglich ist, wobei die gesicherte Verfügbarkeit von Energie besonders wichtig für die Wertsteigerung von Bodenschätzen ist. Das Problem besteht darin, dass diese Maßnahmen die zwar unerlässlich sind, um Schritt halten zu können, jedoch keinen besonderen Vorteil bieten, da die meisten anderen Länder der Welt bereits ähnliche Reformen durchführen. Das Gleiche gilt für 'One-Stop-Shops'. Auch die afrikanischen Arbeitskosten sind kein Unterscheidungsmerkmal, da sie im Allgemeinen nicht billiger (und meist teurer) sind als die ihrer asiatischen Konkurrenten, während die Kosten für entsprechende Dienstleistungen in Afrika höher und weniger zuverlässig sein können.

Natürlich spielen am unteren Ende der Produktionskette, wie z.B. bei der Textil- und Bekleidungsherstellung, Preis und Produktivität eine Rolle. Dennoch scheinen die wichtigsten allgemeinen Unterschiede zwischen Erfolg und Misserfolg eine Kombination aus Regierungsführung und Einstellung zu sein.

Laut den von der Weltbank veröffentlichten Indikatoren für Doing Business - der maßgeblichen Datenbank, auf welche die Wirtschaft oft verweist - gab es 2016 nur in einer Handvoll afrikanischer Länder ein Geschäftsumfeld, das gut und nicht schlecht war. Mauritius rangiert auf Platz 32, aber danach befinden sich nur noch Ruanda (62.), Botswana (72.), Südafrika (73.), die Seychellen (95.) und Sambia (97.) unter den Top-100-Ländern der Welt.[10] Sicherlich haben die afrikanischen Länder im letzten Jahrzehnt einige Fortschritte gemacht, aber auch der Rest der Welt ist nicht stehen geblieben. Infolgedessen ist es den afrikanischen Ländern südlich der Sahara, mit Ausnahme einiger kleiner Länder, nicht gelungen, die Rangliste der Unternehmen im verarbeitenden Gewerbe systematisch zu verbessern. Es ist nach wie vor außerordentlich schwierig, in Afrika zu produzieren, wie Lesotho und Südafrika zeigen.

Lesotho: Kein Aufstieg auf der Produktionsleiter

Das kleine Land Lesotho ist ein hervorragendes Beispiel für die Möglichkeiten und Enttäuschungen im verarbeitenden Gewerbe. Während der Schwerpunkt oft auf viel größeren Ländern Afrikas lag, hatte Lesotho tatsächlich mehr reale Möglichkeiten und hätte als kleine Nation nicht so viel Produktion anziehen müssen, um eine grundlegende Verbesserung zu erreichen.

Die Straße südlich von Maseru nach Moshoeshoe Airport erzählt eine eigene Geschichte von Lesothos Entwicklungsarbeit. Die Straße ist gesäumt von Blechkiosken und Schrottplätzen, weniger Kleinunternehmen als Überlebensstrategien für eine Nation mit 40 Prozent Arbeitslosigkeit, in der die Bevölkerung seit 1985 um 25 Prozent auf über 2 Millionen gewachsen ist. Fast die Hälfte der Bevölkerung lebt in Armut; die HIV-Prävalenz ist mit 23 Prozent die zweithöchste der Welt, und eine halbe Million Menschen sind auf Nahrungsmittelhilfe angewiesen.[11]

Obwohl Lesotho geografisch vollständig von Südafrika umschlossen ist, hat es eine Reihe von Entwicklungsvorteilen genossen. Im Jahr 2000 wurde ihm über den African Growth and Opportunity Act (AGOA) ein zoll- und quotenfreier Zugang zum US-Markt gewährt. Chinesische Bekleidungshersteller nutzten dies schnell, und bis 2005 stieg die Zahl der Bekleidungs- und Textilunternehmen auf 38 und beschäftigte 55.000 Basothos.

Lesotho erhält außerdem einen regelmäßigen Anteil an den Zollerlösen der Südafrikanischen Zollunion und verfügt über einen vergleichsweise reichen Zukunftsmarkt rund um Lesotho in Südafrika. (Südafrika hat ein durchschnittliches Pro-Kopf-Einkommen, das mehr als sechsmal so hoch ist wie das von Lesotho mit $980). Es profitiert von der relativ ausgefeilten Straßen- und Hafeninfrastruktur seines riesigen Nachbarn. Das Bergkönigreich ist auch mit reichlich Wasserressourcen gesegnet, die es an das durstige Südafrika verkaufen kann.

Dennoch ist es den in Lesotho ansässigen Unternehmen im Gegensatz zu ihren asiatischen oder mexikanischen Kollegen nicht gelungen, die Fertigungsleiter in die höherwertige Produktion nach oben zu schieben. Die Hauptursachen für dieses Scheitern sind politische Instabilität und schlechte Regierungsführung.

Im Januar 1986 erlebte Lesotho den ersten einer Reihe von Militärputschen, als Generalmajor Justin Metsing Lekhanya den Chief Leabua Jonathan vertrieb. Jonathan hatte seit der Unabhängigkeit im Oktober 1966 mit stetig wachsendem Autoritarismus regiert, unter anderem mit einem eigenen Palastputsch nach den Wahlen von 1970, der von der oppositionellen Basotho Congress Party gewonnen worden war.[12]

Innerhalb von drei Jahrzehnten scheinen die Probleme des Landes, wie die seiner Bevölkerung, nur noch größer geworden zu sein. Die Militärs sind jetzt gewohnheitsmäßige politische Straftäter. Der Regierungswechsel im Februar 2015 hatte seinen Ursprung in einem gescheiterten Staatsstreich im August 2014. Davor gab es einen stetigen Strom von Putschversuchen und Attentaten. Lekhanya wurde im Mai 1991 durch einen Putsch von Oberst Elias Ramaema entfernt. Nach den Wahlen von 1998 kam es zu Protesten und Ausschreitungen über die Ergebnisse, und eine von Südafrika angeführte SADC-Truppe wurde eingesetzt, um Demokratie und Rechtsstaatlichkeit wiederherzustellen. Operation Boleas, der Codename für den Einsatz, wurde schnell umstritten, und im September 1998 verlor die South African National Defence Force 11 Mitglieder, als sie versuchte, eine Meuterei in Maseru zu unterdrücken. Als die Truppe im Mai 1999 die Stadt verließ, waren weite Teile der Stadt zerstört.

Hinter den politischen Ränkespielen und dem Muskelaufbau des Militärs in der Politik verbirgt sich eine Geschichte der Korruption und der Gewinnsucht. Der ehemalige Entwicklungs- und Planungsminister (sowie der Delegierte Lesothos beim IWF) Moeketsi Majoro kommentierte: 'Während das Vermächtnis unvollständiger politischer Reformen in diesem gegenwärtigen Konvent der Beschleuniger ist, sind Korruption und Kriminalität die Hauptursachen. Während der Amtszeit der Vorgänger-regierung wurden Fälle, in denen öffentliche Gelder durch Ausschreibungen gewaschen wurden, untersucht und sind öffentlich bekannt.'[13]

Die internationale Hilfe und das Interesse sind ausgetrocknet. Bis zum Jahr 2016 gab es nur noch fünf vollzeitbeschäftigte, ausländische diplomatische Vertretungen (China, EU, Libyen, USA und Südafrika), die im Königreich ansässig waren. Sogar das Vereinigte Königreich, die ehemalige Kolonialmacht, hat den Laden geschlossen. Heute wird es durch einen Honorarkonsul vertreten. Es ist weit entfernt von der Blütezeit der Anti-Apartheid, als 'jedes europäische Land, unter anderem', sagte ein Minister, 'hier eine Botschaft hatte'.

Das Land erhält nach wie vor jährlich 300 Millionen Dollar an Hilfe oder mehr als 11 Prozent seines Bruttonationaleinkommens. Aber alles, was die Hilfe im Laufe der Zeit erreicht zu haben scheint, besteht darin, einige der Nachteile abzumildern, anstatt Lesotho wohlhabender und stabiler zu machen.

Bis 2015 ging die Zahl der Bekleidungs- und Textilunternehmen auf 18 zurück und beschäftigte 35.000 Mitarbeiter. Der Rückgang resultierte aus dem volatilen Rand (an den die lokalen Loti gebunden sind), hohen Vorleistungskosten (vor allem für Strom und Transport) und mangelndem Vertrauen in die politische Lage. Die Beendigung des globalen Multifaserabkommens im Jahr 2005 begünstigte diejenigen mit 'höherer Kosteneffizienz - im Wesentlichen Asien über Afrika', erklärt ein chinesischer Hersteller. 'Asiatische Lohnkosten', bemerkt er, 'sind niedriger, und ihre Regierungen haben größere Anreize, einschließlich steuerfreier Importe und lokaler Verkäufe'. Obwohl die Arbeitskosten niedrig sind (Mindestens 1.212 Rand oder $80 pro Woche), liegt Lesotho in der Region in einem harten Wettbewerb: In Kenia erhält eine Arbeitskraft $76 und in Kenia $82, in Äthiopien $50. In Bangladeschs betragen sie ungefähr die Hälfte dieser Summe ($43), in Vietnam $52, Indien $49 und Kambodscha $50. Der Rückgang in der Textilindustrie Lesothos wird durch die in Lesotho nicht erlaubte, stückweise Bezahlung wie in Asien und die hohe Fehlzeitenquote des afrikanischen Landes von 8-10 Prozent noch verschärft. Der Produktivitätsvergleich zwischen Vietnam und Lesotho erzählt eine eigene Geschichte: In Vietnam produzieren 28 Mitarbeiter 1.000 Stück pro Tag, in Lesotho produzieren 36 Mitarbeiter 600 Stück desselben Artikels.

Auch die lokalen Lieferzeiten sind länger und die Frachtkosten höher als in Asien. Zum Beispiel betrugen im Jahr 2011 die Kosten für den Versand eines 40-Fuß-Containers von Lesotho in die USA 4.620 $. Demgegenüber stehen 2.600 $ für den Transport aus Vietnam, 2.800 $ (Kambodscha) und 3.100 $ (Bangladesch). Auch die Kosten für Energieversorger sind stetig gestiegen, wobei die Strompreise denen von Eskom im benachbarten Südafrika entsprechen.

Das Land leidet auch unter Energieknappheit. Lesothos Muela-Staudamm produziert nur 72 Megawatt, während der Strombedarf des Landes im Jahr 2016 bei über 120 Megawatt lag und die Nachfrage steigt. Um die Lücke zu schließen, ist das Land sozusagen Eskom ausgeliefert. Es gibt Pläne für einen weiteren Staudamm, Polihali, mit angeschlossener Stromerzeugungskapazität, aber ob dies gelingt oder nicht, hängt von der Stabilität und dem Vertrauen der Investoren ab. Auch die Wasserkosten stiegen 2016 um 13 Prozent.

Ohne AGOA wäre es schwierig für Lesotho, sich zu behaupten. Das Abkommen mit den USA bietet dank seines zoll- und kontingentfreien Status bis zu 33 Prozent Rabatt auf Produkte aus Lesotho. Dementsprechend sind einige der größeren Hersteller in die Herstellung von Geweben eingestiegen, die normalerweise höhere Zölle (insbesondere Nylons) verlangen, um den Zugang zum US-Markt voll auszunutzen.

Dies sind Herausforderungen, die Lesotho meistern sollte. Einige asiatische Länder haben sich bereits aus der Textil- und Bekleidungsindustrie zurückgezogen, da ihr Lebensstandard und die Gehaltsvorstellungen der Arbeitnehmer gestiegen sind. Trotz des Textilbooms ist es Lesotho nicht gelungen, seine Wettbewerbsfähigkeit zu verbessern und in der Industrialisierungsleiter zu höherwertigen Gütern aufzusteigen. Seine Versuche dazu und die Möglichkeit, Basotho- (und nicht chinesische) Industrieunternehmen zu gründen, haben im Allgemeinen versagt.

Lesothos Minister für Kleinunternehmen, Thabiso Lits'iba, ein ehemaliger Universitätsprofessor, sagt, dass dieser Mangel an Fortschritt auf das relative Fehlen kompetenter Personen unter den 44.000 Beamten des Landes zurückzuführen ist; es liege auch daran, dass es an Führungsstärke mangelt, wenn es darum geht, eine klare strategische Ausrichtung und Ziele festzulegen. Mit anderen Worten, ein Teil dieses Unwohlseins ist darauf zurückzuführen, dass die Regierung nicht zuhört, und ein Teil davon darauf, dass sie nicht bereit ist, harte Entscheidungen zu treffen. Oder, wie es ein anderer ehemaliger hoher Beamter formuliert hat: 'Anstatt sich mit den langfristigen Vorteilen des Textilabkommens zu befassen, schauen wir, wer kurzfristig davon profitiert hat'. Statt generationenübergreifend zu denken, sind Politiker zu beschäftigt, wie Majoros Argument besagt, und streiten sich um die Überbleibsel.

Auf Einladung von Seiner Majestät König Letsie brachte die Brenthurst-Stiftung 2008 eine Gruppe von Experten aus wachstumsstarken Volkswirtschaften - Singapur, Costa Rica, Kolumbien, El Salvador, Chile und Vietnam - zusammen, um Erfahrungen auszutauschen und einen wachstumsstarken Weg für das Königreich zu finden. Dieser Besuch ging mit Arbeiten einher, die speziell zum Geschäftsklima in Lesotho und zum Tourismussektor in Auftrag gegeben wurden. In Anbetracht der Fortschritte Lesothos bei der Herstellung, indem es die Möglichkeiten von AGOA und seiner Erfolge bei der Durchführung komplexer, großer Infrastrukturvorhaben wie dem Lesotho Highlands Water Project bestmöglich nutzt, konzentrierte sich der Bericht auf die Schaffung von Arbeitsplätzen und das exportorientierte Wachstum als einzigem Weg zu einer wohlhabenderen Zukunft des Landes.

Dennoch wurde keine der vorgeschlagenen Reformen - wie die Beseitigung der Zwänge für die Unternehmen und die Schaffung eines Forums zur Erzielung eines Konsenses über das Binnenwachstum - umgesetzt, obwohl unser Treffen die volle Aufmerksamkeit der Regierung auf sich zog, und unsere Empfehlungen wurden nicht akzeptiert.

Tim Thahane war in der Regierung unser wichtigster Gesprächspartner. Bevor er seine Tätigkeit als Finanzminister aufnahm, war er mit Auszeichnung als stellvertretender Gouverneur der South African Reserve Bank tätig. Er vermutet, dass unsere Initiative ebenso wie das darauffolgende Wachstumsprojekt der Weltbank aufgrund dessen, was er als 'Kurzfristigkeit der Regierung' bezeichnet, gestorben sei. Mit anderen Worten, die Führung war nicht gewillt, den politischen Willen aufzubringen, um es zu verwirklichen. Oder, wie ein anderer älterer Basotho-Teilnehmer es ausdrückte: 'Es war eine großartige Initiative. Sie war ihrer

Zeit voraus. Wir haben die gleiche Arbeit schon Jahre später gemacht. 'Aber Sie', lächelte er, 'Sie sind damit hängen geblieben.'

Südafrikas Herausforderung

Der Fall Lesotho zeigt viele der Einstellungen gegenüber der Produktion in ganz Afrika. Viele der gleichen Probleme sind in Südafrika zu beobachten, einer der größten Volkswirtschaften Afrikas und einem Land, das nach allen üblichen Indikatoren über einen florierenden Produktionssektor verfügen sollte. Das verarbeitende Gewerbe trug 2014 13,4 Prozent zum südafrikanischen BIP bei und ist damit der viertgrößte Wirtschaftszweig hinter den Bereichen Finanzen, Immobilien und unternehmensbezogene Dienstleistungen (20,3 Prozent), öffentliche Dienstleistungen (17 Prozent), Großhandel, Einzelhandel und Kraftfahrzeughandel, sowie Gastronomie und Beherbergung (14,4 Prozent). Der Beitrag des verarbeitenden Gewerbes zum realen jährlichen BIP-Wachstum ist jedoch stetig zurückgegangen, von 0,7 Prozent im Jahr 2010 auf 0,1 Prozent im Jahr 2013. Darüber hinaus hat der Sektor seit der globalen Rezession 2008/09 mehr als 300.000 Arbeitsplätze abgebaut und allein zwischen 2015 und 2016 100.000 verloren.[14]

Der Bericht zeigt, wie ungünstig das Umfeld für die Hersteller ist, insbesondere im Bereich der kleinen und mittleren Unternehmen, wo der Großteil der Arbeitsplätze im verarbeitenden Gewerbe, wie die Regierung hofft, in Zukunft entstehen wird.

Nehmen wir das Beispiel Newcastle. Ursprünglich wurde Newcastle 1864 in Südafrika als Poststation zwischen Durban und Johannesburg als vierte Siedlung in der Kolonie Natal gegründet. Heute ist es eine Stadt von fast 400.000 Einwohnern, die drittgrößte der Provinz, hinter Durban und Pietermaritzburg. Es befindet sich in der Phase der Anpassung an neue Realitäten.

Noch 1969 konnte man Newcastle als eine einstöckige Stadt bezeichnen. Dann folgte die Ankündigung der Gründung des Stahlwerks Iscor, das als Drei-Phasen-Entwicklung geplant war und bis zum Jahr 2000 25.000 Mitarbeiter beschäftigen sollte. Es folgten Investitionen in die Infrastruktur der Stadt, darunter auch in den Wohnungsbau.

Als 1983 die Streichung der zweiten und dritten Phase angekündigt wurde, beschäftigte das Werk 13.000 Mitarbeiter. Die Privatisierung im Jahr 1989 führte zu einem Rückgang der Beschäftigung auf 9.000 Personen und ließ 750 leerstehende Häuser in der Stadt zurück.

Die Einstellung der Entwicklung des Stahlwerks veranlasste die Gemeinde zu einer aggressiven Industriepolitik. 1983 erhielt die Stadt ihre erste Auslandsinvestition in Form einer in Hongkong ansässigen Firma, die schnell auf eine Rate von einer Fabrikeröffnung pro Monat anstieg. Neue Unternehmen wurden durch großzügige Dezentralisierungsanreize angelockt. In den Industriegebieten Riverside und Madadeni befanden sich auf ihrem Höhepunkt 65 Textil- und Bekleidungsfabriken. Die Verlagerung der diplomatischen Beziehungen Südafrikas von Taiwan nach China im Jahr 1997 hat dazu geführt, dass einige Unternehmen aus dem erstgenannten Land geschlossen wurden und die letztgenannten sich öffneten. Bis 2015 beschäftigte der Textil- und Bekleidungssektor 6.500 Beschäftigte, was einem Drittel der Industriearbeitskräfte der Stadt entspricht, während der Höchststand bei 35.000 lag.

Aber heute ist man in Newcastle hart im Nehmen, wenn es um den Wandel einer Industrie geht, die seit den 80er Jahren einen Niedergang erlebt hat und 25 Jahre später nur noch etwa ein Fünftel der Menschen beschäftigt. Die Abschaffung der Anreize, die Schwankungen im Wert des Randes, die Konkurrenz durch Billigimporte insbesondere aus Bangladesch, Indien und China und die Gründung der AGOA haben die Wettbewerbsfähigkeit der südafrikanischen Garne und Bekleidung untergraben. Unter AGOA wurde Südafrika als Industrieland eingestuft, weshalb es im Gegensatz zu seinen Nachbarn Lesotho und Swasiland nicht in der Lage ist, billigere Textilien aus Drittländern in Kleidung für den US-Markt umzuwandeln. Infolgedessen verließen Mitte der 2000er Jahre einige der größeren Bekleidungshersteller das Unternehmen. Dann, im Jahr 2011, versuchte der Nationale Gewerkschaftsrat, mehrere chinesische Fabriken zu schließen, um die Einhaltung des Mindestlohns durchzusetzen. Als sie das taten, marschierten die Arbeiter in den Gewerkschaftsrat ein und drohten, seine Räumlichkeiten niederzubrennen.

Die wirtschaftliche Situation der Stadt ist komplizierter als die Summe der Schläge von außen oder die Zahlung eines Mindestlohns. Der Vorsitzende der Chinesischen Industrie- und Handelskammer von Newcastle Alex Liu erklärte: ‘Auch wenn der Preis ein großes Thema in der Bekleidungsherstellung ist, geht es bei dem Problem mit dem Lohn des Gewerkschaftsrates um die Art und Weise, wie unser Geschäft läuft. Während der Rat sagt, dass man Produktivität nicht belohnen kann, sondern vielmehr Arbeitsjahre, entzieht dies dem Fabrikbesitzer die Macht, unsere Fabriken zu managen und diejenigen zu belohnen, die produktiver sind. Sie können einfach nicht alle gleich bezahlen, denn Sie werden die Moral der Fabrik zerstören, und es würde unkontrollierbar werden. Es ist nicht so sehr eine Frage der Erschwinglichkeit’, fügt er hinzu, ‘sondern eher eine Frage der Geschäftslogik.’[15]

Nach eigenem Bekunden der Unternehmer hat die Stadtverwaltung versucht, 'sich um sie so gut wie möglich zu kümmern', mit der Zentralregierung Fehler zu beheben, um Fragen wie Arbeitserlaubnis, Arbeitsbeziehungen, Umweltmanagement und andere Fragen zu klären, indem sie als Mutter und Vater für diese Gruppe fungiert. Ein Teil der Frustration, welche die Fabrikbesitzer und die örtliche Gemeinde empfinden, ist jedoch, dass Pretoria nicht zuhört. 'Wir haben keine direkten Kanäle zu den Regierungsabteilungen', sagen sie, 'oder wenigstens zur Provinzregierung'.

Geschäft kann Eveready sein, aber Regierung muss es auch sein

Die Fertigungsunternehmen in Südafrika stehen vor ähnlichen Herausforderungen - auch weiter oben in der Wertschöpfungskette.

Achteckige Zinkrohlinge werden an einem Ende der Produktionslinie in Rohrdosen gepresst und bilden so eine Kathode. Die Dosen laufen an den Förderbändern entlang, wo sie mit Mangandioxid in einer Kartonversiegelung und einem Graphitstab zu einer Anode zusammengefügt werden. An verschiedenen Stellen entlang der Förderbänder werden sie in große Behälter befördert und warten darauf, dass sie mit Kappen, Siegeln und Außenaufklebern abgedeckt werden.[16]

In Südafrika stellt Eveready jährlich 50 Millionen Batterien her und deckt damit etwa die Hälfte des Bedarfs des Landes. Das Unternehmen hat seit 1937 seinen Sitz in Port Elizabeth, als British Eveready seine Fabrik in der Harrower Road gründete. Es zog 1972 in seine jetzige Einrichtung im Industriegebiet der Stadt um, wie die Messingtafel im Foyer des Gebäudes wie folgt bezeugt: 'Officially opened by Dr. The Hon N. Diederichs, Minister of Finance'. In den 1970er Jahren wurde Eveready von Hanson und 1996 von Gillette aufgekauft. Im Jahr 2003, als Gillette alle Batterietypen bis auf Duracell veräußerte, wurde der südafrikanische Betrieb vom Management übernommen.

Das Team musste hart arbeiten, um das Unternehmen unter dem Druck billiger, vor allem chinesischer Konkurrenten in einem neuen Markt zu positionieren. Auf der Suche nach neuen Möglichkeiten für das Unternehmen, und um die Chancen für seine 220 Mitarbeiter beizubehalten, hat Eveready sich auf Haushaltsholzprodukte und seit kurzem auch auf Windkraftanlagen spezialisiert. Die Fassade des Gebäudes zeigt nun eine Produktionslinie ihrer lokal entwickelten 3,5-Kilowatt Kestrel-Turbinen über dem blau-weißen Schild E-V-E-R-E-A-D-Y, deren Fiberglass-Blätter und -Flügel in der windigen Stadt knarren und surren.

Obwohl Eveready 3.500 Kestrels verkauft hat, gingen die meisten davon auf den Exportmarkt. Das Problem ist, dass die Regierung nicht glaubt, dass sich Geschäfte positiv auf das Land auswirken. Das prägt ihre Wahrnehmung und Politik. 'Mehr noch', fügt er hinzu: 'Wir müssen entscheiden, ob wir ein Industrie- oder ein Entwicklungsland sind. Eine Entscheidung darüber wird bestimmen, welche Politik wir vorantreiben, einschließlich derjenigen, die sich auf Arbeits- und Produktnormen bezieht, und wird damit auch die Erwartungen prägen.'

Die Turbine ist eine praktische und schlüsselfertige Energielösung für netzferne Gemeinden. 'Die Regierung könnte,' sagt Das, 'es geschehen lassen, wenn sie es wollte.' Im Gegensatz dazu hat Eveready im Wettbewerb mit importierten Produkten die Behörden aufgefordert, Umwelt- und Sicherheitsstandards umzusetzen, was offensichtlich erfolglos geblieben ist. Die Rolle der Regierung sollte darin bestehen, Richtlinien zu erstellen, die Arbeitsplätze schaffen und erhalten, und nicht darin, sie einfach für sich selbst zu schaffen. Sie sollten versuchen, das Investieren einfach und leicht zu machen.'

Aber die Regierung habe, sagt Das, in keiner Weise geholfen. 'Wir sind die einzigen Hersteller von Mikrogasturbinen in Südafrika, und unsere Produkte sind in den USA und Großbritannien zertifiziert. Aber wir hatten noch nie eine Verabredung mit jemandem in der Regierung, der fragt: 'Was können wir tun, um zu helfen? Das ist ganz anders als in Indien, meinem Heimatland, wo die Behörden trotz der Frustrationen durch die Bürokratie immer wieder fragen: 'Was können wir tun, um Ihnen bei der Herstellung zu helfen? '

Die Erfahrung von Volkswagen, 25 Kilometer nördlich von Port Elizabeth in Uitenhage, ist eine höhere Technologie und die Abhängigkeit von einer stärker interventionistischen Regierungspolitik, um Ineffizienzen an anderer Stelle im südafrikanischen System auszugleichen.

Im Jahr 2013 wurde im VW-Werk eine vollautomatische, hochmoderne Metall-Pressanlage mit einer Kapazität von 5.500 Millionen Euro installiert, mit der mehrere hundert Karosserieteile pro Stunde produziert werden können. Die neue Linie, die unter sterilen Bedingungen aufgestellt wurde und die eher einem Operationssaal als einer Maschinenhalle ähneln, ist die erste weltweit, welche die Technologie des Wellenbewegungspressens mit der Cobra-Robotik kombiniert, um Teile schnell durch den Prozess zu bewegen. Neue Technologien helfen zu erklären, warum die Beschäftigung von VW bei 4.000 liegt, nach einem Höchststand von 10.000 in den 80er Jahren. Das Unternehmen hat mehr als 5 Milliarden Euro in die

Modernisierung des Werkes in Uitenhage investiert, wodurch sich die Jahresproduktion auf 170.000 Einheiten nahezu verdoppelt und das Werk der einzige Hersteller der neuen Polo-Limousine sein wird.

Es ist weit entfernt von 1946, als South African Motor Assemblers and Distributors mit einem Stammkapital von 1 Mio. Rand gestartet wurde, um Studebakers auf demselben 20 Hektar großen Gelände zu montieren, das damals für 2.500 Rand gekauft wurde.

Trotz regelmäßiger Auszeichnungen als bestes VW-Werk von 119 weltweit, hängt das Überleben des Werkes ganz von dem Subventionsprogramm der südafrikanischen Regierung für die Fahrzeugproduktion, dem Automotive Production and Development Programme (APDP), ab, mit dem der Preis für lokal montierte Fahrzeuge gegen die Zölle auf importierte Komponenten in ihrer Herstellung verrechnet wird. 'In dem Moment, an dem das APDP endet', sagt Thomas Schäfer, Leiter von VW Südafrika, 'wird der Stecker gezogen. Wir haben einen leichten Vorteil bei den Arbeitskosten, aber nicht mehr im Vergleich zu Portugal oder der Tschechischen Republik. Und wir haben eine große Kostenherausforderung bei der Logistik. Was immer wir über das APDP sparen, wird durch die 500 € extra pro Einheit, die wir für südafrikanische Versandkosten ausgeben, wieder zunichte gemacht.'

VW ist in dieser Hinsicht nicht allein. Ford, mit Sitz in der Nähe von Pretoria, hat seit Beginn der Produktion des neuen Ranger Pickups im Jahr 2015 eine bemerkenswerte Trendwende vollzogen. Innerhalb eines Jahres hatten sie einen dominierenden Anteil am südafrikanischen Markt mit 36.000 Verkäufen und exportierten weitere 60.000 Stück, vor allem nach Großbritannien und Deutschland. Geographie ist eine Herausforderung in Südafrika', sagt CEO Je Nemeth, 'egal ob in der Produktion oder auf andere Weise, ob exportierend oder importierend, das Land liegt 10.000 Kilometer von den wichtigsten Lieferquellen und Märkten entfernt.'

Obwohl die Produktivität von Ford in Südafrika um 30 Prozent besser ist als die eines ähnlichen Ford-Werks in Thailand, wie z.B. VW, wird das Unternehmen von den Logistikkosten getroffen. Studien zeigen, dass die Kosten für den Transport von Autos auf der Schiene für die großen Entfernungen in Südafrika um 60 Prozent niedriger sein sollten als auf der Straße. In Südafrika hingegen sind die Kosten gleich hoch, was die hohe Ineffizienz des südafrikanischen Schienennetzes verdeutlicht. Die Exportkosten für den Versand eines Autos von Thailand nach Saudi-Arabien sind um 800 Dollar günstiger als die Kosten für den Versand desselben Fahrzeugs von Südafrika nach Saudi-Arabien.

Im Zentrum von Port Elizabeth befindet sich das Werk von General Motors. Es öffnete im Jahr 1948 zu einem atemberaubenden Preis von 1

Million Pfund und produzierte in etwa sechs Jahrzehnten 40.000 Einheiten von zwei Modellen.

Die Industrie, sagt der CEO von GM, Ian Nicholls, wird von den hohen Kosten der Fähigkeiten und der Entfernung von den Exportmärkten erschüttert. Die Bemühungen, den Pool an Talenten durch staatliche Programme zu verbessern, bringen jedoch wenig. Das Ausmaß der gewerkschaftlichen Organisierung verschärft die Kosten und Herausforderungen, da die Verhandlungen über jährliche Zunahmen von 10 Prozent bei einer Inflationsrate von nur 6 Prozent geführt werden, was die Wettbewerbsfähigkeit verringert. 'Niemals in dieser Umgebung', sagt er, 'wo ich weiß, wie schwierig es ist, Menschen loszuwerden, würde ich eine einzige Person aufnehmen, ohne absolut zu wissen, dass ich sie brauche'. Seine Logistikkomponente beträgt 8 Prozent der Stückkosten bei einer Gewinnmarge von nur 5 Prozent. Mit den vier größten Werken von GM, das jetzt in China jährlich 500.000 Einheiten produzieren, hält nur eine Kombination aus APDP, dem Wunsch, in Afrika strategisch Fuß zu fassen, und ihrer 'Trägheit' die Firma die Autoproduktion in Südafrika aufrecht.

Das APDP stellt Südafrika, so Schäfer, in die untere Hälfte der Subventionsländer, unterhalb von Südkorea, Mexiko, China und der Türkei. Obwohl das Subventionssystem nach wie vor wichtig ist, was den Erfolg der Industrie in Südafrika sichern wird, sei es die politische Stabilität, die - zumindest für ein Jahrzehnt - die Kosten für die logistische Ineffizienz senkt und die Inflation unter Kontrolle hält. All dies hänge jedoch von einer Haltung ab, bei der die Regierung der Industrie helfe, anstatt sie zu belasten.

Die südafrikanische Regierung hat es sich zum Ziel gesetzt, die lokale Fahrzeugproduktion bis 2020 seit der Einführung des APDP im Jahr 2013 auf 1,2 Millionen Einheiten zu verdoppeln. Dies wird jedoch nur dann geschehen, wenn die Logistikkosten sinken und damit einhergehend das Volumen der lokalen Inhalte steigt. In einem Teufelskreis wird die Fähigkeit, lokale Inhalte zu generieren, jedoch durch Skaleneffekte sowie durch Strom-, Arbeits- und andere Kostenvariablen geprägt. Der Umgang mit diesen Faktoren erfordert die Zusammenarbeit von Unternehmen und Behörden. Und das wiederum würde eine Regierung erfordern, die bereit ist, zu akzeptieren, dass die Wirtschaft dazu da ist, vernünftiges Geld zu verdienen, und ihr dabei zu helfen.

Die Geschichte Mexikos zeigt, dass trotz der Herausforderungen eine nachhaltige Entwicklung von einer niedrigen Basis aus mit einer starken Regierungsführung möglich ist.

Mexikos Rennen an die Spitze

Mexiko[17] hatte einst das Profil vieler afrikanischer Staaten: ein Land, das stark vom Öl abhängig ist, das den Ruf der Korruption genießt und über eine politische Partei verfügt, die trotz ihrer wirtschaftlichen Misserfolge lange regiert hat. Das Profil war so fest verwurzelt, dass der mexikanische Botschafter in Südafrika Mitte der 90er Jahre über eine Fernsehwerbung für eine Marke von Mais-Chips verzweifelt war, die einen trägen *campesino* mit Sombrero und einem Akzent darstellte, der sogar Eli Wallachs Charakter in *The Good, the Bad and the Ugly blush*' erröten lassen würde.
Der einstige Diplomat hatte Recht. Als die Anzeige dann in die richtige Richtung gelenkt wurde, hatten sich die Dinge in Mexiko geändert. Mehr als 30 Jahre zuvor, 1965, hatte seine Regierung ein Programm zur Grenzindustrialisierung, besser bekannt als *maquiladoras*[18], ins Leben gerufen, das das Arbeitsmarkt- und Exportprofil des Landes veränderte, indem es den komparativen Vorteil reichlich vorhandener billiger Arbeitskräfte durch 'schnelle und schmutzige' Montage und Export ausnutzte.

Um nur ein Beispiel für den Erfolg des Programms zu nennen: Bis 2016 war Monterrey die reichste und am stärksten industrialisierte Stadt Mexikos. Nicht weniger als 46.000 LKWs verlassen jeden Tag mit Fertigwaren, die für den US-Markt bestimmt sind, wo sich der Anteil Mexikos in den 21 Jahren seit Inkrafttreten der NAFTA auf 20 Prozent vervierfacht hat. Dabei handelt es sich nicht mehr um billige *Maquila*-Waren, sondern um hochwertige Exporte. Mexikos Aufstieg in der Wertschöpfungskette wird durch öffentlich-private Forschungs- und Innovationsinkubatoren wie den Parque de Investigación e Innovación Tecnológica in der Nähe des internationalen Flughafens von Monterrey verkörpert.

Die Erfahrung Mexikos zeigt, dass es unmöglich ist, mit höherwertigem 'Mindfacturing' zu beginnen, ohne zunächst grundlegende Fertigungskompetenzen zu entwickeln und diese durch entsprechende Bildungs-, Forschungs- und Ausbildungseinrichtungen zu ergänzen. Die *Maquilas* waren auf diese Weise ein wesentlicher Vorläufer der heutigen, anspruchsvolleren Operationen.

Guanajuato, im Herzen Mexikos gelegen und einst das Zentrum der weltweiten Silberbergbauindustrie, entwickelt ein modernes Silverado in Form der Automobilindustrie. Ein gigantisches Werk von General Motors produziert dort 370.000 Pickup-Trucks pro Jahr. Und GM ist nicht allein. Mazda, Honda, Hino Motors, Toyota und VW sind diesem Beispiel gefolgt.

Guanajuato State produzierte im Jahr 2015 550.000 Fahrzeuge, die gleiche Zahl, die die gesamte südafrikanische Automobilindustrie produziert.

Mexiko hat sich schnell von der Montageplattform zum Hersteller und Innovator in der Automobilindustrie entwickelt und ist heute der siebtgrößte Produzent der Welt. Südafrika, das über die größte Autoindustrie Afrikas verfügt, liegt nur auf Platz 24.

Obwohl Mexiko mit seiner riesigen Bevölkerung von 125 Millionen Einwohnern immer noch mit vielen sozialen Problemen konfrontiert ist, bietet das verarbeitende Gewerbe direkte Arbeitsplätze für mehr als 2 Millionen Menschen. Jaime Serra Puche, Handelswirtschaftswissenschaftler und führender Verhandlungsführer Mexikos in Sachen NAFTA, sagt dazu: 'Heute exportieren wir 1 Milliarde Dollar pro Tag, davon etwa 80 Prozent in der Produktion. Zu Beginn der NAFTA exportierten wir etwa 100 Millionen Dollar pro Tag, und ein großer Teil davon war Erdöl.'

Luis de la Calle, ehemaliger stellvertretender Minister für internationale Handelsverhandlungen, betont trotz der Herausforderungen des Landes durch die Drogenkriminalität drei Faktoren, die den Aufstieg Mexikos 'unaufhaltsam' machen. Der erste bezieht sich auf die demographische Entwicklung. Die Zahl der Mexikaner im erwerbsfähigen Alter nimmt deutlich zu, ebenso wie das Abhängigkeitsverhältnis zwischen Erwerbstätigen und Nichterwerbstätigen. Diese jungen Leute sorgen für eine starke Nachfrage nach den Konsumgütern, für die Mexiko jetzt gut aufgestellt ist. Der zweite Grund ist die Senkung der Energiekosten in Nordamerika, die es zur billigsten Region der Welt für Energie macht. Dieser Rückgang ist auf einen Anstieg der US-Gasproduktion von 64 Milliarden Kubikfuß pro Tag im Jahr 2006 auf 90 Milliarden Kubikfuß im Jahr 2015 sowie auf eine Verdoppelung der US-Ölförderung auf 10 Millionen Barrel pro Tag in den letzten fünf Jahren zurückzuführen. Mexikos Energiereformen und gezielte Investitionen als Teil eines integrierten nordamerikanischen Gasnetzes werden texanisches Gas an entlegene mexikanische Standorte leiten, die noch nie zuvor eine Industrie hatten, und gleichzeitig die Kosten für bestehende Industrien senken. Gleichzeitig hat die Deregulierung im Elektrizitätssektor den kommerziellen Strompreis um 25 Prozent gesenkt.

Der dritte Grund ist die reale Aufwertung des US-Dollars. Dies hat die bestehenden mexikanischen Exporte, wie Autos und Geräte, gestärkt. Als Ergebnis dieser Faktoren ist Mexiko heute die einzige große Entwicklungswirtschaft, die mit China im verarbeitenden Gewerbe konkurriert. Gemessen am Wert der Exporte pro Kopf ist Mexiko fast doppelt so groß wie China.

Am wichtigsten ist jedoch, dass die Fortschritte Mexikos auf Handelsabkommen und nicht auf Gipfeltreffen beruhen. Offenheit und die Verbindung mit konkreten Transfers haben sich als entscheidend für den Fortschritt Mexikos als Exporteur mit Mehrwert und als modernisierende Industrienation erwiesen. Mexiko konzentriert sich in diesem Zusammenhang auf Abkommen wie die NAFTA, die es ihm ermöglicht hat, seine natürlichen Vorteile auf dem US-Markt seit über 20 Jahren zu nutzen, ungeachtet der Meinung einiger US-Politiker über die Zukunft des Abkommens.

Mexikos eindeutig definierte Handelsstrategie bildet nicht nur das Rückgrat der Außenpolitik des Landes, sondern bestimmt auch seine Wettbewerbsfähigkeit und vermeidet eine Industriepolitik, die viele Ökonomen und Technokraten in Mexiko für übermäßig schwerfällig und umständlich halten.

Trotz aller Sicherheits- und Korruptionsprobleme hat sich das politische Umfeld Mexikos in diesem Jahrhundert von institutionalisiertem Vetternwirtschaft zu wachsender Wettbewerbsfähigkeit entwickelt. An der Spitze der demokratischen Revolution in diesem Jahrhundert stand Vicente Fox, Präsident von 2000 bis 2006. Fox war seit mehr als 70 Jahren der erste Oppositionsführer, der das Amt innehatte. Bereits 1810 war Guanajuato Schauplatz des ersten militärischen Sieges der Rebellen im mexikanischen Unabhängigkeitskrieg von Spanien. Der Staat war wieder das Epizentrum des politischen Wandels. Er florierte unter der Gouverneurschaft von Vicente Fox und der Partido Acción Nacional (PAN - National Action Party), deren gemeinsame Anstrengungen zur niedrigsten Arbeitslosenquote des Staates führten und die Kontinuität und den politischen Konservatismus, der, wie die Autoindustrie anerkennt, der Schlüssel zur Förderung von Investitionen war.

Fox wurde als PAN-Kandidat für die nationalen Wahlen im Jahr 2000 ausgewählt. Sein Sieg brach den Rückhalt, den die PRI (Partido Revolucionario Institucional - Institutionelle Revolutionäre Partei) in der mexikanischen Politik genossen hatte. Die PRI hatte mit einer radikalen sozialpolitischen Agenda begonnen, war aber im Laufe des 20. Jahrhunderts korrupter und populistischer geworden. Als vorherrschende oder sogar hegemoniale Partei hatte die PRI drei wichtige Quellen der Wahlunterstützung genossen, wie ein Geschäftsmann aus Monterrey feststellte. Die Partei richtete sich an die armen *Campesinos*, die nach Umverteilung strebten, an die Bürokraten, die ihre Arbeitsplätze behalten wollten, und an die Gewerkschaften, die politische Gefälligkeiten wollten. Um an der Macht zu bleiben, nutzte die Partei die Taktik der Umverteilung aus dem Ölboom Mexikos - Repression, Pensionen, Zuteilung von

Verträgen, Korruption und Wahlkampfmanipulation. Lange Zeit überwanden solche Eigeninteressen jeden Reformwunsch. Wie das Sprichwort (das Fidel Velázquez, dem Vorsitzenden der Gewerkschaft der mexikanischen Arbeitergewerkschaft, zugeschrieben wird) sagt: '*El que se mueve no sale en la foto*'. ('Der Typ, der sich bewegt, kommt nicht auf das Foto.')[19]

Solch ein politischer Zynismus mag mit der Wahl von Carlos Salinas 1988 einen Tiefpunkt erreicht haben, nachdem ein Computervirus die Stimmenauszählung praktisch gestoppt hatte. Salinas versuchte tiefgreifende Reformen, zu denen der Abschluss der NAFTA - die als der bedeutendste Schritt in Richtung eines offenen und modernen Mexiko angesehen wurde - und die Unabhängigkeit der Zentralbank gehörten. Doch diese Schritte wurden damals von einer Flut von Korruptionsskandalen, dem zapatistischen Aufstand im südlichen Bundesstaat Chiapas, einem Anstieg der Drogenverfolgung und einer Schuldenkrise überschattet, mit denen sein Nachfolger Ernesto Zedillo zu kämpfen hatte. Als Präsident führte Zedillo auch ein neues transparentes Wahlsystem ein, das dazu beitrug, die Wahl von Fox zu sichern.

Mit der NAFTA kam mehr Offenheit und Rechenschaftspflicht. Je geschlossener man ist', sagt Joy Langston, Politikwissenschaftlerin am Centro de Investigación y Docendia Económicas, einer Forschungseinrichtung in Mexiko-Stadt, 'desto größer sind die Chancen für die Suche nach Gewinn. 'Dies wurde,' sagt sie, 'durch ein Justizsystem verschärft, das bestenfalls halbfunktional ist, von den Gerichten bis zur Polizei, vom Schutz von Verträgen bis zum Schutz von Menschenleben.'

Fox betreibt eine Stiftung, die sich auf die Leitung der ursprünglichen Hazienda seiner Familie in seiner Heimatstadt San Cristobel, eine Autostunde von Guanajuato entfernt, konzentriert. Er räumt ein, dass die PRI die Voraussetzungen für ihren eigenen Untergang geschaffen hat. 'Sie waren korrupt und ineffizient geworden, und ihr Mangel an Funktionalität stand gegen die Entwicklung. Sie musste zusammenbrechen. Das haben wir ausgenutzt. Unsere Planung konzentrierte sich auf eine klare Kommunikation, um die Mexikaner davon zu überzeugen, dass sie ohne die PRI besser dran wären.'

Mit einer Minderheit im Kongress war es kein leichter Reformweg für Fox, obwohl er begrenzte Verbesserungen im Bildungs- und Gesundheitswesen und vor allem in der Sozialfürsorge durch die Erweiterung des Oportunidades-Systems der Sozialgeldzahlungen erreichte. 'Unsere Losung Demokratie, Freiheit, Achtung der Menschenrechte und Offenheit stieß bei den alten, dunklen und gewalttätigen Teilen der mexikanischen Gesellschaft auf großen Widerstand. Der Wechsel von einem Paradigma zum anderen erforderte einen sehr großen Aufwand', sagt er.

Obwohl die PRI 2012 wieder an die Macht kam (ironischerweise mit Unterstützung von Fox), haben die Siege der PAN bei den Präsidentschaftswahlen 2000 und 2006 dazu beigetragen, die mexikanische Politik zu transformieren und das Image der PRI von einer Partei, die nie die Macht verloren hat, unabhängig von ihren Schwächen und Exzessen, zu einer Partei zu verändern, die es kann und tut. Die Dezentralisierung zwischen Bund, 32 Ländern und 2.500 Gemeinden sowie der zunehmende Wettbewerb auf diesen Ebenen hat die Chancen auf eine Rückkehr zur politischen Wirtschaft wie in früheren Zeiten weiter verringert.

Lange Zeit haben die Mexikaner ihr eigenes Land besucht, um den sogenannten 'amerikanischen Traum' nördlich der Grenze zu verfolgen. Aber, wie ein Geschäftsmann sagt, die meisten jagen jetzt den mexikanischen Traum. Ein Leben, in dem man für Dollar arbeitet, aber in Pesos lebt, in Mexiko.' Der schnelle Umbau der Maquila bietet die Möglichkeit, diesen neuen Traum zu verwirklichen.

Mexikos Reise durch das letzte Vierteljahrhundert zeigt, dass es entscheidend ist, die Politik sowohl auf nationaler als auch auf regionaler Ebene richtig zu machen. Sie zeigt, dass Handelsabkommen als Motor der Industrialisierung genutzt werden können und dass die Industrie dabei kein Wettlauf um die niedrigsten Löhne sein muss, sondern eher ein Wettlauf an die Spitze.

Fazit: 'Umzug nach Afrika'?

Diese Fallstudien (siehe auch die äthiopische Fallstudie in Kapitel 11) verdeutlichen, dass die Schaffung von Arbeitsplätzen im Bereich der Niedriglohnindustrie sehr sensibel auf Infrastruktur-, Logistik- und Lohnkosten sowie auf ausgehandelte Handelspräferenzen reagiert. Es ist schwierig, die Lohn- und Technologieleiter ohne verbesserte Fähigkeiten und andere Kapazitäten nach oben zu steigen.

Bei der Recherche für dieses Buch trafen wir niemanden, der behauptete, Afrika könne nicht in der internationalen Wirtschaft konkurrieren. Stattdessen fanden wir viele Unternehmer, die bereit waren, ihr Leben und ihr Kapital dem Export aus Afrika zu widmen. Niemand sagte, dass die geografischen Herausforderungen zu groß seien. Selbst im Binnenland Lesotho besteht reges Interesse an der Entwicklung der Industrie. Und niemand sagte, dass die Regierungen nicht wüssten, was sie tun sollten, um das verarbeitende Gewerbe zu fördern. Vielmehr ging es immer wieder darum, wie gut die Regierungen es den Unternehmen ermöglicht haben, so zu agieren, dass Investoren einen Gewinn erzielen können, der ihre Zeit und ihr Kapital rechtfertigt.

Angesichts der gleichen Herausforderungen ließen sich Vietnam und Mexiko diese Chancen nicht entgehen. Das Ergebnis ist, dass diese Länder heute viel reicher sind, ihre Menschen länger leben und ihre Kinder besser ausgebildet werden. Sie zeigen, dass wenn die Regierung sich darauf konzentriert, das richtige Handels- und Beschäftigungsumfeld für Unternehmen zu schaffen, die Leichtindustrie beträchtliche Belohnungen bietet. Diese Länder verdeutlichen auch, dass das verarbeitende Gewerbe kein Wettlauf um die niedrigsten Löhne sein muss.

Kapitel 7
Dienstleistungen

Fünf Schritte zum Erfolg:

- Der Dienstleistungssektor muss von den Regierungen aktiv gefördert werden, wobei der Schwerpunkt auf der Bereitstellung der erforderlichen Infrastruktur und des regulatorischen Umfelds liegen muss.
- Die Kosten für die Regierung (und die Gemeinkosten) sind niedrig zu halten und die Ambitionen mit Pragmatismus zu vereinbaren, und das Wachstum wird folgen, wie es sich bei Fluggesellschaften wie Ethiopian und den Emirates gezeigt hat.
- Unterstützung der Entwicklung einer einheimischen Tourismusindustrie durch Zugangserleichterung gegenüber Wettbewerbern. Dazu gehören die Erleichterung der Visabeschaffung und die Reduzierung der Kosten und des Aufwands für den Hotelbetrieb durch Verfahren mit Einzelgenehmigung.
- Schaffung von Bedingungen, um ausländische Banken zu ermutigen, die rasche Entwicklungsbeschleunigung und Weiterentwicklung lokaler Bankensysteme zu unterstützen.
- Die Entwicklung der Versicherungswirtschaft aktiv unterstützen und ihren regionalen Charakter anerkennen, indem sie den Protektionismus abschaffen und für eine wirksame Regulierung sorgen.

Herausforderungen und Chancen:

Der Dienstleistungssektor bietet das Potenzial für die Schaffung von Arbeitsplätzen in großem Maßstab bei relativ bescheidenen Investitionen. Mitte der 1990er Jahre machten Dienstleistungen - Wirtschaftszweige wie Tourismus, Banken und Versicherungen, die keine materiellen Güter produzieren - fast zwei Drittel des Welt-BIP aus, gegenüber etwa der Hälfte in den 1980er Jahren. Selbst in Ländern, die sich noch in der Industrialisierung befinden, wächst der Dienstleistungssektor im Verhältnis zur übrigen Wirtschaft.[1] Der Dienstleistungssektor bietet Afrika eine bedeutende Chance, Entwicklungsstadien zu überspringen und die Beschäftigungsrate radikal zu erhöhen. Beispielsweise schätzte McKinsey im Jahr 2012, dass allein der Einzelhandel und das Gastgewerbe bis 2020 9

Millionen von 54 Millionen potenziellen Arbeitsplätzen in Afrika schaffen könnten.[2] Im Gegensatz zu Rohstoffen können Dienstleistungen überall erbracht werden. Während einige afrikanische Länder in einigen Bereichen des Tourismus einzigartige Vorteile haben, konkurrieren sie mit allen anderen Ländern auf dem Dienstleistungsmarkt. Robuste Serviceleistungen erfordern komplexe kaufmännische Abläufe und nutzen oft die Vorteile der Technologie.

Schlüsselzahlen:

Der Markt für Dienstleistungen ist riesig. So gab es 2014 weltweit mehr als 1,1 Milliarden internationale Touristenankünfte, von denen Afrika (einschließlich Nordafrika) weniger als 5 Prozent ausmachte. Nur zwei afrikanische Länder, Marokko und Südafrika (mit jeweils rund 10 Millionen), haben 40 Prozent der Touristen des Kontinents aufgenommen. Für etwa 10 Touristen, die ein Land besuchen, wird ein Arbeitsplatz geschaffen. Kenia führt die Liste der Bankkontoinhaber in Afrika an, mit 25,4 Millionen Kreditkartenbesitzern im Jahr 2015. Von der erwachsenen Bevölkerung Afrikas sind 339 Millionen oder 80 Prozent ohne Bankkonto, d.h. sie haben keinen Zugang zu offiziellen Finanzdienstleistungen.[3]

Das Vorher-Nachher-Image von Dubai ähnelt dem von Singapur. Das Vorher ist geprägt von viel Sand, einem Flüsschen und wenig anderem; das Nachher ist geprägt von unzähligen Wolkenkratzern, darunter der höchste der Welt, der 830 Meter hohe Burj Khalifa, sowie von zahlreichen Einkaufszentren und einem Luft- und Seehafen von Weltklasse.

Dieser Wandel hat sich in nur zwei Generationen vollzogen. Vor fünfzig Jahren besaßen die meisten Häuser in Dubai kein fließendes Wasser, und die Vorteile von Dubai schienen nur wenige zu sein und weit auseinander zu liegen, jedenfalls im Vergleich zu den regionalen Konkurrenten der Emirate.

Die Geschichte der Emirates Airline veranschaulicht diesen Wandel. 1985 mit nur zwei Flugzeugen (einer geleasten Boeing 737 und einem Airbus A300) gestartet, ist die Airline heute ein globaler Spieler. Im Jahr 2016 rechnet Emirates trotz der schwierigen Handelszeiten, die durch den wirtschaftlichen Abschwung in China ausgelöst wurden, und dem Wegfall der Treibstoffzuschläge mit einem Wachstum von über 10 Prozent. Gleichzeitig arbeitet die Fluggesellschaft daran, die Flughafenhalle von Dubai zu verbessern, einschließlich des Bodentransports zu den Flugzeugen, um ihren Status als globaler ‘Super Connector’ zu sichern.

Der Erfolg von Emirates spiegelt den Führungsstil des Landes wider. Der Ölboom begann erst 1966, lange nachdem Sheikh Saeed bin Maktoum bin Hasher Al Maktoum's in den 1920er Jahren mit seinem Streben nach Diversifizierung, Wachstum und Entwicklung begonnen hatte. Historisch gesehen war Dubai ein relativ unbedeutender Hafen. Um das Emirat weiterzuentwickeln, hat die Führung Dubais die Verantwortung für das Wachstum, die genaue Beobachtung der Projekte und den allgemeinen wirtschaftlichen Zustand übernommen.

Dubai nutzte auch seine Öldividende zur Diversifizierung. Mitte der 1970er Jahre machte Öl die Hälfte des BIP Dubais aus, Ende der 2000er Jahre waren es knapp über 2 Prozent. Zu diesem Zeitpunkt waren Handel, Reparatur und Wartung die größten Industrien Dubais und machten 39 Prozent des BIP aus.[4] Entscheidend für das Wachstum Dubais war die relative Offenheit gegenüber anderen Kulturen und ausländischer Expertise. Bis 2016 waren 80 Prozent der 2,5 Millionen Einwohner Dubais Ausländer, vor allem Südasiaten. Vereinfacht gesagt, hat Dubai ein Umfeld geschaffen, in dem andere Menschen Erfolg haben können, anders als in weiten Teilen Afrikas, das nach wie vor voller Neid und Misstrauen gegenüber den Motiven von Außenstehenden ist.

Dennoch war Dubai auf dem Weg dorthin mit erheblichen Herausforderungen konfrontiert. Regionale Unsicherheit ist endemisch. Wie sich herausgestellt hat, versetzte die globale Finanzkrise von 2008 der Wirtschaft vorübergehend einen herben Rückschlag

Seine rasante Diversifizierung ist beeindruckend und erschreckend, wenn man sie mit Afrika vergleicht. Während Dubai auf Handelsoffenheit und finanzieller Liberalisierung beruht, hinken die afrikanischen Länder hinterher und waren zum Beispiel nicht in der Lage oder nicht willens, die Yamoussoukro-Erklärung von 1988 zur Öffnung des afrikanischen Luftraums umzusetzen. Um ein anderes Beispiel zu nennen: Südafrika hat Touristen den Besuch durch die Einführung zu komplizierter Visabestimmungen und -verfahren erschwert, während Dubai es ihnen immer wieder erleichtert hat, es zu besuchen und ihr Geld auszugeben.

Die afrikanische Herausforderung

In der Vergangenheit war die Landwirtschaft der wichtigste Sektor der Volkswirtschaften. Doch mit der Entwicklung der Länder und der wachsenden Zahl der Menschen wird der Dienstleistungssektor immer bedeutender. In den meisten Industrieländern ist der Dienstleistungssektor heute der dominierende Sektor, zum Teil aufgrund des Tourismus. Doch wie Abbildung 7.1 zeigt,[5] leistet der Dienstleistungssektor in allen Ländern einen wichtigen Beitrag zum Wachstum.

Die vergleichsweise hohe Arbeitsintensität der Dienstleistungen stellt sicher, dass die in diesem Sektor geschaffenen Arbeitsplätze im Zuge der Entwicklung eines Landes die Verluste in der Landwirtschaft und der Industrie ausgleichen, da steigende Kapitalinvestitionen für Mechanisierung und weiteren arbeitssparenden technologischen Fortschritt sorgen.

Abbildung 7.1: Struktur der Weltwirtschaft, 1995 (% BIP)

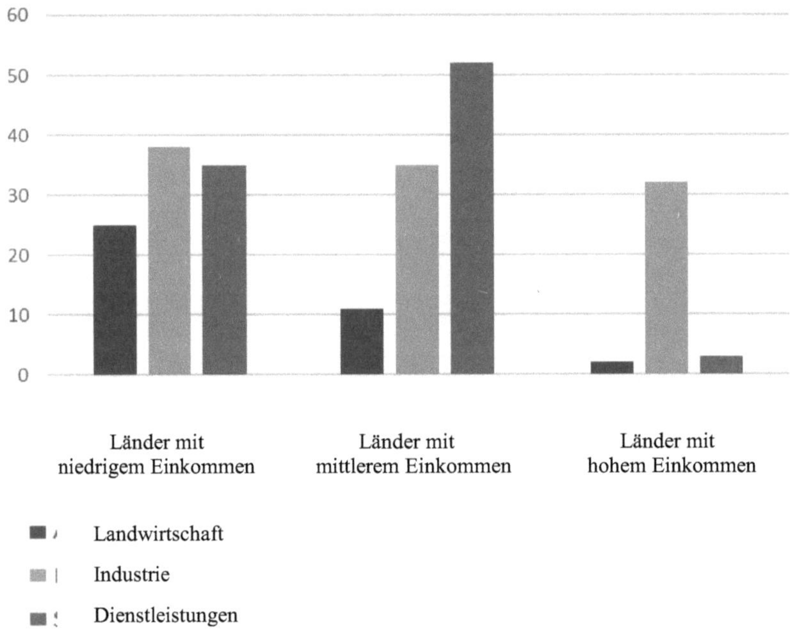

Quelle: Welt Bank, www.worldbank.org/depweb/beyond/beyondco/beg_09.pdf World Bank Data

Mitte der 1990er Jahre machten die Dienstleistungen fast zwei Drittel des Welt-BIP aus, gegenüber etwa der Hälfte in den 1980er Jahren. Selbst in Ländern, die sich noch in der Industrialisierung befinden, wächst der Dienstleistungssektor im Verhältnis zur übrigen Wirtschaft.[6]

Die afrikanischen Länder haben dem Wachstum des Dienstleistungssektors oft unnötige Hindernisse in den Weg gelegt, so dass es schwierig ist, das Beschäftigungspotenzial voll auszuschöpfen. Die gute Nachricht ist jedoch, dass man etwas tun kann, um die gegenwärtige politische Haltung zu ändern und so viele neue Arbeitsplätze zu schaffen.

Tourismus und die Herausforderungen der Fluggesellschaften

Der Tourismus ist für viele afrikanische Länder einer der vielversprechendsten Sektoren - vielleicht sogar der vielversprechendste -, da er die Möglichkeit bietet, eine große Zahl von Arbeitsplätzen zu schaffen, insbesondere für Neueinsteiger auf dem Arbeitsmarkt. Damit der Tourismus jedoch erfolgreich sein kann, müssen die afrikanischen Länder von Fluggesellschaften bedient werden, die lebensfähig sind und sich darauf konzentrieren, so viele Besucher wie möglich zu erreichen.

Die meisten afrikanischen Tourismusmärkte sind nach wie vor schwer zugänglich und mit Sicherheitsbedenken behaftet. Es hat sich als besonders schwierig erwiesen, die Fluggesellschaften dazu zu bringen, effizient zu operieren. Die Entwicklung von South African Airways (SAA), die regelmäßig als beste afrikanische Fluggesellschaft bewertet wird, ist ein gutes Beispiel.[7] Leider hat das schlechte Management sie tief in die Verschuldung geführt. Bis 2016 hatten sich die staatlichen Rettungspakete für die angeschlagene nationale Fluggesellschaft auf insgesamt $2 Mrd.,[8] belaufen, einschließlich einer Garantie in Höhe von $350 Mio., die im Oktober 2012 unter der Bedingung gewährt wurde, dass das Management der SAA eine Sanierungsstrategie entwickelt, und erneut im Januar 2014, als die Regierung ankündigte, dass die SAA weitere $460 Mio. als Rettungspaket erhalten würde.

Sambia hat eine ähnlich bewegte Geschichte seiner Fluggesellschaften erlebt, und es gab eine überraschende Ambivalenz gegenüber der Tourismusbranche. Die Namen und Schrott alter Flugzeuge, die Lusakas Kenneth Kaunda International Airport verunreinigen, sind ein Friedhof gescheiterter Träume. Seit der Liquidation der staatlichen Fluggesellschaft Zambia Airlines im Jahr 1994 sind Zambia Express, Aero Zambia, Zambia Skyways, Zambian Airways, Mahagoni Airlines, Airwaves und Zambezi Airlines gekommen und gegangen. Die meisten wurden durch ungebremsten Ehrgeiz, zu schnelle Expansion, hohe Gemeinkosten und niedrige Auslastung zerstört.

Tony Irwin, ein ehemaliger Pilot von Zambian Airways, startete Proflight in einem Fünfsitzer Beechcraft Baron mit Schwerpunkt Tourismus. Sechs Jahre später fügte er noch eine weitere Maschine hinzu, eine neunsitzige Piper Chieftain, der Touristen nach Mfuwe im South Luangwa Park und zum Victoria Falls Resort in Livingstone bringt und mit der British Airways den Flug nach London synchronisiert. Im Jahr 2003 erwarb Proflight mit Unterstützung von Barclays den ersten Jetstream, ein britisches Flugzeug mit 18 Sitzen. 'Es war das, was wir uns leisten konnten', sagt Irwin. 'Es ist ziemlich kraftstoffeffizient, hat niedrige Triebwerkskosten und seine niedrigen Kapitalkosten ermöglichten es uns, in das Spiel einzusteigen'. 'Trotzdem', so sagt er, 'waren wir damals ziemlich verrückt, wenn wir jetzt zurückblicken. Wir brauchten mehr Arbeit für das Flugzeug, also gingen wir gegen Zambian Airways vor, die von Roan Air, der alten ZCCM [Zambian Consolidated Copper Mines] Fluggesellschaft, gegründet worden war, um in den Copperbelt einzubrechen'.

Bis 2016 betrieb Proflight sechs Jetstreams und einen CRJ-Regionaljet, wobei 70 Prozent der Passagiere geschäftlich unterwegs waren und nicht zum Vergnügen. Irwin sagt: 'Es ist ein kleiner Markt, für den die Fluggesellschaften echte Kostensenkungen brauchen'. Proflight hat zwischen 2012 und 2015 durchschnittlich 136.000 Passagiere pro Jahr befördert. Ein gutes Management ist der Schlüssel dazu, einschließlich einer geringen Fluktuation und hoher technischer Fähigkeiten.

Die Treibstoffkosten, die fast doppelt so hoch sind wie in Südafrika, sind ein Symptom für eine 'schrecklich ineffiziente lokale Raffinerie' und für die Kosten der Tatsache, dass sie von Land umgeben sind. Noch wichtiger ist, dass die Tourismusindustrie zwar eine enorme Zahl von Arbeitsplätzen schaffen könnte (der Branchenanteil in Sambia liegt bei 1,3 direkten Arbeitsplätzen pro Bett), die Saisonalität der Tourismusindustrie jedoch ein Hindernis für das Wachstum darstellt. Die Regenzeit wird durch eine begrenzte Infrastruktur verschärft, die den Zugang zu Sambias Nationalparks einschränkt. 'Während unserer schlimmsten Woche befördern wir 80 Passagiere nach Mfuwe, während der besten 880', sagt Irwin, 'und sechs Monate im Jahr, während der Regenzeit, passiert sehr wenig'.

Erschwert wurde der Zugang zum Land auch durch das EU-Verbot von 2004 für Zambian Airlines, das im Juni 2016 mit großer Verspätung aufgehoben wurde. Diese Probleme wurden durch die Rolle der Flughafengesellschaft noch verschärft, einer der letzten Bastionen des Staatsmonopols, die zumindest eine ordnungsgemäße Verwaltung und eine Trennung der Abfertigungsfunktionen von denen des Flughafenbetriebs erfordert. Die schlechte operative Leistung führt zu höheren Abfertigungsgebühren und damit zu höheren Kosten für die Flugzeuge, während in Sambia landesweit rund 5.000 Betten in internationaler Qualität und in Lusaka nur 850 Betten zur Verfügung stehen. Dieser Mangel an qualitativ hochwertigen Unterkünften reflektiert die Herausforderungen der so genannten Permit-

Kultur Sambias. Fast 40 Genehmigungen sind erforderlich, um ein Hotel zu eröffnen, und obwohl der Körperschaftssteuersatz gleich geblieben ist, sind die Hotelpreise drastisch gestiegen, was die Kosten für die Geschäftstätigkeit erheblich erhöht und zahlreiche Möglichkeiten für Korruption eröffnet hat.

Einige afrikanische Fluggesellschaften waren jedoch erfolgreich. Ethiopian Airlines (ET) - ein Unternehmen mit einer großen Geschichte, das aber durchaus den Weg so vieler anderer staatlicher Unternehmen in Afrika hätte gehen können - ist vielleicht das beste Beispiel dafür, wie gute Regierungsführung ein dynamisches Dienstleistungsunternehmen fördern kann.[9] Der bescheidene Hauptsitz von Ethiopian Airlines, nur einen Steinwurf vom Haupttermin al des Addis Abeba's Bole Airport entfernt, entspricht dem Mantra der Regierung, die Gemeinkosten niedrig zu halten. Dessen CEO, Tewolde GebreMariam, spricht mit derselben entwaffnenden Offenheit über die Entwicklung der Fluggesellschaft, die im Gegensatz zu vielen anderen afrikanischen nationalen Fluggesellschaften nach oben und nicht nach unten ging.

Laut Herrn Tewolde lässt sich die 70-jährige Geschichte der Fluggesellschaft in zwei Phasen unterteilen: die ersten 60 Jahre, in denen ein stetiges, wenn auch unspektakuläres Wachstum zu verzeichnen war, und die folgenden zehn Jahre, in denen das Unternehmen nach dem ersten Verlust nach dem Ende des Krieges mit Eritrea eine strategische Wende vollzogen hat.

Tewolde kehrte 2004 aus New York zurück, wo er die Geschäfte der Ethiopian Airline geleitet hatte. Als Ergebnis einer ‘strategischen Analyse’, die mit Hilfe von Ernst & Young durchgeführt wurde, entwickelte die Airline ihre Vision 2010, ‘die die Airline neu positionierte’, sagt Tewolde. Ziel war es, den Umsatz von 400 Millionen Dollar im Jahr 2005 auf 1 Milliarde Dollar innerhalb von fünf Jahren zu steigern. Erreicht werden sollte dies durch ein ’erneuertes Netz’ mit einer ‘Morgenbank’ von etwa 52 Flügen zu afrikanischen Destinationen und einer ‘Abendbank’, wenn diese, abgesehen von denen westlich von Togo, in den Nahen Osten, nach Europa, Asien und Amerika zurück- und wieder hinausgehen würden.

Bis 2010 betrug der Umsatz der Fluggesellschaft 1,3 Milliarden Dollar und übertraf damit die ursprünglichen Prognosen ebenso wie die Passagier- und Frachtzahlen. Anschließend wurde die Vision 2025 umgesetzt. ‘Die neue Technologie der Flugzeuge’, erklärt Tewolde, ‘wie der 787 und der A350 forderten einen längeren Zeithorizont’. Bis dahin plant ET 120 Flugzeuge zu 90 internationalen Zielen und 20 innerhalb Äthiopiens mit einem Umsatz von über 10 Milliarden Dollar. Der Planungszyklus gliedert sich in drei fünfjährige Phasen, kurz-, mittel- und langfristig. Tewolde räumt ein, dass 'ein solcher langfristiger Zyklus in einer Branche, in der es schwierig ist, für ein Jahr zu planen, geschweige denn für 15 Jahre, umstritten ist'. Kompliziert wird die Planung durch 'die Notwendigkeit, in Afrika autark zu sein, weil es nicht genügend private Auftragnehmer gibt. Das bedeutet, dass wir Catering, Support und technische Dienstleistungen selbst erbringen müssen.'

Die Strategie der Fluggesellschaft, so der CEO, sei in verschiedene Säulen aufgeteilt. Die erste betrifft die Erschwinglichkeit und die Nachhaltigkeit. 'Wir müssen kreditwürdig bleiben', sagt er, 'da wir keine andere Möglichkeit haben, Wachstum zu finanzieren, und wir erwarten keinen Cent von der Regierung.' Außerdem sei es notwendig, die Flotten auf globalem Niveau und zu möglichst geringen Kosten zu halten. 'Unser Wettbewerbsvorteil sind die Kosten', räumt er ein, 'aber um dies zu erreichen, müssen wir unser Betriebsmodell anpassen'. Auch wenn es außerhalb von Addis ein 'Hub-and-Spoke-Carrier' bleibt, bietet die Etablierung regionaler Hubs in Togo, Westafrika (durch die Investition in Asky), im südlichen Afrika (durch Air Malawi) und, wie geplant, in Zentralafrika weitere Möglichkeiten für wettbewerbsfähiges Wachstum.

Ein weiterer Pfeiler ist die Infrastruktur. 'Unsere Mission treibt unsere Flotte an, was bedeutet, dass wir eine große Reichweite und hohe Kapazität benötigen. Vielfalt', sagt er, 'ist ein notwendiges Übel.' Da es in Afrika keine Alternativen gibt, ist die Fluggesellschaft in der Ausbildung autark, da ihre Akademie (die Techniker, Piloten, Verkauf, Marketing und Crew umfasst) in der Lage ist, 4.000 Studenten gleichzeitig auszubilden. Ethiopian Airlines verfügt außerdem über das größte Frachtterminal in Afrika und den größten technischen Wartungs- und Reparaturbetrieb und wird seine Catering-Anlage auf 80.000 Mahlzeiten pro Tag erweitern, womit es wiederum das größte in Afrika ist. 'Outsourcing ist in Afrika außerhalb Südafrikas nicht bedeutend', bemerkt er, 'daher dieser Ansatz'.

Der letzte Pfeiler ist die Integration der Mitarbeiter, Prozesse und Technologien der Fluggesellschaft, einschließlich der Informations- und Kommunikationstechnologie, in ein vollautomatisches System - 'von der Fracht bis zur Lohn- und Gehaltsabrechnung', sagt er. Das gilt auch für das Personal von Fluggesellschaften. Alle Mitarbeiter streifen ihre Karte beim Ein- und Ausstieg durch, und das ist direkt mit der Lohn- und Gehaltsabrechnung verbunden. Wenn sie nicht kommen, werden sie nicht bezahlt.'

Ethiopian Airlines war eine bemerkenswerte Erfolgsgeschichte in einer Zeit, in der das Luftfahrtgeschäft nach den Worten von Warren Buffet als ein großartiger Weg angesehen wurde, 'um aus einem großen ein kleines Vermögen zu machen.' Vielleicht kam ihr Erfolg nicht trotz des Fehlens tiefer Taschen, sondern wegen der Knappheit. Es gibt viele Konkurrenten, die in der Lage sind, ET zu übertreffen. 'Turkish Airlines hat jetzt 40 Destinationen in Afrika', räumt Tewolde ein, 'und Kenia bleibt ein Rivale.' Er sieht Emirates jedoch als seinen größten Konkurrenten, der aufgrund seiner breiten Aufstellung bereits fünf Millionen afrikanische Passagiere pro Jahr abfertigt.'

Aber was ist mit den Lehren für andere?

'Erstens: Man muss langfristig denken, und das muss von der Regierung kommen', sagt Tewolde, 'und nicht nur von der Fluggesellschaft, denn man braucht eine klare Politik. Die Regierung muss die Frage beantworten, ob sie die Fluggesellschaft als strategisches Gut oder einfach nur als Geschäft betrachtet', sagt er, 'denn das wird ihre Rolle und ihre Investitionen prägen. Und dann brauchen Sie ein solides und konsistentes Management, vor allem in einem Unternehmen, in dem selbst ein kleiner Fehler Sie völlig auslaugen kann. Man muss sparsam sein', warnt er, 'mit geringem Verwaltungsaufwand, mit sorgfältiger Kostenkontrolle'. Die Menschen, so sagt er, auch er selbst, arbeiteten hier nicht für den Gehaltsscheck, sondern für das Gefühl des nationalen Beitrags, der nationalen Pflicht.

Obwohl es einen internationalen Markt für Pilotengehälter gibt und die Fluggesellschaft nur zögerlich gezwungen wurde, ihr Angebot nach oben zu korrigieren, um ihre erfahrenere Crew zu halten, sind die Mitarbeiter ein wichtiger Kostentreiber. 'Man kann nicht so großzügig sein wie South African Airways und erwarten, dass man überlebt', warnt er.

In all dem, so sagt er, 'müssen die Regierungen das Fliegen einfach, bezahlbar und sicher für die Öffentlichkeit machen, wenn diese Länder miteinander Handel treiben wollen. Ein Beispiel ist der Kraftstoffpreis. Obwohl der internationale Ölpreis 2016 gesunken ist, ist er in Afrika nicht so stark gesunken, wie er es sollte. Während wir in Europa 1,25 Dollar pro Liter zahlen, sind es in Afrika an manchen Orten immer noch 3,50 Dollar. Die meisten Regierungen haben kein Verständnis für den Wert des Luftverkehrs,' fügt er hinzu, 'sondern sehen es eher als eine Melkkuh, um für andere Dinge zu bezahlen - deshalb besteuern sie ihn zu hoch und schränken Wachstum und Service ein.'

Besseres Bankwesen

Die übliche Klage afrikanischer Länder lautet, dass es nicht genügend externe Mittel gibt, um den Entwicklungsbedarf zu decken. Mittlerweile gibt es zwei Generationen von Forderungen nach mehr Hilfe für Afrika und viel Freude, wenn der Betrag der Hilfe steigt und der Schuldenerlass erreicht wird. Tatsächlich steht den afrikanischen Ländern eine enorme Zahl von Mitteln aus westlicher Hilfe, chinesischer Hilfe, ausländischen Investitionen und internationalen Kreditmärkten zur Verfügung. Das Problem ist, dass die Regierungsführung in den meisten afrikanischen Ländern nicht gut genug ist, um diese Mittel produktiv einzusetzen. In einem sehr realen Ausmaß ist die Welt überschwemmt mit Geldern, die relativ wenige afrikanischen Projekte verfolgen, die sowohl lebensfähig sind als auch in einem Umfeld operieren, das relativ frei von lästigen staatlichen Regulierungen und Besorgnissen über Korruption ist.

Entwicklungshilfe und ausländische Investitionen werden in der Regel als primäre Finanzierungsquellen für die afrikanische Entwicklung angesehen, da arme Länder per definitionem nicht über frei verfügbare einheimische Ressourcen verfügen. Aber selbst in armen afrikanischen Ländern gibt es Geld, das in die Entwicklung fließen könnte, wenn die richtigen Bank- und Versicherungssysteme vorhanden wären. Darüber hinaus würden substanzielle Maßnahmen zur Verbesserung des inländischen Bank- und Versicherungswesens ein starkes Signal an ausländische Investoren senden und dazu dienen, deren Aufmerksamkeit und Kapital anzuziehen.

Die Einführung des Mobilfunks hat dazu beigetragen, den Zugang zu Geld in wichtigen afrikanischen Märkten radikal zu verbessern.

Wie in Kapitel 8 zu sehen ist, hat Kenia über M-Pesa mit 25,4 Millionen Mobilfunkteilnehmern bis 2015 die größte Zahl an Bankkonteninhabern in Afrika. Uganda hatte 18 Millionen Inhaber, Tansania knapp 10 Millionen. Bis 2014 hatten acht von zehn kenianischen Erwachsenen ein Bankkonto, das ist mehr als in Südafrika mit 70 Prozent, Nigeria mit 44 Prozent und Ghana mit 40 Prozent. Damit liegt Kenia auch über dem globalen Durchschnitt von 62 Prozent.[10] Aber insgesamt hatten in Afrika bis 2016 nur noch 20 Prozent der Gesamtbevölkerung Zugang zu einer Bank. Das Bankwesen ist mit Wohlstand und Vermögensbildung sowie mit Technologie verbunden. Zwischen 2011 und 2014 wurden weltweit rund 700 Millionen Menschen mehr zu 'Bankern', und die globale Gesamtzahl der Menschen ohne Bankkonto sank um 20 Prozent auf 2 Milliarden. Ein Großteil dieser Fortschritte ist auf die Verbreitung von Mobiltelefonen und den Zugang zum Internet zurückzuführen.

Doch trotz all dieser technologischen Fortschritte, die Afrikas Durchbruch im Bankwesen ermöglicht haben, gibt es einen Unterschied zwischen dem transaktionalen und dem traditionellen Bankwesen, zwischen dem elektronischen Bezahlen und der Kreditaufnahme. Darüber hinaus ist der Kredit, im Gegensatz zu Debitkarten- und Transaktionsbankgeschäften begrenzt. Laut MasterCard waren 2014 nur 2 Prozent der Einzelhandelstransaktionen in Afrika elektronisch.[11] Obwohl die Technologie den Afrikanern dabei geholfen hat, einige wichtige Schritte nach vorn zu machen, hat sie einige der grundlegenden Probleme noch nicht gelöst, die notwendig sind, um die Verbreitung des traditionellen Bankgeschäfts zu erhöhen. Das Bankwesen ist sowohl eine 'abgeleitete Entwicklung', d. h. es folgt auf ein höheres Einkommen, als auch ein 'Motor der Entwicklung', da der Zugang zu Finanzmitteln das Unternehmertum fördert. Daher spiegelt der geringe Anteil der Menschen in Afrika, die mit Bankgeschäften arbeiten, den Entwicklungsstand wider und wirkt sich negativ aus.

Kurz gesagt, ein gut entwickeltes, funktionierendes Bankensystem ist ein Schlüsselbestandteil für die Wachstumsaussichten, den Wohlstand, die Infrastrukturinvestitionen, die Schaffung von Arbeitsplätzen und den allgemeinen Aufstieg eines Entwicklungslandes. Wie Laurie Dippenaar, Vorsitzender der 90 Milliarden Dollar teuren südafrikanischen FirstRand-Finanzdienstleistungsgruppe, es formuliert: 'Regierungen von Entwicklungsländern wollen oft ihre lokalen Banken 'schützen'. Es ist ein Fehler, wenn afrikanische Länder nicht sowohl die Präsenz als auch die Investitionen ausländischer Banken fördern. Die Präsenz ausländischer Banken beschleunigt rasch die Entwicklung und Verfeinerung der Bankensysteme afrikanischer Länder mit allgemein vorteilhaften Folgen.'[12]

Die Standard Bank blickt auf eine mehr als 150-jährige Geschichte in Südafrika zurück und begann Anfang der 1900er Jahre mit dem Aufbau ihrer Franchise im restlichen Afrika.[13] Bis 2016 operierte sie in 20 Ländern des Kontinents, darunter Südafrika, zusammen mit einigen anderen Schwellenländern. In Afrika hat sie bisher festgestellt, dass die Margen im Transaktionsbankgeschäft sehr gering sind, was zum Teil erklärt, warum der elektronische Geldtransfer besser funktioniert als das traditionelle Bankgeschäft. Die Standard Bank hat auch festgestellt, dass es schwierig ist, in das untere Ende des Marktes für Kleinstkredite einzudringen, da arme Menschen weniger Angst vor Schulden und Kreditratings haben und wenig oder gar keine Sicherheiten haben. Die Vorstellung, dass die Armen es Ihnen zurückzahlen werden, weil sie es sich wieder ausleihen wollen, ist nur wahr, wenn es einen Kreditgeber gibt. Das Ergebnis ist: Je mehr Geld verliehen wird, desto mehr Geld wird genommen. Trotz der hohen Kapitalanforderungen der South African Reserve Bank hat die Standard Bank beeindruckende Renditen für ihre Geschäfte erzielt: rund 15 Prozent in Südafrika und über 18 Prozent im übrigen Afrika.

Das digitale Bankgeschäft eröffnet Afrika eine neue Grenze, aber auch hier wiederum in einem meist transaktionalen Kontext. Die Standard Bank stellte bis 2016 fest, dass der Verkehr durch ihre Filialen in den letzten zwei Jahren um rund 20 Prozent zurückgegangen war, die Nutzung der Banking-

App jedoch im gleichen Zeitraum um 300 Prozent zugenommen hatte. Sie ist der Ansicht, dass zwei weitere Teile der Software dazu beitragen können, das Wachstum des Bankensektors anzukurbeln. Die erste ist die regionale Integration in Form eines freieren Kapital-, Waren- und Personenverkehrs, wie es der Ostafrikanischen Gemeinschaft gelungen ist. Der zweite Grund sind regelmäßige, friedliche Wahlen, da die einzige Lösung für schlechte Regierungsführung der politische Wettbewerb ist.[14]

Es ist nicht verwunderlich, dass das Mikrokreditgeschäft in Afrika dort floriert, wo der traditionelle kommerzielle Bankensektor ins Stocken geraten ist. Das Potenzial des Mikrokredit-Bankensektors wird auf bis zu 25 Prozent des afrikanischen BIP geschätzt. Mikrokredite werden in der Regel an Personen vergeben, die informell beschäftigt sind und ein Einkommen von einem Drittel des nationalen Durchschnitts haben. Die Kredite sind daher auf Sicherheiten angewiesen, die nicht traditionell vom Bankensektor genutzt werden.

Dies erklärt auch, warum der afrikanische Hypothekenmarkt mit nur 3,7 Prozent des städtischen Potenzials im Jahr 2011 der kleinste der Welt ist. Ein Beispiel: Der Wert der Hypotheken Nigerias, die sich zwischen 2006 und 2011 mehr als vervierfacht haben, entspricht immer noch nicht mehr als 0,5 Prozent des BIP, verglichen mit mehr als 25 Prozent in Südafrika.[15] Die Verbreitung von Hypotheken wird auch durch hohe Wohnungskosten behindert. Eine 100 Quadratmeter große, staatlich geförderte Wohnung in Äthiopien verkauft sich beispielsweise für das 35-fache des durchschnittlichen Einkommens eines Äthiopiers, während ihr Preis in Großbritannien im Vergleich dazu etwa das Fünffache beträgt. Verbesserte, transparente und vereinfachte bürokratische Prozesse könnten helfen und die Zeit für die Registrierung von Eigentumsrechten verkürzen, aber die Lücke ist groß.[16]

Geld billig und sicher zu bewegen, ist ein wichtiger Teil jeder Entwicklungsgeschichte. Die Möglichkeit, Kapital zu leihen und aufzunehmen, ist für einen Großteil Afrikas noch immer ein fehlendes Teil des finanziellen Puzzles. Eine Reihe von Schritten zur Verbesserung des Zugangs zu Bankdienstleistungen ist dabei von besonderer Bedeutung.

Für die einkommensschwächsten Länder könnte der Zugang zum Bankwesen verbessert werden, indem nationale ID-Systeme entwickelt werden, die 'gut genug' sind, um Banken mit internationalen Verbindungen die Möglichkeit zu geben, Geldüberweisungen zu verarbeiten, ohne dass die Gefahr besteht, dass sie gegen die US- und EU-Rechtsvorschriften zur Geldwäsche verstoßen. Länder mit mittlerem Einkommen könnten die Entwicklung privatwirtschaftlicher Kreditregister fördern (ohne dem politischen Druck zur Durchsetzung von Amnestien für Kreditinformationen nachzugeben) und sich bemühen, unorthodoxe Bankenregulierungen wie Zinsangebote und Zinsobergrenzen sowie Ad-hoc-Erhöhungen der Mindestreserveanforderungen zu vermeiden (wie dies bei den erstgenannten in Kenia und bei den letztgenannten in Mosambik der Fall war). Für die anspruchsvollsten Finanzierungsländer (z.B. Südafrika, Namibia, Mauritius und Marokko) ist es dann notwendig, bei gleichzeitigem Erhalt des Rufs für gute Regulierung aktiver in die internationale Regulierung einzugreifen, damit die globalen Regeln sensibler auf die Bedürfnisse der Entwicklungsländer im Finanzbereich reagieren. Kurz gesagt, die Regeln werden derzeit in Basel und Washington erlassen, um US-amerikanische und europäische Risiken anzusprechen. In den Entwicklungsländern verteuern diese Regeln die Kreditaufnahme und heilen gleichzeitig eine Krankheit, die Afrika noch nicht hat (das Ergebnis einer zu großen Einflussnahme der Banken).

Insgesamt sollte Afrika versuchen, durch konzessionäre Finanzierungen (für Entwicklungsbanken) private Finanzierungen zu bündeln und nicht zu ersetzen. Steuerzahler (ob in reichen Ländern oder Afrika) sind im Allgemeinen bereit, riskantere und längerfristige Tranchen von Schulden oder Eigenkapital zu übernehmen. Dadurch können private Gelder für dieselben Projekte zur Verfügung gestellt werden, wodurch mehr Stromerzeugung oder was auch immer benötigt wird, früher sichergestellt wird.

Kein Wunder also, dass der Chef der Standard Bank, Sim Tshabalala, im Bankgeschäft in Afrika viel Raum für Expansion sieht. 'Wir gehen davon aus, dass sich die Bankaktiva zwischen 2010 und 2020 mehr als verdoppelt haben werden. Grob gesagt, wächst die Nachfrage nach Finanzdienstleistungen um das 1,5-fache des BIP, wenn also das BIP-Wachstum des Kontinents im Durchschnitt des Jahrzehnts bei 4,5 Prozent liegt, dann ist das wahrscheinlich richtig. Sicher', fügt er hinzu, 'gibt es viel Raum für Expansion. Afrika ist nach wie vor sehr unterentwickelt (gemessen an Aktiva/BIP und formalen Bankkonten pro Kopf). Wir sind auch der Meinung - ausgehend von dem, was in anderen Regionen passiert ist -, dass die Versicherungsbranche zuerst wächst. Das erste Produkt, das Menschen nach einem Geschäftskonto kaufen, ist eine Bestattungs-, Lebens- oder Autoversicherung.'

Versicherung für Afrika

Versicherungen sind auch ein Schlüsselaspekt moderner Volkswirtschaften und ein wichtiger Aspekt zur Untermauerung von Infrastruktur und Finanzdienstleistungen. Aber es ist eine Industrie, die es zu fördern gilt.

Afrika ist im internationalen Vergleich unterversichert. Die Durchdringungsrate der Nichtlebensversicherungen liegt auf dem Kontinents - ohne Südafrika - gemessen am Prozentsatz des BIP bei nur 0,73 Prozent, und die Durchdringungsrate der Lebensversicherungen bei nur 0,4 Prozent, was etwa einem Fünftel des Weltdurchschnitts entspricht. Die Verfügbarkeit von Versicherungen verbessert jedoch die wirtschaftliche Nachhaltigkeit, verringert die öffentlichen Verbindlichkeiten und ermöglicht für Verbraucher den Kauf, insbesondere von Wohneigentum.

Südafrikanische Unternehmen haben diese breitere afrikanische Chance frühzeitig genutzt. Dieser Erfolg ist jedoch nicht ohne Herausforderungen geblieben.

Hollard wurde 1980 gegründet und ist der größte unabhängige und in Privatbesitz befindliche südafrikanische Versicherer, der für seinen hohen Stellenwert von Innovation und Formlosigkeit bekannt ist. Seit dem Jahr 2000 ist das Unternehmen in ganz Afrika mit Investitionen in Mosambik, Namibia, Botswana, Sambia und 2015 in Ghana tätig. Bislang wird das Geschäft von der gewerblichen Sachversicherung dominiert, die im Wesentlichen Großunternehmen versichert. Dieser Ansatz weist Parallelen zum afrikanischen Bankenumfeld auf. Tatsächlich beträgt das Verhältnis von Unternehmens- zu Einzelversicherung in Afrika für Hollard 70:30 - das Gegenteil vom globalen Durchschnitt.

In den sechs Jahren seit 2010 verzeichnet das afrikanische Regionalgeschäft ein Wachstum von 30 Prozent gegenüber dem Vorjahr, was 28 Prozent des Unternehmensgewinns bis 2015 entspricht, gegenüber nur 3 Prozent im Jahr 2011. Das Unternehmen hat sich darauf konzentriert, seine Marke zu nutzen und lokale Teams zu etablieren, die nicht im Ausland arbeiten, sondern lokale Teams, die auf technisches Fachwissen und die Bilanz des südafrikanischen Mutterschiffs zugreifen.

Es ist aber noch viel mehr möglich. Die Versicherungsdurchdringung in Afrika wird durch eine Kombination aus Kultur, Regulierung und relativem Reichtum/Armut eingeschränkt. Hollard hat festgestellt, dass die Versicherungsvorschriften selten auf die Interessen von Kleinunternehmen ausgerichtet sind, da sie 'sehr altmodisch und unflexibel' sind. Das Unternehmen unterstützt Versuche, einen gewissen lokalen Prämienrückbehalt zu verlangen. In einigen Märkten - wie z.B. Nigeria mit 80 Prozent - wird der erwünschte Selbstbehalt jedoch als zu hoch eingestuft und eine mangelnde Offenheit der Märkte vermutet. 'Ohne freiere Märkte', sagt ein afrikanischer Hollard-Experte, 'ist es schwierig, Risiken, Fachkenntnisse und Produkte zu vermitteln, und verlangt eine hohe Bindung an kleine Volkswirtschaften, was die Kosten in die Höhe treibt.' Diese Schwierigkeiten werden noch durch Versuche, die Prämien in staatlichen Unternehmen zu halten, und durch weltweit steigende Compliance-Anforderungen verschärft. Letzteres dient der Untergrabung regionaler und nationaler Unternehmen und stärkt die multinationalen Konzerne, die über die notwendigen Befähigungsnachweise verfügen. 'Lokale Regulierungsbehörden haben die Industrie gedrosselt', sagt ein Spezialist mit 35 Jahren Erfahrung, 'was die Vermittler umbringt und die Kosten in die Höhe treibt.'

Mit weniger Protektionismus und marktgerechter Regulierung gibt es viel Spielraum für Produktinnovationen und -erweiterungen. Ein Beispiel dafür sind Produkte, die Landwirten Schutz vor Dürre oder Überschwemmungen bieten, angetrieben durch digitale Wetterüberwachung und Intelligenz, bei denen Zahlungen über Handytransaktionen erfolgen.[17]

Schließlich ist es aufgrund der Volatilität der Währungen sehr viel schwieriger, die versicherten Werte zu bestimmen, wenn diese Werte weiterhin schwanken. Aus diesem Grund möchten die Kunden in 'Hartwährung' versichern, was in einem Land oft nicht erlaubt ist, da die Prämie in derselben Währung gezahlt werden muss, in der die Police ausgestellt wird.

Der afrikanische Versicherungsmarkt hat sich daher bisher nur unterdurchschnittlich entwickelt und nur ein geschätztes Viertel seines potenziellen Werts realisiert.[18] Um diese Situation zu verbessern, bedarf es insgesamt einer besseren Regierungsführung und einer größeren Offenheit - Eigenschaften, die das Wachstum eines der größten Exporte Afrikas - SABMiller - mit sich gebracht haben.

Komplexe Logistik auf den Punkt gebracht: Die Geschichte von SABMiller

Im November 2015 einigten sich die beiden größten Brauereien der Welt, Anheuser-Busch InBev (AB InBev) und SABMiller auf die Bedingungen einer Fusion im Wert von 107 Milliarden Dollar, die zu einer der größten globalen Unternehmenseinheiten führen würde. Die Transaktion wurde im Juli 2016 nach dem Wertverlust des Pfunds nach dem Brexit revidiert, was die ursprünglichen Konditionen unattraktiv machte. Das neue Unternehmen würde etwa 30 Prozent des weltweiten Bieres produzieren. AB InBev, zu dessen Marken Budweiser, Corona und Stella Artois gehören, beschäftigte

155.000 Mitarbeiter und erzielte einen Umsatz von 47 Milliarden US-Dollar. SABMiller beschäftigte 70.000 Mitarbeiter in 80 Ländern, davon 18 direkt (und weitere 21 indirekt über eine 20-prozentige Beteiligung an der Castel-Gruppe) in Afrika.

Diese Geschichte veranschaulicht, was notwendig ist, um in einem komplexen Unternehmen erfolgreich zu sein. SABMiller ist im Kern ein Dienstleistungsunternehmen (d.h. Vertrieb und Unterhaltung) des verarbeitenden Gewerbes und der Landwirtschaft, wobei seine Gesundheit die Qualität der Regierungspolitik und der Infrastrukturversorgung beeinflusst. Im Falle von SABMiller hat das Unternehmen durch seine Vertriebs- und Unterhaltungsaktivitäten ein starkes Dienstleistungselement.

Die Expansion der South African Breweries nach Afrika fiel mit einer Reihe von Privatisierungen in afrikanischen Ländern zusammen, unter anderem Anfang der 90er Jahre in Mosambik, Tansania und Sambia. (SABMiller wurde 2002 mit der Übernahme von Miller Brewing gegründet.)

'Am Anfang', sagt Jon Kirby, General Manager der Afrika-Betriebsgruppe von SABMiller, 'herrschte großes Misstrauen gegenüber Südafrika und seinem Unternehmenssektor. Zu Beginn dauerten unsere Vorstandssitzungen mit den Tansanern mehrere Tage. Jetzt sind es nur noch ein paar Stunden.'

Es handelte sich nicht um riesige Geldbeträge in globaler Hinsicht', so die Aussage von Keith Doig, der seine 20-jährige Karriere bei SABMiller 2012 als Direktor für Unternehmensfinanzierung und -entwicklung für Afrika, Südafrika und Asien-Pazifik beendete. 'Wir waren davon überzeugt, dass wir den bestehenden Unternehmen einen Geschäftssinn und Management-Scharfsinn vermitteln und einen Mehrwert schaffen können. Wir hatten auch einen Anteil an Unternehmen in Botswana, Lesotho und Swasiland und hatten eine frühere Position in Simbabwe, wo wir mit einer 20-prozentigen Beteiligung zurückblieben, und hatten einige Erfahrung in weniger anspruchsvollen Märkten. Wie Meyer Kahn [der damalige SAB-Vorsitzende] immer sagte: 'Afrika ist unser Hinterhof'. Wir glaubten, wir wüssten, wie man damit umgeht.'

Bei der ersten dieser Transaktionen 1993 zahlte SAB 22,5 Millionen Dollar für 50 Prozent der tansanischen Brauereien. 'Anstatt einfach nur das Geld zu nehmen', erinnert sich Kirby, 'hat die Regierung in Dar den Erlös aus dem Verkauf wieder in das Geschäft gesteckt. Das war beeindruckend.' Im Jahr 2016 betrug die Marktkapitalisierung 1 Milliarde US-Dollar und der Gewinn des Unternehmens vor Zinsen, Steuern, Abschreibungen und Amortisationen 250 Millionen US-Dollar. In den darauffolgenden 23 Jahren konnte Tansania Breweries seinen Marktanteil von 35 Prozent auf 95

Prozent steigern. Oberflächlich betrachtet scheint die Logik des Wachstums einwandfrei zu sein. Offizielle Alkoholverkäufe machen nur 40 Prozent des gesamten Alkoholmarktes in Afrika aus, der Rest ist nicht lizenziertes 'Homebrew' verschiedener Sorten, vom Maisbier bis zum Bananenwein. Doch der afrikanische Konsument ist in puncto Marke und Qualität genauso ehrgeizig wie jeder andere. Oder, wie Doig es ausdrückt, 'Ziel war es, den Preis für Bier zu verdoppeln und den Preis für Bier zu halbieren - ein besseres Produkt für den Premium-Markt anzubieten und die Erschwinglichkeit auf der anderen Seite zu verbessern'.

Und wenn man bedenkt, dass der Pro-Kopf-Bierkonsum in Gesamtafrika nur etwa 15 Prozent des Pro-Kopf-Verbrauchs in Südafrika beträgt (9 Liter pro Person und Jahr gegenüber 58 Litern), dann ist die Chance auch heute noch offensichtlich, so Kirby.

Das Geheimnis des Erfolges, sagt er, ist, dass 'SAB früh einstieg, und zu den Grundlagen zu den Getränken zurückkehrte.' Die afrikanische Expansion wurde von einem osteuropäischen Brückenkopf und einem Joint-Venture in China begleitet.[19] Der Erfolg beruhte auf dem Aufbau regionaler Größenordnungen und der Entwicklung von Produktion, Logistik, Marketing und Vertrieb. Doig erinnert sich: 'Wir gingen hinein, um die die Anlage aufzumöbeln, die Marken zu säubern, die Qualität zu verbessern und das Marketing richtig zu machen. Tatsächlich war es der Kern des Ganzen, die Grundlagen richtig zu machen.'

Auf dem Weg dorthin wurden Fehler gemacht und Lehren daraus gezogen, vor allem, weil es nicht gelungen ist, in den kenianischen Markt einzudringen, 'ein klassischer Fall, bei dem man auf die Excel-Tabelle achtet, anstatt die Konkurrenz zu verstehen', erinnert sich Kirby. 'Es war ein ziemlich großer Markt, etwa 3 bis 4 Millionen Hektoliter [100-Liter-Maße], und wir dachten, ein Anteil von 12 bis 15 Prozent wäre einfach. Wir kamen schließlich auf 15 Prozent, verdienten aber nie Geld. Fünfeinhalb Jahre lang haben wir 10 Millionen Dollar pro Jahr verloren. Es war ein Krieg mit den ostafrikanischen Brauereien. Am Ende war kein Fachhändler bereit, einen Castle-Kühlschrank und unsere Produkte an die Front ihrer Verkaufsstelle zu stellen.' Die Kenianer würden nicht so leicht aufgeben und, so Kirby, 'wir hätten nicht damit rechnen sollen, dass sie es tun würden. Schließlich kamen wir zu einem Deal, bei dem wir 20 Prozent der ostafrikanischen Brauereien in Kenia und 20 Prozent der SAB in Tansania übernommen haben. 'Am Ende,' seufzt er, 'haben wir alle Geld verdient.'

Im Laufe der Zeit wurden Fusionen und Übernahmen immer raffinierter, wie z.B. in Äthiopien, wo die Regierung ein besseres Gespür für den potenziellen Wert der Unternehmen hatte. 'Dennoch gab es nie größere Probleme', erinnert sich Doig, 'wenn es darum ging, behördliche Genehmigungen zu erhalten.'

Und die Erfahrung wurde auf andere Märkte übertragen, wie z.B. Nigeria. SABMiller kaufte 2009 seine erste Brauerei in Nigeria und erwarb 75 Prozent der Pabod Breweries in Port Harcourt. Im Jahr 2011 tauschte sie die International Breweries in einer anderen nigerianischen Stadt, Ibadan, mit ihrem Castel-Betrieb in Angola. Und im September 2012 investierte SABMiller in einen Greenfield-Standort in Onitsha im Bundesstaat Anambra. Die Investitionen haben sich schnell als großer Erfolg erwiesen, denn die neue Brauerei hat bereits im zweiten Monat ihre Kapazität erreicht, während die beiden anderen fast sofort Expansionspläne aufnahmen.

SABMiller hat erfolgreich zwei neue lokale Marken in Nigeria entwickelt: Hero und Trophy. 'Anstatt wie in Kenia für Kunden anderer Marken zu werben, kämpften wir mit dem Preis, indem wir unseren Marktanteil in den letzten Jahren von Null auf 23 Prozent erhöhten', sagt Kirby. Dasselbe gilt für Ghana, wo der Marktanteil im gleichen Zeitraum von 30 Prozent auf 50 Prozent gestiegen ist, und ebenso für Uganda.

Obwohl die Kosten für den Bau von Brauereien in Afrika zwischen 40 und 50 Prozent höher sind als in Lateinamerika oder Europa, steigt der Standard afrikanischer Brauereien. 'Heute,' sagte Kirby im März 2016, 'befinden sich drei unserer Top-10-Brauereien weltweit in Afrika.' Der Grund dafür und dafür, dass die lateinamerikanischen Brauereien konstant gute Leistungen erbringen, 'liegt in den Menschen'.

Im Foyer des südafrikanischen SABMiller-Hauptquartiers in der Jan Smuts Avenue, Johannesburg, ist ein Gemälde der verschiedenen Firmenchefs aus den ersten hundert Jahren des Unternehmens zu sehen, beginnend mit William Hackblock 1897, über die Jahre des angloamerikanischen Engagements, das 1984 mit der Ernennung von Gordon Waddell und 1990 mit Meyer Kahn endete. 'Graham McKay [der Nachfolger von Kahn als Geschäftsführer] hat immer die Hälfte seiner Zeit für neue Projekte aufgewendet und seine Manager unterstützt. Er hatte immer ein Sprichwort', erinnert sich Kirby: 'Wenn es mehr Afrika gäbe, würde ich darin investieren.'

Der Erfolg von SABMiller basiert vor allem auf herausragenden Leistungen in den Bereichen Mitarbeiter und Führung. Als eine Maßnahme bietet ein Besuch in einer SABMiller-Brauerei für Forscher in Afrika oder Lateinamerika in der Regel einen sehr prägnanten Einblick in die lokale politische und wirtschaftliche Szene. Das Unternehmen, so Kirby, habe an den meisten Orten ein hervorragendes Verhältnis zur Regierung entwickelt. Das lag zum Teil an der Größe des Unternehmens: 'Wir sind ein großer Fisch in einem kleinen Teich in vielen afrikanischen Umgebungen. Unsere

Steuern sind entscheidend, um beispielsweise die Gehaltsabrechnung des öffentlichen Dienstes zu erfüllen.'

Afrika hat einen großen Anteil an dieser Erfolgsgeschichte. '1995', sagt Kirby, 'haben wir ein hohes VE erreicht, als wir in Afrika 7 Millionen Dollar Betriebsgewinn gemacht haben. Zwanzig Jahre später sind es 140 Millionen Dollar.' Auf diese Weise ist der Erfolg des Unternehmens das größte und fetteste Kompliment an SAB, an das südafrikanische Unternehmen und an die Regierung, die es dem Unternehmen ermöglicht, sich nach außen zu entwickeln und in London zu notieren. Das sollte uns anspornen'

Im Hinblick auf die Gesamtstrategie, so Doig, 'hatten wir ein Qualitätsmanagement. Malcolm Wyman [der Finanzdirektor] und Graham McKay waren die Architekten mit Meyers Unterstützung.' Aus strategischer Sicht 'war die Entscheidung, die Primärnotierung zu verschieben, eine definitive Aussage, dass SAB zu einem Global Player wurde. Ein Emerging-Market-Player brauchte ansonsten nicht die globalen Aktienmärkte zu erschließen, für die wir eine Kriegskasse benötigten. Das war nicht einfach. Die Investor Relations in London sahen sich einer großen Feindseligkeit seitens der Analysten der Stadt gegenüber, die ein FTSE-Unternehmen ohne Aktivitäten in London nicht mochten. Aber am Ende hat es geklappt.'

Das hat es sicher getan, und dabei hat sich gezeigt, dass die Afrikaner genauso viel Wert auf Qualität legen wie jede andere Gruppe, und dass das Geldverdienen in Afrika mit der gleichen notwendigen Mischung aus guter Politik, den richtigen Leuten und effizienter Logistik verbunden ist wie anderswo. Grundsätzlich muss die Regierung ihren Griff lockern, um dem Privatsektor den Raum zu geben, in dem er operieren kann.

Fazit: Eine Fülle von Möglichkeiten

Der Dienstleistungssektor bietet den afrikanischen Ländern eine Fülle von Möglichkeiten, wenn die Regierungsführung verbessert werden würde. Beispielsweise geben Kenianer derzeit jährlich 140 Millionen Dollar für Medizintourismus nach Indien aus.[20] Ein funktionierendes Gesundheitssystem mit öffentlich-privaten Partnerschaften und Telemedizin (wie in Kapitel 8 beschrieben) würde diesen Abfluss nicht nur verringern, sondern auch die Kosten senken und könnte die gegenwärtige Situation tatsächlich umkehren und zu Einnahmenzuflüssen führen, insbesondere aus der Region, die eine hochwertige Gesundheitsversorgung anstrebt.

Ähnlich verhält es sich mit einer alternden westlichen Bevölkerung, die die Aussicht hat, für wohlhabende Europäer, wie Namibia es versucht hat, Altersdörfer in Afrika zu errichten und dabei Afrikas Vorteile von gutem Wetter und verfügbaren Arbeitskräften zu nutzen. Das Potenzial von analytischen Daten, die über das Transaktionsbanking gewonnen werden, eröffnet eine weitere Reihe interessanter und verstärkender Möglichkeiten, von einem verbesserten Verkauf von Konsumgütern und gezielteren Nanoprodukten bis hin zu Gesundheitsdienstleistungen, die den nationalen und möglicherweise internationalen Bedürfnissen entsprechen. Um diese und andere Chancen wahrzunehmen, bedarf es der Integration einer guten Politik, geeigneter Rechtsvorschriften, Technologien, Infrastrukturen und des politischen Willens.

Dienstleistungen sind in der Tat ein idealer Sektor für Afrika, da sie keine massiven Investitionen erfordern, wie beispielsweise der Bergbau und das verarbeitende Gewerbe.

Halbherziges Regierungsengagement kann schlecht verkümmerte Dienstleistungssektoren hervorbringen, die ihr volles Potenzial zur Schaffung von Arbeitsplätzen und lebhaften wirtschaftlichen Aktivitäten nicht voll ausschöpfen können. Entscheidend ist dabei die Anpassung der Vorschriften an den Banken- und Versicherungsmarkt. Ebenso wichtig ist es, die Kosten (und Gemeinkosten) niedrig zu halten und Ambitionen mit Pragmatismus zu verbinden, wie die Fluggesellschaften in Äthiopien und Emirate gezeigt haben.

Kapitel 8
Technologie

Fünf Schritte zum Erfolg:

- Offenheit für die internationale Wirtschaft ist eine Voraussetzung dafür, dass afrikanische Unternehmen von neuen Technologien profitieren und solche Technologien vor Ort entwickeln können.
- Effiziente Regierung hängt von ihrer Integration mit der Technologie ab, um die Leistungserbringung von der Gesundheitsversorgung bis zur Bildung zu verbessern.
- Die regulatorischen und politischen Barrieren müssen beseitigt werden, um den Breitbandzugang auf mehr Bürger auszudehnen.
- Investitionen in Forschung und Entwicklung sollten durch Steuererleichterungen gefördert werden.
- Die Regierungen sollten die Realität des Verlustes von Arbeitsplätzen durch Technologie in einigen Sektoren akzeptieren und gleichzeitig versuchen, die Gewinne in anderen Sektoren zu maximieren.

Herausforderungen und Chancen:

Um die Vorteile des freien Informationsflusses und des freien Kapital- und Warenflusses zu nutzen, müssen die Regierungen ihren Bürgern die uneingeschränkte Teilnahme an der Weltwirtschaft, einschließlich Information und Handel ermöglichen. Insbesondere werden die Vorteile des Internets nicht erreicht, wenn Frauen und andere marginalisierte Gruppen ohne Zugang keinen Zugang erhalten. Die Sicherstellung, dass Produktivitäts- und Effizienzsteigerungen mit der Verbreitung neuer Technologien einhergehen, wird dazu beitragen, dass Arbeitsplätze geschaffen werden und nicht verloren gehen. Dazu gehört, dass man sich positiv mit dem Misstrauen der Afrikaner und dem Unwohlsein der 'Außenseiter' auseinandersetzt und dabei die Einführung neuer Technologien und die damit verbundenen Unternehmen, Finanzmittel und Fachkräfte fördert.

Schlüsselzahlen:
Die Mobilfunkpenetrationsraten liegen in Afrika bei 70 Prozent[1]; die Verbreitung des Internets ist jedoch mit 29 Prozent deutlich geringer, wobei der weitaus größte Teil auf die Mobilfunktechnik entfällt. Afrikaner müssen 30 bis 40 Mal mehr für den Internetzugang bezahlen als Europäer.[2] Aber die Dinge ändern sich schnell: 2005 war die Internetzugangsdichte in Europa 20 Mal höher als in Afrika, 2014 waren es nur noch vier Mal so viele. Es gibt eine Herausforderung in der Forschung, diese Technologien gut zu nutzen. Am akutesten ist diese Herausforderung in Afrika südlich der Sahara, wo nur zwei Drittel der Schüler die Grundschule absolvieren.

Mark Zuckerberg stattete Kenia im September 2016 eine Stippvisite ab. Der 32-jährige Internet-Unternehmer, Philanthrop und Facebook-Gründer kündigte seine Ankunft auf seiner Facebook-Seite an: 'Just landed in Nairobi! Ich bin hier, um mich mit Unternehmern und Entwicklern zu treffen und mehr über mobiles Geld zu erfahren - worin Kenia weltweit führend ist.' In einem kurzen, aber gut organisierten und vermarkteten Besuch kam Zuckerberg bei iHub vorbei, einer führenden kontinentalen Innovationsdrehscheibe.

Gegründet im Jahr 2010, hat iHub in den ersten sechs Jahren 30 Start-up-Unternehmen generiert. Sieben Unternehmen nutzen den Inkubatorraum, dazu kommen bis zu 80 Tech-Unternehmer, die auf blauen Stühlen sitzen und hinter ihren Bildschirmen im sanften grün-weißen Arbeitsbereich basteln.

Zuckerberg traf sich dort mit den Technikern hinter BRCK, einem Internet-Konnektivitätsgerät, mit PayGo Energy, womit mobile Zahlungen für den Kauf von Kochgas möglich sind, und Gearbox, einem Hardware-Produkt, das 'Raum' erschafft.[4] Der Facebook-CEO traf sich auch mit Unternehmern von Twiga Foods, einem mobilen Business-to-Business-Anbieter für frisches Obst und Gemüse, Mookh, einem Start-up-Unternehmen für digitale Zahlungen, und Vivo Active Wear, einem Online-Frauenbekleidungsgeschäft.

Kenias Ruf für Hightech-Innovationen hat seinen Ursprung im Erfolg von M-Pesa, einem mobilen Geldtransferdienst, der 2007 vom kenianischen Mobilfunkbetreiber Safaricom eingeführt und durch die Revolution des Smartphones ermöglicht wurde. Von etwas mehr als 2.200 im Jahr 1995 hatten bis 2015 mehr als 80 Prozent der kenianischen Erwachsenen ein Mobiltelefon, und es gab 25,4 Millionen M-Pesa-Abonnenten. Das Ergebnis: acht von zehn kenianischen Erwachsenen haben jetzt ein

Bankkonto - mehr als in Südafrika und der höchste Wert auf dem Kontinent.

M-Pesa ist nicht die einzige herausragende kenianische Technologie. M-Kopa verkauft Solarstromanlagen an die Ärmsten der Armen. Sein $200-Stromsystem besteht aus einem Solarpanel, zwei LED-Glühbirnen, einer LED-Taschenlampe, einem wiederaufladbaren Radio und Adaptern zum Laden eines Telefons. Die Kunden zahlen $35 im Voraus und täglich 45 Cent für ein Jahr, danach besitzen sie das System. Bis Ende 2015 hat M-Kopa 250.000 Systeme verkauft und zielte bis Ende 2017 eine Million Einheiten.[5] Dabei hat sie ein Kreditsystem für arme Verbraucher eingerichtet.

Kein Wunder also, dass Nairobi als die Tech-Drehscheibe Afrikas und als'Silicon Savannah' gehypt wurde. Die Regierung hofft, dass die kenianische Technologieindustrie bis 2020 180.000 Arbeitsplätze, 1 Milliarde Dollar an Exporten, 500 Millionen Dollar an Venture-Capital-Gründungen und bis zu 8 Prozent des BIP des Landes schaffen wird.[6] Die Erwartungen sind hoch. Präsident Barack Obama lobte Kenias Technologieunternehmer und sagte: 'Dieser Kontinent muss ein zukünftiger Knotenpunkt für globales Wachstum sein, nicht nur für afrikanisches Wachstum.'[7]

Schätzungen ergeben, dass etwa 40 Prozent des kenianischen BIP durch M-Pesa fließt, was etwa 30 Millionen Dollar pro Tag entspricht. M-Pesa (*pesa* ist Suaheli für 'Geld') hat zweifellos das Bankwesen in Kenia und darüber hinaus verändert und ermöglicht sichere und effiziente Geldtransfers. Es gibt jedoch einen großen Unterschied zwischen dem transaktionalen Bankgeschäft (elektronische Bezahlung) und dem traditionellen Bankgeschäft (Geld leihen, um ein Unternehmen zu gründen oder ein Haus zu kaufen). Deshalb ist M-Kopa durch die Kreditvergabe an die Armen weniger ein Energieunternehmen als ein Finanzunternehmen. (*Kopa* bedeutet in Suaheli 'leihen'.) Die meisten Kunden verdienen weniger als $2 pro Tag. Der Leihgeber ist die SIM-Karte im Gerät, die die Stromversorgung ferngesteuert schalten kann. Seine 600 neuen Kunden pro Tag entsprechen 100.000 US-Dollar, die in Form von frischen Krediten vergeben werden.

Angesichts des Risikos ist es schwierig, armen Menschen Geld zu erschwinglichen Preisen zu leihen. 'Es ist eine große Herausforderung und eine große Chance, die Mittel zu finden, um einen riesigen Zielmarkt zu bedienen, um sein Geld zurückzubekommen', sagt Tim Carson, CEO der Premier Group, einem ostafrikanischen Mikrokreditunternehmen mit Sitz in Nairobi.

Premier tut dies auf drei Arten, indem er die Fußarbeit alter Schule mit Hightech-Verarbeitung mischt. Persönliche Darlehen, die normalerweise im Bereich $400-500 liegen, werden sorgfältig durch Interviews, Überprüfung von Kreditgeschichten und den Einsatz von Technologie überprüft. Marktstände und Häuser werden geografisch geortet, die Referenzen gewissenhaft geprüft und die Kassenbestände sorgfältig kalkuliert. Das Kreditverfolgungssystem ist Cloud-basiert. Die meisten Auszahlungen und Rückzahlungen erfolgen mit mobilem Geld. Alle Darlehen und Belege werden gescannt und archiviert, Abstimmungen automatisiert.

Trotz des Einsatzes von Technologie bietet dieses System immer noch eine Prämie für Kreditsachbearbeiter vor Ort: Premier hat davon 400 in Kenia, um 24.000 Kunden zu verwalten, 250 in Uganda für 14.000 und 100 für seine 5.000 tansanischen Schuldner. Aber solche Mikrokredite haben nie eine Laufzeit von mehr als 12 Monaten.[8] Sie könnten mit Bargeld helfen, um die Dinge zu überbrücken, aber sie stellen keinen Strom von Ressourcen für längerfristige Investitionen zur Verfügung, wie z.B. Wohnungsbaudarlehen.

Selbst bei M-Pesa bleiben die Kosten für Finanztransaktionen mit 44 Prozent pro Zahlung hoch. Trotz der Verbreitung von Mobiltelefonen ist der Zugang nach wie vor an Armut gebunden. Seit Kenia im Jahr 2009 sein Unterwasser-Glasfaserkabel erhalten hat, hat sich die Zahl der Internetnutzer auf über 21 Millionen versiebenfacht. Dennoch geben 80 Prozent der kenianischen Mobilfunkteilnehmer nur 1 Dollar pro Monat für Datenpakete aus.

Knapp die Hälfte der 44 Millionen Menschen in Kenia leben unterhalb der Armutsgrenze, davon schätzungsweise 3,9 Millionen in Slums.[9] Offizielle kenianische Projektionen deuten darauf hin, dass die Zahl der Bürger, die in städtischen Siedlungen leben, bis 2030 von 32 Prozent auf 54 Prozent ansteigen wird.[10]

Die heutige kenianische Erwerbsbevölkerung beträgt über 20 Millionen Menschen, davon sind nur 5 Millionen erwerbstätig, die übrigen arbeiten in der Landwirtschaft oder sind selbständig. Nur 1,3 Millionen Menschen arbeiten in der Privatwirtschaft. Im Jahr 1990 betrug der Anteil des informellen Sektors am Arbeitsmarkt nur 20 Prozent.

Diese Situation betrifft vor allem die jungen Kenianer unter 35 Jahren, das sind zwei Drittel der Bevölkerung. Jährlich kommen etwa 800.000 Kenianer hinzu. Die meisten sind arbeitslos und schlecht ausgebildet. Mehr als 40 Prozent haben nie die Grundschule besucht oder abgeschlossen, und weniger als ein Fünftel hat die Sekundarschule abgeschlossen, zum Teil, weil sie schon sehr früh zur Arbeit geschickt werden und für sich selbst sorgen.[11] Es ist eine schockierende Statistik, dass mehr als 50 Prozent der

Arbeiter unter 15 Jahren, etwa 1,9 Millionen Kenianer, 66 Stunden pro Woche oder länger arbeiten. In Kenia, wo die Unterschicht schneller wächst als die Mittelschicht, wird sich etwas ändern müssen oder die Lage wird sich verschlechtern.

Die Frage ist also, ob die Technologie - einschließlich mobiler Breitbanddienste - eine Rolle spielen kann, wenn es darum geht, dieses Bildungsdefizit und die Spaltung von Reichtum und Zugang zu verringern. Und kann die Technologie es afrikanischen Ländern wie Kenia durch die Schaffung neuer Arbeitsplätze ermöglichen, Entwicklungsstadien zu überspringen? Die Antwort hängt weitgehend davon ab, was die Regierung macht oder nicht macht.

Die Technologie bindet

Das Tempo des technologischen Wandels scheint unerbittlich zu sein. Moores Gesetz besagt, dass sich die Rechenleistung alle 18 bis 24 Monate verdoppelt. Nicht nur, dass es unmöglich ist zu entkommen, sondern auch, dass die technologische Modernisierung Afrika viel zu bieten hat.[12]

Es gibt drei große potenzielle Vorteile, die sich für Afrika aus der digitalen Technologie ergeben. Das erste ist seine Fähigkeit, die Effizienz und Effektivität der Regierung zu verbessern. Es könnte dazu beitragen, die Regulierung und Verwaltung zu beschleunigen, einschließlich der Beantragung von Lizenzen und Genehmigungen sowie beispielsweise Steuererklärungen.

Es gibt bereits positive Beispiele für solche Effizienzsteigerungen im Regierungsbereich. Eine davon ist die Zahlung von Sozialhilfe durch Smartcards, ein System, das in Südafrika verwendet wird. Fast die Hälfte der südafrikanischen Haushalte erhält eine Art Sozialhilfe. Seit 1996 ist die Zahl der Sozialhilfeempfänger von 2,4 Millionen auf über 16 Millionen gestiegen.[13] Dadurch konnte die Armutsquote drastisch gesenkt werden. Bis 2015 lebten rund 21,5 Millionen Menschen, das sind rund 41 Prozent der Bevölkerung, in Armut. Diese Zahl war von 27,8 Millionen oder 56,8 Prozent nur fünf Jahre zuvor gesunken.[14] Die Korruption im Sozialversicherungssystem wurde durch die Einführung biometrischer Technologien, die Fingerabdrücke und Sprachaufzeichnungen zur Authentifizierung bei der Auszahlung von Bargeld speichern, erheblich reduziert.[15]

In einem anderen Bereich sind große Verbesserungen bei der Bereitstellung von Infrastrukturen möglich, indem prädiktive Datentechniken sowie neue Bautechniken eingesetzt werden, um die Auswirkungen von Entscheidungen zu verstehen.

Abbildung 8.1: Einschulungs- und Abschlussraten der Grundschule, 1971-2011

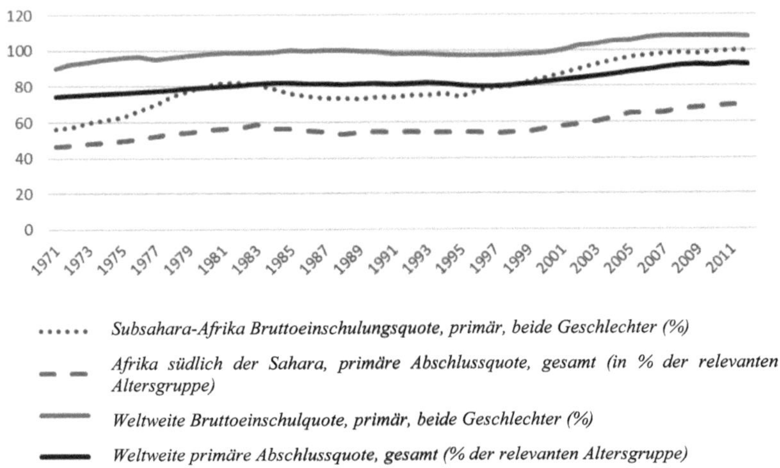

Quelle:
UNESCO-Institut für Statistik,
http://databank.worldbank.org/data/reports.aspx?source=world-development-indicators&preview=on#

Der zweite große Vorteil der Technologie liegt in der Informationsverarbeitung. In der Landwirtschaft zum Beispiel könnten Informationen über Wetterverhältnisse, Saatgut- und Düngemittelverbrauch oder Marktinformationen die Produktion radikal steigern und vielleicht sogar sicherstellen, dass sich der Kontinent selbst ernähren kann. High-Speed-Internet könnte auch die Unannehmlichkeiten in der Regierung und die Herausforderung der Geographie bei der Verteilung von Bildung, Elektrizität und Gesundheitsversorgung umgehen. Bob Collymore, CEO von Safaricom, bemerkt: 'Es gibt keine Möglichkeit, ein Klassenzimmer mit 100 Kindern im ländlichen Kenia richtig zu unterrichten. Tablets bieten die Mittel, um einen neuen Bildungsstandard zu schaffen, der Fertigkeiten lehrt, anstatt Menschen das Nachplappern beizubringen.'[16]

Afrika liegt nach wie vor deutlich hinter den internationalen Einschulungsraten in der Grundbildung (siehe Abbildung 8.1) und insbesondere der tertiären Bildung (siehe Abbildung 8.2), so dass der Anteil der Wissenschaftler und Forscher in Afrika südlich der Sahara bei nur 79 pro

Million Einwohner liegt, verglichen mit einem Weltdurchschnitt von 1.081 pro 1 Million. Dabei sind nicht nur die Zahlen, sondern auch die Fächer von Bedeutung. Nur 22 Prozent der afrikanischen Hochschulabsolventen haben einen Abschluss in Naturwissenschaften, Technik, Ingenieurwissenschaften und Mathematik, verglichen mit 40 Prozent in China.[17]

Abbildung 8.2: Einschulungsraten im Tertiärbereich, 1970-2012

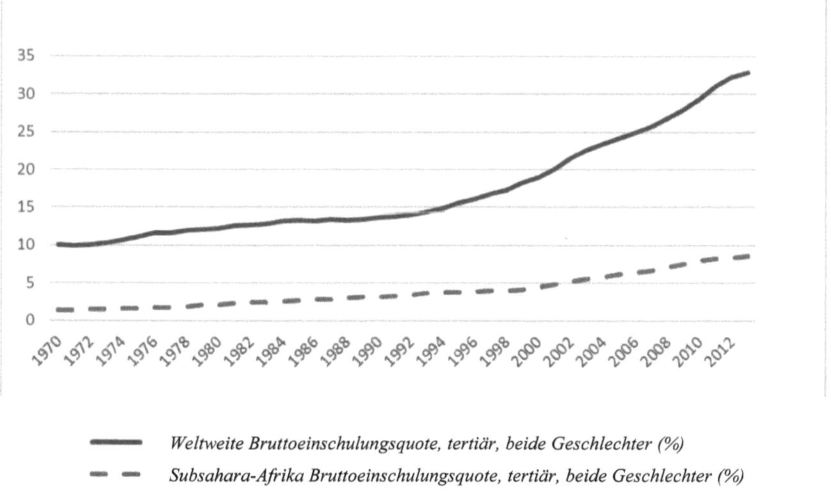

Quelle: UNESCO-Institut für Statistik, http://databank.worldbank.org/data/reports.aspx?source=world-development-indicators&preview=on#

Die Technologie hat den Hochschulzugang bereits revolutioniert, indem sie billige (oder kostenlose) Kurse online anbietet. Die größte offene Online-Kursdatenbank (MOOC - Massive Open Online Courses) verzeichnet seit 2009 mehr als 400.000 Anmeldungen mit Teilnehmern aus über 150 Ländern. Sie verzeichnet heute 4.200 Kurse, die von mehr als 500 Universitäten weltweit angeboten werden, und erreicht über 35 Millionen Studenten.[18]

GetSmarter, mit Sitz in Kapstadt, das karrierefokussierte kurze Online-Kurse anbietet, bietet eine Online-Erfahrung auf dem Campus und konzentriert sich auf branchenrelevante Fertigkeiten für Profis in Bereichen wie Finanztechnologie und große Datenmengen. Zwei Brüder, Rob und

Sam Paddock, begannen das Geschäft 2007 mit kurzen Kursen vor dem MOOC-Boom. GetSmarter hat seither Tausende von Studenten in Partnerschaften mit den Universitäten von Kapstadt und Witwatersrand eingeschrieben und diese mit der University of London, dem MIT und der Cambridge University international erweitert. Dabei haben sie ein Unternehmen mit mehr als 350 Mitarbeitern aufgebaut, von denen die meisten Teilzeitbeschäftigte sind, die in einem 19-Stunden-Tag über Zeitzonen hinweg arbeiten und dabei preiswerte, aber erstklassige südafrikanische Fähigkeiten vermitteln. Die Kurse sind modular aufgebaut und bestehen aus einer Kombination von Tutorials, Videos, anwendungsorientiertem Lernen, schriftlichen Einzel- und Gemeinschaftsprojekten und Benotung. Im Jahr 2016 hatten sich 1 000 Studenten für den MIT Fintech-Kurs eingeschrieben, und 900 für die großen Daten- und Sozialanalysekurse des MIT, mit Studenten aus 77 Ländern. Es gab auch 3.000 Studenten in Kursen bei UCT und Wits.[19]

Was die Rolle der Technologie bei der Verbindung von Kleinbauern mit den Märkten, untereinander und mit wichtigen Informationsquellen angeht, so hat Bill Gates nicht weniger darauf hingewiesen, dass die Technologie den Landwirten helfen sollte, einen Teil des 40 Milliarden Dollar teuren Marktes für jährliche afrikanische Nahrungsmittelimporte zu erobern. 'Etwas funktioniert nicht richtig', sagt Gates, 'wenn die Hälfte der Arbeitskräfte des Kontinents Nahrungsmittel produziert und der Kontinent seine Nahrungsmittel immer noch von woanders kauft'. Es gibt, so sagt er, einen 'Informationsabbruch', der sich aus der Tatsache ergibt, dass Agrarmärkte wie Banken auf offizieller Ebene existieren, während Kleinbauern auf inoffizieller Ebene existieren. Landwirte und Märkte können also nicht effektiv kommunizieren. Kleinbauern wissen nicht, was der Markt zahlen wird. Sie können keine Ernten nach den Spezifikationen des Marktes anbauen, weil sie die Spezifikationen nicht kennen. Sie haben keine Möglichkeit, die Betriebsführungspraktiken zu erlernen, die es ihnen ermöglichen würden, ihre Erträge zu verdoppeln oder gar zu verdreifachen. Stattdessen bauen sie meistens das an, was sie essen oder vor Ort handeln können, so wie sie es immer angebaut haben.'[20]

Aus diesem Grund zielt M-Farm, das vom iHub in Nairobi aus operiert, darauf ab, Landwirten die Möglichkeit zu geben, Informationen über den Großhandelsmarkt zu erhalten und ihre Produkte mit Hilfe mobiler Technologien zu verkaufen.

Der dritte Vorteil der Technologie ist das Potenzial, eine ganze Reihe neuer Arbeitsplätze zu schaffen. Dies könnte durch die Verbesserung der Wettbewerbsfähigkeit durch eine bessere Anbindung Afrikas an globale Märkte, Kapital und Wissen erreicht werden. Dies kann auch durch die Art der Innovationen erreicht werden, die im iHub in Nairobi oder durch die über 90 ähnlichen Technologiezentren in mehr als der Hälfte der afrikanischen Länder ausgestellt sind.[21]

Beispielsweise gibt es unmittelbare Möglichkeiten, indem man Afrikas 80 Millionen mobile ‚Geldbörsen' für Zahlungen in verschiedenen Sektoren nutzt, von Gesundheit über Versicherungen bis hin zu Elektrizität und Bildung. Der größte Teil des afrikanischen Verbrauchermarktes – das sind nicht weniger als etwa 330 Millionen Erwachsene - wird von Finanzdienstleistungen und vielen anderen damit verbundenen Dienstleistungen nicht bedient. Durch die Integration solcher Dienste geht die Chance über das Bankwesen hinaus und umfasst Technologien am Point-of-Sale und die Fähigkeit, über Grenzen, Netzwerke und Sektoren hinweg zu arbeiten, einschließlich Energie, Bildung und Gesundheit. In diesem Zusammenhang ist es auch notwendig, Informationen über afrikanische Verbraucher zu sammeln, bei denen die Technologie eine Rolle spielen kann.[22]

Michael Macharia stieg vor 16 Jahren in das Technologiegeschäft ein, als er bei der Integration von Bankdienstleistungen in Ruanda half. Heute leitet er Seven Seas Technologies in Nairobi. Seine 200 Mitarbeiter konzentrieren sich auf drei große Technologiebereiche: Gesundheitsversorgung, Sozialleistungen und nationale Sicherheit.

Aus Erfahrung sieht Macharia eine große Zukunft für die Technologie in der Bereitstellung von Gesundheits- und Bildungslösungen. Dazu braucht man fünf Dinge: Public-Private-Partnerships, innovative Finanzmodelle, Kompetenzen, Lieferketten und Technologie. In Zusammenarbeit mit General Electric und mit einer Zusage der Regierung über einen Zeitraum von sieben Jahren führte Seven Seas ab Mai 2015 Radiologiegeräte in 98 kenianischen Krankenhäusern ein und erreichte in den ersten 14 Monaten 400.000 Patienten. Telemedizin verbindet die entlegenen Krankenhäuser mit Experten im ganzen Land. Macharia plant den Einstieg in die medizinische Grundversorgung mit Container-Kliniken, die wiederum mit Experten aus anderen Ländern verbunden sind.

Seven Seas hat auch mit den Huduma Centres begonnen, einem Programm zur Umwandlung der 300 kenianischen Postämter in staatliche Dienstleistungszentren, das die Zahlung von Gebühren und die Beantragung von ID-Dokumenten und Pässen ermöglicht. In den ersten drei Jahren sind 47 Zentren in Betrieb gegangen, sagt Macharia, 'um Staus und Korruption zu reduzieren'. Die größte Herausforderung bei all dem ist es, die Regierung dazu zu bringen, die Lösung zu akzeptieren. 'Die Mittelschicht', bemerkt er, 'ist sehr zynisch gegenüber solchen Schemata, da sie sich da hindurch bestechen können. Aber hier geht es um die Menschen am unteren Ende der Pyramide, um dieselben Menschen, deren Leben von M-Pesa verändert wurde, da sie vorher keinen Scheck bei einer Bank einlösen konnten.'[23]

Dieses digitale Versprechen zeigt sich in den Auswirkungen der Mobilfunkanbindung in Afrika. Mitte der 90er Jahre wurde die Anschlussrate für Subsahara-Afrika auf nur 0,5 Anschlüsse pro 100 Einwohner geschätzt (im Vergleich zu einem globalen Durchschnitt von 15 Anschlüssen pro 100 Einwohner), mit einer Warteliste von 3,6 Millionen für Festnetzanschlüsse.[24] Die Hälfte der afrikanischen Länder hatte 1995 überhaupt keine Verbindung zum Internet.[25]

Diese Situation hat sich durch eine größere Offenheit gegenüber ausländischem Kapital durch Privatisierungen und regulatorische Veränderungen verändert. Es wird prognostiziert, dass bis 2019 der Voice-Call-Verkehr in Afrika südlich der Sahara von 653 Millionen im Jahr 2015 auf 930 Millionen Abonnements ansteigen wird. In ähnlicher Weise wird die Nutzung mobiler Daten zwischen 2013 und 2019 schätzungsweise 20-fach zunehmen, was doppelt so hoch ist wie die erwartete globale Expansion, wobei drei von vier Mobilfunkabonnements inklusive Internet sein werden. Dieser Anstieg steht im Einklang mit dem weltweiten Wachstum der Mobilfunknutzung, von nur 11,1 Millionen Nutzern im Jahr 1990 auf rund 4 Milliarden im Jahr 2015, von denen die Hälfte Smartphones nutzt.[26]

Und es wird noch andere Aspekte geben, die von dieser Erweiterung der Kommunikationstechnologie ausgehen. Sie wird dazu beitragen, die Transparenz zu verbessern. Es gibt hier eine generationenbezogene - und eine politische - Dimension, da junge Menschen am ehesten die ersten Anwender von Technologie sind.[27] In der Tat hat die mobile Technologie dazu beigetragen, die Proteste des Arabischen Frühlings auszulösen und zu verbreiten.

Dieses Phänomen geht bei einigen Regierungen in Afrika nicht verloren, die sich gegen die Nutzung von Online-Medien zur Förderung guter Regierungsführung und zur Äußerung von Meinungsverschiedenheiten gewehrt haben und die sozialen Medien während der Wahlen abgeschaltet und die Mobilkommunikation gestört haben, um Proteste zu ersticken.[28]

Es gibt auch Herausforderungen, die mit der Einführung neuer Technologien verbunden sind. Die Erfahrungen der Industrieländer legen nahe, dass die Technologie wahrscheinlich Druck auf die bestehenden Arbeitsplätze ausüben und gleichzeitig nur wenige neue Arbeitsplätze schaffen wird.

Abbildung 8.3: Mobilfunkabonnements pro 100 Personen, 1990-2014

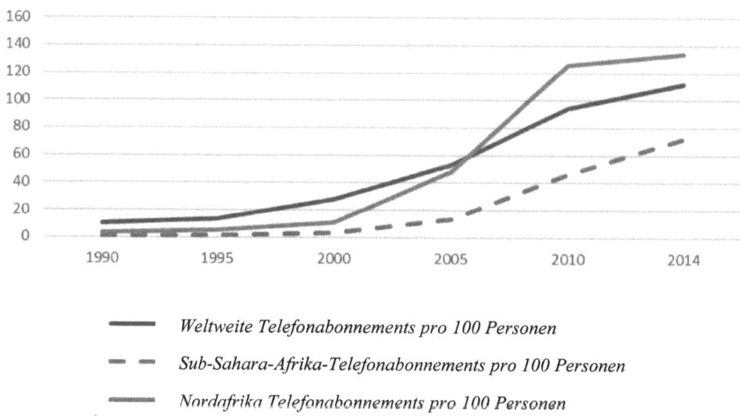

Quelle: Internationale Fernmeldeunion, World Telecommunication/ICT Entwicklungsbericht und Datenbank, http://databank.worldbank.org/data/reports.aspx?source=world-development-indicators

Störer oder Helfer?

Es gibt kaum Zweifel an der Störkraft der Technologie für die weltweite Arbeitskraft und ihre Funktionsweise. Nehmen Sie zum Beispiel Instagram und Kodak.

Die Fotoplattform Instagram wurde von 14 hochqualifizierten Leuten geschaffen, die die Macht des digitalen Netzwerks nutzten. Nach 18 Monaten verkauften sie das Unternehmen für fast eine Dreiviertel Milliarde Dollars, nur wenige Monate nach dem Konkurs von Kodak an einen anderen Fotografen, der spitzenmäßig bis 145.000 Menschen beschäftigt und Milliarden von Dollars in Vermögenswerten erhalten hatte.[29]

Blockbuster-Videoläden sind ein weiteres Beispiel für ein Opfer von Störungstechnologie.

In seiner Blütezeit waren sie ein allgegenwärtiger Teil der amerikanischen Einkaufszentren. Das Unternehmen ging im Jahr 2010 in Konkurs, der durch konkurrierende Streaming-Video-Dienste wie Netflix erschüttert wurde. In der Spitze beschäftigte Blockbuster allein in den USA 60.000 Mitarbeiter in 9.000 Filialen.[30]

Dies sind nicht die einzigen Beispiele für die störende Wirkung von Technologie auf traditionelle Geschäftsmodelle. Der Online-Handel hat einen großen Einfluss auf die traditionellen Einzelhandelsgeschäfte, indem er die Art und Weise, wie sie arbeiten, und sogar das Fast-Food-Geschäft durch Touchscreen-Bestellungen und automatisierte Lebensmittelzubereitung verändert hat. Die Ausgabekioske bieten nicht mehr nur Schokoriegel und Snacks an, sondern verkaufen auch hochwertige Elektronikartikel und können Filme ausleihen, wie Blockbuster es einst gemacht hat. Zunehmend sind die Verbraucher mit der Robotik im Einzelhandel vertraut, nicht nur an den unbemannten Kassen und Informationskiosken, sondern auch durch die Nutzung von Telefonen als Zahlungsmittel und Informationsbeschaffung.

Automatisierung, gekoppelt mit Outsourcing, hat zwangsläufig einen Abwärtsdruck auf die Arbeitseinkommen ausgeübt. Gleichzeitig ist die Einkommensungleichheit in den Industrieländern auf ein Niveau gestiegen, das seit der Weltwirtschaftskrise nicht mehr erreicht wurde. Im letzten Vierteljahrhundert stagnierten beispielsweise Realeinkommen und Wohlstand für die überwiegende Mehrheit der Amerikaner.[31] Das inflationsbereinigte mittlere Haushaltseinkommen in den USA lag 2015 bei 56.516 US-Dollar; 1999 waren es 57.909 US-Dollar.[32] Dies entspricht dem Rückgang im verarbeitenden Gewerbe. In Ohio zum Beispiel war 1960 mehr als die Hälfte der Beschäftigung des Staates im verarbeitenden Gewerbe angesiedelt; heute beträgt die Zahl kaum noch ein Zehntel.[33]

Die USA sind nicht allein, was die Ungleichheit zwischen den Generationen angeht. Rentner haben in den letzten Jahrzehnten in fast allen wohlhabenden Ländern ein höheres Wachstum des verfügbaren Einkommens erfahren als junge Menschen. In sieben großen Volkswirtschaften (Großbritannien, Kanada, Deutschland, Frankreich, USA, Spanien und Italien) ist das Einkommenswachstum eines durchschnittlichen jungen Paares und von Familien in ihren 20er Jahren in den letzten 30 Jahren dramatisch hinter den nationalen Durchschnittswerten zurückgeblieben.[34] In vielen Fällen liegt dies daran, dass die Eigentumsverhältnisse die Lohninflation und das Eigentum überflügelt haben, was dazu führt, dass Besitz viel teurer ist, und zum Teil auch daran, dass die vor der Jahrtausendwende Geborenen real viel schlechter bezahlt werden, als ihre Eltern im gleichen Alter.

Dies geschah, während der Reichtum der Elite in die Höhe schnellte. Die mittleren Gehälter, die an die CEOs der reichsten 500-Unternehmen gezahlt wurden, verdreifachten sich zwischen 1992 und 2013 auf über 10 Millionen Dollar.[35] Daher die Popularität der Argumentation des französischen Ökonomen Thomas Piketty über die inhärenten Ungleichheiten des Kapitalismus. Piketty argumentiert, dass wirtschaftliche und politische Macht in den Händen einer Oligarchie konzentriert sind. Dies hat einige zu dem Schluss geführt, dass der Konflikt nicht mehr zwischen der Arbeiterklasse und der Mittelschicht, sondern zwischen einer winzigen Elite und der großen Mehrheit der Bürger besteht.[36] Dies führte zu Forderungen nach einer stärkeren Umverteilung des Reichtums, um die soziale Stabilität aufrechtzuerhalten.

Doch für weite Teile Afrikas sind diese Ungleichheiten längst Realität, mit einer kleinen Mittelschicht, einer großen Unterschicht und einer winzigen politisch verbundenen Elite, wie das Beispiel Kenias zu Beginn dieses Kapitels zeigt. Generell ist Afrika weniger auf Ungleichheit ausgerichtet, als vielmehr auf die Generierung von mehr Ressourcen.

Dennoch kann die Technologie in einem letzten Teufelskreis, der den Bedürfnissen Afrikas Rechnung trägt, einige Arbeitsplätze wegnehmen. Um dies zu verdeutlichen, wird in der Bergbauindustrie das zunehmend bevorzugte Verfahren der Robotik eingesetzt.

Im unterirdischen Kimberlite-Diamantenabbau geht es um fahrerlose, kreiselgeführte Muldenkipper, die im Vergleich zu einem konventionellen Untertagebergwerk rund 30 Prozent weniger Arbeitsaufwand erfordern. Obwohl die Arbeitskosten wahrscheinlich gleich bleiben werden, mit höheren Gehältern für besser qualifizierte Arbeitskräfte, werden die 'Instandhaltungskosten', sagt ein Bergbau-Veteran, 'drastisch sinken. Es gibt kein Testosteron, also kein plötzliches Bremsen oder Beschleunigen oder Aufprallen auf die Seite. Und es gibt keine Mittagspausen und Fehlzeiten. Die Fahrzeuge laufen zwischen den regelmäßigen Wartungszyklen reibungslos.' Auch das Teufen der Schächte wird zunehmend mechanisiert - angetrieben durch Technik.[37]

Technologie macht sich auch bei anderen Mineralien bemerkbar, wo auch die Zukunft zunehmend mechanisiert werden dürfte. In den südafrikanischen Platin- und Goldminen bestimmt die Beschaffenheit der Tiefe, Dicke und Qualität der Erzkörper die Mischung aus Technologie und Arbeitskraft, die eingesetzt werden kann, ob der Abbau arbeitsintensiv ist und konventionelle, handgeführte pneumatische Bohrmethoden verwendet werden, oder ob mehr mechanisierte Techniken wie ferngesteuerte, niedrigprofilige Geräte zum Schneiden und Bewegen des Erzes verwendet werden.[38]

Dies ist nicht die einzige südafrikanische Industrie, in der größere Effizienz und neue Technologien Auswirkungen auf die Arbeitsplätze haben. Doch obwohl die Technologie zweifellos ein großer Störfaktor ist, bedeutet dies nicht, dass sie immer zu Arbeitsplatzverlusten führen muss.

Mehr als nur ein Apfel pro Tag

Südafrika hat einen Anteil von 1,2 Prozent an der weltweiten Apfelproduktion. Äpfel werden von etwa 700 kommerziellen Landwirten produziert, die 23 625 Hektar bearbeiten.[39] Da China, das die Hälfte der weltweiten Apfelproduktion von 64 Millionen Tonnen erzeugt, nur sehr wenig exportiert,[40] hat Südafrika eine überproportionale Bedeutung auf dem globalen Apfelexportmarkt. Darauf entfallen mehr als 5 Prozent des gesamten Exportmarktes von 7,5 Millionen Tonnen mit knapp 375.000 Tonnen. Dieser Markt ist fast 400 Millionen Dollar wert. Und die Laubfruchtindustrie insgesamt ist von noch größerer Bedeutung für die Beschäftigung im Inland, da sie direkt etwa 108.000 Arbeiter und viermal so viele abhängige Personen unterstützt. Allein bei Äpfeln liegen die Zahlen bei 27.000 bzw. 107.000 (die Zahlen beziehen sich auf 2015).

Kromco mit Sitz in Grabouw, nahe Kapstadt, verarbeitet jährlich 53.000 Tonnen Äpfel. Zwei Drittel davon sind für den Export bestimmt, wo die Preise doppelt so hoch sind wie auf dem Inlandsmarkt.[41]

Technologie wirkt sich auf das Geschäft von Kromco aus, wobei sie einige alte Arbeitsplätze abschafft, aber gleichzeitig auch neue schafft. Früher wurde ein Großteil der Sortierung bei der Ernte der Früchte durchgeführt. Dies war ein langsamer Prozess mit hohem Verschnitt, aber jetzt, mit einer neuen Verarbeitungstechnologie, gibt es bis zu 15 Prozent mehr Frischobst zum Verpacken. Früher hätte man diese Frucht abgelehnt und zum Entsaften gebracht. Der Ertrag von frischem Obst kann dreimal höher sein als derjenige, der zum Entsaften gebracht wird.

Nun werden alle Äpfel ohne Sortierung vom Baum in große Behälter mit jeweils ca. 3.000 Äpfeln verladen. Von dort aus gelangen sie direkt in die Hightech-Aufbereitungs- und Sortierlinie oder in das Kühlhaus. In der Sortieranlage, die 24 Tonnen Äpfel pro Stunde verarbeiten kann, taucht ein automatisiertes System die Behälter in Wasser und die Äpfel in eine Bucht, wo sechs Arbeiter die Früchte auf sichtbare Schnitte oder Quetschungen untersuchen. Diese werden zum Entsaften entfernt.

Von dort gelangen sie zu einer Förderstrecke, wo sie automatisch nach Gewicht und Qualität sortiert werden. Dabei wird jeder Apfel mehr als 30 Mal fotografiert. Anschließend werden sie nach 57 Kategorien sortiert und wieder in die Behälter geladen, die bis dahin automatisch gewaschen wurden. Es wird ein Barcode aufgebracht, der Größe, Herkunft und Qualität angibt. Von dort aus werden die Äpfel zurück in das Kühlhaus oder in die Packstation nebenan gebracht, wo (meist) Frauen fleißig die Früchte in grellfarbige Kartons verpacken. Jeder Karton lässt sich elektronisch zu Farm, Obstgarten, Linie und sogar zum Packer zurückverfolgen.

Während die Zahl der Sortierarbeiter bei Kromco heute von 70 auf unter 25 gesunken ist, nimmt die Zahl der Beschäftigten an der Verpackungslinie zu. In der Anlage für den Endverbraucher werden nun Äpfel verpackt, ein System, das die Zahl der Zwischenhändler auf den Exportmärkten reduziert. Kromco beschäftigt 300 fest angestellte und weitere 700 Saisonarbeiter.

Mit erhöhter Produktionskapazität und Qualitätskontrolle - ermöglicht durch den Einsatz von Technologie - rechnet Kromco bis 2022 mit einem Wachstum von 30 Prozent. Dazu trägt auch ein detailliertes Verständnis der Präferenzen der Exportmärkte bei. Mehr als 30 Prozent der südafrikanischen Apfelexporte gingen im Jahr 2015 in das übrige Afrika, das sein größter Markt ist (Großbritannien mit 25 Prozent und Ostasien mit 24 Prozent). 'Wir müssen die besonderen Vorlieben der afrikanischen Märkte verstehen', sagt Willem Coetzee, Geschäftsführer von Kromco. 'Während Nigeria eine bestimmte Qualität von Äpfeln bevorzugt, kann es in Angola anders sein. Diese Märkte sind sensibler, da die Verkäufer die Früchte häufig einzeln verkaufen.'

Dies sind nicht die einzigen Anwendungen innovativer Technologien im südafrikanischen Apfelanbau. Paul Cluver, einer der 13 Landwirte, die Kromco beliefern, hat seine Früchte nachts gepflückt. Dies hat zu einer Verdoppelung der Leistung geführt, da die Temperaturen niedriger sind und der Fokus der Arbeiter angesichts der Beleuchtung intensiver ist. Seine 40 Traktoren sind jetzt mit GPS ausgestattet, was die Geschwindigkeit, die Wartungskosten und die Dieselkosten reduziert.

Keine dieser Technologien ist revolutionär. Weit gefehlt. Die französische Roboter-Sortieranlage von Kromco kann für 4 Millionen Dollar im Regal gekauft werden. Das GPS des Traktors ist ebenfalls allgemein verfügbar. Der Trick liegt in der Anwendung, der Integration von Systemen und Technik.

Marokko ist ein weiteres Beispiel dafür, wie man mit der Technologie umgehen kann - der Einsatz von Technologie zur Schaffung neuer Arbeitsplätze - bis jetzt, mit guter Wirkung.

Marokkos Einsatz von Technologie für die Entwicklung

Etwa 10 Kilometer außerhalb von Rabat, an der Autobahn Tanger-Casablanca, liegt Technopolis, ein Inkubator-Campus für Start-up-Unternehmen.[42] In den an die Internationale Universität Rabat angrenzenden Glas- und Betongebäuden versammeln sich 50 Unternehmen, die von niedrigen Mieten, guter Anbindung, der Verfügbarkeit finanzieller

Mittel zur Ausweitung ihrer Aktivitäten und Mentoring angezogen werden. Ein Cluster von weiteren 260 IT-Start-ups, 90 Kilometer entfernt, befindet sich im Technopark von Casablanca, der 2001 eröffnet wurde. Ein dritter ähnlicher Park wurde 2015 in Tanger eröffnet.

Für Marokko geht es bei der Schaffung von Arbeitsplätzen nicht in erster Linie um neue Technologien, sondern um Politik, Prozesse und Menschen.

In der 30 Kilometer von Casablanca entfernten Freihandelszone Aéropole sind 100 Unternehmen ansässig, darunter die Subunternehmer Matis, Aircelle, Snecma, Sagem und Teuchos sowie große Namen wie Boeing, Bombardier und Airbus. Zusammengenommen beschäftigen diese Unternehmen 11.500 Mitarbeiter und erwirtschaften einen Umsatz von 1 Milliarde Dollar, was 5 Prozent der marokkanischen Exporte entspricht.

Marokko will von den 35.000 Flugzeugen, die in den nächsten zwei Jahrzehnten weltweit gebaut werden sollen, eine größere Stückzahl herstellen. Die Luftfahrtindustrie strebt eine Verdoppelung von Beschäftigung und Produktion bis 2020 an, unter anderem durch die Erhöhung des Anteils der lokal produzierten Komponenten in den Baugruppen auf 35 Prozent.

Auch die marokkanische Automobilindustrie ist auf dem Vormarsch. Im Jahr 2005 erwarb Renault von Fiat eine Produktionsstätte in Casablanca, die bis 2015 62.000 Autos produzierte. Im Jahr 2011 eröffnete sie in der Nähe von Tanger eine neue 1-Milliarde-Dollar-Fabrik, die 2015 229.000 Autos produzierte. Der Hauptteil des Marktes geht mit einer kurzen Fahrt mit der Fähre nach Spanien und von dort nach Frankreich und Deutschland.

Ziel der Fabrik ist es, bis 2020 330.000 Einheiten zu produzieren, wodurch die Produktion von Renault in Marokko auf rund 400.000 Einheiten ansteigt. Im Jahr 2016 unterzeichnete Renault eine zweite Investition in Höhe von 1 Milliarde US-Dollar, um den lokalen Anteil auf 65 Prozent zu erhöhen. PSA Peugeot Citroën wird 2019 in Kenitra ein Werk im Wert von 620 Millionen Dollar eröffnen, mit dem Ziel, in drei Jahren 200.000 Autos zu produzieren. Und es ist ein dritter Hersteller geplant, der die Produktion weiter erhöhen und die 150 Automobilzulieferer, die bereits in Marokko ansässig sind, ergänzen wird.

Marokkos gesamte Automobilexporte erreichten 2015 einen Wert von 5,3 Mrd. $, womit Marokko nach den Überweisungen der 5 Millionen im Ausland lebenden Marokkaner (ca. 7 Mrd. $) der größte Devisenverdiener des Landes ist und vor den anderen großen Exportbranchen des Landes - Tourismus, Landwirtschaft und Phosphate - liegt. Mit derzeit 100.000 Arbeitsplätzen und potenziell weiteren 90.000 bis 2020, wenn Marokko 10

Milliarden Dollar in Form von Teilen und Autos exportieren will, ist der Automobilsektor eine große Erfolgsgeschichte.

Dieser Triumph weder Zufall noch eine Eigenart des geographischen Glücks. Das industrielle Wachstum wurde auf einer Reihe von Faktoren aufgebaut - die Nähe des Landes zu den europäischen Märkten, relativ billige Arbeitskräfte (marokkanische Automobilarbeiter verdienen etwa die Hälfte ihrer europäischen Kollegen, wenn die Produktivität in mehreren nordafrikanischen Ländern berücksichtigt wird), Handelsabkommen im Wert von 1,5 Milliarden US-Dollar mit den USA, der EU, der Türkei und mehreren nordafrikanischen Ländern, effiziente Logistiksysteme sowie Steuer- und andere Anreize.

Aber die Grundlage für den Erfolg sind sowohl politische Veränderungen als auch staatliches Handeln. Ahmed Chami arbeitete 11 Jahre für Microsoft, bevor er Minister für Industrie, Handel und neue Technologien in Marokko wurde. 'Die größte Herausforderung', sagt er, 'besteht darin, dass wir in Marokko jedes Jahr 200 000 Arbeitsplätze schaffen müssen, um unsere Absolventen aufzunehmen.[43]

Als er 2007 in die Regierung eintrat, sagte Chami, er habe zwei Dinge zu tun. Die erste war 'die Sicherung des makroökonomischen Fundaments. Dazu gehörten die Reduzierung der Staatsverschuldung, der Zahlungsbilanzen sowie die Verbesserung unserer Devisenreserven. Als wir das einmal hatten, mussten wir über die Triebkräfte der Entwicklung nachdenken. In den 1990er Jahren hatten wir anderthalb Wachstumsmotoren: Einer davon war der Tourismus und die andere Hälfte der Agrarsektor.'

Diese Situation müsse sich ändern, betont er. Um eine Diversifizierung zu erreichen und die 33 Millionen Einwohner zu versorgen, musste sich die Regierung auf die Verbesserung der Infrastruktur konzentrieren. 'Als Sektor an sich', so Chami, würde dies sowohl das Wachstum steigern als auch als Impulsgeber fungieren. Das Ergebnis ist, dass die Autobahnen, Häfen und das Eisenbahnsystem Marokkos im Vergleich zu vor zehn Jahren erheblich verbessert wurden. Inzwischen hat es gerade die erste Phase eines 9 Milliarden Dollar teuren 580-Megawatt-Solarstromkraftwerks in Ouarzazate in Betrieb genommen, dem größten der Welt.

Auch andere Pläne wurden auf den Weg gebracht. Die Regierung startete ergänzende Maßnahmen, um die Zahl der Touristen zu erhöhen. Marokko hatte im Jahr 2015 10 Millionen Besucher jährlich, viermal mehr als 20 Jahre zuvor, und es wurde eine Strategie 'Grünes Marokko' zur Ankurbelung der Landwirtschaft ins Leben gerufen.

Dennoch war mehr erforderlich. Da kein Land ohne Industrie entwickelt werden kann, untersuchte Marokko mit Hilfe von Beratern 80 Sektoren des verarbeitenden Gewerbes. Es wurden sechs Schwerpunkte festgelegt: Luftfahrt, Automobil, Offshoring, Textilien und Bekleidung, Elektronik und Agroindustrie. ‘Wir mussten Marokko als ein Unternehmen betrachten, das Dinge herausfindet, bei denen wir gut sein könnten und wo wir uns profitabel zeigen könnten’, sagt Chami.

Obwohl es bei seiner Ankunft bereits eine aufstrebende Industriestrategie gab, war es Chamis Aufgabe, diese Strategie in die Praxis umzusetzen, von ‘PowerPoint über Word bis hin zu Microsoft Project’, lacht er angesichts seines Hintergrunds. Im Februar 2009 wurde ein Fahrplan mit 111 Aktionen unter dem Namen *Le Pacte National pour l'Emergence Industrielle* (Strategie für die industrielle Entwicklung) unterzeichnet, an dem neun Ministerien beteiligt sind.

‘Was ihn möglich gemacht hat’, meint er, ‘war nicht nur, dass er einen Eigentümer in unserem Ministerium hatte, sondern auch, dass er den Privatsektor und ein Team von ‘Superhelden’ in meinem Ministerkabinett einbezog’.

Das Budget für das Projekt war direkt an die Erfüllung der Zielvorgabe von 220.000 Arbeitsplätzen pro Jahr geknüpft. Dies war jedoch kein Garant für den Erfolg. ‘Im Allgemeinen ist die Verwaltung schrecklich’, meint Chami, ‘mit Leuten, die es gewohnt sind, in einer strengen Hierarchie und in Silos zu arbeiten. Um die Dinge zu erledigen, mussten wir manchmal Dinge persönlich erledigen, um das Protokoll zu durchbrechen.’

Ein ähnlicher Ansatz wurde bei der Anwendung von Technologie verfolgt, für die die Regierung vier Rollen vorsah. Der erste Schritt war der soziale Wandel, wie z.B. die 80-prozentige Subventionierung von Laptops für Studenten. Bisher wurden 140.000 Empfänger erreicht. Finanziert wurde dies durch einen Telekommunikationsfonds, der den universellen Zugang in ländlichen Gebieten sicherstellt.

Eine zweite Rolle spielte die Technologie im elektronischen Behördenverkehr (E-Government) - zum Beispiel bei der Zahlung von Steuern, der Terminvereinbarung und der Registrierung von Genehmigungen. Ein dritter Schritt war der Einsatz von IT zur Verbesserung der Wettbewerbsfähigkeit kleiner und mittlerer Unternehmen (d.h. mit weniger als 10 Mio. USD Umsatz).

Und schließlich, um die Voraussetzungen dafür zu schaffen, dass es eines Tages ein marokkanisches Microsoft oder Google geben kann, hat die Regierung den Maroc Numerique (‘Marokko Digital’)-Fonds zur Finanzierung von Start-ups in den Technoparks und zur Förderung des Outsourcings von IT, Geschäftsprozessen und Wissensverarbeitung in fünf Offshoring-Einrichtungen in Casablanca, Fes, Rabat, Oujda und Tetuan eingerichtet.

Um diese Idee Wirklichkeit werden zu lassen, hat die Regierung eine Reihe von Anreizen geschaffen. Die Freihandelszonen in Tanger, Kenitra, Oujda und rund um den Luftfahrtpark von Casablanca haben günstigere Mieten, keine Einkommenssteuer für die ersten fünf Jahre und 8,75 Prozent für die nächsten 20 Jahre. In den Technoparks und Offshoring-Einrichtungen ist die Miete auch billig, die Telekommunikationskosten sind niedriger, die Bandbreite größer und schneller und die persönliche Einkommensteuer ist geringer als die Hälfte (20 Prozent) des Satzes außerhalb (44 Prozent). Auch die Schulungskosten werden erstattet. Bis zu 20 Prozent der Investitionen im Automobilsektor könnten auch durch den staatlichen Hassan-II-Fonds gedeckt werden.

All dies erforderte einen Champion - 'den König selbst', sagt Chami. Der marokkanische König Mohammed VI. ist seit seinem Antritt im Jahr 1999 für den Wandel in Wirtschaft und Politik Marokkos von zentraler Bedeutung. Die frühen Liberalisierungs- und Privatisierungsschritte des Landes wurden jedoch durch den Arabischen Frühling 2011 stark vorangetrieben, der die Ausarbeitung einer neuen Verfassung mit dezentralisierten Befugnissen in den 1.503 Gemeinden, 78 Provinzen und 12 Regionen auslöste. Marokko stand vor einer Krise, die es bisher gut genutzt hat.

Natürlich ist die Situation alles andere als perfekt. Die Schaffung von Arbeitsplätzen für Hochschulabsolventen hat sich von einem Spitzenwert von 130.000 im Jahr 2011, kurz bevor Chami das Ministerium verließ, auf rund 60.000 pro Jahr verlangsamt.

Es wird sich noch viel mehr ändern müssen, damit Marokko seinen beträchtlichen sozialen Druck auch weiterhin bewältigen kann. 'All diese Dinge müssen mit den richtigen Leuten funktionieren', erklärt Chami, 'sonst ist alles nur Theorie'. Das marokkanische Bildungssystem wurde in den achtziger Jahren von der politischen Einflussnahme abgelöst, als die Regierung versuchte, ein funktionierendes System zu schaffen, indem sie das Arabische in den Mittelpunkt stellte und sich vom Französischen entfernte. Dies hängt mit einer größeren Besorgnis über die soziale Eingliederung zusammen. Migranten aus den ländlichen Gebieten können in den Städten an den Rand gedrängt werden, große Familien haben, bildungsmäßig unterdurchschnittlich abschneiden und in niedere Berufe und manchmal auch in die Kriminalität abdriften.

Obwohl viele Länder dem gleichen Druck des sozialen und wirtschaftlichen Wandels ausgesetzt sind und eine Vision und sogar Pläne zur Diversifizierung und Modernisierung ihrer Volkswirtschaften entwickelt haben, tun die meisten es weitaus weniger.

Bisher geht es in Marokkos Technologiegeschichte darum, bestehende Technologien zu nutzen, um Geschäftsmöglichkeiten zu schaffen und die Regierungsarbeit und die Bereitstellung von Dienstleistungen zu verbessern. Keine futuristischen Fluxkondensatoren oder Kontinuumstransformatoren sind für diese neue Zukunft erforderlich. Was wir brauchen, sind vielmehr den politischen Willen, eine gute Politik und fähige, hochenergetische Führer.

Fazit: Zurück zu den Grundlagen?

Zuckerberg hat Free Basics vorgeschlagen, eine Initiative, um Mobiltelefonnutzern in unterversorgten Ländern wie Sambia, Tansania und Kenia kostenlosen Internetzugang zu bieten. Dies stößt auf Widerstand und wird als freier Zugang nur zu Teilen des Internets kritisiert. Sein Schritt würde es ihm ermöglichen, auf die großen Daten Afrikas zuzugreifen, Verbraucheranalysen zu ermöglichen und damit Antworten zu finden und das Leben der Menschen zu verändern. Es steht auch im Einklang damit, die Welt von der Telekommunikation und dem Internet mit Produkten wie WhatsApp und Messenger mit ihrer Identifizierungs- und Authentifizierungsfähigkeit zu entfernen.

Die Welt der Millennials (der um die Jahrtausendwende Geborenen) wird voraussichtlich immer häufiger von einem Wi-Fi-Hotspot zum anderen springen. Dies ist eine schlechte Nachricht für Telekommunikationsunternehmen, ermöglicht aber schnellere und billigere Transaktionen. Deloitte prognostiziert, dass bis Ende 2016 weltweit rund 300 Millionen Kunden Voice over Wi-Fi und/oder Voice over LTE (Long-Term Evolution - 4G) nutzen werden, doppelt so viele wie zu Beginn des Jahres und um ein Vielfaches höher als zu Beginn des Jahres 2015.[44] Das kann nur deshalb weiter wachsen, weil es billig ist.

In der Tat ist Kenias M-Pesa auf diese Weise eine Überlegung, die ebenso viel Misserfolg wie Erfolg verspricht. 'Es funktioniert, weil das Zahlungssystem im Land kaputt ist', sagt ein Bankmanager mit Sitz in Kenia. 'Der Grund, warum es nach acht Jahren nicht weltweit eingeführt wurde, ist, dass andere Menschen bereits über Systeme verfügen, die besser und kostengünstiger arbeiten.'

Inkubatoren können umsetzbare Ideen liefern. Doch wie die Erfahrung von iHub zeigt, ist es viel schwieriger, sie in Unternehmen zu verwandeln. Insgesamt muss die Technologiepolitik auf die Förderung kleiner und mittlerer Unternehmen ausgerichtet sein, die die überwiegende Mehrheit der Arbeitsplätze in Ländern mit niedrigem Einkommen darstellen.[45] Damit diese Unternehmen gedeihen können, bedarf es, wie Marokko zeigt, der Unterstützung von Unternehmensgründungen, einschließlich der Sicherstellung des richtigen Ökosystems für die Zusammenarbeit.[46]

Vorsicht ist auch bei der Anwendung neuer Technologien geboten. Die Verwendung von Drohnen zum Versand von Blutproben für Tests in Malawi oder für die Verteilung von Medikamenten in Ruanda wird das Problem der HIV-Infektion, den Zustand der Krankenhäuser dieser Länder oder die Heilung der Arbeitslosigkeit nicht lösen. Und wie andere bereits angemerkt haben,[47] wäre es viel billiger und wahrscheinlich zuverlässiger, Proben mit dem Motorrad zu versenden. Aber natürlich nicht so sexy und wahrscheinlich auch nicht so attraktiv für eine Finanzierung durch ein Silicon Valley High-Tech-Unternehmen oder einen medienerfahrenen Spender.

Ebenso wenig kann die Technologie die Notwendigkeit einer vernünftigen Politik, gut durchdachter Vorschriften, Rechtsstaatlichkeit, sauberer Toiletten und Trinkwasser überspringen. Das Vorhandensein dieser Bedingungen wird von mehr als nur einer neuen App oder eines neuen Start-up-Unternehmens abhängen und nur auf diese Weise, also durch das Zusammenspiel der oben erwähnten Faktoren, die Finanzierungslücke - zwischen der Liste der Infrastrukturprojekte auf dem Papier und denjenigen, die in der Bank liegen – überwinden.

Wenn Afrika von dem freien Zugang zu Informationen profitieren soll, müssen seine Regierungen ihren Bürgern die Teilnahme an der weltweiten Informationswirtschaft durch verbesserte Konnektivität ermöglichen. Dazu ist es notwendig, in fünf Realitäten tätig zu werden.

Die erste ist, dass die Regierungen die Vollmacht eines Kredits akzeptieren. Damit Kredite umfassend und ohne lästige Auflagen vergeben werden können, sind transaktionale Informationen erforderlich. Die Verbilligung dieser Transaktionen wiederum trägt zu diesem Prozess bei, aber auch das Gegenteil ist der Fall. Wie Bob Collymore von Safaricom bestätigt, 'kann die Technologie auch die Ungleichheit vertiefen. Der Zugang zu einem Smartphone kann den Benutzer von denen, die diesen Zugang nicht haben, wegbeschleunigen - der Unterschied zwischen der Verbindung mit der Welt und dem Festhalten am Hirtendasein in Turkana.'[48]

Zweitens müssen die Regierungen die Rolle globaler Produktionsketten im verarbeitenden Gewerbe akzeptieren. Einen kleinen Teil von etwas zu produzieren, das viele Male überholt wurde - als einer der Dutzende von Komponentenlieferanten für Apples iPhone zum Beispiel - ist der Weg der Welt und wünschenswert.

Drittens bedeutet die Notwendigkeit der Offenheit, die Zuwanderung von Qualifikationen nach innen zu fördern. Die beschleunigte Ausstellung von Visa für Qualifikationen und Unternehmer ist unter anderem unerlässlich. Bis zum Jahr 2016 hatten ein Dutzend Länder ein Startvisum, darunter Australien, Neuseeland, Singapur, Großbritannien, Irland, Frankreich, Spanien, Italien, die Niederlande, Dänemark, Kanada und Chile. Eines der wenigen etablierten Start-up-Visa-Programme in einer sich entwickelnden Wirtschaft, Start-up Chile, wurde 2010 gestartet. Es stellt Gründungskapital für Unternehmer zur Verfügung, das je nach der Phase des Start-ups zwischen 15.000 und 90.000 Dollar variiert. Seit seiner Gründung hat es mehr als 2.000 Unternehmer angezogen, und die daraus resultierenden Unternehmen haben mehr als 100 Millionen Dollar an privatem Kapital aufgebracht. Diese Initiative hat Chile als Innovationsdrehscheibe in Lateinamerika positioniert.[49]

Dies erfordert ein gewisses Maß an politischem Kapital in einem Umfeld, in dem Ausländer mit Argwohn betrachtet werden, und in dem sie den Einheimischen Arbeitsplätze wegnehmen. Es wird auch bedeuten, dass ausländische Unternehmen und Privatpersonen ihre Dividenden und ihr Kapital offen und einfach repatriieren können. Und es wird auch eine kräftige Portion politischer Führung auf andere Weise erfordern – nämlich die lokale Mentalität von Arbeitssuchenden in Jobschaffende zu verändern, wie Namibias Präsident Hage Geingob in Kapitel 11 argumentiert.

Viertens: Zu diesen Grundlagen gehören die richtige Ausbildung und Investitionen in Forschung und Entwicklung als ein Ansporn für Innovationen. Die FuE-Ausgaben der afrikanischen Länder südlich der Sahara machen weniger als ein Viertel des globalen Durchschnitts von 2,1 Prozent des BIP aus. Selbst im am weitesten fortgeschrittenen Land des Kontinents, Südafrika, waren es 2012 nur 0,73 Prozent.[50] Ein System von Unternehmenssteuervergünstigungen und staatlicher Unterstützung für Technologie-Inkubatoren und Universitäten würde ebenfalls helfen.

Schließlich müssen die Regierungen auch die Kosten der unterschiedlichen Regelungen zwischen den einzelnen Ländern und ihre Überlastung bei Geschäften berücksichtigen. Indien ist zwar ein Markt mit 1,2 Milliarden Menschen, hat aber nur eine Regulierungsbehörde pro Sektor. Afrika hat ebenfalls 1,2 Milliarden Einwohner, aber 54 Regulierungsbehörden. Um die Preise für Telekommunikation zu senken, muss die Regierung die Bedingungen für wettbewerbsfähige Praktiken sicherstellen.

Die Technologie wird Afrika Antworten bieten und die Zugangsbarrieren verringern. Allein jedoch kann die Technologie, genau wie die Entwicklungshilfe, keine sofortige und einheitliche Lösung bieten. Sie wird neue Herausforderungen mit sich bringen. Und ihre Nützlichkeit wird davon abhängen, dass die afrikanischen Regierungen andere Aspekte des notwendigen Reformpakets in Angriff nehmen, einschließlich der Möglichkeit, den Spielraum für die Tätigkeit des Privatsektors zu schaffen. Beispielsweise können digitale Lösungen den simbabwischen Landwirten helfen, indem sie sie mit dem Markt verbinden, ihre Pflanzungen zeitlich besser abstimmen, ihnen Versicherungsschutz bieten und ihre Erträge verbessern. Aber die Technologie wird die Katastrophe, die die Landpolitik von Präsident Robert Mugabe im Agrarsektor angerichtet hat, niemals mildern können.

Der unmittelbare, große Vorteil der Technologie für Afrika liegt in der Integration in ein Paket zur Lösung von 'Prozessproblemen', so wie es M-Pesa bei Finanztransaktionen getan hat, oder Seven Seas bei der Gesundheitsversorgung und den Huduma-Zentren. Ein damit verbundener längerfristiger großer Vorteil solcher integrierter Lösungen liegt in der Möglichkeit, Informationen und Analysen über die Bevölkerung zu sammeln, insbesondere in der Bereitstellung eines Bonitätsratings für diejenigen, die am Ende der (Einkommens-)Pyramide stehen.

Wenn Afrika keine mutigen Schritte unternimmt, um nicht nur den digitalen Zugang, sondern auch den Zugang zu Gütern, Fertigkeiten, Dienstleistungen und Technologien zu fördern, laufen seine Länder Gefahr, in einer zunehmend integrierten Weltwirtschaft noch weiter zurückzufallen.

Teil 3

Afrika zum Funktionieren bringen

Kapitel 9
Mobilisierung von Ressourcen, Risikominimierung von Investitionen

Fünf Schritte zum Erfolg:

- Ausländische Hilfe kann helfen, aber die Investitionen kommen aus dem privaten Sektor; daher ist es von entscheidender Bedeutung, eine unternehmensfreundliche Denkweise zu entwickeln.
- Die Schaffung von Stabilität und Sicherheit im politischen, rechtlichen und behördlichen Bereich ist der Schlüssel zu einer erfolgreichen Investorenstrategie.
- Die Hilfe wird die schwache Regierungsführung nicht überwinden. Verbesserte Leistung und Lieferung müssen lokal generiert und im Besitz des Unternehmens sein.
- Das chinesische Engagement sollte begrüßt werden, aber es sollte darauf geachtet werden, die Wertschöpfung für die afrikanische Bevölkerung und nicht die Bereicherung der Eliten zu sichern.
- Die Beihilfen müssen auf die nationalen Pläne abgestimmt und auf die Senkung der Kosten für die Geschäftstätigkeit zugeschnitten sein.

Herausforderungen und Chancen:

Angesichts der bislang relativ schlechten FDI-Leistung Afrikas ist der Aufwärtstrend beträchtlich. Dennoch sind die Hindernisse für den Zugang von privatem Kapital in weite Teile Afrikas nach wie vor gewaltig. Die afrikanischen Länder verfügen bisher in der Regel nicht über ein ordnungspolitisches Umfeld, das geeignet ist, die Art und den Umfang von Investitionen anzuziehen, die Arbeitsplätze schaffen. Ebenso wenig hat die Entwicklungshilfe die Finanzierungsherausforderung der afrikanischen Entwicklung beantwortet und könnte stattdessen den afrikanischen Regierungen falsche Anreize gegeben haben, indem sie die Verbindung zwischen den Führern und ihren Wählern geschwächt hat. China hat zwar ein neues Modell der Finanzhilfe für afrikanische Länder bereitgestellt, aber diese zusätzliche Hilfe allein wird die Entwicklungsherausforderungen Afrikas nicht lösen.

Schlüsselzahlen:
Die weltweiten Direktinvestitionen beliefen sich 2014 auf 1,23 Billionen Dollar, wobei die Industrieländer 499 Milliarden Dollar, Asien (ohne China) 465 Milliarden Dollar und China 129 Milliarden Dollar ausmachten. Afrika erhielt 54 Mrd. $ von diesen ausländischen Direktinvestitionen, davon 42 Mrd. $ für Afrika südlich der Sahara. Von den afrikanischen Ländern südlich der Sahara erhielt Westafrika 12,8 Mrd. $, Ostafrika 6,8 Mrd. $, Zentralafrika 12,1 Mrd. $ und das südliche Afrika 10,8 Mrd. $. Südafrika war mit 5,7 Milliarden Dollar der größte Einzelempfänger. Rund 48 Prozent der afrikanischen FDI-Bestände entfielen auf Dienstleistungen, 31 Prozent auf Primärgüter und 21 Prozent auf das verarbeitende Gewerbe.[1] Die globale Entwicklungshilfe stieg von 60 Mrd. USD im Jahr 2000 auf 160 Milliarden Dollar im Jahr 2014.[2] Seit dem Jahr 2000 hat sich die westliche Hilfe für Afrika auf über 50 Milliarden Dollar jährlich verdoppelt. Die chinesische Hilfe, die in dieser Zahl nicht enthalten ist, belief sich im gleichen Zeitraum auf fast 100 Milliarden Dollar. Überweisungen von im Ausland lebenden Afrikanern werden auf mindestens 40 Milliarden Dollar jährlich geschätzt, können aber bis zu viermal so hoch sein.

Das Schild des Herstellers auf dem riesigen Turbinengehäuse deutet auf den Jahrgang des Wasserkraftwerks hin: 'English Electric Company Ltd, Queen's House, Kingsway, London'.[3]

Der einstmals große britische Hersteller von Eisenbahnlokomotiven, Lenkflugkörpern, Computern, Lightning und Canberra-Flugzeugen und anderen ikonischen technischen Beiträgen existiert nicht mehr. Es wurde 1968 in die General Electric Corporation eingegliedert.

Allerdings gibt es heute noch einige Überreste der alten English Electric Company in Afrika. Sambias Mulungushi-Wasserkraftwerk am Fuße einer 355 Meter langen Schlucht, 60 Kilometer südöstlich von Kabwe wurde von der Broken Hill Development Company errichtet und 1925 von S.K.H. dem Prinzen von Wales, dem zukünftigen Edward VIII. eröffnet. Es wurde gebaut, um die Broken Hill Mine mit Strom zu versorgen; eine zweite Schwesteranlage wurde 60 Kilometer entfernt in Mita Hills gebaut.

Noch heute dauert in einem Lastwagen die Strecke von Kabwe nach Mulungushi zwei Stunden, während sie sich durch abgelegene Dörfer schlängelt. Die Hartnäckigkeit, Weitsicht, Ingenieurskunst und Hingabe, die für den Bau des Mulungushi-Werks vor all den Jahren erforderlich waren, ist atemberaubend, umso mehr, als das steile Gefälle, die Unzugänglichkeit, die Häufigkeit von Krankheiten und vieles andere mehr so schwierig zu bewältigen waren.

Die Ingenieure mussten nicht nur das Wasserkraftwerk errichten, sondern auch die Schleusentore, das Windenhaus, 5 Kilometer Kanäle und Umleitungsdämme sowie den Mulungushi-Staudamm selbst, um die Einspeisung der Turbinen zu bündeln. Und dann mussten sie große Stahlrohre über einen Kilometer in massiven Betonhüllen ins Tal verlegen, um die nötige Geschwindigkeit für den Antrieb der Generatoren zu erreichen.

Die Fahrt durch die Mulungushi-Schlucht ist berauschend. Der Trolley fährt in einem 45-Grad-Winkel eine schmale Strecke hinunter, die mit der Winde oben durch ein einziges Kabel und eine rudimentäre Technik verbunden ist. (Die Winde trägt den Namen Allen West & Co, Brighton, England). Unten, 15 Minuten später, drehen sich die riesigen Silberrohre von oben rechtwinklig, um die Turbinen über eine komplizierte Reihe von Einlassventilen und Druckdüsen zu speisen. Im Inneren des Wellblechgebäudes sind die vier Turbinen nebeneinander angeordnet, die beiden English Electric-Maschinen werden von zwei neueren chinesischen Turbinen der Chongqing Huayuan Hydroelectric Technical Engineering Co. Ltd. angedockt, um den vollen Titel anzugeben.

1925 gab es nur eine 2,5-Megawatt-Anlage. Zwei weitere 6,2-Megawatt-Anlagen kamen zwei Jahre später hinzu, und eine vierte 8-Megawatt-Turbine im Jahr 1941, als die Broken Hill Mine, die Zink, Blei und Silber produzierte, in voller Produktion war.

Mit der Verstaatlichung der Minen Sambias im Jahr 1972 begann ein langer, langsamer Prozess des Niedergangs. Broken Hill (umbenannt in Kabwe Mine) wurde 1990 geschlossen. Zwölf Jahre später wurden die beiden Wasserkraftwerke, die die Mine speisen, privatisiert und an die Lunsemfwa Hydro Power Company verkauft, was den Beginn einer Erholungsphase markiert.

Im Jahr 2009 wurde die 2,5-Megawatt-Anlage Nr. 1 durch eine 10,5-Megawatt-Anlage ersetzt, Nummer zwei und drei wurden saniert, und 2013 wurde auch die vierte Turbine ersetzt und auf 7,8 Megawatt aufgerüstet, wodurch die Leistung, zumindest auf dem Papier, auf 32 Megawatt gesteigert wurde. Bis 2016 belief sich die installierte Gesamtleistung in Mulungushi und Mita Hills auf 56 Megawatt, was angesichts des dringenden Energiebedarfs und der Knappheit Sambias eine kleine, aber bedeutende Menge ist.

Sambia war einst bekannt für seine billige und reichliche Energie, die es ermöglichte, die Minen zu entwickeln. Sie verbrauchen etwa 50 Prozent der nationalen Stromproduktion, was für einen Sektor, der 70 Prozent der Devisenreserven beisteuert, vielleicht nicht überraschend ist. Wasserkraft ist nach wie vor ein bedeutender Entwicklungsvorteil für das Land, das rund ein Drittel der Wasserreserven des südlichen Afrikas besitzt.

Der geschätzte Strombedarf in Sambia stieg von 1.600 Megawatt im Jahr 2008 auf 2.200 Megawatt acht Jahre später. Zumindest auf dem Papier sollte dies durch die aktuelle Produktion aus neun Wasserkraftwerken gedeckt werden. Ein schlechtes Wassermanagement und verspätete neue Projekte haben jedoch zu einem ständigen Leistungsabbau im ganzen Land geführt.

So steht beispielsweise seit Mitte der 1990er Jahre das 750-Megawatt-Wasserprojekt Kafue Gorge Lower auf dem Tisch und ist Gegenstand unzähliger von Gebern finanzierter Beratungen. In einer umfassenden Studie aus dem Jahr 1997[4] wurde das Potenzial für weitere 6.000 Megawatt aus dem sambischen Fluss- und Seenetz ermittelt, was eine bedeutende Exportchance bedeutet. Zu einer Zeit, als 65 Prozent der damals 1.000 Megawatt produzierten Leistung der Kupferindustrie zur Verfügung gestellt wurden, sah der Bericht einen Anstieg des Stromverbrauchs um bis zu 100 Prozent innerhalb von 15 Jahren vor. Er nahm ferner zur Kenntnis, dass Südafrika bis 2010 voraussichtlich 5.000 Megawatt fehlen werden und dass Sambia die Möglichkeit hat, Strom in die Republik zu exportieren.

Nach mehr als 15 Jahren Verspätung wurde das Projekt für Kafue Gorge Lower Ende 2015 vergeben. Aber das neue Kraftwerk wird wahrscheinlich erst in einigen Jahren ans Netz gehen. Inzwischen haben sich die Prognosen für das Nachfragewachstum als bemerkenswert zutreffend erwiesen - jetzt geht es bei diesem Projekt darum, aufzuholen, anstatt Fortschritte zu machen.

Man kann sich nicht vorstellen, dass ein anderer Mulungushi in der Gegenwart, wenn überhaupt, schnell ins Werk gesetzt wird - zu den großen Kosten für das sambische Volk, das verzweifelt nach Energie und Arbeitsplätzen sucht. Trotz des Wissens, dass Sambia um die Ecke lag und trotz der Anwesenheit von Gebern über viele Jahrzehnte hinweg ließ man den Energiesektor für das sambische Volk im Stich. Der Privatsektor hat jahrelang auf die Genehmigung von Projekten gewartet. Derartige Verzögerungen wurden anscheinend durch die Trägheit der Regierung und den Spielraum für unbedeutende Maßnahmen angetrieben und gefördert.

Sambia verfügt über einen nationalen Entwicklungsplan, verschiedene Strategien zur Industrialisierung und Schaffung von Arbeitsplätzen und eine Vision für 2030. An guten Analysen und Ideen mangelt es nicht. Doch um die Entwicklung voranzutreiben, braucht es Taten, nicht mehr Visionen und Strategien. Die Finanzierung muss ebenfalls erfolgen, und wie bei Mulungushi in den 1920er Jahren wird sie höchstwahrscheinlich aus dem privaten Sektor kommen müssen. Das setzt voraus, dass diese Investition im Laufe der Zeit und mit Gewinn zurückgezahlt wird.

Um gute Ideen in Bewegung zu bringen, wäre ein wenig von dem Mulungushi'can do' Geist und Geschäftseifer, der vor 90 Jahren in einem unzugänglichen Tal eine erstaunliche Ingenieurleistung vollbracht hat, heute nicht fehl am Platze.

Die Herausforderung der afrikanischen Ressourcen

Bis vor kurzem galten die Geberländer als wichtigstes Mittel zur Entwicklung Afrikas. Dieses Argument wurde auf dem G8-Gipfel 2005 in Gleneagles vorgebracht, als unter der Leitung von Tony Blair und Gordon Brown die Forderung erhoben (und beachtet) wurde, die offizielle Entwicklungshilfe für den Kontinent zu verdoppeln. Bis 2014 erreichte die globale Netto-Hilfe 161 Milliarden Dollar, von 60 Milliarden Dollar im Jahr 2000 und 35 Milliarden Dollar im Jahr 1980.[5] Bis 2016 erhielt Afrika 40 Milliarden Dollar an jährlicher Hilfe, mehr als doppelt so viel wie im Jahr 2000.[6]

Abbildung 9.1: Direktinvestitionen und Hilfsströme nach Afrika (in Mio. US-$), 1990-2014

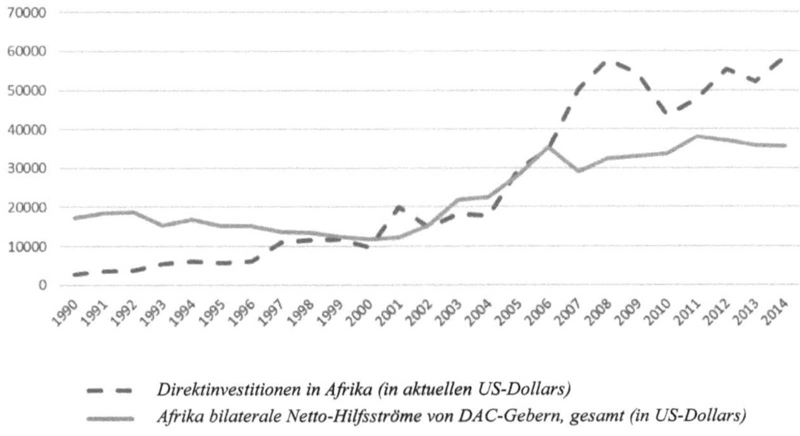

Quelle: Development Assistance Committee der OECD, 'Geographical distribution of financial flows to developing countries', *Development Co-operation Report*, und international development statistics database, www.oecd.org/dac/stats/idsonline; http://unctadstat.unctad.org/wds/TableViewer/tableView.aspx?ReportId=96740

Aus der Hilfeleistung im letzten Vierteljahrhundert ist viel gelernt worden. Seit dem Jahr 2000 wurden von den Gebern in Afrika mehr als 500 Milliarden Dollar ausgegeben. Ein ähnlicher Betrag wurde während des Kalten Krieges für Afrika ausgegeben, aber ein Großteil davon wurde aus Gründen strategischer Supermachtinteressen und wahrgenommener Loyalität ausgegeben, wie im ehemaligen Zaire oder für sowjetische Kunden, und nicht für die Entwicklung.[7]

Unmittelbar nach dem Kalten Krieg wurde Entwicklungshilfe in der Regel mit verschärften Auflagen gewährt. Diese Begriffe wurden schnell zu einer Quelle von Spannungen mit den nationalen Regierungen. Es folgte eine Tendenz zur Budgethilfe, bei der die Geber einigen Regierungen erlaubten, die Ausgaben der Hilfe direkt in ihre Haushalte zu verteilen und zu kontrollieren. Dieser Ansatz hatte unterschiedliche Erfolge bei der Verbesserung der Regierungstätigkeit, und in einigen Fällen kam es aufgrund verschiedener Fehler in der Rechnungslegung und Aufsicht zu einer Rückkehr zur direkten Projektfinanzierung. Obwohl Budgethilfe die Transaktionskosten der Geber deutlich senkt und die Harmonisierung der Ausgaben verbessert, hat sie bestenfalls nicht schlüssige Auswirkungen auf die Armutsbekämpfung.[8]

Der Gesamterfolg ist jedoch wenig beeindruckend. Daron Acemoglu und James A. Robinson haben festgestellt: 'Die Idee, dass große Spenden die Armut beheben können, hat die Theorie der wirtschaftlichen Entwicklung - und das Denken in vielen internationalen Hilfsorganisationen und Regierungen - seit den 1950er Jahren dominiert. Und wie sind die Ergebnisse? Eigentlich nicht so gut. Millionen Menschen sind in den letzten sechs Jahrzehnten aus der bitteren Armut der Welt herausgekommen, aber das hat wenig mit Auslandshilfe zu tun gehabt. Vielmehr ist es auf das Wirtschaftswachstum in den Ländern Asiens zurückzuführen, die wenig Hilfe erhalten haben.'[9]

Es überrascht nicht, dass sich seit dem Jahr 2000 eine Reihe von Veränderungen und Herausforderungen für das westliche Hilfsmodell für Afrika ergeben haben. Der bedeutendste Faktor ist das Aufkommen chinesischer Ausgaben.[10] Unter Verwendung einer weit gefassten Definition von Hilfe (einschließlich finanzieller Unterstützung für Projekte) stellten China und die USA im Zeitraum 2000-2013 94,3 Mrd. USD bzw. 107,9 Mrd. USD bereit. (Dies wird später untersucht.)

Ein weiterer Trend ist die Fähigkeit der afrikanischen Länder selbst, durch die Emission von Schuldverschreibungen Entwicklungsfinanzierung zu generieren.[11] Bis 2014 hatten 21 afrikanische Länder internationale Bonitätsbeurteilungen, mehr als doppelt so viele wie ein Jahrzehnt zuvor. Afrikanische Volkswirtschaften haben Zugang zu internationalen Fonds erhalten, die Investitionen in Schwellenländer mit höheren Renditen anstreben, eine Tendenz, die sich nach dem Rückgang der Zinssätze in den entwickelten Volkswirtschaften nach der Finanzkrise 2008 verstärkt hat. Im Jahr 2014 wurden beispielsweise neue Anleihen aus Sambia, Kenia, Elfenbeinküste, Südafrika, Senegal und Ghana begeben, die zusammen mehr als 7 Mrd. $ aufbrachten, so dass sich die kumulierte Gesamtsumme seit 2006 auf 25,8 Mrd. $ erhöhte.

Anleiheemissionen sind nicht die einzige Quelle für 'neues' Geld für Afrika. Die Direktinvestitionen sind stetig gestiegen, von 6,3 Mrd. $ im Jahr 2000 auf 42 Mrd. $ im Jahr 2013.[12] Ebenso wachsen die privatwirtschaftlichen Investitionen. So sicherte sich die US-amerikanische Carlyle Group im Jahr 2014 fast 700 Millionen US-Dollar für ihren ersten afrikanischen Fonds südlich der Sahara. Es gibt andere ähnliche Investitionen auf dem ganzen Kontinent, von Zement über Blumen bis hin zum Banking.[13]

Die Zunahme der Rücküberweisungen aus der afrikanischen Diaspora ist ein damit verbundener Finanzierungstrend. Diese Zahlungen belaufen sich auf 40 Milliarden Dollar, können aber bis zu 160 Milliarden Dollar oder ein Zwanzigstel des kontinentalen BIP betragen, wenn man bedenkt, dass schätzungsweise 75 Prozent aller Transfers außerhalb des formellen Bankensystems liegen. So lebt beispielsweise ein Viertel der 6 Millionen Einwohner Eritreas im Ausland und sendet schätzungsweise 38 Prozent des BIP zurück. Einer von drei eritreischen Haushalten hängt vom Einkommen aus Überweisungen ab, während drei Viertel mindestens eine Form der Überweisung erhalten.[14] Generell gilt: Je kleiner das Land, desto höher ist die Abhängigkeit von Überweisungen, gemessen als Prozentsatz des BIP. Kap Verde mit 34 Prozent, Liberia (26 Prozent) und Burundi (23 Prozent) gehören zu den am stärksten abhängigen Ländern.

Obwohl die Staats- und Regierungschefs daran interessiert waren, neue Quellen für die Entwicklung von Kapitalzuflüssen zu erschließen, gibt es auch ein größeres Bewusstsein für die Systeme von Regierungsaktivitäten, die illegale Abflüsse ermöglichen.

Das hochrangige Gremium der AU für illegale Finanzströme hat beispielsweise errechnet, dass der Kontinent mehr als 50 Milliarden Dollar an illegalen Finanzabflüssen verliert, weil sowohl Unternehmen als auch Regierungen betrügerische Maßnahmen zur Vermeidung von Steuerzahlungen ergreifen. Diese Zahl, so das Fachgremium, habe sich seit 2001 fast verdreifacht. Insgesamt wird davon ausgegangen, dass der Kontinent zwischen 1970 und 2008 illegal etwa 850 Milliarden Dollar verloren hat, darunter 217,7 Milliarden Dollar aus Nigeria und mehr als 81,8 Milliarden Dollar aus Südafrika. Solche Ströme sind das Ergebnis von 'Handelsfehl-

bewertungen, Zahlungen zwischen Mutter- und Tochtergesellschaften sowie von Mechanismen der Gewinnverschiebung, die darauf abzielen, Einnahmen zu verbergen', heißt es in der Studie.[15]
Die Existenz von Steueroasen erleichtert diese Art von Kapitalflüssen. Die Schlüsselfaktoren dafür sind jedoch schwache Regierungssysteme in Afrika und mangelndes Vertrauen in Politik und Rechtsstaatlichkeit. Die Umsetzung dieser Grundsätze hat sich für die Regierungen als äußerst problematisch erwiesen.

Es ist die Art und Weise, wie Hilfskapital eingesetzt wird, die Entwicklungserfolge von Misserfolgen trennt. Vietnam ist ein Beispiel dafür.

Hilfe gut genutzt: Vietnams Lektionen

Wenn es jemals ein Land gab, das eine Ausrede dafür hatte, sich nicht weiterzuentwickeln, dann ist es Vietnam. Vietnam, das durch mehrere hundert Jahre andauernde Kriege mit China, Japan, Frankreich und den USA zerstört wurde, durch Kolonialismus geteilt wurde und fremde Verwaltungssysteme aufzwang, gebirgig und mit einer schwierigen Geographie und schwierigen Nachbarn, ethnisch gespalten und dogmatisch dem Sozialismus verpflichtet, sollte eines der ärmsten Länder der Welt sein.

Nach der Wiedervereinigung im April 1975 verlor die Regierung ein Jahrzehnt sozialistischer Politik, einschließlich der kollektivierten Landwirtschaft, was zu Hungersnöten und wirtschaftlichem Zusammenbruch führte. Vietnam begann Mitte der 80er Jahre mit der Reform, so dass die Bauern zu Beginn des *doi moi*-Prozesses (Renovierung) einen Teil ihrer Produktion behalten konnten.

Mitte der 90er Jahre, als das Reformprogramm *doi moi* gerade erst in Kraft getreten war, waren die meisten Industriezweige in Staatsbesitz und staatlicher Hand, und der größte Teil der Flugzeuge der nationalen Fluggesellschaft waren sowjetische Flugzeuge (im Interesse der Selbsterhaltung zu vermeiden). Obwohl Motorräder allmählich populär wurden, bewegten sich die meisten Menschen immer noch zu Fuß und in Karren, mit klobigen Ostblockautos, motorisierten Dreirädern, rülpsenden Bussen und einer dampfbetriebenen Eisenbahn. Das Land war offensichtlich arm, die Bedingungen immer hart und der Lebensstandard niedrig.

Zwanzig Jahre später war das Land praktisch nicht mehr zu erkennen. Hanoi ist nicht mehr trostlos und Ho Chi Minh City hat seinen Status als eine der großen Städte Asiens wiedererlangt. Trotz unzähliger Probleme, wie z.B. klappriger Infrastrukturen, Inflation und finanzieller Überhitzung war Vietnam in den letzten zwei Jahrzehnten eine der am schnellsten wachsenden Volkswirtschaften der Welt, mit einem durchschnittlichen BIP-Wachstum von 8 Prozent von 1990 bis 1997, 6,5 Prozent von 1998 bis 2003 und über 5 Prozent seit 2004, trotz regelmäßiger weltweiter Schwierigkeiten.

Es ist ja nicht so, als ob die Geschichte des Landes in Vergessenheit geraten wäre. Vielmehr haben die Vietnamesen die Vergangenheit erfolgreich hinter sich gelassen und sich entschieden, nach vorne zu blicken. Seine Genesung, sowohl von seinen eigenen Fehlern als auch vom Krieg selbst, enthält viele Lehren für andere, die das Gleiche versuchen.

Mit einer halben Chance hat sich die Superindustrie und der Unternehmergeist der Vietnamesen durchgesetzt, wie auch in anderen Umgebungen, die einen ähnlichen Bruch erlebten. Von 1990 bis 2005 verdoppelte sich die landwirtschaftliche Produktion Vietnams nahezu und wandelte sie vom Nettoimporteur von Nahrungsmitteln zum zweitgrößten Reisexporteur der Welt. Obwohl der Kaffee von französischen Kolonisten in der Mitte des 19. Jahrhunderts eingeführt wurde, verkümmerte die Industrie aufgrund von Krieg und zentraler Planung. Nach *doi moi* hat die Einführung der Privatwirtschaft zu einem Wachstumsschub in der Branche geführt. Wie bereits in Kapitel 4 erwähnt, war Vietnam im Jahr 2000 mit einer Jahresproduktion von 900.000 Tonnen praktisch aus dem Nichts zum zweitgrößten Kaffeeproduzenten der Welt nach Brasilien aufgestiegen. Bis 2010 lag die Kaffeeproduktion bei über 1,1 Mio. Tonnen, der zweitwichtigste Wert nach dem Exportwert von Reis.

Auch die Fischwaren-, Cashew-, Textil- und Elektronikindustrie boomte. Allein der Bekleidungssektor hat seit 2010 eine Million Arbeitsplätze geschaffen.

Auch wenn die Hilfe bei dieser Erneuerung eine Rolle gespielt hat, geht es doch darum, alle möglichen Quellen für ausländisches und inländisches Kapital zu mobilisieren.

Vietnam hat in den letzten 40 Jahren eine bedeutende Außenhilfe erhalten. Während der Sowjetzeit, von 1975 bis 1989, erhielt es schätzungsweise 1 Milliarde Dollar jährlich. Wie in allen solchen zentral geplanten ökonomischen Experimenten wurde gutes Geld schlechtem hinterhergeworfen, und scheiterte in der Tat, zumindest dann, wenn es darum ging, Vietnam zu entwickeln (anstatt es ideologisch und strategisch 'an der Seite' zu halten). Mit dem Aufkommen von *doi moi* von 1993 bis 2004 erhielt Vietnam offizielle Entwicklungshilfe in Höhe von insgesamt 14 Milliarden Dollar, hauptsächlich von Asien, den USA, multilateralen Organisationen (insbesondere der Weltbank und der Asiatischen Entwicklungsbank) und EU-Mitgliedern - etwa die Hälfte der zugesagten Mittel. Während der

2000er Jahre hat sich der jährlich zugesagte Betrag von 2,5 Milliarden Dollar zu Beginn des Jahrzehnts auf über 6 Milliarden Dollar bis 2008 mehr als verdoppelt.

Abbildung 9.2: Erhaltene öffentliche Netto-Entwicklungshilfe (% des Bruttonationaleinkommens), 1960-2010

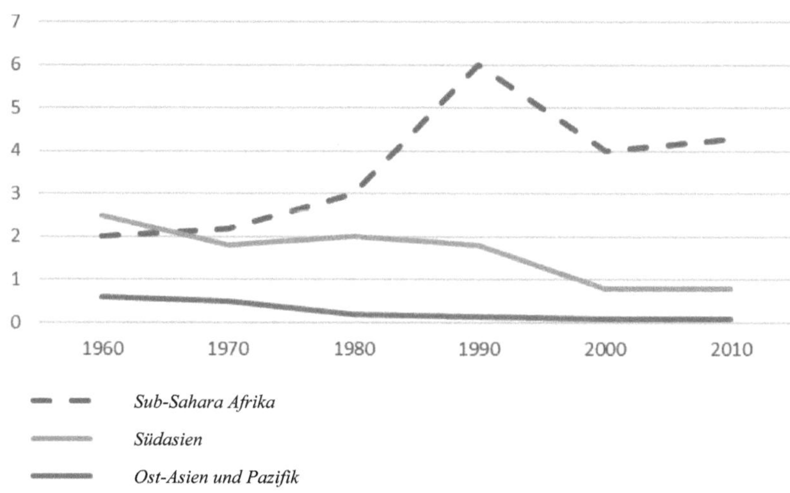

Quelle: OECD-Entwicklungshilfe im Überblick, Statistik nach Regionen, Ausgabe Afrika 2015, https://www.oecd.org/dac/stats/documentupload/2%20Africa%20-%20 Development%20Aid%20at%20a%20Glance%202015.pdf

Die Geber weisen darauf hin, dass die Wirkung der Hilfe auf Vietnam aufgrund der lokalen Eigenverantwortung und der sektoralen Ausrichtung viel größer ist. In den 15 Jahren ab 1993 war beispielsweise der Verkehrssektor (28 Prozent) der größte Ausgabenbereich, gefolgt von Energie (22 Prozent).[16]

Dennoch stand nie die Hilfe als wichtigstes Entwicklungsmittel im Vordergrund. Wenn Sie eine englischsprachige Zeitung in Vietnam aufschlagen, werden Sie wahrscheinlich detaillierte Auflistungen des Umfangs und der Art der ausländischen Direktinvestitionen nach Ländern und Sektoren finden. Außerdem wird es Listen mit möglichen privatwirtschaftlichen Investitionsvorhaben für öffentliche Infrastruktur-projekte geben. Das Volumen der ausländischen Direktinvestitionen stieg von praktisch Null im Jahr 1990 auf einen Jahresdurchschnitt von 10 Mrd. $ bis 2015.[17] Die Hilfe ist in Vietnam nützlich, weil sie die Pläne des Landes ergänzt und nicht verdrängt.

Ein Strom von Geld kann schwache Regierungsführung nicht ausgleichen

Traditionelle Geber haben eine gemischte Bilanz, wenn es um die Verbesserung der Regierungsführung geht, und sie können, wie der Fall Mosambik zeigt, zuweilen sogar Probleme verschärfen.

Mosambik wird von den Gebern seit langem als Erfolgsgeschichte betrachtet. Nach seiner chaotischen Unabhängigkeit von Portugal im Jahr 1975 war das ostafrikanische Land ein wichtiger Empfänger von sowjetischer und ostafrikanischer Unterstützung, vor allem in Form von Material sowie einiger westlicher humanitärer Hilfe und Entwicklungshilfe. Die Hilfe aus dem Westen nahm in den 90er Jahren mit dem Ende des Bürgerkrieges 1992 und dem Aufkommen der Demokratie massiv zu und verdoppelte sich von etwas mehr als einer Milliarde Dollar bei den demokratischen Wahlen 1994 bis 2013 auf 2,3 Milliarden Dollar.[18]

1994 war Mosambik offiziell eines der ärmsten Länder der Welt, mit einem Pro-Kopf-Jahreseinkommen von nur 160 Dollar.[19] Mit dem Ende des Bürgerkriegs in den 1990er und 2000er Jahren wuchs das BIP Mosambiks spektakulär um über 7 Prozent pro Jahr. Auch die Bevölkerung wuchs in dieser Zeit um 80 Prozent, von 15 Millionen im Jahr 1995 auf über 27 Millionen 20 Jahre später.

Am Ende des ersten Jahrzehnts der 2000er-Jahre war Mosambik hoch im Kurs. Im Jahr 2012 hatte die nationale Währung, der *metical*, die beste Performance der Welt gegenüber dem Dollar, während die Investitionen nur so flossen. Sogar portugiesische Staatsangehörige, die 1975 nach der Unabhängigkeit massenhaft geflohen waren, tröpfelten in die ehemalige Kolonie zurück, um bessere Perspektiven zu suchen und den wirtschaftlichen Schwierigkeiten Europas zu entkommen.

Die Erschließung von Kohlevorkommen in der Provinz Tete und riesige Offshore-Gasfunde im Norden haben die Medien mit Schlagzeilen wie 'Massive Gasfunde verwandeln Mosambiks Rückstau in eine Boomtown'[21] und 'Boomzeit für Mosambik, einst der Abfalleimer Afrikas'.[22] Nach Angaben der Standard Bank soll Gas in den nächsten 20 Jahren 39 Milliarden Dollar zur Wirtschaft beitragen und das Pro-Kopf-BIP von etwa 650 Dollar im Jahr 2013 auf 4.500 Dollar im Jahr 2035 steigern und dabei 700.000 Arbeitsplätze schaffen.

Abbildung 9.3: Mosambik - Hilfe und Pro-Kopf-BIP (derzeit US-$)

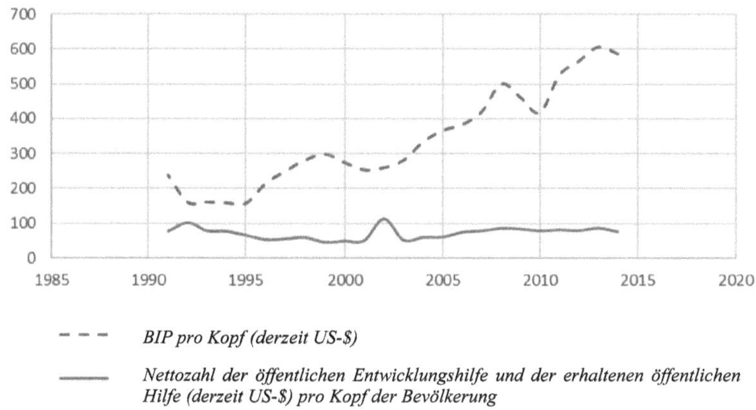

Quelle:
Daten der Weltbank-Volkswirtschaftlichen Gesamtrechnungen und der OECD-Volkswirtschaftlichen Gesamtrechnungen; Entwicklungshilfeausschuss der OECD, Geographische Verteilung der Finanzströme in die Entwicklungsländer, Bericht über die Entwicklungszusammenarbeit und Datenbank für internationale Entwicklungsstatistiken, www.oecd.org/dac/stats/idsonline

Im Jahr 2015 ging es für Mosambik jedoch wieder schief. Die unmittelbare Ursache der Krise war die Einstellung der Hilfe des IWF, der Weltbank und anderer internationaler Mechanismen, nachdem die Geber festgestellt hatten, dass Mosambik es versäumt hatte, Schulden in Höhe von mehr als einer Milliarde Dollar zu melden, die von staatlich verbundenen Unternehmen aufgenommen wurden. Im Jahr 2013 sammelte die Credit Suisse 500 Millionen Dollar für Empresa Moçambicana de Atum, eine eilig gegründetes staatliches Thunfischereiunternehmen. Die russische Bank Vneshtorgbank beschaffte weitere 350 Millionen Dollar, angeblich um eine Flotte von Fischerbooten zu finanzieren. Aber sobald diese Gelder aufgebracht waren, wurden sie für andere Anschaffungen verwendet, darunter Hightech-Schnellboote für die Küstenwache, während die Fischindustrie kaum noch funktionsfähig war. Die Darlehen brachten

Mosambiks Gesamtverschuldung auf fast 10 Milliarden Dollar, wobei das BIP unter 16 Milliarden Dollar lag.[23]

Nachdem die Schulden aufgedeckt waren, stürzte der *metical* um fast 40 Prozent ab (der stärkste Rückgang, den eine afrikanische Währung außer Sambia's Kwacha erlebte), obwohl die Zentralbank 1 Milliarde Dollar fruchtlos in Reserven zu seiner Verteidigung ausgab.[24] Bis Dezember 2015 musste die Regierung auf Devisenkontrollen zurückgreifen, um ihre Reserven zu erhalten. Der Crash machte die externen Verpflichtungen Mosambiks unhaltbar, da der größte Teil seiner Schulden in Dollar angegeben wurde. Die Wirtschaftskrise war so gravierend, dass das Finanzministerium Mosambiks im Juli 2016 den Staatshaushalt wegen ‘widriger nationaler und internationaler makroökonomischer Bedingungen’ aussetzte. Zuvor hatte die Rating-Agentur Moody's, die die Schwere der Krise unterstrich, Mosambik von einem niedrigen B2 auf ein tristes B3 heruntergestuft.[25]

Warum haben sich die Dinge bei all diesen Ressourcen und wirtschaftlichen Möglichkeiten für Mosambik so schlecht entwickelt? Letztendlich war das Scheitern auf schlechte Regierungsführung und schwache Institutionen zurückzuführen. Die Saga wirft daher Fragen nach der Wirksamkeit der Auslandshilfe bei der Verbesserung der Regierungsführung und nach dem Wesen der Politik in Mosambik auf.

Auf einer Ebene hatte das rasante Wachstum Mosambiks, wie die Weltbank selbst zugibt, nur mäßige Auswirkungen auf die Armutsbekämpfung. Die sozialen Indikatoren sind nach wie vor schlecht: Die Alphabetisierungsrate bei Erwachsenen liegt bei 56 Prozent und die Lebenserwartung bei der Geburt bei nur 50,3 Jahren. Malaria, eine Krankheit, die in engem Zusammenhang mit Armut und schwachen Institutionen steht, ist nach wie vor die häufigste Todesursache, die für 35 Prozent der Kindersterblichkeit und 29 Prozent der Todesfälle in der Gesamtbevölkerung verantwortlich ist.[26] Bei allem Wachstum und Hybris bleibt Mosambik im Index der UNO für menschliche Entwicklung sehr niedrig - 180 von 188 Ländern, wobei 55 Prozent der Bevölkerung in Armut leben.

Einer Ansicht nach hat die Erhöhung der Entwicklungshilfe in Mosambik dazu geführt, dass die Ungleichheit durch Investitionen in Humankapital verringert wurde, und hat als Katalysator für das Wachstum gewirkt. Aber selbst für seine Befürworter ist das Argument, dass die Abhängigkeit von ausländischer Entwicklungshilfe in Mosambik die Regierungsführung negativ beeinflusst, stichhaltig und gründet sich auf gute Forschung. Es ist zu beobachten, dass die Hilfe die Transparenz in der Zentralregierung verringert und die Regierungsführung in Frage stellt.’[27]

Mosambik nimmt im *Global Competitiveness Report* des Weltwirtschaftsforums, der die Qualität von Institutionen, Infrastrukturen, Bildungssystemen, Handel und anderen Effizienzsteigerungen bewertet, mit 133 von 140 Punkten einen bescheidenen Platz ein.[28]

Während das Land in einigen Geberhauptstädten für seine fortschrittlichen Ideale gefeiert wird, ist die Korruption in Mosambik nach wie vor allgegenwärtig, wobei die Mitglieder der Regierungspartei Frelimo im Mittelpunkt stehen. Mosambik blickt ebenfalls auf eine lange Geschichte politischer Gewalt zurück, und seit 2014 hat die Bereitschaft von Frelimo und der Opposition, Renamo, erneut auf Waffen zurückzugreifen, Anlass zur Sorge gegeben, dass Mosambiks lang gehegter Friedensprozess, der zumindest teilweise auf der Schirmherrschaft der Regierung beruht, weniger stabil ist als bisher angenommen.

Mosambik rangierte im Korruptionsindex 2015 von Transparency International auf Platz 112 von 168 Ländern.[29] Nach Angaben des Anti Corruption Resource Centre ist die Prävalenz von Korruption sowohl für die Öffentlichkeit als auch für die Geber, die fast die Hälfte des Staatshaushalts unterstützen, ein Problem. Korruption manifestiert sich in verschiedenen Formen, darunter politische, kleinliche und große Korruption, Veruntreuung öffentlicher Gelder und ein tief verwurzeltes System der Vetternwirtschaft. Die Kontrollmechanismen sind schwach, da die Exekutive einen starken Einfluss auf die Legislative und die Judikative ausübt. Korruption betrifft auch mehrere Sektoren des Landes, wie Polizei, öffentliche Verwaltung, Justiz und öffentliche Verwaltung.[30] Als Folge davon dominiert eine kleine Elite die Wirtschaft, die eng mit der Regierungspartei verbunden ist, während der Rest die Überbleibsel einsammelt.

Die Gebergemeinschaft scheint das Wesen der politischen Ökonomie Mosambiks und insbesondere das Ausmaß, in dem Mitglieder der politischen Klasse das System für ihren eigenen Profit manipulieren könnten und würden, nicht verstanden zu haben. Die Strenge und Robustheit der mit Unterstützung der Geber eingeführten Kontrollmechanismen hat sich als haltlos erwiesen und ist nicht in der Lage, den Interessen der Frelimo-Führungskräfte, die scheinbar ungestraft operieren, standzuhalten. Offensichtliche Warnhinweise, einschließlich intransparenter Ausschreibungsverfahren, wurden routinemäßig übersehen. Zu lange Zeit waren die Geber für die mangelnde Rechenschaftspflicht entweder bereitwillig blind, oder sie waren nicht in der Lage, Mosambiks Mechanismen der öffentlichen Finanzverwaltung zu überwachen. Zu viel Wert wurde auf die Aufrechterhaltung positiver Beziehungen und einen offenen Dialog gelegt, und zu wenig auf eine gründliche Untersuchung dessen, was tatsächlich geschah. Auch hier zeigt Mosambik, wie schwierig es ist, Regierungsführung durch externe Hilfe zu importieren, wenn die Geber zögern, ihre Beziehungen durch eine deutliche Sprache zu stören.

Die allgemeine Lehre aus Mosambik lautet, dass Ressourcen und wirtschaftliches Potenzial allein nicht ausreichen. Um einen positiven Effekt für das ganze Land zu schaffen, sind eine starke Regierungsführung, solide Institutionen und Transparenz unerlässlich. Der Ökonom Paul Collier hat eine Reihe von Möglichkeiten identifiziert, wie man Hilfsgelder in schwachen Märkten besser ausgeben kann, unter anderem durch Subventionierung von Versicherungen mit politischem Risiko und Investitionen in risikoreiche, aber möglicherweise katalytische Bereiche.[31] Oder ist vielleicht die Antwort für Investoren in Afrika - öffentliche wie private -, die Dinge wie die Chinesen anzugehen?

Chinesische Antworten?

Ein Interview im Jahr 2008 mit einem Berater des damals frisch gekürten französischen Präsidenten Nicolas Sarkozy veranschaulichte die Veränderungen und Herausforderungen, denen Frankreich in seiner Afrika-Politik gegenübersteht. Auf die Frage, was die französische Politik in dieser Zeit getrieben habe, antwortete er: 'Drei Zahlen: 4, 14 und 1,6 Milliarden'. Auf die Frage, was das bedeutet, antwortete er, dass 1,6 Milliarden die geschätzte Bevölkerung von Afrika südlich der Sahara bis 2020 sei, ein schnell wachsender, jugendlicher Markt; 14 sei die Entfernung in Kilometern über die Straße von Gibraltar, die Afrika von Europa trennt und zeigt, dass wir die Sicherheit und die wirtschaftliche Realität nicht ignorieren können; und 4 war das Alter von Präsident Sarkozy, als sein Vorgänger Jacques Chirac im Algerienkrieg neben (unter anderem) Sergeant Gnassingbé Eyadéma, der Präsident von Togo werden sollte, gedient hatte - was den Generationswechsel [seit dem] alten Regime illustriert.

Der Berater fügte hinzu: 'Und China hat all diese Faktoren hervorgehoben und uns gezeigt, dass Afrika nicht nur ein zu lösendes Problem ist, sondern auch eine Geschäftsmöglichkeit, die es zu nutzen gilt'.

Es gibt eine Fülle von Literatur über Chinas sich wandelnde Rolle in Afrika.[32] Zum Beispiel zeigen in *Continental Shift: A Journey into Africa's Changing Fortunes*[33] die Autoren Kevin Bloom und Richard Poplak Verständnis für Chinas neu gewonnene Rolle als Dealmaker, Einkäufer von Rohstoffen und Anbieter von Infrastruktur als Schlüsselfaktor des afrikanischen Wandels. Zweifellos hat China seit seinem Aufstieg in den 1990er Jahren, als sein jährlicher Handel mit Afrika weniger als 5

Milliarden Dollar betrug, mehr Geld in Afrika gesteckt, Interesse geweckt, dringend benötigte Infrastruktur geliefert und den Handel um das Zwanzigfache angekurbelt.[34]

Gewiss, chinesische Unternehmer und Geschäftsleute sind bereit, an Orte zu gehen und dort unter Bedingungen zu arbeiten, die nur wenige im Westen in Betracht ziehen würden. Sie fahren bis an den äußersten Rand des Horns, und es gibt immer einen chinesischen Bauunternehmer - ob es nun darum geht, den gewundenen Pass zu überqueren, der von Asmara nach Keren in Eritrea hinabsteigt, oder neue Straßen, Durchlässe und Brücken in Lalibela im benachbarten Äthiopien zu bauen.

Aber solche scheinbar unbestreitbaren Fortschritte können, wenn es keine Regierungsführung gibt, mit Kosten verbunden sein. Die Demokratische Republik Kongo, die von der Weltbank 2014 als das fünftärmste Land der Welt eingestuft wurde (mit einem jährlichen Pro-Kopf-BIP von nur 442 USD),[35] wird auch als das an Bodenschätzen reichste Land angesehen, das schätzungsweise 24 Billionen USD an Reserven besitzt. Die Demokratische Republik Kongo verfügt über einige der reichsten Kupfervorkommen der Welt, die Hälfte des Kobalts der Welt (das für Spezialstähle und -legierungen verwendet wird, darunter für Strahltriebwerke und Gasturbinen, magnetische und rostfreie Stähle und Schneidwerkzeuge), 80 Prozent der weltweiten Reserven aller bekannten Coltanreserven (die in Mobiltelefonen und anderen elektronischen Geräten verwendet werden). Das Land ist auch der fünftgrößte Produzent von Wolfram und der sechste von Zinn.

Im September 2007 kündigte die kongolesische Regierung mit zwei chinesischen Staatsunternehmen einen Deal in Höhe von 9 Milliarden Dollar an, der über dem gesamten Staatshaushalt liegt, wobei 3 Milliarden Dollar in Minen investiert und 6 Milliarden Dollar für die Infrastruktur verwendet werden. Im Gegenzug würden Chinas Sinohydro Corp und China Railway Engineering Corp eine 68-prozentige Beteiligung an einem Joint Venture mit dem kongolesischen staatlichen Kupferbergbauunternehmen Gécamines sowie Rechte an zwei großen Kupfer- und Kobaltkonzessionen erhalten.[36] Nachdem der IWF und lokale NGOs Einwände gegen die mangelnde Transparenz und die Besorgnis geäußert hatten, dass der Deal die DRK mit einer nicht tragbaren Verschuldung belaste, wurde er 2009 auf 6 Mrd. $ revidiert, wobei die Hälfte für die Minenentwicklung und die Hälfte für Infrastrukturprojekte verwendet wurde, während die Staatsgarantie, die das Bergbaudarlehen gedeckt hatte, gestrichen wurde. Die Anti-Korruptions-NGO Global Witness berechnete, dass China 10 Millionen Tonnen Kupfer und 600.000 Tonnen Kobalt im Austausch für den Bau von 2.400 Meilen Straßen und 2.000 Schienenwege, 145 Gesundheitskliniken, 32 Krankenhäusern, zwei Universitäten, Stromübertragungsprojekte und zwei Staudämmen erhalten hat. Zum Zeitpunkt der Unterzeichnung wurde von den Minen erwartet, dass sie bis zu 120 Milliarden Dollar an Einnahmen bringen würden, was dem 11-fachen des BIP der Demokratischen Republik Kongo entspricht.

Der IWF konnte eine beträchtliche Hebelwirkung entfalten, da mit der Demokratischen Republik Kongo ein Schuldenerlass in Höhe von 12,3 Mrd. USD vereinbart wurde, der schließlich im Juni 2010 unterzeichnet wurde. Er wollte nicht, dass die Kongolesen in dem Moment, in dem sie den Schuldenerlass gewährten, neue Schulden aufnehmen würden. Die chinesische Exim Bank, der Finanzier des Deals, zog sich 2012 zurück, nachdem seine Forderungen nach der Übernahme des 32-prozentigen Anteils der kongolesischen Parteien und der Verkürzung des Erstattungszeitraums von den ersten 25 Jahren nicht erfüllt wurden, und weil es Anzeichen von Uneinigkeit zwischen den verschiedenen chinesischen Unternehmen gab. Nach langen Verhandlungen wurde das Projekt 2014 wieder aufgenommen.

In mancherlei Hinsicht ist China jedoch von anderen Investoren und Gebern nur wenig beeindruckt. Zum einen geht es China wie anderen Akteuren auch, darum, für seinen Investitionsbonus ein Lob zu bekommen. Faktisch würde die Struktur der chinesischen Infrastrukturressourcen und anderer Semihilfe-Deals in Afrika darauf hindeuten, dass sie im Gegensatz zu westlichen Gebern stärker um ihre Rückerstattung besorgt ist. Tatsächlich korrelieren chinesische FDI positiv mit politischer Stabilität. Nicht umsonst ist der größte Empfänger chinesischer Investitionen auf dem Kontinent Südafrika. Natürlich sind die Investitionen Chinas in den Ländern mit geringer Rechtsstaatlichkeit (einschließlich Angola, Burundi, Zentralafrikanische Republik, Demokratische Republik Kongo, Eritrea, Guinea und Simbabwe) deutlicher sichtbar, weil China in diese Standorte investiert hat, während westliche Investitionen ihnen im Allgemeinen ferngeblieben sind.[37]

Letztendlich ist die größte Schwachstelle in der Beziehung zwischen China und Afrika jedoch nicht die Natur des chinesischen Engagements oder die Frage, ob seine Governance-Standards westlichen Normen entsprechen, sondern ob seine afrikanischen Partner Geschäfte schmieden können, die ein gutes Preis-Leistungs-Verhältnis bieten, ihre Volkswirtschaften unterstützen und die Kapazitäten aufbauen, die für ihre lokalen Industrien erforderlich sind. China teilt die Besorgnis anderer Geber und Investoren, denn die Antwort auf eine erfolgreiche Investition liegt in der Unterstützung der Entwicklung lokaler Kompetenzen, der Institutionen der

Regierungsführung und in der Suche nach Mitteln zur Verringerung der Risiken afrikanischer Investitionen.

Afrika risikofrei machen: Interview mit Donald Kaberuka

Donald Kaberuka wurde 2005 zum Präsidenten der Afrikanischen Entwicklungsbank gewählt, wo er für zwei Amtsperioden tätig war, die im September 2015 zu Ende gingen.[38]

'Ich habe die Präsidentschaft zum Zeitpunkt der Blair-Afrika-Kommission und des G8-Gipfels von Gleneagles übernommen. Die damalige Philosophie lautete: 'Können wir mehr von dem Gleichen tun', indem wir die Hilfe für Afrika verdoppeln, Schulden streichen und so weiter. Es gab keinen Paradigmenwechsel, egal wie gut Blair und Bush es gemeint haben.

Gleichzeitig hätte ich nicht gedacht, dass eine Verdoppelung der Hilfe für Afrika stattfinden würde. Ich war nicht einmal davon überzeugt, dass es eine gute Sache ist. Stattdessen konzentrierte ich mich auf den Versuch, Wege zu finden, wie man mit Hilfe von Beihilfen privates Kapital mobilisieren kann. Dazu musste ich jedoch den Fokus der Bank von der Armutsbekämpfung auf das Wachstum des Privatsektors verlagern. Drei Dinge mussten geschehen. Erstens mussten wir die Kosten für die Geschäftsabwicklung senken. Zweitens mussten wir uns mit dem Risikoprofil des Kontinents auseinandersetzen. Und drittens mussten wir die wirtschaftliche Integration vorantreiben.'

'Dazu war es notwendig, Infrastrukturprogramme voranzutreiben, die Regierungsführung in den Mittelpunkt zu rücken und die grenzüberschreitende Infrastruktur durch den Abbau nichttarifärer Hemmnisse und die Liberalisierung des Warenverkehrs zu verbessern. Wir hatten ein Sprichwort - 'nicht nur durch Geld allein'. Es erforderte eine intelligentere Regierung.

'Es erforderte auch die Kreditvergabe sowohl an Unternehmen als auch an die Regierung. Als ich übernahm, lag die Kreditvergabe bei zehn zu eins: 3 Milliarden Dollar für die Regierung und 300 Millionen Dollar für den Privatsektor. Der Verkauf dieser Veränderung war jedoch sehr schwierig, da der Schwerpunkt auf der Armutsbekämpfung lag, einschließlich der Bekämpfung von HIV/Aids. Dazu brauchte ich Verbündete. Die Menschen in der Bush-Administration waren hilfreich, ebenso wie der Sekretär für internationale Entwicklung in der Blair-Regierung [Hilary Benn]. Es war auch wichtig, Südafrika einen Sitz im Vorstand der Bank zu verschaffen, das Gewicht und die Macht Südafrikas zu nutzen und die Hilfe von [dem Finanzminister] Trevor [Manuel] zu nutzen.

'Jetzt beträgt die Kreditvergabe des privaten Sektors bei der Bank jährlich 4 Milliarden Dollar. Rund 40 Private-Equity-Fonds sind beteiligt. Es gibt einen neuen Infrastrukturfonds für Afrika, der unseren großen Infrastrukturschub ergänzt, in den 28 Milliarden Dollar investiert wurden, davon allein 12 Milliarden Dollar im Verkehrssektor. Was die Integration anbelangt, so waren wir erfolgreich in unseren Bemühungen, die afrikanischen Länder mit ihren Nachbarn über Straßen und Elektrizität zu verbinden, abgesehen vom Gebiet des Mano-Flusses [in Westafrika], und mit Brücken in Kazungula [über den Sambesi], zwischen Kinshasa und Brazzaville, zwischen Gambia und Senegal.

'Im Wesentlichen haben wir uns von einer großen NGO, die sich um die Armutsbekämpfung kümmert, zu einem Geldgeber entwickelt, der sich auf das Wachstum des privaten Sektors konzentriert. Wenn wir diesen Übergang nicht vollzogen hätten, wären wir mit kleinen Projekten beschäftigt gewesen, die von Leuten wie Oxfam hätten durchgeführt werden sollen.'

Was ist mit Fehlern? 'Wir haben es versäumt, aufgrund nationaler Rivalitäten zu versuchen, eine Zusammenarbeit im Bereich der technologischen Lösungen zu entwickeln. Wenn ich es noch einmal täte, würde ich auch der Förderung von Governance und den physischen Dingen, die wir aufbauen, das gleiche Gewicht beimessen, da Governance die Dinge automatisch geschehen lässt. Am deutlichsten wurde dies im Südsudan, wo ich am Morgen, als die Kämpfe ausbrachen, die Genehmigung des Vorstands für ein 25 Millionen Dollar teures Elektrifizierungsprojekt erhalten hatte. Auch wenn ich der erste Bankpräsident war, der einen Fuß in die CAR [Zentralafrikanische Republik] gesetzt hat, hat sich der Konflikt ausgeweitet'

Was ist mit der Kluft zwischen der Liste der Projekte und ihrer Bankfähigkeit in Afrika? – Das Problem ist nicht technisch, sondern eher politisch, zum Beispiel, ob man unabhängige Stromerzeuger per se zulässt. Projekte erfordern bereits in einer frühen Phase eine Risikoreduzierung, die in hohem Maße politischen Willen, Patientengelder und technische Antworten erfordert. Oftmals geht es nicht um neue Mittel, sondern darum, Projekte in Gang zu bringen, für die bereits Geld vorhanden ist, die aber stecken bleiben.'

Was ist die größte Lektion in Ihren 10 Jahren bei der Bank? – Es ist möglich, afrikanische Institutionen aufzubauen, wenn man eine Agenda hat, und man kann herausfinden, wie man verschiedene Engpässe umgeht und nicht vor einer weiteren haushaltsintensiven Bürokratie steht.

Die Rendite afrikanischer Investitionen wird weithin als über der Marktnorm liegend veröffentlicht. Eine Studie über börsennotierte Unternehmen, die im Zeitraum 2002-2007 in Afrika tätig waren, vor allem im verarbeitenden Gewerbe und im Dienstleistungssektor, ergab, dass ihre durchschnittliche Kapitalrendite rund zwei Drittel höher war, als diejenige vergleichbarer Unternehmen in China, Indien, Indonesien und Vietnam.[39]

Der Grund dafür ist, dass die wahrgenommenen Risikoniveaus diejenigen, die niedrigere Renditen erzielen, oder solche, die sich über einen längeren Zeitraum verteilen, nicht unterstützen. 'Gegenwärtig bezieht sich die Konzentration der Anlagen auf relativ kurze Laufzeiten', stellt die Weltbank fest. Dies spiegelt die Zurückhaltung der 'Investoren' wider, sich in Sektoren wie der Infrastruktur zu engagieren, in denen die Renditen über einen längeren Zeitraum verteilt sind, während die Rendite ausländischer Investitionen in Afrika höher ist als in jeder anderen Entwicklungsregion.[40] Anders ausgedrückt, wie ein Analyst bemerkt hat, sind 'Renditen eine Erwartung des Risikos'.[41] Investoren sprechen mit einem Gefühl der Besorgnis über die Korruption, willkürliche Steuern und Änderungen des Steuerregimes, politische Instabilität und das Fehlen eines klaren Prozesses und eines realistischen Zeitplans für Rechtsbehelfe, wenn etwas schief läuft. 'In Ghana und Nigeria', sagt ein in London ansässiger Öl- und Gasspezialist, 'gehen wir davon aus, dass wir 70 Prozent bzw. 80 Prozent unserer LGD-(Verlust bei Ausfall) Modellierung verlieren werden, verglichen mit etwa 2 Prozent in Großbritannien. Dies', stellt er fest, 'spiegelt ein hohes Maß an afrikanischem Risiko wider.'[43]

Die Risikoreduzierung afrikanischer Investitionen erfordert politische und regulatorische Stabilität, Klarheit über die Rechtsstaatlichkeit und die Schritte zur Wiedergutmachung. Es hängt von einer offenen, nicht-konfrontativen Beziehung zwischen Wirtschaft und Regierung ab. Dazu gehört auch eine gründliche, unabhängige und objektive Bewertung der potenziellen Risiken.

Fazit: Risikomanagement, Mobilisierung von Ressourcen

Die immer wiederkehrende Frage für Afrika lautet: Gibt es genug Geld für die Entwicklung? Das ist in der Tat die falsche Frage. Die richtige Frage ist: Verfügen die afrikanischen Länder angesichts der riesigen Mittel, die zur Verfügung stehen, über die Stärke der Regierungsführung, der Institutionen und der Rechtsstaatlichkeit, die notwendig sind, um die verfügbaren Mittel effektiv einsetzen zu können?

Für die Kapitalbeschaffung in Afrika gibt es eine Reihe von wesentlichen Hindernissen. Während der 2000er Jahre wurde das Investitionsinteresse in Afrika durch eine Kombination aus Rohstoffpreisen, vergleichsweise niedrigen Renditen, dem Wunsch nach guten Nachrichten über den Kontinent und gelegentlicher Hybris bei der Überwindung von schlechten Daten oder deren Fehlen angetrieben, wobei man sich stattdessen auf anekdotische Beweise stützte. Im Zuge der Rohstoffverlangsamung sind die internationalen Finanziers jedoch zunehmend risikoscheu gegenüber dem Kontinent. Beispielsweise fielen afrikanische Geschäftsabschlüsse im privaten Sektor von 8,1 Milliarden Dollar im Jahr 2014 auf 2,5 Milliarden Dollar im Jahr 2015.[44]

Die Angst, den afrikanischen Boom zu verpassen, und der Wunsch nach einer guten Geschichte über den Kontinent wurden in jüngster Zeit durch die Sorge darüber verdrängt, wie sehr sich in den 2000er Jahren wirklich etwas verändert hat und ob die Erlöse des Booms in erster Linie für die Umverteilung der Elite verwendet wurden, anstatt in Menschen und Infrastruktur zu investieren. Hinzu kommen die (hohen) Werterwartungen afrikanischer Asset-Verkäufer, die mit der Realität des Rohstoffabschwungs nicht Schritt gehalten haben und die Rolle und die Kosten afrikanischer Banken teilweise wieder aufgreifen, die in bemerkenswerten Fällen mit notleidenden Krediten belastet sind, die sie nur ungern in ihre Bücher aufnehmen. Schließlich wurden die Schwierigkeiten bei der Durchführung von Investitionen durch den Mangel an Devisen und das Fehlen eines stabilen politischen Regimes insgesamt noch verschärft.

Die gravierenden Herausforderungen bei den Regierungsaufgaben der meisten afrikanischen Länder erschweren den Aufbau überzeugender Investitionsfälle. Das hat zur Folge, dass trotz des hohen Kapitalpotenzials, das für Investitionen zur Verfügung steht, nur sehr wenig in einer Weise eingesetzt wurde, die offensichtliche Ergebnisse liefert. Und obwohl viele afrikanische Länder auch in der Lage sind, bedeutende interne Gelder zu sammeln, waren sie dazu nicht in der Lage, weil ihre Bankensysteme unterentwickelt sind.

Darüber hinaus ist das afrikanische Geschäftsumfeld in Bezug auf die Datenlage generell schlecht, was die Kreditvergabe behindert. Das schmälert die geringe Zahl der börsennotierten Unternehmen und den relativen Mangel an Liquidität. Von den 21 Börsen in der African Securities Exchanges Association entfielen auf die südafrikanische Börse im Jahr 2013 1,1 Mrd. USD bei einer Marktkapitalisierung von insgesamt 1,6 Mrd. USD.[45] Vergleichen Sie dies zum Beispiel mit dem Wert des Alternative Investment Market in London (für kleinere, wachsende Unternehmen), der

1.000 Notierungen mit einer Marktkapitalisierung von 100 Mrd. USD aufweist.

Eine Strategie zur Risikoreduzierung für Investoren in afrikanisches Geschäft muss daher folgendes berücksichtigen:

- Sorgfaltspflicht: Wie viel lässt sich über die Schlüsselakteure herausfinden?
  Inwieweit ist ihr Geschäftsmodell von Transaktionen mit nahestehenden Personen abhängig, d.h. von ihren politischen Kontakten?
- Qualität des lokalen Management-Teams: Welche Fähigkeiten haben sie?
  Und was wird benötigt? Sind sie offen über ihr Verhältnis zur Regierung und über die Erwartungen an die Korruption? Inwieweit besteht Bedarf an einem externen Team vor Ort?
- Verhältnis zur Regierung: Inwieweit wird das Geschäft von den Staatseinnahmen abhängig sein? Hat die Regierung staatliche Garantien? Ist das Verhältnis zur Regierung von Schlüsselpersonen abhängig und ist es durch einen Regimewechsel gefährdet? Wie viel Schnittstelle wird benötigt, um die Beziehung zur Regierung zu organisieren?
- Regulatorisches und politisches Risiko: Besteht Klarheit in der Politik oder droht eine Änderung der Politik? Besteht die Gefahr einer Verstaatlichung? Wie effizient ist die Bürokratie und wie groß ist der Ärgerfaktor mit der Regierung? Wie viele Lizenzen sind in diesem Sektor erforderlich? (Je größer die Zahl, wie z.B. bei der Stromerzeugung, desto größer ist der Anstieg der Druckpunkte für Korruption.) Besteht die Gefahr, dass die Preise und die Eigentumsverhältnisse bei Wahlen politisiert werden?

Angesichts dieser berechtigten Bedenken der Investoren kann die Regierung den Prozess erheblich unterstützen, indem sie die Beantragung und Genehmigung von Investitionen vereinfacht und rationalisiert, das Vertragsrecht innerhalb festgelegter Fristen und Versprechen zur Korruptionsbekämpfung einhält. Sie kann auch ein System der öffentlichen Buchführung einführen, das eine einfachere Beurteilung des gesamtwirtschaftlichen Umfelds und die Ansiedlung neuer Unternehmen ermöglicht.

Insgesamt ist der Aphorismus ‘Verbessern Sie es und sie werden kommen’ keine Übertreibung, wenn Sie das Verhältnis zwischen dem Kapital (im Ausland oder im Inland) und dem gesamtwirtschaftlichen Umfeld beschreiben. Wenn die Länder die schwierigen Entscheidungen treffen, die zu einer guten Regierungsführung führen, wird das Geld eingezahlt. Wenn keine harten Entscheidungen getroffen werden oder wenn ihnen keine Taten folgen, wird kein Geld von irgendeinem Geber oder Investor, egal wie gut gemeint, das Wirtschaftswachstum und die Arbeitsplätze schaffen, die zur Befriedigung der jungen und wachsenden Bevölkerung des Kontinents notwendig sind.

Diese Ungewissheit - und die schlechte Leistung - wurde noch verstärkt durch das Fehlen tragfähiger und realistischer Entwicklungspläne seitens der afrikanischen Regierungen, die Gegenstand des nächsten Kapitels sind.

Kapitel 10
Planung für den Erfolg

Fünf Schritte zum Erfolg:

- Nutzen des Planungsprozesses, um ein Gefühl der Dringlichkeit zu wecken, das Wachstum zu fördern und Arbeitsplätze zu schaffen, als unmittelbare Notwendigkeit.
- Betonen der Partnerschaft der Regierung mit der Wirtschaft und nicht, wie bei vielen Plänen, das Primat der Regierung.
- Ein brauchbarer Plan hängt von einer rücksichtslosen Priorisierung, angemessener Ressourcenausstattung und sorgfältiger Sequenzierung ab.
- Regierungen sollten die besten verfügbaren Arbeitskräfte für den Job in der Planung und anderswo rekrutieren.
- Die Rolle ausländischer Regierungen und Institutionen sollte begrenzt werden.

Herausforderung und Chancen:

Afrikanische Länder sehen sich mit der doppelten Einschränkung konfrontiert, dass es ihnen an Finanzressourcen mangelt und dass sie über ausreichend qualifizierte Arbeitskräfte verfügen, um komplexe nationale Entwicklungspläne zu erstellen. Diese Defizite werden noch verstärkt durch die Notwendigkeit, Wahlkreise von Verlierern zu verwalten, die sich aus schwierigen Entscheidungen ergeben. Obwohl es viele Pläne gibt, ist die Bilanz bei der Umsetzung ihrer Ziele daher schlecht.

Schlüsselzahlen:

Bis Anfang der 1970er Jahre hatten 32 afrikanische Länder nationale Pläne aufgestellt. Jetzt haben viele afrikanische Länder Visionen, die eine Entwicklung zwischen 2020 und 2035 prognostizieren, darunter Malawi 2020, Kamerun 2035, Gabun 2025 und Elfenbeinküste 2020. Nach Angaben der Weltweite Regierungsindikatoren der Weltbank[1] blieb zwischen 1996 und 2014 die Effektivität der Regierungen in Subsahara-Afrika insgesamt unverändert. Eine 2014/15 durchgeführte Afrobarometer-Umfrage, die die Bevölkerung von 32 afrikanischen Ländern untersuchte, ergab, dass das drängendste Problem die Arbeitslosigkeit war.[2]

Die Namen der Straßen von Windhoek zeugen von Namibias schwieriger Vergangenheit, aber auch seinem Pragmatismus.[3]

Dort, wo sich die Fidel Castro Street mit der Independence (ehemals Kaiser) Avenue kreuzt, sind die Schilder Christus Kirche, Reiterdenkmal und Alte Feste ausgeschildert. Kenneth David Kaunda, Dr. Kwame Nkrumah und Nelson Mandela gehören zu denjenigen, die mit Straßennamen geehrt werden, die Afrikas Befreiungsgeschichte aufgreifen, und bilden heute ein kreuz und quer gekreuztes Pantheon von Lokalhelden und deutschen Kolonisten.

Die deutsche Kolonialzeit war kurz, nur 30 Jahre, aber brutal. Dabei wurden zwischen 25.000 und 65.000 Stammesangehörige der Herero und 1.000 der Namaqua getötet, was 50 bis 70 % bzw. 50 % der Bevölkerung entspricht. Es folgten 75 Jahre südafrikanischer Besatzung, die die kolonialen Muster der Identität und des Rassenprivilegs verstärkten.

Heute wird bewusst für die deutsch-namibische und die afrikanisch-namibische Kultur Raum geschaffen. Neben Tagesausflüglern aus Angola und Sambia machen Südafrikaner und Deutsche den Großteil der jährlich 1,5 Millionen internationalen Touristen Namibias aus. Sie kommen nicht nur wegen seiner natürlichen Schönheit, sondern auch, weil sie sich sicher und willkommen fühlen. Es gibt immer noch deutsche Schulen, und ihre kulturellen Eigenheiten werden nicht nur toleriert, sondern gefördert.

Noch vor einem Vierteljahrhundert jedoch war Namibia - oder Südwestafrika, wie einige es noch nannten - nur (und häufig) wegen Verhaftung und Kompromisslosigkeit in den Nachrichten.

Präsident Hage Geingob, erklärte im an der Ecke der Avenuen Robert Mugabe und Laurent-Désiré Kabila gelegenen State House[4] in einem Interview, dass die bemerkenswerte, wenn auch unterschätzte Bilanz von Stabilität und Wohlstand auf einer Kombination aus Respekt vor einer liberalen Verfassung, Demokratie und privatem Unternehmertum beruht (Faktoren, die in Kapitel 2 skizziert wurden).

Frieden, räumt Geingob ein, sei nur der Anfang. 'Ich habe der Armut den Kampf angesagt', sagt er und räumt ein, dass es nicht bedeute, 'dass wir sie automatisch besiegen werden'.

Wir machen jetzt eine Miniaturansicht der Stärken-Schwächen-Analyse von Namibia. Zu seinen Stärken gehört die politische und wirtschaftliche Stabilität bei einer kleinen Bevölkerung von nur 2,3 Millionen Menschen, die auf Platz 143 der Weltrangliste rangiert und in einem riesigen, rohstoffreichen Gebiet, dem 34-größten der Welt. Als Exporteur von Diamanten in Edelsteinqualität und fünftgrößter Uranproduzent der Welt ist das Land für mehr als die Hälfte seiner Deviseneinnahmen und rund 11,5 Prozent des BIP auf den Bergbau angewiesen, obwohl der Sektor nur zwei Prozent der Arbeitskräfte beschäftigt.

Die Wirtschaft wächst weiter. Obwohl die Lebenserwartung von 1991 auf 61,2 Jahre gesunken ist, stieg sie in den 2000er Jahren wieder auf 64,7 Jahre im Jahr 2015, was einen Anstieg des realen Pro-Kopf-Einkommens von 2.000 $ auf 5.210,5 $ widerspiegelt. 'Bei der Unabhängigkeit war die Wirtschaft sehr klein, und die Mehrheit der Menschen war von jeder sinnvollen wirtschaftlichen Tätigkeit und einer effektiven Teilhabe an der Gesellschaft ausgeschlossen. Die Armut lag in einigen Regionen sogar bei 90 Prozent. In vielerlei Hinsicht liegen Namibia bei der Unabhängigkeit und Namibia von heute weit auseinander.'[6]

Aber die grundlegende Schwäche ist, wie der Präsident treffend feststellt, dass die Wirtschaft nicht genügend Arbeitsplätze geschaffen hat. Die offizielle Arbeitslosenquote liegt bei 28 Prozent; inoffiziell kann sie doppelt so hoch sein, wenn man bedürftige Landwirte mit einbezieht.

Die Arbeitslosenquote lässt zum Teil einen Anstieg der Bevölkerungszahl von nur 1,4 Millionen Menschen zum Zeitpunkt der Selbständigkeit erwarten. Allein die Bevölkerung Windhoeks ist beispielsweise von rund 150.000 im Jahr 1990 auf 380.000 im Jahr 2016 angewachsen, und um mit diesem Bevölkerungswachstum Schritt zu halten und die Beschäftigung anzukurbeln, musste die Regierung Geld leihen. Das Leistungsbilanzdefizit erreichte 2015 14,3 Prozent des BIP. Die Schuldenquote stieg von rund 15 Prozent (des BIP) im Jahr 2009 auf rund 36 Prozent im Jahr 2015, wobei ein Großteil davon für den öffentlichen Sektor und die Infrastruktur ausgegeben wurde. Infolgedessen ist die Größe des öffentlichen Dienstes mit über 100.000 Beschäftigten für ein Land von der Größe Namibias überproportional groß. Geingob sagt: 'Ein Faktor, der zu diesem Szenario beiträgt, ist die Tatsache, dass die Regierung bei der Unabhängigkeit im Geiste der nationalen Aussöhnung die Beamten, die unter dem Apartheid-System gedient hatten, beibehalten und ihnen Beamte aus Gruppen hinzugefügt hat, die zuvor ausgeschlossen waren.'[7]

Geingob ist besonders über die steigende Jugendarbeitslosigkeit besorgt, die bei über 50 Prozent liegt. 'Dies bezieht sich auf das arbeitslose Wirtschaftswachstum, auf die Art und den Standard der Bildung und die Denkweise', sagt er. 'Wir sind ein Land der Arbeitssuchenden und nicht der Arbeitsplatzschaffenden.'

'Während die Arbeitslosigkeit eine Schwäche, eine mögliche Chance und, wenn sie nicht richtig gehandhabt wird, eine deutliche Bedrohung darstellt, könnte man das Gleiche über das Verhältnis Namibias zu Südafrika sagen, das kulturell und wirtschaftlich miteinander verflochten ist', stellt der Präsident fest. Namibia importiert mehr als 70 Prozent seines

Bedarfs aus dem Süden und erhält rund ein Drittel seiner Staatseinnahmen aus der südafrikanischen Zollunion. Wenn 'South Africa niest', sagt das Sprichwort, 'erkälten wir uns'. Aber wir investieren auch in Südafrika über unseren Pensionsfonds, also handelt es sich um eine zweiseitige Partnerschaft, die Transparenz und Rechenschaftspflicht erfordert, was Vertrauen bedeutet.'

Um die Dinge in Bewegung zu halten, insbesondere angesichts einer regionalen Wirtschaftsflaute, hat die Regierung mit dem im April 2016 veröffentlichten *Harambee* (wörtlich: 'Zusammenziehen')-Wohlstandsplan reagiert.

'Das Problem in Afrika bei der Entwicklungsplanung ist die mangelnde Umsetzung', sagt Geingob. 'Wir haben sinnvolle Ideen, die in Visionen und Hochglanzdokumenten zum Vorschein kommen, aber sie enden dort, und es gibt keine Umsetzung, um sie zu untermauern und durchzusetzen. Wir müssen lernen', sagt der Mann, der sich während seiner 12-jährigen Amtszeit als Premierminister ab 1990 mit der Einführung einer Führungsethik einen hervorragenden Ruf erworben hat, 'in dieser Hinsicht zwischen Effizienz und Effektivität zu unterscheiden. Sie können eine E-Mail senden, um einen Termin zu vereinbaren, aber es kann sein, dass es nicht effektiv ist - die Person kommt vielleicht nie zur Besprechung. Solange Waren und Dienstleistungen unsere Leute nicht erreichen, die sie am dringendsten brauchen, ist die Regierung nicht effektiv.'

Harambee ist für eine erste Phase bis 2020 konzipiert und legt 15 Ziele und 41 Zielvorgaben in fünf thematischen Säulen fest: Effektive Regierungsführung, wirtschaftlicher Aufstieg, sozialer Fortschritt, Entwicklung der Infrastruktur sowie internationale Beziehungen und Zusammenarbeit.

Aufbauend auf Namibias Vermächtnis der politischen Stabilität, einer unabhängigen Justiz, einer soliden Wirtschaftsführung und aktiver Medienarbeit hat sich *Harambee* zum Ziel gesetzt, Namibia bis 2020 zum wettbewerbsfähigsten Wirtschaftsraum Afrikas zu machen und dabei die Schuldenquote des Landes auf unter 30 Prozent zu senken.

Der Fokus liegt zunächst auf den Dingen, die kein Geld kosten, wie z.B. die Verkürzung der Registrierungsdauer eines Unternehmens oder die Wiederbelebung des Energiemarktes durch die Förderung unabhängiger Stromerzeuger. Spezifische Ziele sind der Bau von 20 000 neuen Häusern und 50 000 ländlichen Toiletten in den vier Jahren des Plans und die Sicherstellung von 121 neuen Betrieben im Besitz von jungen Familien auf dem Land bis 2020.

Mit einem kleinen Team von Beratern im State House, die für die Erstellung und Umsetzung des Plans verantwortlich sind, ist Geingob persönlich mit der Überwachung der Lieferung beschäftigt. 'Ich habe die Erfahrungen und Qualifikationen der Minister in begrenztem Umfang mit ihren Ressorts abgeglichen. Ich habe feste Zeitpläne festgelegt und Leistungsverträge abgeschlossen. Aber der Haupttreiber', räumt er ein, 'ist die Präsidentschaft. Wenn es jemand anderes wäre, wäre es ein Problem. Wenn ich es tue, dann wird die Regierung zuhören.'

Im Mittelpunkt des Plans steht der Privatsektor. Trotz der marxistischen Rhetorik der SWAPO und der Tatsache, dass es einen Kader von heute 40- und 50-Jährigen gibt, die in verschiedenen Ländern des Ostblocks ausgebildet wurden, die es nicht mehr gibt, darunter die Tschechoslowakei, DDR und Jugoslawien, 'stellen selbst ehemalige Revolutionäre fest, dass der Privatsektor nicht der Feind ist, dass er und nicht die Regierung Arbeitsplätze schaffen muss', sagt der Präsident. Es ist wieder diese Pragmatismus-Sache.

Er räumt ein, dass es viele Prioritäten gibt, verengt aber seine Top Drei auf die 'Einführung einer Governance-Architektur', die Bereitstellung von 'preisgünstigem Wohnraum' und die 'Reparatur des Bildungssystems, einschließlich der Berufsausbildung'. Er beschreibt das Schulsystem als'schrecklich', wobei es notwendig ist, gesellschaftliche Tabus zu zerschlagen. 'Wegen unseres Apartheid-Hintergrunds denken die Menschen, dass es erniedrigend ist, ihre Hände bei der Arbeit zu benutzen. Aber wir müssen von Deutschland und anderen lernen, wie wertvoll diese Aufgaben sind.'

Obwohl die Gesetzgebung für einen 'New Equitable Economic Empowerment Framework' [Neuer Rahmen für eine gerechte wirtschaftliche Teilhabe] formuliert wurde, der die Übertragung von 25 Prozent des Eigentums an weißen Unternehmen auf bisher benachteiligte Namibier vorsieht, lehnt Geingob dies als schlechte Idee ab. 'Schon jetzt wissen wir, dass das nicht passieren wird. Wir sind nicht hier, um gegen eine Fraktion zu arbeiten. Wir müssen lernen, Händchen zu halten. Wir wollen den Anlegern keine falschen Signale geben. Vielmehr brauchen wir Fairplay.'

Harambee wurde auf Rathausversammlungen in allen 14 Regionen Namibias diskutiert. 'Wir sind ein ressourcenbasiertes Land, und viele der Investoren, die hierher kommen, kommen wegen dieser [Ressourcen]. Wir müssen Wege finden, um ihnen mehr Wert zu verleihen, aber um das zu tun, müssen wir ein günstiges Investorenumfeld schaffen... und sie müssen uns wiederum dabei helfen, die Kluft in unserer Gesellschaft zu überwinden. Das ist eine soziale Verantwortung, denn wenn wir das nicht tun, wird sie uns alle besiegen.'

Namibia ist nicht das einzige Land, das erkennt, dass sein Schicksal in seiner eigenen Verantwortung liegt. Zu den Lehren aus anderen Ländern Singapur bis Chile, die erfolgreich für ihre Entwicklung geplant haben, gehören die Bedeutung der lokalen Eigenverantwortung für das Problem und die Lösung, einen kontinuierlichen Fokus auf Wirtschaftswachstum, Qualifikationen und Bildung zu gewährleisten und geeignete Fachkenntnisse zu gewinnen, einschließlich des Reformprozesses selbst, wenn nötig von außen.[8]

Die Korruption muss unter Kontrolle gebracht werden, und es muss eine Verwaltungsstruktur geschaffen werden, die in der Lage ist, Veränderungen herbeizuführen. Und Führung hat eine Schlüsselrolle zu spielen. Der ständige Sekretär der Abteilung für den öffentlichen Dienst in Singapur Yong Ying-I sagte über den ehemaligen Premierminister von Singapur, Lee Kuan Yew: ‘Er war ein hervorragender Richter mit dem Talent der magnetischen Führung, um herausragende Menschen für die Zusammenarbeit mit ihm zu gewinnen.’ Lee wusste, wie wichtig es ist, von alten Verwaltungsapparaten unterstützt zu werden, um die Programme seiner Regierung durchzuführen. Er hat persönlich die Überholung einer Bürokratie vorangetrieben, die von leichtfertigen und selbstgefälligen Mandarinen beherrscht wurde.[9] Und in Erfolgsbeispielen wie Singapur orientierten sich die Planungen und Handlungen des Staates nicht an kurzfristigen politischen Impulsen, sondern an wirtschaftlichen Grundsätzen, nicht zuletzt, weil Nachhaltigkeit eine Amortisation der Investitionen verlangte.

Es ist wichtig, keine unrealistischen Ziele zu setzen. Malawi ist ein immerwährendes Beispiel für dieses Scheitern. Zum Beispiel heißt es in der 1998 verfassten Erklärung Vision 2020: ‘Bis zum Jahr 2020 wird Malawi als gottesfürchtige Nation sicher, demokratisch ausgereift, ökologisch nachhaltig, selbstständig, mit gleichen Chancen für alle und aktiver Beteiligung aller, mit sozialen Diensten, lebendigen kulturellen und religiösen Werten und einer technologisch angetriebenen Wirtschaft mit mittlerem Einkommen sein.’[10]

Um dieser Vision gerecht zu werden, hat die Regierung im Mai 2002 die Malawi Poverty Reduction Strategy ins Leben gerufen. Die Überprüfung im Jahr 2005 kam zu dem Schluss, dass die Ministerien und Dienststellen es versäumt hatten, die Aktivitäten in ihre Haushalte zu übertragen, sodass der Dezentralisierungsprozess nur schleppend durchgeführt wurde und die Prioritäten des Plans bei der Zuweisung der Mittel ignoriert wurden.[11] Unerschrocken bereitete die Regierung die Malawi Growth and Development Strategy 2006-2011 (MGDS I) vor, ein 265 Seiten starkes Dokument mit 55 Seiten Zielen und 97 Schlüsselindikatoren.

Bei der Überprüfung dieses Plans im Jahr 2012 hieß es: 'Sein Schwerpunkt auf der Armutsbekämpfung und der Schaffung von Arbeitsplätzen war eher schwach, und bei der Bewältigung dieser Herausforderungen wurden nur geringe Fortschritte erzielt. Es wurde auch festgestellt, dass der Plan von einem schwachen Überwachungs- und Evaluierungssystem, das eher fragmentarisch war, und die Messbarkeit der Leistungsergebnisse durch schlechte Ausgangsdaten weiter erschwert wurde'.[12] Der Nachfolgeplan MGDS II ist ähnlich ehrgeizig: Er umfasst die Jahre 2011 bis 2016 und umfasst 271 Seiten mit 128 Seiten Zielen und 100 Schlüsselindikatoren für eine Regierung, die schwach ist, an Willensmangel leidet und seit 50 Jahren in den ärmsten Ländern der letzten fünfzig Jahre feststeckt.

Seit der Unabhängigkeit hat es vier große Epochen afrikanischer Staatsplanung gegeben. In den 1960er- und 1970er-Jahren dominierte eher die zentrale Planung. Der Schwerpunkt lag damals auf der Rolle des Staates, wobei die staatlichen Unternehmen in den meisten produktiven Sektoren tätig waren. Die Pläne hatten typischerweise eine Lebensdauer von drei bis fünf Jahren. Im Allgemeinen haben sie die versprochenen Ergebnisse aufgrund von Planungsschwächen, zu ehrgeizigen Zielen und mangelndem politischen Willen, die vollständige Umsetzung voranzutreiben, nicht erreicht.

Es folgte die Ära der Strukturanpassungsprogramme. Diese konzentrierten sich auf die Reduzierung der Rolle des Staates, die Privatisierung vieler staatlicher Unternehmen und den Abbau zahlreicher öffentlicher Einrichtungen. Sie konzentrierten sich auch auf die Begrenzung der Staatsausgaben zur Reduzierung der Haushaltsdefizite und auf die Schaffung makroökonomischer Stabilität.

Aber die negativen Folgen dieser Programme für die Armen waren beträchtlich. So wurden in den 2000er Jahren Armutsbekämpfungsstrategien eingeführt, die darauf abzielten, einige der schlimmsten sozialen Auswirkungen der Strukturanpassung abzumildern. Der Schuldenerlass wurde oft an die Bedingung geknüpft, dass ein Land über eine solche Strategie verfügt, und das war für viele Länder ein wichtiger Motivationsfaktor. Aber der Fokus auf die soziale Wohlfahrt ging oft mit Kosten für den produktiven Sektor der Wirtschaft einher, was die Frage nach ihrer langfristigen Nachhaltigkeit aufwirft.

Im Laufe des letzten Jahrzehnts hat es eine Verschiebung hin zu umfassenderen nationalen Entwicklungsstrategien und -plänen gegeben, die häufig umfassendere globale Entwicklungsziele einschließen. Bei der Erweiterung des Ansatzes sind die Pläne jedoch groß, komplex und anspruchsvoll geworden, und oft fehlen die genauen Daten, die für eine effektive Planung und Leistungsmessung benötigt werden.

In den folgenden Abschnitten werden die Mechanismen der Erstellung und Durchführung eines nationalen Entwicklungsplans untersucht, wobei die Erfahrungen Sambias als Fallbeispiel herangezogen werden. In diesem Beispiel wird untersucht, warum gute Pläne ihre beabsichtigten Ergebnisse verfehlt haben und warum diejenigen, die Ergebnisse erbracht haben, effektiv waren.

Wie die Planung funktionieren könnte

Der ehemalige Präsident Sambias Guy Scott erinnerte daran, dass er 1991, als er das Amt des Landwirtschaftsministers übernahm, darum bat, alle Berichte über die Verbesserung der Leistungen Sambias im Agrarsektor in sein Büro zu bringen. Was dabei herauskam, war ein riesiger Papierstapel, doch von dem, was in diesen Berichten empfohlen wurde, war nur sehr wenig geschehen.

Das gleiche Schicksal ereilte alle sechs nationalen Entwicklungspläne Sambias: Planung, aber keine Lieferung. Solche Pläne stellen oft eine sehr fundierte Analyse der anstehenden Probleme dar und beschreiben mögliche Lösungen. Die politischen Empfehlungen waren jedoch in der Regel sehr allgemein gehalten und bedurften einer weiteren Ausarbeitung, um sie umsetzbar zu machen. Diese Probleme wurden routinemäßig durch mangelnde Kapazitäten des öffentlichen Dienstes, um ihre Erfüllung zu ermöglichen, sowie durch einen Mangel an politischer Führung und Willen, Prioritäten zu setzen und Entscheidungen zu treffen noch verschärft.

In der Tat kann man den Politikern oft die Schuld dafür geben, dass sie kurzfristige politische Interessen auf Kosten des längerfristigen Ansatzes, der zur Lösung der Probleme der nächsten Generation erforderlich ist, bevorzugen. Aber gute Führungskräfte allein reichen nicht aus: Sie müssen von einem System unterstützt werden, das es ihnen ermöglicht, Ergebnisse zu erzielen.

Im Jahr 2016 wurden zwei der Autoren von der Industrial Development Corporation of Zambia und der oppositionellen United Party for National Development (UPND) eingeladen, eine Studie darüber durchzuführen, was notwendig ist, um Sambias Wirtschaft wiederzubeleben. Das Land hatte es in den Jahren der hohen Rohstoffpreise versäumt, seine Wirtschaft zu diversifizieren. Es war ein beträchtlicher Verlust. Die Folgen: sinkende Kupferpreise, unzureichende Investitionen in die Infrastruktur, der Stress einer schnell wachsenden Bevölkerung und eine toxische Mischung aus Bürokratie und Korruption, die die Wirtschaft stark einschränkte. Trotz einer Bevölkerung von 15 Millionen Menschen unterstützte die Wirtschaft die offizielle Beschäftigung von nur 625.000 Menschen, von denen 256.000 Regierungsangestellte waren. Wie oben erwähnt, beklagt das Land den Mangel an ausgebildeten und erfahrenen Leuten, die in der Lage sind, eine nationale Strategie zu planen und umzusetzen.

Über mehrere Monate haben wir das Land bereist und viel gelesen und mehr als 150 Personen befragt, um ein besseres Verständnis sowohl der Probleme als auch der möglichen Lösungen zu erlangen. Besonders beeindruckt hat uns das Fehlen eines gemeinsamen Verständnisses der Probleme, mit denen das Land konfrontiert ist, und das Fehlen von Daten, auf die sich Diskussionen und Entscheidungen stützen können. Die Grundwahrheiten wurden kaum verstanden.

Nur sehr wenige Menschen hatten zum Beispiel Verständnis für das Ausmaß der Zentralstaatsverschuldung Sambias oder für die Fälligkeit von Rückzahlungen. Das Gleiche galt für die Geschichte der Stromknappheit in Sambia. So haben wir zum Beispiel einen Bericht aus dem Jahr 1997 ausgegraben, der sehr genau das Energiedefizit im Jahr 2016 voraussagte und ein Vorgehen zur Abwendung der Krise vorschlug. Es wurde jedoch nichts unternommen. Der deprimierendste Moment war, als wir ein hochrangiges Mitglied der sambischen Stromversorgungskommission nach ihrem Aufholplan befragten. Seine Antwort: 'Verbesserte Niederschlagsmenge.'

Da die sechs früheren nationalen Entwicklungspläne Sambias nicht umgesetzt worden waren, kamen wir zu dem Schluss, dass jeder neue Plan - wenn er funktionieren sollte - die verfügbaren Lieferkapazitäten berücksichtigen muss und daher sehr zielgerichtet sein und eine Reihe von frühzeitigen vertrauensbildenden Maßnahmen umfassen muss, die darauf abzielen, Schwung zu schaffen. Angesichts der Tatsache, dass die Bevölkerung Sambias bis 2030 auf 25 Millionen Menschen anwachsen wird, kamen wir auch zu dem Schluss, dass es für das Land, wie für viele andere afrikanische Länder südlich der Sahara, entscheidend darauf ankommt, die Voraussetzungen für eine nachhaltige Schaffung von Arbeitsplätzen zu erstellen. Schließlich hatten wir bei unseren Recherchen festgestellt, dass die Bergbauindustrie Sambias, obwohl sie einen großen Teil der Steuereinnahmen für das Land erwirtschaftete, stark rückläufig war und es an dringend benötigten Investitionen mangelte.

Unser Plan war in drei produktive Sektoren gegliedert: Landwirtschaft, Tourismus und Bergbau. Diese wurden durch fünf Schlüsselsektoren untermauert: Finanzen und Schulden, Transparenz, Governance, Elektrizität und Logistik. Für jeden Sektor haben wir eine Reihe von Maßnahmen ausgearbeitet, die innerhalb von sechs Monaten, und fünf weitere

Maßnahmen, die nach 18 Monaten abgeschlossen werden sollten. Die sechsmonatigen Aktionen zielten im Allgemeinen darauf ab, Vertrauen zu bilden, um Voraussetzungen für weitere Reformen zu schaffen oder schnelle Erfolge zu erzielen. Bei den 18-monatigen Aktionen ging es um substanziellere Reformen. Die Maßnahmen mussten spezifisch, realistisch umsetzbar und auf die Schaffung von Arbeitsplätzen ausgerichtet sein.

Gegen Ende unseres Projekts in Sambia verbrachten wir eine beträchtliche Zeit damit, den Plan mit den wichtigsten Interessengruppen zu verknüpfen, um sicherzustellen, dass er eine breite Akzeptanz fand. Wir sahen vor, dass der Plan von einem kleinen Team mit Sitz im State House vorangetrieben und überwacht werden sollte, wobei die Minister spezielle Aufgaben zu erfüllen hatten und formelle Überprüfungssitzungen unter dem Vorsitz des Präsidenten anfangs alle drei Monate stattfanden. Ein solcher Ansatz spiegelt sich auch in anderen Teilen Afrikas wider, beispielsweise im Senegal im Rahmen des Senegal Emergent Plans, der darauf abzielte, die Produktivität des öffentlichen und privaten Sektors zu steigern.[13]

Als Ausländer waren wir uns bewusst, dass wir in Sambia jedoch nur eine begrenzte Rolle zu spielen hatten, auch wenn die Regierung unseren Plan annehmen wollte.

Insider und Außenstehende

'Die Stärkung der Koordination und des Managements der entstandenen und auf Rechten basierenden multisektoralen und dezentralen Reaktion auf HIV und Aids' lautete das Türschild auf dem Land Cruiser auf dem Parkplatz des Lusaka Clubs. Solche bürokratischen Handbremsen fördern nur die Trägheit der Regierung und geben Spielraum für unbedeutende Manöver.

Das heißt nicht, dass Außenstehende keinen Mehrwert für Entwicklungsprozesse schaffen können. Sie können einen enormen Wert für die Wirtschaft darstellen. Durch kurze, scharfe Interventionen können sie Maßnahmen zur Kostensenkung, Restrukturierung, Produktauswahl und -förderung, Prozess und Kosten von Fusionen, Verkäufen und Übernahmen identifizieren - alles Bereiche, in denen sie über offensichtliches und echtes Know-how verfügen. Wer detaillierte Due-Diligence-Prüfungen von Prozessen und Personen durchführt, kann helfen, Investitionen zu erleichtern und gute Ergebnisse zu erzielen.

McKinsey spielte eine wichtige Rolle bei den marokkanischen Wirtschaftsreformen, indem er sektorale Prioritäten festlegte. Moderatoren können auch eine wichtige Rolle bei der Zusammenführung von Ideen spielen. Und es ist manchmal nützlich, eine Außenseiterperspektive zu erhalten, die frei von institutionellen Zwängen ist. Wenn man sie z.B. als Militär einsetzt, würde man 'rote Teams' benutzen, um die vorherrschenden Annahmen und die Logik zu testen. Angesichts der Notwendigkeit, die afrikanischen Volkswirtschaften zu entlasten, müssen externe Berater als Vermittler zwischen Regierung und Unternehmen fungieren, um die Zwänge, die Investitionen behindern, zu erkennen und zu bewältigen.

Umgekehrt besteht jedoch die Gefahr, dass externe Berater nicht genügend Eigeninteresse an der Umsetzung und dem Ergebnis haben, die über ihre unmittelbaren finanziellen Vorteile hinausgehen. Und es besteht die Gefahr, dass ihre Ideen, wenn sie von außen kommen, vor allem mit dem Gepäck aus anderen Aufträgen, nicht im Inland begründet oder gar beschafft werden. Geber und Regierungen müssen sich auch der Konsequenzen bewusst sein, die sich daraus ergeben, wenn sie nicht-kommerzielle Personen in Rollen beschäftigen, die angeblich mit der Entwicklung des Privatsektors zu tun haben, in denen diese Personen möglicherweise keine Erfahrung haben oder zu denen sie ideologisch im Widerspruch stehen.

Es ist zweifellos schwierig, die für die Reform der Prozesse erforderliche Art der Analyse gut zu machen. Das geht über die von Beratungsfirmen favorisierte Vorlage 'Themenbaum' hinaus, wo die Themen grafisch, zunächst vertikal, in Komponenten und von links nach rechts in weitere Details zerlegt werden. Lösungen erfordern vielmehr ein Verständnis für die komplexe Überlagerung von Politik, Wirtschaft und Sicherheit, die in der Regel weit von der Domäne der klassischen Beratung entfernt ist. Grundsätzlich muss auch zwischen Gedankenführerschaft, bei der eine Bewertung der Umweltveränderungen vorgenommen wird, und längerfristiger Szenarioerstellung, die die spezifischen, zeitgebundenen politischen Vorgaben beinhaltet, unterschieden werden.

All dies bedeutet, dass man akzeptieren muss, dass der Prozess - konkret der politische Prozess - ebenso Teil des Problems wie die Lösung ist.

In der Tat ist die Komplexität der nationalen Pläne der Vergangenheit nicht allein die Schuld der Staats- und Regierungschefs. Man muss der internationalen Gemeinschaft die Schuld dafür geben, dass sie darauf bestanden hat, viele Ziele hinzuzufügen, die zwar wichtig, aber nicht entscheidend sind. Eine Konsequenz dieser allumfassenden Pläne ist, dass die Hilfe der Geber verschwindet, so dass die Geber effektiv aus einem breiten Menü auswählen können, was sie unterstützen wollen, anstatt sich auf die Kernfragen zu konzentrieren.

Angesichts des chronischen Bedarfs Afrikas an Arbeitsplätzen in den kommenden 40 Jahren sollten sich die Entwicklungspläne auf Wirtschaftswachstum und die Schaffung von Arbeitsplätzen konzentrieren.

Plan erstellen

Innerhalb jedes Plans müssen die Maßnahmen klar formuliert, greifbar, sichtbar, mit Ressourcen ausgestattet und sowohl als herausfordernd und realistisch realisierbar angesehen werden. Diese Maßnahmen müssen natürlich auch an das erklärte Programm der Regierung anknüpfen, denn auf diese Weise kann der erfolgreiche Abschluss dazu genutzt werden, das umfassendere Programm der Regierung zu kommunizieren. Der Plan muss auch sehr klar darstellen, wer für die Durchführung einer Maßnahme verantwortlich ist; Maßnahmen mit mehreren Leitungen haben eine viel geringere Erfolgschance.

Eine große Herausforderung für einen solchen Planungsansatz besteht darin, dass es für eine Regierung schwierig ist, innerhalb einer einzigen Amtszeit sinnvolle Veränderungen herbeizuführen. Lee Kuan Yew sagte bei der Lancierung des ersten nationalen Entwicklungsplans von Singapur: 'Wir, die Erwachsenen von heute, müssen die Härten von heute ertragen, um der nächsten Generation willen. .... Wenn ein Politiker behauptet, er könne innerhalb weniger Jahre eine Gesellschaft verändern, dann ist er ein Schwindler.'[14] Natürlich ist in einer Demokratie die Realität, dass die Wiederwahl das Hauptziel der Regierungspartei ist. Daher bietet ein dualer Ansatz, der darauf abzielt, sowohl Ergebnisse zu liefern, die mit der Regierungszeit synchronisiert sind, als auch parteiübergreifend den Plan zu unterstützen, wahrscheinlich die besten Chancen auf langfristigen Erfolg.

Wenn die Leistungsfähigkeit der Regierung schwach ist, ist es logisch, dass sie aktiv nach Wegen sucht, sich von allen außer den wichtigsten Funktionen zu befreien, so dass der Privatsektor die Kontrolle übernehmen kann, wo es angebracht ist. Diese Frage sollte bei der Planung berücksichtigt werden. Ein sambischer Befragter erklärte, dass sein Geschäftsmodell darin bestehe, Bereiche zu finden, in denen die Intervention der Regierung gering sei, und dann ein neues Geschäft aufzubauen, bevor die Regierung aufwachte und mit neuen Vorschriften und anderen bürokratischen Mitteln intervenierte.

Im Kern können Ministerien und Regierungen als vier parallele Arbeitsprozesse betrachtet werden. Sie versuchen fortwährend zu verstehen, was um sie herum geschieht, sie planen und kontrollieren ihre Aktivitäten, sie kommunizieren und beeinflussen in dem Versuch, Menschen und

Ereignisse zu gestalten, und sie bewerten ihren Fortschritt. Alle diese Prozesse sind sehr stark auf präzise Managementinformationen angewiesen, die, wie bereits erwähnt, oft knapp sind. Zweitens interagieren alle diese Prozesse miteinander, und von daher ist es das Hauptziel für das die Ausführung des Plans steuerende Team, sicherzustellen, dass die Prozesse so synchronisiert bleiben, dass positive Impulse entwickelt und Fortschritte erzielt werden. Dies erfordert ein nachhaltiges Engagement und eine disziplinierte Vorgehensweise. Sobald wichtige Beamte damit beginnen, ihre Stellvertreter zu wichtigen Synchronisationstreffen zu entsenden, geht die Dynamik schnell verloren.

Die Erfahrungen aus Präsident Ellen Johnson Sirleafs 150-Tage-Plan[15] für Liberia zu Beginn seiner zweiten Regierung im Jahr 2012 zeigen, dass die Einbeziehung der Zivilgesellschaft echten Druck erzeugt und die Regierung motiviert hat, ihre Versprechen einzulösen. Ein solcher Ansatz stützte sich auf die Bereitschaft der Regierung, einen soliden Dialog zu führen, und auf die Fähigkeit zivilgesellschaftlicher Organisationen, eine unabhängige Überwachungsfunktion zu übernehmen.

Für viele afrikanische Länder, die unter dem Druck stehen, schnelles Wachstum zu erzielen, ist wahrscheinlich ein dualer Ansatz erforderlich. Um die Dinge in Schwung zu bringen, muss ein Kernplanungsteam gebildet werden, das mit speziellen Liefereinheiten verbunden ist. Und es muss ein nachhaltiger Weg beschritten werden, um den öffentlichen Dienst umzustrukturieren, die Kultur zu verändern, zu schulen und auszubilden. Das erfordert mehr als nur Visionen und Teambildungsübungen. Es gilt, Beispiele zu geben und interessierte Kreise anzusprechen.

Die Bedeutung der Menschen

Der Dekan der Lee Kuan Yew School of Public Policy Kishore Mahbubani führt den Erfolg auf die Umsetzung von drei außergewöhnlichen Politiken zurück: Meritokratie, Pragmatismus und Ehrlichkeit. 'In der Tat, ich teile diese 'geheime' MPH-Formel mit jedem ausländischen Schüler an der Lee Kuan Yew School, und ich versichere ihnen, dass, wenn sie sie umsetzen, ihr Land ebenso erfolgreich sein wird wie Singapur. Meritokratie bedeutet, dass ein Land seine besten Bürger, nicht die Verwandten der herrschenden Klasse, auswählt, um ein Land zu führen. Pragmatismus bedeutet, dass ein Land nicht versucht, das Rad neu zu erfinden. Wie Dr. Goh Keng Swee, der erste unabhängige Premierminister von Singapur, sagen würde: 'Egal, welches Problem Singapur trifft, irgendjemand hat es irgendwo gelöst. Lassen Sie uns die Lösung kopieren und an Singapur anpassen'. Die

Umsetzung von 'Ehrlichkeit' ist das Schwierigste, was man tun kann. Korruption ist der wichtigste Grund, warum die meisten Länder der Dritten Welt gescheitert sind. Die größte Stärke der Gründerväter von Singapur war, dass sie rücksichtslos ehrlich waren. Es half auch, dass sie außergewöhnlich schlau und gerissen waren.'[16]

Das Dilemma vieler afrikanischer Länder besteht darin, dass sie ein rasches Wirtschaftswachstum und die Schaffung von Arbeitsplätzen benötigen und nicht viel Zeit haben, um ihre öffentlichen Dienste effektiver zu gestalten. Dennoch haben sie es immer wieder versäumt, ihre Talentschmiede signifikant zu verbessern.

Bei der Überprüfung eines Jahrzehnts afrikanischer Regierungsreformen südlich der Sahara betonte der IWF 1997, dass viele Länder in den 80er Jahren nach zehn Jahren rasanten Beschäftigungszuwachses im öffentlichen Dienst, verbunden mit einem Rückgang der Löhne, vor allem bei den höheren Dienstgraden, mit Veränderungen im öffentlichen Dienst begannen. Er stellte fest, dass es für die Regierungen schwierig sei, kompetentes Personal zu halten, und dass die Anreize für die Annahme von Bestechungsgeldern hoch seien.[17] Die Geber haben sich kontinuierlich auf die hohen Kosten der Preistreiberei, das Phänomen der Geisterarbeiter und den Mangel an Fähigkeiten in kritischen Bereichen konzentriert.

Die von der Weltbank entwickelten 'Worldwide Governance Indicators' versuchen, sechs kumulierte Governance-Indikatoren für mehr als 215 Volkswirtschaften im Zeitraum 1996 bis 2014 zu messen.[18] Eine dieser Maßnahmen, die Regierungseffektivität, wird anhand von Daten ermittelt, die Erkenntnisse über die Qualität der öffentlichen Dienstleistungen, die Qualität des öffentlichen Dienstes und den Grad seiner Unabhängigkeit von politischem Druck, die Qualität der Formulierung und Umsetzung von Richtlinien und die Glaubwürdigkeit des Engagements der Regierung für solche Richtlinien erfassen.

Natürlich verbirgt sich hinter diesen Zahlen ein gemischtes Bild. Mauritius verbesserte sich im Laufe der Zeit und erzielte 2014 mit 83 Punkten einen hohen Wert. Ruanda erreichte 1996 eine Punktzahl von 11, stieg aber 2014 auf 56 an. Die DR Kongo hat mit vier Punkten im Jahr 2014 konstant schlecht abgeschnitten. Malawi verzeichnet seit 2011 einen rückläufigen Trend mit einer Punktzahl von 25 im Jahr 2014. Trotz vieler Versuche, den öffentlichen Dienst in Afrika südlich der Sahara zu reformieren, hat sich das regionale Ranking kaum verändert. Für die gesamte Region ergab die Analyse einen leichten Rückgang der Perzentil-Rangliste von 28 auf 26 in 19 Jahren. Die Entwicklung von Ruanda und Mauritius zeigt, dass Verbesserungen möglich sind, aber es braucht Zeit und konsequente Anstrengungen.

Ein bekanntes Gesprächsthema in Afrika ist die Schwierigkeit, Arbeitsgenehmigungen für ausländische Arbeitnehmer, insbesondere für technische Spezialisten, zu erhalten. Unternehmen und andere Organisationen werden immer wieder aufgefordert, einheimische Arbeitskräfte zu beschäftigen und die Zahl der im Ausland beschäftigten Arbeitskräfte zu reduzieren. Organisationen weisen darauf hin, dass einheimische Arbeitskräfte billiger zu beschäftigen sind als Ausländer und dass sie diese gerne engagieren würden, aber entsprechend qualifizierte und erfahrene Arbeitskräfte nicht zur Verfügung stehen. Es schien wie eine endlose Debatte zu sein, die für Unternehmen, die versuchen, Geschäfte zu machen, viel Reibung bringt. Letztendlich muss dieses Problem gelöst werden, indem man sich auf das konzentriert, was langfristig die meisten Arbeitsplätze für das ganze Land schaffen wird.

Ein Teil des Problems des Mangels an Talenten in der Region ist die Schwierigkeit, talentierte, qualifizierte Fachkräfte zu halten. Die Weltbank schätzt die Zahl der Migranten aus Sambia auf 1,5 Prozent der Bevölkerung (ca. 235 000).[19] Eine Umfrage der sambischen Diaspora20 aus dem Jahr 2011 schätzt, dass von denjenigen, die das Land verlassen haben, drei Viertel einen ersten Hochschulgrad oder mehr erreicht haben. Die Studie stellt außerdem fest, dass 71 Prozent der Befragten bereit waren, in Sambia physisch präsent zu sein, um Wissen und Know-how zu vermitteln. Es wird auch hervorgehoben, dass Korruption, Vetternwirtschaft und Ineffizienz im öffentlichen Dienst diejenigen frustrieren und entmutigen, die eine Rückkehr in Erwägung ziehen würden.

Obwohl die Zahlen in dem Bericht mit Vorsicht zu behandeln sind, ist klar, dass es in der sambischen Diaspora viele Berufstätige gibt, die mit den richtigen Anreizen zur Rückkehr ermutigt werden könnten, und dass diese Anreize mehr mit fairer Behandlung, Chancen und Leichtigkeit des Handelns zu tun haben als mit reinem Wirschaftskapital.

Liberia bietet eine interessante Fallstudie, wie man den Bestand an menschlichen Talenten verbessern kann. Im Jahr 2000 lebten schätzungsweise 45 Prozent der liberianischen Fachkräfte außerhalb des Landes, wobei ein großer Teil in den USA wohnte. Die Regierung führte zwei erfolgreiche Programme ein: Transfer of Knowledge Through Expatriate Nationals (TOKTEN) und Senior Executive Service (SES), um qualifizierte Menschen zur Rückkehr zu ermutigen. TOKTEN zielte darauf ab, Auswanderer mit kurzen Verträgen zu rekrutieren, um Lücken zu schließen oder andere auszubilden, während SES versuchte, 100 qualifizierte Liberianer mit dreijährigen, verlängerbaren Verträgen zu rekrutieren.[21]

Es wurden viele aufrüttelnde Worte über die Bedeutung der Menschen geschrieben, aber dieser Auszug aus dem strategischen Wirtschaftsplan von Singapur aus dem Jahr 1991 mit dem Titel 'Towards a Developed Nation' (Auf dem Weg zu einer entwickelten Nation) beleuchtet in hohem Maße das Denken, das ein Vierteljahrhundert in die Transformation der Entwicklung dieses Landes hineinreicht: 'Der wichtigste Faktor für die Erreichung des Status eines entwickelten Landes ist die Aufwertung der wichtigsten Ressource Singapurs, seiner Menschen. Sie sollten mit einem hohen Kompetenzniveau, einem hohen Niveau der Grundbildung, einem hohen Maß an Branchenrelevanz bei Ausbildungsprogrammen, wirksamen Programmen für die Ausbildung in der mittleren Laufbahn und der Förderung wichtiger Humanressourcenqualitäten wie Arbeitsethik und Kreativität ausgestattet sein.'[22]

Zur Bewältigung der Problematik des Rückgangs des Humankapitals sind wahrscheinlich sowohl kurz- als auch langfristige Maßnahmen erforderlich. Kurz- bis mittelfristig gilt es, die kritischen Lücken zu identifizieren, einheimische Talente ausfindig zu machen und Anreize für die Rückkehr zu schaffen, und externe Talente anzuziehen, um die Lücken zu schließen. Parallel dazu müssen gezielte Stipendienprogramme, wie z.B. in Singapur und Chile bereits geschehen, eingerichtet werden, um die Entwicklung geeigneter Absolventen zu beschleunigen, und sie müssen an die Rückkehr in das Land gebunden sein, um in Schlüsselpositionen zu arbeiten. Längerfristig muss ein echter Schwerpunkt auf die Entwicklung des Bildungssystems gelegt und es auf die Bedürfnisse der Nation abgestimmt werden.

Fazit: Plan zur Behebung des Problems

Die Chancen für die Umsetzung unseres Plans für Sambia sanken mit der Wiederwahl der Regierung von Edgar Lungu. Auch wenn seine Regierung vom IWF wegen der angespannten Finanzlage und der aufkeimenden internationalen Verschuldung auf einen Reformkurs gedrängt werden sollte, war Lungu's die gleiche Partei, die sie in der ersten Instanz in Schwierigkeiten gebracht hatte. Sie würden sich reformieren, nicht weil sie daran glaubten, sondern weil sie keine anderen Möglichkeiten hatten. Als der Druck kam, war es unwahrscheinlich, so die Geschichte, dass sie sich an die harten und politisch unpopulären Reformen hielten.

Diese Erfahrung verdeutlicht, wie wichtig es ist, dass jeder Plan die Interessen der politischen Ökonomie berücksichtigt, wenn er Erfolg versprechend sein soll. Diese Interessen müssen identifiziert, anerkannt und behandelt werden. Auch wenn das Schreiben eines Plans ein guter Anfang ist, behebt er das Problem nicht von selbst. Für den Erfolg ist ein wesentlich ausgewogenerer Ansatz erforderlich, der den Plan mit der Lieferfähigkeit in Einklang bringt.

Außerdem sind weitere Leitlinien erforderlich. Erstens muss die Anzahl der Maßnahmen auf eine realistisch erreichbare Zahl begrenzt werden. Die Erstellung einer langen Liste von Regierungsinterventionen ignoriert die Kapazitätsmöglichkeiten der meisten Entwicklungsländer Afrikas und wird zu Enttäuschungen führen.

Zweitens müssen jeder Plan und tatsächlich jede Maßnahme sorgfältig sozialisiert und in ihrer Formulierung wiederholt und bei der Umsetzung des Plans ständig aktualisiert werden, wobei neue Aktionen die bereits ausgeführten ersetzen müssen. Die lokale Eigenverantwortung für den Plan und seine Maßnahmen ist unerlässlich.

Drittens sind strenge Zeitvorgaben erforderlich. Diese sollten einen bestimmten Termin für die Lieferung oder Durchführung erhalten.

Viertens bedarf es sorgfältiger Überlegungen, wie der Plan vorangetrieben wird, sowohl innerhalb als auch außerhalb der Regierung. Auch wenn eine Art zentrales Team notwendig ist, das wahrscheinlich vom Präsidenten aus arbeitet, um die Kohärenz aufrechtzuerhalten, muss dafür gesorgt werden, dass Minister, Staatssekretäre und der öffentliche Dienst in das System einbezogen werden, damit sie eine aktive und konstruktive Rolle bei der Umsetzung spielen können. Frühzeitige, realisierbare Erfolge zu erzielen, ist der Schlüssel zum Aufbau von Vertrauen und zur Entwicklung von Eigendynamik.

Und obwohl schließlich allgemeine Empfehlungen möglich sind, ist jedes Land einzigartig und erfordert einen eigenen Plan, der seine spezifischen Stärken, Schwächen, Chancen und Risiken berücksichtigt.

Es gibt klare Grenzen für Außenstehende. Die Fähigkeit von Gebern oder Beratern, politische Anreize für interne Akteure zu schaffen, das zu tun, was nötig ist, wird durch den Imperativ eingeschränkt, unabhängig von der Art des externen Hilfsanreizes an der Macht zu bleiben. Deshalb ist die lokale Eigenverantwortung eine unabdingbare Voraussetzung für eine erfolgreiche Reform: Sie kann nicht mehr von Außenstehenden als von Einheimischen gewünscht werden. Deshalb müssen erfolgreiche Reforminitiativen auch das Argument des Wandels im Inland gewinnen. Und es erklärt, warum auch die abschreckenden Anreize für die Führung - Angst vor äußerer Isolation, ja sogar Schmähungen - signalisiert und manchmal eingesetzt werden müssen.

Es ist selten der Fall, dass bei einer schlecht geführten oder nicht funktionierenden Regierung, die durch Korruption oder Klientelismus beeinträchtigt ist, die Verantwortlichen nicht wissen, wie eine gut funktionierende Regierung aussieht. Sie werden mit Ratschlägen und Modellen internationaler Best Practice, den effizientesten Management- und Informationssystemen usw. bombardiert. Der Grund, warum Reformen oft nicht funktionieren, liegt darin, dass es nicht im Interesse einiger wichtiger Beamter liegt, dass sie umgesetzt werden, sondern dass sie von den bestehenden Dysfunktionen profitieren. Dieses Szenario hat die Entwicklungsanstrengungen vieler afrikanischer Staaten in unterschiedlichem Maße beeinträchtigt.

Und bei all dem gilt es, der Versuchung zu entkommen, grandiose oder auf dem Silbertablett vorgelegte Lösungen zu finden. Nicht nur, dass diese nie eintreten werden oder grundlegende Probleme nicht lösen werden. Wenn man zum Beispiel von Atomprogrammen in Südafrika oder Raumfahrtprogrammen in Nigeria liest, ist die Schlussfolgerung für jeden Investor, der sein Geld wert ist, unausweichlich: Sie riechen nach Korruption und Vermeidung der Schlüsselthemen. Nationale Pläne können absolut entscheidend für das Wachstum eines Landes sein, oder sie können kaum mehr als Briefbeschwerer sein. Dabei geht es weniger um Planung, sondern um die Frage, ob eine nationale Planung vorstellbar ist, die sowohl für die wichtigsten Herausforderungen eines Landes relevant ist als auch von einer entschlossenen Führung umgesetzt werden kann. Die Erstellung eines Plans ist nicht das Ende des Prozesses, sondern lediglich der Beginn einer Neuzuweisung von Ressourcen zur Bewältigung der wichtigsten Probleme und die Schaffung einer Regierungsstruktur, die zur Umsetzung des Plans motiviert ist.

Kapitel 11
Führung und Umsetzung

Fünf Schritte zum Erfolg:

- Die Führung sollte die Demokratie nutzen, um einen disziplinierten Nationalismus zu erzeugen, der den Entwicklungspfad des Landes erklärt.
- Der Schwerpunkt der Führungskräfte sollte auf der Ausführung und der Beachtung der Details der Regierungsführung liegen.
- Führung erfordert die Nutzung der gesamten Bandbreite persönlicher diplomatischer Fähigkeiten und Geduld.
- Die Rechenschaftspflicht von Regierungsbeamten sollte durch Transparenz gewährleistet werden.
- Starke Führer sind bereit, Autorität zu delegieren.

Herausforderungen und Chancen

Die Veränderung der wirtschaftlichen Entwicklung eines Landes und die Bewältigung eines Problems, das so groß ist wie das prognostizierte Bevölkerungswachstum Afrikas, erfordern eine starke politische Führung. Eine solche Führung muss nicht nur eine Vision entwerfen und die schwierigen Entscheidungen treffen, wenn die Ressourcen knapp sind, sondern sie braucht auch die Energie, das Engagement für das Gemeinwohl und die Liebe zum Detail, um die Umsetzung voranzutreiben. Die Verbesserung der Regierungsführung, die Stärkung der Institutionen und das transparente Handeln sind lebenswichtige Reformen für Länder, die ausländische Investitionen benötigen.

Schlüsselzahlen:

Zehn[1] der 16 Länder[2] in den Kategorien 'sehr hohe Alarmstufe' oder 'hohe Alarmstufe' des Fragile States Index von 2016 befinden sich in Afrika südlich der Sahara.[3] Sechs[4] der 10 untersten Länder[5] im Korruptionswahrnehmungsindex 2015 von Transparency International sind afrikanisch.[6] Nach Angaben des Weltwirtschaftsforums sind die 10 wettbewerbsfähigsten Volkswirtschaften in Subsahara-Afrika (mit ihrem globalen Rang in Klammern): Mauritius (46), Südafrika (49), Ruanda (58), Botswana (71),

Namibia (85), Elfenbeinküste (91), Sambia (96), Seychellen (97), Kenia (99) und Gabun (103), von 140 gemessenen Volkswirtschaften. Die afrikanischen Länder belegen in der gleichen Umfrage 15 der 20 untersten Plätze.[7]

Bei der Übernahme des Amtes als Präsident Nigerias im Jahr 1999 entdeckte ich [Olusegun Obasanjo], dass die akkumulierte Verschuldung Nigerias gegenüber dem Pariser Club[8] etwa 30 Milliarden Dollar betrug. Einige der Projekte, aus denen sich die Schuld zusammensetzte, waren zweifelhaft, wenn nicht gar betrügerisch. Ein typisches Beispiel dafür war ein schlüsselfertiges Projekt für 8 Millionen Dollar, bei dem das Geld ohne Baustellenräumung, geschweige denn die Fundamente, gelegt wurden. Und doch gab es ein Video von der angeblichen Inbetriebnahme des Projekts. Dies geschah im Bundesstaat Enugu, einem der 36 Bundesstaaten Nigerias. Offensichtlich handelte es sich dabei um Absprachen und Korruption zwischen der Landesregierung und dem Darlehensgeber und Projektträger. Dennoch war das Darlehen eine Zusage und musste zurückgezahlt werden.

Soweit war die Praxis der nigerianischen Schulden gegenüber der internationalen Gemeinschaft gekommen.

Ich habe keine Zeit mit der Begründetheit oder dem Fehlverhalten und der Unzulänglichkeit eines dieser Projekte verschwendet, die von früheren Regierungen akzeptiert wurden und bei denen bereits Zinsen oder Strafen gezahlt wurden, wenn die Zinszahlungen nicht erfüllt wurden. Ich habe mich darauf konzentriert, bei den Regierungen der Gläubigerländer, die sich als Kartell im so genannten Pariser Club zusammengeschlossen haben, um Schuldenerlass zu ersuchen. Nigeria gab jährlich fast 3 Milliarden Dollar aus, um seine Schulden zu begleichen. Dies war eine schwere Belastung für die Wirtschaft des Landes. Doch ein Versäumnis, die Schulden zu bedienen, würde Strafen nach sich ziehen. Für Nigeria gab es nur zwei Auswege: Entweder die Zusage, die frühere Regierungen mit dem Pariser Club eingegangen waren, zu brechen oder über einen Schuldenerlass zu verhandeln. Ein Verzicht würde dazu führen, dass Nigeria isoliert wird und in der internationalen Wirtschaftsgemeinschaft und auf dem internationalen Markt mit schweren Strafen konfrontiert wird.

Der nachhaltigste und besonnenste Weg war die Verhandlung. Aber was für eine Art von Verhandlung? Frühere Verwaltungen hatten eine Verschiebung der Rückzahlungs- und Servicebedingungen ausgehandelt, wodurch die Schuldenquote immer weiter erhöht wurde, was sie immer belastender und unerträglicher machte, insbesondere mit dem Preis für ein Barrel Öl unter 10 $, als ich 1999 mein Amt antrat.

Ich begann mit der Shuttle-Diplomatie, um das Image und die Wahrnehmung Nigerias in den Augen der Welt zu bereinigen und Schuldenerlass zu suchen. Ich besuchte die meisten westlichen Hauptstädte, um den Fall Nigerias erneut vorzustellen. Ein solcher Besuch erfolgte in Washington DC, wo ich mit Präsident Clinton und dem Präsidenten der Weltbank, Jim Wolfensohn, zusammentraf. Ich warf die Frage des Schuldenerlasses mit beiden von ihnen auf und bat Jim um Unterstützung und Rat. Er riet Nigeria dringend zu einer umfassenden Reform, um seine Gläubiger zu beeindrucken. Wenn Nigeria bei der Wirtschaftsreform und -steuerung gut abschneiden würde, würde es die Unterstützung der Weltbank erhalten.

Das waren meine Marschbefehle. In meiner ersten Amtszeit, von 1999 bis 2003, besuchte ich viele Länder und Staats- und Regierungschefs, einige mehr als einmal, um für einen Schuldenerlass zu werben. Dort bekam ich scheinbar wohlwollende Anhörungen, weniger jedoch von den politischen Führern. Nach meiner ersten Amtszeit wurde mir klar, dass meine Gespräche auf höchster politischer Ebene Folgemaßnahmen auf den darunter liegenden Ebenen erforderten. Also holte ich Ngozi Okonjo-Iweala von der Weltbank und ernannte sie zur nigerianischen Finanzministerin. Mein Plan war, dass sie das Follow-up auf einer niedrigeren Ebene durchführen würde. Schon damals wurde die Tatsache, dass Nigeria das sechstgrößte ölexportierende Land der Welt war, regelmäßig als Grund benutzt, um den Schuldenerlass zu verweigern. Dann wollte ich erklären, dass die damals fast 150 Millionen Einwohner Nigerias und sein Entwicklungsstand eine solche Erleichterung rechtfertigen sollten.

Allmählich begann die Botschaft einzugehen. Aber Nigeria brauchte eine Gläubigernation, die an ihre Reformen, Programme und Fortschritte glaubte. Dieses Land war das Vereinigte Königreich unter Premierminister Tony Blair mit Gordon Brown als seinem Schatzkanzler. Mit der festen Unterstützung beider Seiten führte das Vereinigte Königreich die Bewegung auf dem Treffen der G7 an, um für einen Schuldenerlass für Nigeria zu werben. Damals war das Vereinigte Königreich der größte Gläubiger Nigerias. Brown war auf festem moralischem Boden, um den Kreuzzug zum Schuldenerlass für Nigeria zu fördern und zu führen.

Am Ende erhielt Nigeria einen Schuldenerlass von etwa 18 Milliarden Dollar und bezahlte etwa 12 Milliarden Dollar, um sich von dieser Last zu befreien. Es war ein großer Durchbruch, und die daraus resultierenden Einsparungen flossen in die Millenniums-Entwicklungsziele, eines der Versprechen, die den Gläubigern gegeben wurden. Nachdem der Pariser Club einen Schuldenerlass vereinbart hatte, war Nigeria in einer starken

Position, um auch mit anderen Gläubigern über einen Schuldenerlass zu verhandeln.

Die zweite große Herausforderung unter meiner Präsidentschaftswache war die Frage des Scharia-Rechts. Als ein Land, das fast 50:50 zwischen Muslimen und Christen geteilt wird, war die Scharia schon immer Teil des Rechts- und Justizsystems im Norden, aber nur auf der üblichen, sogenannten magistrarischen Ebene. Selbst dann sieht die nigerianische Verfassung die Einrichtung eines Scharia-Berufungsgerichts vor, wenn es einmal nötig sein sollte. Die Scharia war daher nie ein Thema, weil sie sich mit persönlichen Fragen wie Ehe, Erbschaft und kleineren und zivilrechtlichen Fragen wie Schulden, Grenzstreitigkeiten und Landangelegenheiten befasste. Nur gelegentlich befasste sie sich mit strafrechtlichen Fragen, die gegebenenfalls an den Obersten Gerichtshof weitergeleitet wurden.

Der Initiator der Scharia-Kontroverse, der damalige Gouverneur des Zamfara-Staates, Sani Yerima, sprach das Problem jedoch aus Gründen des Selbstschutzes und der Selbsterhaltung an, nicht aus echten oder authentischen religiösen Überzeugungen. Als er unter dem Banner der All People's Party für die Gouverneurschaft seines Staates eintrat, sponserte der Mann, der später National Security Adviser (NSA) wurde, General Aliyu Mohammed, einen Kandidaten unter dem Banner der damaligen Regierungspartei, der People's Democratic Party (PDP). Der PDP-Kandidat verlor die Wahl, aber es scheint, dass die NSA in der Absicht, Fehlverhalten des Gouverneurs zu finden, heimlich begann, Beweise für Fehlverhalten und Korruption gegen den Gouverneur zu sammeln. In der Zwischenzeit unternahm ich mehrere Versuche, sie zu versöhnen, aber ohne Erfolg. Ich habe beide sogar zu einem offiziellen Besuch nach China mitgenommen, um sie zusammenzubringen. Als sich herausstellte, dass die NSA fortbestand, beschloss Gouverneur Yerima, sich unantastbar zu machen.

Er lud die Imame, muslimische Führer und Priester in seinem Staat ein und teilte ihnen mit, dass er Zamfara in einen vollwertigen Scharia-Staat verwandeln würde. Er verkündete ein Gesetz, das Zamfara zum Scharia-Staat erklärte. Und tatsächlich wurde er unantastbar. Da er nicht als isoliert handelnd angesehen werden wollte, veranlasste er Imame in anderen islamischen Staaten im Norden, sich für eine vollständige Erklärung des Scharia-Rechts einzusetzen. Insgesamt verkündeten 12 von 19 Staaten im Norden das volle Scharia-Gesetz.

Die Muslime im Land beobachten alles genau, um zu sehen, was ich tun würde. Eine falsche Behauptung oder Handlung meinerseits würde als Brandstiftung angesehen werden, denn ein 'ungläubiger', antimuslimischer Präsident würde als jemand angesehen werden, der die heilige Religion des Islam mit Füßen tritt. Aber gleichzeitig forderten mich christliche Geistliche und Führer innerhalb und außerhalb Nigerias auf, das neue Phänomen der Großscharia in Staaten, in denen es eine muslimische Mehrheit gab, die aber auch einem beträchtlichen Anteil an Christen aufwiesen, auszumerzen. Sie wiesen darauf hin, dass Nigeria eine säkulare oder multireligiöse Gesellschaft und kein muslimischer Staat sei. Die einzige Aussage, die ich während dieser ganzen Kontroverse gemacht habe, war die, dass die Scharia, die der Gouverneur von Zamfara ankündigte, echt sei und dass sie überleben und gedeihen würde. Wenn nicht, dann würde sie verpuffen.

Um sein Handeln zu rechtfertigen und denjenigen, die er für seine 'politische' Scharia rekrutiert hatte, seine 'Schärfe' zu beweisen, schnitt Gouverneur Yerima die Hand eines Diebes ab - eine traditionelle muslimische Bestrafung. Danach begann die Begeisterung der Scharia sich zu verflüchtigen. Muslime, die von mir erwartet hatten, dass ich gegen die Scharia zurückschlagen und ihnen dadurch Munition geben würde, um Chaos zu verursachen, und Christen, die sich wütend und enttäuscht fühlten, dass ich keine Militärpanzer ausrollte, um die Befürworter der Scharia zu zerschlagen, fühlten sich zugleich als Gewinner und Verlierer. Aber Nigeria war sicherlich der unbestrittene Sieger. Schließlich entwöhnte sich Yerima von dem muslimischen Klerus und die Scharia in seinem Staat zerfiel.

Ein paar Monate später besuchte mich Yerima in meiner Residenz und begrüßte meine junge Cousine und umarmte sie in meiner Gegenwart. Ich habe Yerima scherzhaft gesagt, dass diese Aktion nicht scharia-konform war. Yerima erwiderte: 'Sagten Sie nicht, dass die Scharia verpuffen würde, und ist sie nicht verpufft?'

Zu diesem Zeitpunkt war die Sache zu einem Witz geworden. Wenn sie falsch gehandhabt worden wäre, hätte das eine schwere Katastrophe für Nigeria bedeutet.

Von Staatsmännern und -frauen wird ein kühler Kopf und geschickte Diplomatie erwartet. Wie die Beispiele aus Nigeria oben zeigen, gibt es zwar gemeinsame Herausforderungen, aber die afrikanischen Staaten differenzieren sich zunehmend, nicht nur in Bezug auf ihre Geographie, sondern auch in Bezug auf die Bevölkerungszahl, die wirtschaftliche und soziale Zusammensetzung und ihre politische Bilanz. Einige sind stabil und haben solide Menschenrechtsregimes, andere entwickeln sich oder geraten in einen Konflikt. Im Folgenden sind vier Beispiele aufgeführt, die Aspekte der Umsetzung veranschaulichen: Äthiopien und Botswana - ein großes Land und ein kleines Land; eines weitgehend ohne Rohstoffe und ein rohstoffabhängiges Land; und das andere wird (von Freedom House) als 'nicht frei' und das andere als 'frei' eingestuft.[9] Mauretanien wird außerdem als Beispiel für die Herausforderungen und Reformmöglichkeiten in der Sahelzone, einer Region mit besonderen und extremen Herausforderungen, angeführt. Schließlich wird in dem Kapitel eine Schlüsselwirtschaft in Westafrika untersucht, die sich mit der Bilanz der Elfenbeinküste bei der Aufholjagd nach Konflikten befasst.

Reicht die wirtschaftliche Zielstrebigkeit Äthiopiens aus?

Es ist schwer, sich in Äthiopien nicht von der Klarheit der strategischen Vision, der Zielstrebigkeit und der Konzentration auf die Umsetzung beeindrucken zu lassen.[10]

'Wir sehen, dass China teuer wird, aber Afrika nicht bereit ist, davon zu profitieren, auch weil die Arbeitskosten des Kontinents teuer sind', sagt Äthiopiens Premierminister Hailemariam Desalegn. 'In Äthiopien haben wir diese Kosten jedoch niedrig gehalten, um unseren Vorteil in der Leichtindustrie zu erreichen. Das fängt bei den staatlichen Löhnen an. Wenn Sie die Löhne der Regierung hoch ansetzen, wirkt sich das auf den Markt aus und führt zu einer Verlangsamung des Marktes.'

Äthiopien, betonte sein Führer, dessen offzielles Gehalt weniger als 400 Dollar pro Monat beträgt, hat die niedrigsten Gehälter für Regierungsbeamte in Afrika. 'Wir haben auch produktivitätsabhängige Gehaltserhöhungen, nicht nur einfache Erhöhungen.'

Hailemariam, der aus der Minderheit der Wolayta-Gemeinschaft im Süden des Landes stammt, wurde nach dem Tod von Meles Zenawi im August 2012 im Alter von 47 Jahren Premierminister. Als junger Mann wollte er Arzt werden, wurde aber durch einen Krankenhausbesuch bei seinem kranken Vater in Addis Abeba in die Pflicht genommen. Stattdessen absolvierte er eine Ausbildung zum Bauingenieur und erwarb an der finnischen Universität Tampere einen Master-Abschluss in Hydrologie. Nach seiner Rückkehr wurde er mit 27 Jahren Dekan des Water Technology Institute, eine Position, die er aufgrund seines Alters und seiner Erfahrung als sehr herausfordernd empfand. Im Alter von 35 Jahren wurde er zum Stellvertretenden Gouverneur der südlichen Nationen, Nationalitäten und der Region der Völker[11] und ein Jahr später zum Gouverneur ernannt, was bis 2006 fast fünf Jahre lang blieb. Nach einer Zeit als Sonderberater von Meles wurde er im Oktober 2010 zum stellvertretenden Premierminister und Außenminister befördert.

Ohne große natürliche Ressourcen, mit einer Bevölkerung, die schnell auf 100 Millionen ansteigt[12] und seit der Unabhängigkeit Eritreas im Jahr 1991 eingeschlossen ist, scheinen die Entwicklungsmöglichkeiten

Äthiopiens begrenzt zu sein. Fünfundfünfzig Prozent der Bevölkerung sind jünger als 24 Jahre, und deshalb ist die Regierung von der Schaffung von Arbeitsplätzen besessen.

Das Fehlen eines von natürlichen Ressourcen getriebenen Wachstums war für Äthiopien von Vorteil, insbesondere während des Rohstoffpreisverfalls. Äthiopien hat sich zu einer der am schnellsten wachsenden - vielleicht sogar am schnellsten wachsenden – Volkswirtschaften Afrikas entwickelt. Auch wenn das zweistellige Wachstum mittlerweile zu einer Art Mantra geworden ist, so liegt es nach unabhängigen Gutachten von 2003 bis 2013 immer noch bei über 10 Prozent - und das gegenüber einem regionalen Durchschnitt von 5,3 Prozent südlich der Sahara.[13] Diese Wirtschaftsleistung hat die nationale Armutsquote von 45,5 Prozent im Jahr 1995 auf unter 30 Prozent 15 Jahre später deutlich gesenkt.[14]

'In erster Linie müssen wir uns auf unsere vergleichbaren und wettbewerbsfähigen Vorteile in einem globalen Umfeld konzentrieren', sagt der Premierminister. 'Unsere oberste Priorität ist die Landwirtschaft - die Notwendigkeit der Mechanisierung und der besseren Nutzung. Die Landwirtschaft macht immer noch 80 Prozent der Beschäftigung Äthiopiens aus. Wir haben eine Strategie zur Unterstützung der kleinbäuerlichen Landwirtschaft und zur Steigerung der Nachfrage nach Landwirtschaft. Aber das allein', sagt er, 'ist nicht nachhaltig. Wir müssen über die nächsten Schritte nachdenken.'

Teilweise geht es bei diesen nächsten Schritten darum, den Wert der Landwirtschaft zu steigern, indem man von Subsistenz- zu Exportkulturen übergeht. Die nächste Phase der wirtschaftlichen Transformation Äthiopiens beinhaltet, betont der Premierminister, die Verbesserung der Fähigkeiten bei der Suche nach dem, was sein Vorgänger Meles als 'relatives vergleichbares Interesse' bezeichnete.[15]

'Wir müssen uns auf die technische und berufliche Bildung konzentrieren. Andernfalls werden wir eine junge Bevölkerung haben, die nicht qualifiziert ist, die eine falsche Einstellung hat und den Markt nicht versteht. Dabei geht es nicht nur um technische Fertigkeiten. Es geht darum, Menschen vorzubereiten, Unternehmer und kleine und mittlere Unternehmen zu unterstützen', sagt er.

Hailemariam erkennt an, dass lokale Kapital- und Arbeitskräftequellen nur so viel liefern können. 'Wir sind bestrebt, mehr ausländische Direktinvestitionen anzuziehen, basierend auf unserem Wettbewerbsvorteil, der sich auf die arbeitsintensive Leichtindustrie konzentriert.'

Die Zahlen belegen dies. Im Jahr 2005 betrug der jährliche FDI-Zufluss Äthiopiens 200 Millionen Dollar, was 3,6 Prozent des BIP entspricht, ähnlich wie die chinesischen Zuflussquoten in den 90er Jahren.

Jetzt hat sie sich verzehnfacht. Allein die FDI aus den USA beliefen sich zwischen 2013 und 2015 auf insgesamt 4 Mrd. $, einschließlich einer Investition in Höhe von 200 Mio. $ in ein Blumenexportunternehmen und einer Erweiterung um 250 Mio. $ durch Coca-Cola.

Die wichtigste Aufgabe der Regierung aus Sicht des Premierministers ist es, Investoren in 20 Industrieparks im ganzen Land zu bekommen. 'Diese Parks', betont er, 'sind nicht nur Schuppen, sondern umfassende Programme, die alles von Dienstleistungen aus einer Hand bis hin zu angemessenen Versorgungseinrichtungen, Umweltmanagement, Ausbildung und Qualifizierung umfassen - alle Einrichtungen und Dienstleistungen, die einer modernen Stadt angemessen sind. Damit diese Parks funktionieren', sagt er, 'müssen wir auch verstehen, warum sie in Afrika und anderswo scheitern'.

Vierzig Kilometer von Addis entfernt liegt die Eastern Industrial Zone mit bis 2016 mehr als 20 chinesische Investoren, die von niedrigen oder gar keinen Zöllen auf importierte Industriegüter und Steuerbefreiungen von bis zu sieben Jahren angezogen wurden. Das Herzstück des Parks ist die 'Schuhstadt' der chinesischen Huajian Group, eine Schuhfabrik mit 3.200 Beschäftigten, die 180.000 im Monat für den Export herstellt.[16]

'Wir streben 50.000 Arbeitsplätze pro Park an', sagt der Premierminister. In diesem Sektor spielt die Frage der Arbeitskosten eine entscheidende Rolle. Äthiopische Arbeiter verdienen im Durchschnitt ein Zehntel der Löhne ihrer chinesischen Kollegen. Zum Beispiel zahlen die Schuhfabriken von Addis zwischen 700 und 800 Birr ($30-35) im Monat.

Wenn man nordöstlich der Hauptstadt an neu errichteten Sozialwohnungen vorbeigeht, kommt man in einen anderen Park, in Legetafo. Obwohl die Straßen hier immer noch im Bau sind, stellenweise kaum mehr als Schlammspuren, entstehen überall Fabriken, von der Lebensmittelverarbeitung über Verpackung, Seife und wieder Schuhe. Diese Produkte sind nicht nur für den Export bestimmt.

Top Shoes hat gerade fünf neue taiwanesische Maschinen neben den vier bestehenden Verarbeitungseinheiten des Unternehmens installiert, um Gummisandalen und Flip-Flops zu produzieren, die im Großhandel für Haushaltskunden unter $1,00 pro Paar verkauft werden. Obwohl jede Maschine 5.000 Schuhe pro Woche ausprägen kann, sind sie anfällig für Schwankungen der Inlandsnachfrage. Zum Zeitpunkt unseres Besuchs waren nur zwei der neun Maschinen dampfend und klappernd in Betrieb.

Es gibt erhebliche Herausforderungen beim Betrieb von Fertigungswerkstätten, bei denen praktisch alle Komponenten und Materialien importiert werden und der Strom unzuverlässig ist, was Investitionen in Notstromaggregate erforderlich macht. Dennoch, so scheint es, arbeitet die

Regierung hart daran, Äthiopien so attraktiv zu machen, dass es sich lohnt, solche Herausforderungen zu meistern.

Indes stellt der Premierminister die Notwendigkeit fest, einheimisches Kapital als Anreiz für ausländische Investitionen zu beschaffen, insbesondere in den Bereichen Textilien, Bekleidung, Schuhe und landwirtschaftliche Verarbeitung. Die äthiopische Regierung konzentriert sich auch auf den dringend benötigten Ausbau des regionalen Schienennetzes und der Stromerzeugung. Solche Verbesserungen sind dringend erforderlich, um die Zahl der jungen Menschen, die auf den Arbeitsmarkt Äthiopiens kommen, auf 2 Millionen pro Jahr zu erhöhen[17], eine Situation, die durch die zunehmende Abwanderung in die Städte noch dringlicher wird. Die derzeitige Verstädterung des Landes ist mit nur 19 Prozent der Bevölkerung noch sehr gering. Dies wird sich jedoch ändern.

Der Wettbewerbsvorteil Äthiopiens - die niedrigen Arbeitskosten - ist nicht das einzige Thema, bei dem der Premierminister entwaffnend offen ist.

Der Erfolg des Übergangs und die Fähigkeit Äthiopiens, massenhaft Arbeitsplätze zu schaffen, wird davon abhängen, ob es gelingt, eine einheimische Geschäftsklasse als starke heimische Wachstumsbasis zu fördern. Der Kapitalmangel steht im Weg, zum einen, weil die Regierung so viel davon für ihre Infrastrukturprojekte einsetzt, zum anderen, weil sie die Kontrolle behalten will und bestimmte Sektoren nicht für Außenstehende geöffnet werden können.

'Wir müssen die politische Ökonomie für das Kapital empfänglicher machen', erklärt der Premierminister. Wenn es günstig für die Suche nach Rendite ist und wenn Regierungsbeamte in die Klientel und in kurzfristige Plünderungen involviert sind, dann hält es den lokalen Privatsektor davon ab, in produktive Gebiete zu investieren. Das erfordert, dass wir die Korruption bekämpfen. Aber es bedeutet auch,' fügt er hinzu, 'dass wir die Defizite bei der Infrastruktur, den Regeln und Verfahren und der Finanzierung beseitigen, um private Investitionen in produktive, wertschöpfende Tätigkeiten zu fördern'.

Da Äthiopien Investoren für Textilien aus der Türkei und Baumaterialien aus Indien und anderen Industrien gewinnen will, muss das Land, so Hailemariam, nicht nur einen Fuß auf dem Boden haben, sondern benötigt auch einen zweiten, der nach dem nächsten Schritt sucht, d.h. nach Gebieten zu suchen, in die gesprungen werden können, einschließlich Bio- und Nanotechnologie'. Das bedeutet, so räumt er ein, 'dass man in Forschung und Entwicklung investiert, um die Wettbewerbsfähigkeit zu ermöglichen.'

Die Schaffung von Qualitätsarbeitsplätzen wird mindestens 20 bis 30 Jahre dauern, sagt er. 'Aber wir wissen, wo wir angefangen haben, wo und wie wir hingehen wollen, um Arbeitsplätze zu schaffen. Zunächst müssen wir mit kostengünstigen, arbeitsintensiven und technologiearmen Lösungen beginnen.

Der Premierminister äußert sich ebenso offen zur Eigenverantwortung der Äthiopier. Unser größtes Hindernis ist die Einstellung, die Erwartung und die Offenheit unserer Mitarbeiter. Wir haben eine riesige Landbevölkerung. Es gilt, unter ihnen ein Verständnis für die Notwendigkeit der Wertschöpfung zu schaffen, das von allen Beteiligten ein hohes Maß an Fleiß erfordert - zum Beispiel beim Übergang von der Subsistenzwirtschaft zur ländlichen Landwirtschaft. Man muss auch die Menschen davon überzeugen, dass Büroarbeitsplätze nicht alles sind, dass die Landwirtschaft ein moderner Beruf sein kann.

'All dies', erklärt er, 'erfordert eine gute Kommunikationsstrategie, einschließlich der Bedrohungen, wenn wir unsere Arbeitsweise nicht ändern. In Südkorea war die Bedrohung, die die Menschen motivierte, die Gefahr des Kommunismus. Unsere Gefahr besteht in der Gefahr der Armut und des Zerfalls des Landes, wenn wir diese Probleme nicht angehen und aktiv und fleißig werden.'

Bei all diesen Herausforderungen gab es bemerkenswerte Erfolge in Äthiopien. Ethiopian Airlines, wie in Kapitel 7 beschrieben, und die Blumenindustrie des Landes, wie in Kapitel 4 beschrieben, sind Beispiele für eine erfolgreiche Geschäftsentwicklung in sehr unterschiedlichen Branchen.

Shoe City entstand durch eine persönliche Einladung von Meles an den Firmengründer während einer China-Reise 2011, ein Werk zu eröffnen. Wenig verwunderlich, dass Premierminister Hailemariam vom Tod Meles 'schockiert' war. 'Es war ein traumatischer Moment. Ich dachte nicht, dass ich das Land in seiner Abwesenheit leiten könnte, oder wie ich das tun würde. Aber wir waren in der Lage, es mit Unterstützung von Kollegen zu navigieren. Als mir klar wurde, dass die letztendlichen Entscheidungen in diesem Land von mir selbst getroffen werden, kann man sich nur vorstellen, wie stressig das ist. Deshalb habe ich mich für einen konsultativeren und kollektiven Führungsprozess in der Politik und mit der Privatwirtschaft entschieden.' Er trifft sich dreimal jährlich zu Strategiesitzungen, vierteljährlich zu Fragen der Wettbewerbsfähigkeit und monatlich zur Bewertung der Exportfortschritte.

Hailemariam räumt ein, dass 'das Wichtigste in der Führung das Vertrauen der Menschen ist. Wir müssen beispielhaft unsere Nulltoleranz gegenüber Korruption demonstrieren, öffentliche Gelder nicht zur persönlichen Bereicherung einsetzen und opferbereit sein. Wenn du das nicht kannst, kannst du nicht erwarten, dass andere das tun.'

Auf die Frage, wie er den Erfolg definiert, antwortet der Premierminister: 'Es geht darum, sinnvolle Veränderungen im Leben unseres Volkes herbeizuführen. Es geht nicht nur um Zahlen oder Wachstum, sondern auch darum, das Leben zu verändern. 'Wachstum', fügt er hinzu, 'muss geteilt werden, um nachhaltig zu sein'.

Trotz der Klarheit der Planung und der Bereitschaft, Opfer zu bringen, wurde die Besorgnis über die langfristige Nachhaltigkeit des äthiopischen Modells durch polizeiliche Übergriffe im Jahr 2016 gegen Proteste in den Regionen Oromo und Amhara deutlich. Auslöser der Proteste waren Versuche der Regierung, in diesen Regionen, in denen fast zwei Drittel der Bevölkerung leben, Land umzuverteilen. Diese Gruppen sehen die Regierungskoalition Äthiopiens als von den Tigrayanern dominiert, die etwa 6 Prozent der Bevölkerung ausmachen; sie sind die Gruppe, die den Guerillakrieg gegen das Militärregime von Mengistu Haile Mariam geführt hat. Die Botschaft ist klar: Wirtschaftswachstum und Wohlstand hängen davon ab, ob die Politik stimmt. Tatsächlich haben viele der Proteste ausländische Investitionen ins Visier genommen, was die Unteilbarkeit des Projekts und die Fähigkeit unterstreicht, ausländische Investitionen anzuziehen und zu halten.

Eine Kombination aus seiner stabilisierenden Rolle in der regionalen Sicherheit und seiner traumatischen innenpolitischen Bilanz deutet darauf hin, dass die internationale Gemeinschaft Äthiopien für eine Weile so etwas wie einen Freipass für seine Menschenrechtsbilanz geben wird. Dies dürfte jedoch nicht im längerfristigen Interesse der Geber liegen. Paradoxerweise könnte die größere Herausforderung der Regierung mit wirtschaftlichem Erfolg einhergehen. Mit zunehmendem Wohlstand können sich die Forderungen der Mittelschicht nach mehr Freiheiten durchaus mit den Forderungen derjenigen verbinden, die sich ausgeschlossen fühlen. Geschieht dies in einer Wirtschaftskrise, wie es Ende der 90er Jahre in Indonesien der Fall war, könnte der Veränderungsdruck überwältigend und möglicherweise unüberschaubar werden. Die Geschichte deutet darauf hin, dass eine kontinuierliche Stärkung der Demokratie die Antwort auf die langfristigen Entwicklungsherausforderungen Äthiopiens wäre.

Botswana: Die Herausforderung jenseits der Rohstoffe

Nur wenige Kilometer vom neuen Sir Seretse Khama International Airport in Gaborone entfernt befindet sich De Beers Global Sightholder Sales.[18]

Früher bekannt als Diamond Trading Company (DTC), ist dies ein Sortier-, Bewertungs- und Verkaufszentrum. Im Jahr 2014 wurden über 32 Millionen Karat Diamanten (im Wert von mehr als 7 Milliarden Dollar) für den weltweiten Vertrieb verarbeitet. In der Nähe des eckigen Glas-Stein-Gebäudes befinden sich der Staatstresor, das Bureau of Standards, verschiedene Diamantschleif- und Polierwerkstätten sowie das National-archiv.

Das DTC wurde 2012 im Rahmen einer Vereinbarung über die Erneuerung des Mietvertrags für die riesigen Minen Jwaneng und Orapa, die über die reichsten Diamantenvorkommen der Welt verfügen, aus London verlegt. Botswana hat sich zum Ziel gesetzt, einen größeren Anteil des Downstream-Gewinns aus dem Hauptexport zu ziehen. Alle fünf Wochen treffen sich in Botswana 86 autorisierte Abnehmer oder Kunden, um Pakete mit Rohdiamanten zu kaufen. Als Teil der gleichen Wohltätigkeitsmaßnahme gründete die Regierung auch die Okavango Diamond Trading Company, die unabhängig davon jährlich 3 Millionen Karat Diamanten verarbeitet.

Die Sortierung der Diamanten ist ein komplexer, technologischer und arbeitsintensiver Prozess. 1.500 Mitarbeiter, darunter 550 Sortierer, sortieren die ungeschliffenen Edelsteine in 11.344 Kategorien, aus denen sich die rund 500 Pakete zusammensetzen, die bei jeder Sichtung verkauft werden.[19]

Mit seinen Baukränen, Verkehrsstaus, neuen Hotels und glänzenden Wolkenkratzern ist Gaborone heute weit von der Zeit entfernt, als Sir Seretse das Land am 30. September 1966 in die Unabhängigkeit führte. Damals war Botswana eines der am wenigsten entwickelten und ärmsten Länder der Welt, sein Pro-Kopf-Einkommen betrug nur 83 Dollar, und die meisten Menschen waren von der Subsistenzlandwirtschaft abhängig. In der Unabhängigkeit gab es weniger als 30.000 Angestellte, nur etwa 50 Hochschulabsolventen, eine niedrige Alphabetisierungsrate und kaum Zugang zu Gesundheitsversorgung, sanitären Einrichtungen, Wasser, Telefonen, Elektrizität, öffentlichen Verkehrsmitteln und anderen Dienstleistungen. Das Land war auf britische Auslandshilfe angewiesen, um zu überleben.

Um die Jahrtausendwende war das Pro-Kopf-BIP Botswanas mit 7.300 Dollar um 15 Prozent höher als das seines mächtigen Nachbarn Südafrika. Der Grund für den Erfolg liegt in der Partnerschaft des Staates mit De Beers bei der Erschließung seiner Diamantenressourcen. Mit mehr als einem Viertel der weltweiten Diamantenproduktion macht die Industrie 35 Prozent des Bruttoinlandsprodukts Botswanas und rund 85 Prozent der Exporte aus.

Die Abhängigkeit Botswanas von Diamanten, seinen besten Freunden seit der Unabhängigkeit, ist fast vollständig, eine Tatsache, die bei den aufeinanderfolgenden Regierungen nicht verloren gegangen ist.

Die Suche nach Mitteln zur Steigerung des inneren Wertes war ein besonderer Schwerpunkt der Regierung von Ian Khama, dem ältesten Sohn des Unabhängigkeitsführers, der 2008 mit 55 Jahren Präsident wurde. Das botswanische 'System' erlaubt es einem neuen Präsidenten, noch vor dem Ende der Amtszeit seines Vorgängers das Amt zu übernehmen, so dass er Zeit im Amt hat, bevor er eine eigenständige nationale Wahl bestreitet.

Khama, ehemaliger Kommandant der Verteidigungsstreitkräfte und immer noch ein eifriger Flieger, ist offen und klar über die Grundlagen des Erfolgs des Landes. 'Er basiert auf einem kulturellen und traditionellen Bekenntnis zur Demokratie', sagt er, 'und was Demokratie bedeutet. Im Gegensatz zu einigen, die das Konzept der Demokratie nach eigenem Gutdünken verdrehen, haben wir uns an diese Grundsätze gehalten, indem wir alles, was wir tun, im Interesse unserer Bürgerinnen und Bürger tun. Das erklärt unsere harte Haltung gegenüber der Korruption, bei der es um Eigeninteresse und Eigenwerbung geht. Von der Demokratie und der guten Regierungsführung', bemerkt er von seinen bescheidenen Büros in Gaborone aus, 'kommt alles andere, einschließlich der umsichtigen Finanzverwaltung der Wirtschaft'.

Das Bekenntnis zur Demokratie, sagt Khama, 'hat wenig mit dem kolonialen Erbe zu tun, nicht zuletzt, da die britische Hauptstadt des Territoriums außerhalb des Landes in Mafikeng lag. Vielmehr ist sie sowohl kulturell als auch führungsabhängig. Mehr als nur eine gute Absicht oder Rhetorik, sind die Verpflichtungen für Demokratie und gute Regierungsführung heute tief verwurzelt.' Botswana hat mehrere Versuche unternommen, die Diversifikation zu stimulieren. Die 1999 aufgehobene Politik der finanziellen Unterstützung sah Arbeits- und Kapitalsubventionen für neue Unternehmen vor, aber nur sehr wenige der 3.000 Operationen, die im Rahmen dieses Programms eingeleitet wurden, überlebten. Die Politik der Citizen Entrepreneurial Development Agency, die sie ablöste, sah neben zinsgünstigen Krediten auch Mentoren- und Förderprogramme vor.

Im Jahr 2005 stellte die Brenthurst Foundation auf Einladung der Regierung von Botswana eine Gruppe internationaler Spezialisten zusammen, um eine Strategie für die wirtschaftliche Diversifizierung zu entwickeln. Aus diesen Vorgesprächen ging das Botswana Economic Advisory Committee (BEAC) hervor, später der Rat, der diese Strategie überwachen sollte.

Khama verweist auf den Tourismus als Erfolgsgeschichte im Streben nach Diversifizierung. Botswana hat seine Zahl an internationalen

Besuchern von 1,4 Millionen Ankünften im Jahr 2006 auf 1,5 Millionen im Jahr 2014 leicht erhöht.[20] Im Jahr 2013 unterstützten Reisen und Tourismus direkt 31 000 Arbeitsplätze oder 4,6 Prozent der Gesamtbeschäftigung. Der direkte Beitrag von Reisen und Tourismus zum BIP wird auf 510 Millionen Dollar geschätzt, was 3,2 Prozent des gesamten BIP des Landes im Jahr 2014 entspricht.[21]

Eine der ersten BEAC-Empfehlungen war es, die Kosten der Geschäftstätigkeit auf ein Niveau zu senken, das unter dem des nächstgelegenen und größten Konkurrenten Südafrika liegt, mit dem Ziel, im Dienstleistungssektor zum 'Mauritius des südlichen Afrika' zu werden. Diese Strategie würde keine Subventionen erfordern, sondern eine generelle Verbesserung des Wettbewerbsumfelds, wobei der hohe Wert seiner Währung, eine der Auswirkungen der Abhängigkeit von natürlichen Ressourcen und Zuflüssen, sowie die Kosten des Bank- und Telekommunikationssektors, berücksichtigt werden sollten.

Der Präsident verwies auf gewisse Spannungen zwischen Wachstum und Stabilität, die es ständig zu bewältigen gilt - zum einen den Wechselkurs, um die Notwendigkeit auszugleichen, die Inflation innerhalb einer Spanne von 3 bis 6 Prozent, aber dennoch niedrig genug zu halten, um die Exportwettbewerbsfähigkeit mit den wichtigsten Handelspartnern Botswanas sicherzustellen. In diesem Zusammenhang hob er hervor, dass es sich um eine 'schwierige Wahl' handele, was mit der nationalen Fluggesellschaft zu tun sei, ein weiteres heißes Thema der BEAC, nämlich ob und wie man die Kosten reduzieren könne, anstatt sie als strategisches Gut zu nutzen, um Touristen und Geschäftsleute einzubinden. Eine weitere frühe, aber noch nicht geborene Empfehlung konzentrierte sich auf die Positionierung des Flughafens als regionales Frachtdrehkreuz entlang der Routen nach Memphis oder Hongkong.

Die Regierung ersetzte den BEAC durch ein gemeinsames Forum von Regierung und Privatsektor, um die Dinge in die Wege zu leiten. War der Rat also gescheitert? 'Es hat gute Arbeit geleistet, vor allem in strategischen Fragen, aber um solche Gremien effektiv zu machen', entgegnete der Präsident, 'muss man alle Minister und ihre ständigen Sekretäre anwesend haben'.

Dennoch hat der Einstieg in die Diamantenverarbeitung zu Gunsten des BEAC mehr als 2.000 Arbeitsplätze geschaffen. Doch dieser Initiative sind Grenzen gesetzt, nicht zuletzt wegen der zu vergleichenden globalen Kosten für das Schneiden und Polieren der Steine. Diese Verarbeitung kostet in Botswana mindestens 45 Dollar pro Karat, in Indien nur 10 Dollar. Und in Südafrika sind die Kosten mindestens dreimal so hoch wie in Botswana, was die Verlagerung einiger Unternehmen mit Sitz in Südafrika in das Nachbarland begünstigt hat. Obwohl die Verlagerung des Diamantenhandels aus dem Vereinigten Königreich zu einem Umzug von 80 Familien nach Gaborone geführt hat, wodurch der lokale Wohnungsbau und andere Dienstleistungen angekurbelt wurden, hat die Verlagerung des DTC noch nicht zu der Art von Boom bei Geschäftsreisenden geführt, die in Aussicht gestellt worden war, nicht zuletzt, weil die Eigentümer es oft vorziehen, Botswana einen Tag lang von Johannesburg aus zu besuchen.

Es gibt noch andere Herausforderungen, bemerkt Präsident Khama, mit der Diversifizierung in die Fertigung. 'Wenn man neben einem Nachbarn mit einer Wirtschaft von der Größe Südafrikas sitzt, der extrem aktiv ist, um ausländische Direktinvestitionen anzuziehen, und der sich selbst als regionales Tor bezeichnet, dann ist das noch schwieriger. Ich finde diese Etikettierung persönlich bedauerlich, da sie besagt, dass wir in der Region um Südafrika herum nicht Hersteller, sondern nur der Markt sein sollten. Das ist nicht der einzige Weg, auf dem Südafrika die Industrialisierungsversuche in den Nachbarstaaten verhindert hat. Sie haben auch handelspolitische Maßnahmen ergriffen, um dies zu erreichen. Dennoch haben sie einen größeren Markt, eine besser entwickelte Infrastruktur, Seehäfen und Flughäfen und andere große Vorteile. Dennoch haben wir versucht, uns als *Zentrum* der südafrikanischen Region zu verkaufen', betont er, 'weshalb wir in die Logistik investiert haben'.

Khama macht bei bestimmten Ausfällen den Strom verantwortlich: 'Früher waren wir auf Importe von Eskom aus Südafrika angewiesen. Als klar wurde, dass Eskom seinen eigenen Markt nicht ausreichend beliefern konnte, was uns verwundbar machte, mussten wir unsere Pläne, bis 2012 energieautark zu sein, vorantreiben. Aber der Auftragnehmer hat uns im Stich gelassen, so dass wir jetzt noch immer im Chaos sitzen, um in zwei bis drei Jahren nicht nur selbstversorgend, sondern auch ein Energieexporteur zu sein.

Betrachtet man es durch das Prisma des ostasiatischen Erfolgs, so scheint es, dass der Erfolg bei der Diversifikation vor allem einen Fokus auf Wachstum und Entwicklung erfordert. Was hat Khama über die Rolle der Führung bei dieser Aufgabe gelernt?

'In meinem Fall', lächelt der Präsident hinter dem Schreibtisch und neben den Regalen, die mit martialischem Trödelkram vollgestopft sind, 'habe ich keinen Zweifel daran, dass der militärische Hintergrund einen großen Einfluss hatte, insbesondere auf die Art der Entscheidungsfindung und des Managements. Es war ein großes Plus in meinem Leben, dass ich durch das Militär gegangen bin. Es bereitet dich auf alles im Leben vor, und es ist etwas, das ich behalten und nicht loslassen werde.

'Zum Teil geht es auch darum, was für ein Charakter du bist. Ich habe mich in meiner Zeit für die Frage der Würde und des Mitgefühls und der Fürsorge für Mitbürger, insbesondere für die Benachteiligten, eingesetzt. Natürlich haben auch deine Eltern Einfluss. Ich hatte das Glück, auch in diesem Beruf einen Vater und eine Mutter zu haben, die sich um wohltätige Zwecke kümmerten. Diese Dinge zusammen haben mir geholfen, Herausforderungen zu meistern.'

Hier hatte Botswana bei der Armutsbekämpfung einen Vorteil in Khamas Führungsethik. 'Ausgehend von einer schlimmen Situation kann man es immer gut machen.' Aber er räumt ein, dass es unter seinen Bürgern ein Problem der Apathie gibt. Die Garantie des Einkommens aus Diamanten demotiviert das Geschäft, um 'rauszukommen'.

'Gelegentlich werden uns Gelegenheiten angeboten, aber wir sind entspannt, weil wir Diamanten haben. Außerdem gibt es ein Syndrom der Abhängigkeit von der Regierung, da wir einst so arm waren und durch soziale Interventionen viel erreicht haben. Viele Menschen, die sich um sich selbst kümmern sollten bekommen wahrscheinlich Hilfe - das ist ein Trend. Die Frage, die sie immer haben, ist: 'Was wird die Regierung für mich tun?'

Vielleicht hat uns das, was wir durch Diamanteneinnahmen erreicht haben, selbstgefällig gemacht. Aber wir müssen uns daran erinnern, dass Diamanten nicht für immer da sind', betont er.

Reform in der Sahelzone

Der Fischmarkt von Nouakchott am Plage des Pêcheurs (Strand der Fischer) ist ein Ort großer Energie. Männerteams, teils in Ölfellen, teils barfuß, heben bunt verzierte Piroggen den Strand hinauf. Andere lagern Außenbordmotoren und packen handgefertigte Netze ein. Jungen und Mädchen verkaufen Getränke und Essen, und Eselskarren tragen Taschen und Kisten mit Fisch. Die Betontische auf dem Marktplatz sind mit Scherben, der Boden mit weggeworfenen Köpfen und Eingeweiden übersät, während Händler die Kühlboxen für die draußen geparkten Kühlfahrzeuge verschließen.[22]

Hunderte von traditionellen, offenen Fischerbooten säumen das Ufer. Die Meere vor der 754 Kilometer langen Küste Mauretaniens beherbergen einige der reichsten Fischgründe der Welt und machen ein Viertel der Exporte Mauretaniens aus. Aber die Branche steht unter Druck. Jährlich werden in den mauretanischen Gewässern bis zu 1,2 Millionen Tonnen Fisch gefangen, wobei sich die Fischer darüber beschweren, dass sie bis zu 30 Kilometer vor die Küste fahren müssen, um ihren Fang zu machen. Im

Juli 2015 erneuerte die EU ein auf 20 Jahre angelegtes Abkommen mit Mauretanien, das es EU-Schiffen erlaubt, bis zu 281.500 Tonnen pro Jahr zu schleppen, gegen eine kommerzielle Zahlung und ein Hilfspaket zur Unterstützung der lokalen Fischerei und Umweltkontrollen. Kommerzielle Trawler können bis zu 250 Tonnen Fisch pro Tag fangen; eine Pirogge kann bis zu 5 Tonnen pro Jahr fangen. Chinesische, russische und südkoreanische Trawler werden wie die Europäer von der steigenden Verbrauchernachfrage und dem Rückgang der Bestände in ihrer Heimat angezogen. Es wird geschätzt, dass mehr als ein Drittel der gefangenen Fische in Westafrika illegal, nicht gemeldet oder unreguliert gefangen werden, wodurch jährlich 1,3 Milliarden Dollar an Einkommen verloren gehen.

Es sind Pläne im Gange, mehr Wert aus der Fischerei zu ziehen und die Industrie besser in die mauretanische Wirtschaft zu integrieren. Dazu bedarf es eines Bruchs mit der Vergangenheit, einschließlich erheblicher Investitionen in die Infrastruktur, der Einführung neuer Richtlinien und der Sicherstellung einer neuen Vorgehensweise.

Diese Industrie wird ein entscheidender Test für ein Land sein, das, wenn es seine eigene Sprache spricht, zu einem regionalen Vorbild werden könnte.

Zusammen mit Wasserknappheit, populistischen Versuchungen wie dem Islam und Fiktionen lokaler Staatlichkeit auf einer Fläche von mehr als 6 Millionen Quadratkilometern ist die Sahelzone auf chronisches Versagen eingestellt. Die Folgen des Klimawandels und der Bodenverschlechterung (die bereits von der UNO-Ernährungs- und Landwirtschaftsorganisation auf über 80 Prozent der Sahelzone geschätzt wird) und einer überwiegend jungen Bevölkerung sind zu erwarten, und es ist mit einer Migration sowohl im Süden als auch im Norden im großen Stil zu rechnen. Die Bevölkerung der Region soll bis zum Jahr 2050 von 135 Millionen auf 330 Millionen und bis zum Jahr 2100 auf schätzungsweise 670 Millionen ansteigen.

Bisher bestand die Rolle der internationalen Gemeinschaft darin, die taktischen Extreme zu bewältigen und zu versuchen, die Kapazitäten des Staates und insbesondere des Militärs dort zu stärken, wo es um grundlegende Fragen der Kontrolle der Gesellschaft und des Territoriums geht. Diese Herangehensweise ist wahrscheinlich nur dazu da, diese Probleme abzuwehren, anstatt sie zu lösen, vor allem dort, wo es nicht immer klar ist, wer in der Regierung die Guten sind.

Nouakchott – der 'Ort der Winde' - wurde 1960 als Hauptstadt nach der Unabhängigkeit von Frankreich neu geschaffen, als dort nur 10.000 Menschen in einem kleinen Fischerdorf lebten. Heute leben in der Stadt etwa 1,5 Millionen Menschen, das ist ein Drittel der Bevölkerung Mauretaniens, und die Stadt ist geprägt von grauen, halbfertigen Betonwohnungen. Es gibt keine physischen Stadtgrenzen für die urbane Ausbreitung in der scheinbar endlosen Weite. 'Wenn Sie etwas gegen Sand haben', bemerkt ein Diplomat, 'sollten Sie nicht hier sein.' Zersiedelung und Armut stellen unterschiedliche, aber extreme Belastungen für die Infrastruktur dar.

Auch die unruhige politische Geschichte des Landes hat nicht geholfen. Seit der Unabhängigkeit gab es ein Dutzend Staatsstreiche oder Putschversuche, der erste im Jahr 1978, der die Herrschaft des Unabhängigkeitsführers Moktar Daddah beendete. Eine Militärjunta kontrollierte das Land bis 1992, als die ersten Mehrparteienwahlen abgehalten wurden. Ein weiterer unblutiger Staatsstreich im August 2005 führte zu einem Übergang in die Demokratie. Obwohl Sidi Ould Cheikh Abdellahi im April 2007 als erster freier und fair gewählter Präsident des Landes vereidigt wurde, endete seine Amtszeit im August 2008 abrupt mit einem Putsch unter der Leitung von General Mohamed Ould Abdel Aziz. Der General wurde daraufhin im Juli 2009 zum Präsidenten gewählt und 2014 mit 82 Prozent der Stimmen für eine zweite, scheinbar letzte Amtszeit wiedergewählt. Beide Ereignisse wurden jedoch von verschiedenen Oppositionsbewegungen boykottiert.

Obwohl es bedeutende Reformen gegeben hat - zum Beispiel in der Medienfreiheit -, bleibt das politische System Mauretaniens von Freedom House als 'nicht frei' eingestuft. Die Spaltungen des Landes scheinen tiefer zu gehen als die Demokratie. Es bestehen weiterhin ethnische und rassische Spannungen zwischen drei großen Gruppen: den arabischsprachigen Nachkommen von Sklaven (Haratines), die etwa 40 Prozent der Bevölkerung ausmachen; den arabischsprachigen sogenannten weißen Mauren (Bidhan), die 30 Prozent ausmachen, und den restlichen Afro-Mauritanern, die aus dem Senegal River Valley im Süden stammen. Da Bidhan-Mauretanier die meisten Elitepositionen in Regierung und Wirtschaft einnehmen, gibt es eine angespannte öffentliche Debatte über Sklaverei und ihre Auswirkungen.

Trotz derartiger Differenzen und widriger Umstände besteht ein starkes Gefühl nationaler Verbundenheit und Einfallsreichtum. 'Wir denken immer noch wie Nomaden', erklärt ein altgedienter Lokalpolitiker, 'auf unsere Kosten. Wir entsorgen Müll, wo wir wollen, und haben keine Dauerhaftigkeit. Es spiegelt sich in der Art und Weise wider, wie wir Auto fahren.' Mauretanien ist eines der wenigen Länder, in denen Sie routinemäßig überholt werden, während Sie an einer roten Ampel warten, einem Ort, an dem alte Peugeots und zerschlagene Mercedes-Taxis ihrem Ende entgegen gehen. 'Aber Nomaden zu sein,' lächelt er, 'bedeutet auch, dass wir die härtesten Bedingungen überstehen können.'

Das Image Mauretaniens außerhalb des Landes ist nach wie vor verfälscht. Hinzu kommen Herausforderungen im Geschäftsleben. In den Indikatoren der Weltbank 2016 'Ease of Doing Business' rangiert es auf Platz 168 von 189 Ländern. Investoren sagen, dass sie durch unberechenbare Steuerpraktiken und ein ineffizientes und korruptes Rechtssystem behindert werden.

Nichts davon geht jedoch an die Regierung verloren. Der Stabschef des Premierministers, Mohamed Djibril, räumt ein, dass die Bekämpfung der Korruption und die Gewährleistung einer integrativen Regierung die Punkte zwei und drei auf der Liste der drei wichtigsten Prioritäten der Regierung sind - der erste ist die Entwicklung des Privatsektors, ohne die es unmöglich ist, Arbeitsplätze zu schaffen.

Es gibt jedoch tiefere Herausforderungen. Ahmed Mahmoud Dahan, der ehemalige Außenminister und späterer Minister für Islamische Angelegenheiten - und jetzt Leiter des Instituts für Strategische Studien in Nouakchott, sagt, dass der Staat von den Kolonialbehörden hauptsächlich zur Ausbeutung gegründet wurde. Nach der Unabhängigkeit wurde er durch einen Staat ersetzt, der der Exekutive diente. 'Folglich', sagt er, 'ist die Macht von allergrößter Bedeutung, da der Staat praktisch die einzige Quelle für Arbeitsplätze ist. Vorhersehbar also in der Regierung, gab es bis jetzt kaum Anreize für Veränderungen.'

Diese Ansicht wird auch von Premierminister Yahya Ould Hademine vertreten. Mit einem Hintergrund im staatlichen Eisenerz-Bergbauunternehmen hat Hademine ebenso klare Vorstellungen davon, was zu tun ist. Im August 2014 ernannt, identifiziert der gebildete kanadische Technokrat als die erste Einschränkung die Tatsache, dass Mauretanien vor der Unabhängigkeit kein Staat war. 'Wir mussten Institutionen aufbauen und unsere Leute dazu erziehen, in die Moderne einzutreten. Jetzt, nach 50 Jahren, haben wir zumindest das Niveau von Ländern wie Senegal erreicht, das dies seit Hunderten von Jahren tut. Diese Situation wurde durch eine große 20 Jahre währende Dürre in den 1970er Jahren, die unsere Viehzuchtgesellschaft schwer getroffen und die Verstädterung beschleunigt hat, noch verschärft. Aber dann mussten wir neue Infrastrukturen in den Städten bereitstellen - Trinkwasser, Straßen, Dienstleistungen, Polizeiarbeit - und auch versuchen, Transporte über ein großes Territorium hinweg zu ermöglichen'.

Zusätzlich zu diesen Zwängen, sagt er, bedürfe es auch verstärkter Investitionen, eines verbesserten Rechtssystems und der Justiz. Diese Bemühungen wurden durch die Zunahme des 'gewalttätigen Extremismus' erschwert. Die Regierung hat drei Bereiche für Wachstum und Beschäftigung identifiziert: Fischerei, Landwirtschaft und Viehzucht. Unser Ziel ist es, der Fischerei mehr Wert zu verleihen', sagt Hademine. 'Obwohl

Marokko nur die Hälfte unserer Produktion erreicht, hat es 500 000 Beschäftigte. Senegal produziert ein Viertel von dem, was wir schaffen, aber hat 400.000 Beschäftigte. Wir haben nur 36.000. Die Initiative für die Freizone im [nördlichen Hafen] Nouadhibou will dies ändern, ebenso wie die Entwicklung kleinerer Häfen an der Küste.' Die Regierung plant, bis zu 1 Milliarde Dollar allein für die Fischereiindustrie auszugeben.

Etwas komplizierter ist es allerdings, wenn man bedenkt, dass die lokale Fischereiindustrie von Senegalesen dominiert wird. Viele niedere Jobs gehen an Ausländer, vor allem aus Westafrika.

'In der Landwirtschaft', sagt der Premierminister, 'ist der Plan, das Land im Süden entlang des Senegal-Flusses vorzubereiten, wo wir Hunderttausende von Hektar zur Verfügung haben. Wir produzieren bereits 80 Prozent unseres Reisbedarfs in diesem Gebiet.' Eine Fokussierung auf diese Bereiche würde auf dem Erfolg des Bergbaus aufbauen, sagt er.

Was ist mit den Hin- und Her-Schritten in Bezug auf die Demokratie?

'Sie müssen verstehen, dass Mauretanien nicht ganz so ist wie alle afrikanischen Länder', antwortet Premierminister Hademine. Unsere Bevölkerung hat eine lange Kulturgeschichte. Im Mittelalter eroberten sie Spanien und Marokko und überzeugten sie so von der Notwendigkeit, dass für neue Regierungsregeln ein anderer Ansatz erforderlich ist als bei anderen afrikanischen Bevölkerungsgruppen, die mit dem Aufkommen der Kolonialmacht lesen lernten. Unser Weg ist also der kleiner Schritte.'

Zu diesen 'Schritten' gehört die Debatte um eine integrative Regierung, die von einigen als Stellvertreter für die Ausdehnung der Herrschaft des Präsidenten auf eine dritte Amtszeit angesehen wird. Mit einer proaktiven Führungsrolle in der AU und der Arabischen Liga ist die Regierung überraschend defensiv in Bezug auf ihr internationales Engagement. Auch wenn sie sich langfristig regional für die Bekämpfung des gewalttätigen Extremismus engagiert hat, wird Frankreich routinemäßig als Täter angeklagt, wenn die Dinge schief laufen, so wie Israel, seit Nouakchott 2009 die Beziehungen zu Jerusalem abbrach. Und es besteht der Verdacht, dass ausländische Arbeitskräfte und Investoren Arbeitsplätze von Mauretanern übernehmen. Daher gibt es strenge Bedingungen, die Unternehmen bei der Verlagerung von Arbeitsplätzen von Ausländern an Einheimische einhalten müssen, was ein Balanceakt zwischen lokaler Befähigung und Beschwichtigung auf der einen Seite und anhaltender Wettbewerbsfähigkeit auf der anderen Seite sein kann.

Ironischerweise liegt die größte Stärke Mauretaniens jedoch in seinen Beziehungen zur internationalen Gemeinschaft. In der Sahelzone ist es aufgrund seiner relativen Sicherheit ein herausragendes Land, das Nordafrika und Afrika südlich der Sahara verbindet und nicht trennt.

Elfenbeinküste: Aufholen aus dem Konflikt

1983 erklärte Präsident Félix Houphouët-Boigny seinen Geburtsort Yamoussoukro, 250 Kilometer von Abidjan entfernt, zur Verwaltungshauptstadt der Elfenbeinküste. Über weite von hohen Straßenlaternen gesäumte Boulevards, die eher an Paris als die Provinz erinnern, gab es ein neues Parlament, ein Kongresszentrum und einen internationalen Flughafen, auf der die Concorde landen konnte. Im Mittelpunkt stand die Basilika Unserer Lieben Frau vom Frieden, so benannt in Dankbarkeit für die Stabilität des Landes seit der Unabhängigkeit und auf einer vom Präsidenten selbst gestifteten Kokosnussplantage errichtet. Mit ihrer 158 Meter hohen Kuppel mit einem Durchmesser von 100 Metern und der weitläufigen, vom Petersdom in Rom inspirierten Piazza, wurde sie 1990 fertiggestellt. 1.500 Arbeiter von 36 Unternehmen arbeiteten drei Jahre lang rund um die Uhr. Mit 7.400 Quadratmetern Buntglasfenstern - darunter eines mit der Darstellung des Palmsonntags und von Houphouët, den Architekten und Bauunternehmern - und sieben Hektar Marmor ist die Basilika die größte Kirche der Welt, die 200.000 Gläubige innen und außen aufnehmen kann.

Das spärliche Trippeln von Pilgern und Besuchern in die ‚Busch-Basilika' in Yamoussoukro deutet darauf hin, dass Houphouëts dramatische Geste in einem Land, in dem nur ein Drittel der Bevölkerung christlich ist, fehl am Platz war. Solche großartigen Gesten waren für das junge Land viel weniger wertvoll als die Investition in eine Generation von Fähigkeiten während der 33-jährigen Amtszeit von Houphouët.

Im Gegenteil signalisierte der Bau der neuen Hauptstadt den Beginn eines Vierteljahrhunderts wirtschaftlicher und politischer Krisen an der Elfenbeinküste.[23] Die Unabhängigkeit von Frankreich erlangte das Land im August 1960, als Houphouët, ein Krankenpfleger, der zu einem der reichsten Bauern des Landes aufgestiegen war, die Präsidentschaft übernahm. Er erbte eine auf den Export von Kakao und Palmöl ausgerichtete Wirtschaft, die 40 Prozent der Exporte der gesamten Region ausmachte. Die Wirtschaft der Elfenbeinküste wurde von einer beachtlichen Anzahl französischer Siedler beherrscht, die in den 1970er Jahren bei einer lokalen Bevölkerung von nur 7 Millionen etwa 50.000 Einwohner zählten.

Der Präsident förderte die Landwirtschaft, einen Sektor, in dem vor allem eingewanderte burkinabische Kleinbauern auf Ackerland der verstädterten Elfenbeinküste arbeiteten und Kaffee, Kakao und Kautschuk anbauen.

Heute sind immerhin ein Viertel der Bevölkerung Ausländer.[24] Auf dem Boulevard Valéry Giscard d'Estaing, der zum Flughafen Abidjan führt, befindet sich eine Kreuzung, 'Le Carrefour du Kumasi', benannt nach der ghanaischen Stadt. Der Abidjan-Vorort Treichville, rund um den Hafen, wird von Senegalesen dominiert. Und es gab einen jüngeren Zustrom von Migranten aus der Sahelzone.

Zwei Jahrzehnte nach der Unabhängigkeit hielt die Elfenbeinküste eine jährliche Wachstumsrate von mehr als 10 Prozent aufrecht. Die landwirtschaftliche Produktion verdreifachte sich in diesem Zeitraum.[25] In den 1970er Jahren war das Land zum weltweit drittgrößten Kaffeeproduzenten (nach Brasilien und Kolumbien) und zum führenden Kakaoproduzenten geworden. Noch heute produziert das Land 40 Prozent der weltweiten Kakaoernte. Es war Afrikas größter Produzent von Ananas und Palmöl, und insgesamt war seine Wirtschaft die zweitgrößte nach Nigeria in Westafrika. Das Bruttoinlandsprodukt verdoppelte sich in den 1960er Jahren ebenso wie die Alphabetisierung, und praktisch jede Stadt verfügte über Straßen und Elektrizität. Nicht umsonst wurde Abidjan als 'Paris Westafrikas' bezeichnet, sein Plateau-Viertel als kosmopolitisches Zentrum des Handels, der Menschen und des Nachtlebens.

Aber diese Manifestationen der Entwicklung zeugten von Täuschung, und der Zusammenbruch kam plötzlich.

Der Preisverfall bei Kakao und die Belastung durch übermäßige Staatsausgaben führten 1979 zum Absturz des Wachstums, von dem es sich erst Mitte der 90er Jahre und dann nur vorübergehend erholte. Dabei sank das Pro-Kopf-Einkommen von 1.230 Dollar im Jahr 1979 auf unter 600 Dollar im Jahr 1995,[26], verstärkt durch eine Verdreifachung der Bevölkerung von 4 Millionen bei der Unabhängigkeit auf 12 Millionen im Jahr 1990. Der Rückgang des Außenhandels wurde durch die Überbewertung des regionalen CFA-Franc noch verschärft, eine Situation, die die Ausgabengewohnheiten der Elite begünstigte.

Als Houphouët am 25. Jahrestag der Unabhängigkeit über seinen erwarteten Abschied hinaus blieb, wartete die Geschäftswelt eher abwartend als in die Wirtschaft zu investieren. Und eine Kultur der Korruption hatte zuzuschlagen begonnen. Als die Herrschaft von Houphouët ins Stocken geriet, wurde die Schwäche der Verwaltung aufgedeckt. Der private Stabilisierungsfonds für Kakao, der in den 90er Jahren eingerichtet wurde, war leer und wurde von der Verwaltungselite ungestraft ausgeplündert. Politische Krise und Wandel gingen Hand in Hand mit wirtschaftlichem Stress. Das Bruttoinlandsprodukt brach ein, während sich die Auslandsverschuldung verdreifachte. Zwischen 1985 und 2008 hatte sich der Anteil der Bevölkerung, der schätzungsweise unterhalb der Armutsgrenze lebt, auf 49 Prozent vervielfacht.[27]

Dabei zeigte die Elfenbeinküste verschiedene Tendenzen, die typischerweise als Vorboten für politischen Radikalismus, sozioökomische Verwerfungen und sogar Staatsversagen dienen:[28] eine Wirtschaftskrise, die in der Regel durch mangelndes Wachstum gekennzeichnet ist, weit verbreitete Korruption, einschließlich eines Schwerpunkts auf Umverteilung statt auf Schaffung von Wohlstand, Ausschluss eines großen Teils der Bevölkerung von Chancen aufgrund sozialer Spaltung (Bildung oder Geschlecht) oder Rassenteilung (einschließlich ethnischer und religiöser Aspekte), massive Migration, einschließlich Einwanderung, und die Anwesenheit des falschen Führers zu einem entscheidenden Zeitpunkt.

Die Situation verschärfte sich mit dem Chaos nach dem Tod von Houphouët im Alter von 88 Jahren im Jahr 1993. Da die nationale Ausstrahlungskraft des alten Mannes fehlte, war es für die Nachfolger nur allzu leicht, die Identitätskarte - Fremdenfeindlichkeit - auszuspielen, was durch eine Kombination aus wirtschaftlichen Schwierigkeiten und der in früheren Zeiten geförderten, weit verbreiteten Einwanderung angeregt wurde.

Die politische Laufbahn von Alassane Dramane Ouattara, allgemein bekannt als 'ADO', dem Präsidenten seit 2010, veranschaulicht die Komplexität - und Versuchung - der ethnischen Politik in der Region. Mit einem Doktortitel in Wirtschaftswissenschaften der University of Pennsylvania hatte der Präsident vor und nach seiner Amtszeit als Premierminister und als Gouverneur der Zentralbank der westafrikanischen Staaten in Dakar für den IWF gearbeitet.

'Während der Krise der 80er Jahre', erinnert er sich, 'wurde ich von der Zentralbank gerufen, um zur Stabilisierung der Situation beizutragen. Obwohl ich zurück zur Bank wollte, wurde ich im November 1990 zum Premierminister ernannt. Die Ergebnisse der von uns durchgeführten Maßnahmen waren recht gut. Das Defizit wurde eingedämmt und die Regierungsführung verbessert. Der Präsident war seit 30 Jahren an der Macht, und die Regierungsprobleme waren gewaltig.

'Dann starb der Präsident, und die ökonomischen Probleme', bemerkt er, 'gingen in eine zweite politische Phase der Probleme über. Der neue Präsident [Henri Konan-Bédié] versuchte, alle Reformen rückgängig zu machen, einschließlich der traditionellen Offenheit unserer Gesellschaft und unserer Wirtschaft. Er selbst,' sagt er lächelnd, 'versuchte, mich für untauglich für die Präsidentschaft zu erklären.'

Konan-Bédié wurde Ende 1999 durch einen Militärputsch unter der Führung von General Robert Guéï vertrieben. Dann kam Laurent Gbagbo im Oktober 2000 nach gewalttätigen Wahlen an die Macht. Ouattara wurde wegen seiner angeblichen Staatsangehörigkeit als Burkinabé disqualifiziert. Die Proteste gipfelten in einem bewaffneten Aufstand im September 2002, als Truppen meuterten und Angriffe in mehreren Städten starteten, und Frankreich Soldaten einsetzte, um den Vormarsch der Rebellen zu stoppen.

Als Gueï getötet wurde, nahm Ouattara Zuflucht in der französischen Botschaft, und Gbagbo kehrte nach Hause zurück, um ein Abkommen auszuhandeln, das zu einer Regierung der nationalen Einheit führte. Trotz anhaltender Gewalt wurde Gbagbos ursprüngliches Mandat als Präsident, das am 30. Oktober 2005 auslief, verlängert, bis schließlich im Oktober/November 2010 Wahlen abgehalten wurden.

Trotz einer hohen Wahlbeteiligung von über 80 Prozent und eines klaren Sieges für Ouattara wollte Gbagbo die Ergebnisse einfach nicht akzeptieren. Sein Streben nach einem Kurs zerstörerischer und gewalttätiger Aktionen war nach den Worten eines Diplomaten, der zu jener Zeit im Land stationiert war, 'die Kristallisation des wirtschaftlichen und politischen Zusammenbruchs der Elfenbeinküste, während die internationale Intervention, die die Einsetzung eines demokratisch gewählten Führers sicherstellte, eine klare Bemühung war, das Land wieder auf den Weg des wirtschaftlichen und politischen liberalen Wachstums zu bringen. Es hat funktioniert.'[29]

Gbagbo wurde schließlich im April 2011 von UN-Streitkräften aus seinem Versteck in Abidjan vertrieben. Im November 2011 wurde er als erster ehemaliger Staatschef vom Internationalen Strafgerichtshof nach Den Haag ausgeliefert.

'Als ich Premierminister war, betrug die Lebenserwartung fast 60 Jahre', sagt Ouattara. 'Bis 2010 waren es nur noch 50. Die Situation war schrecklich. In der Armee herrschte völlige Unordnung. Das Justizsystem war nicht funktionsfähig. Mehr als 3.000 Menschen wurden getötet.

Unser erstes Ziel war es also, dem Land Sicherheit zu bringen. Sobald dies erreicht war, mussten wir zu den Grundlagen einer guten Wirtschaftspolitik zurückkehren. Dazu gehörte auch die Wiedereinführung eines demokratischen Systems, das unter der ethnischen Politik von Gbagbo gelitten hatte', sagt er, 'und', wo nur 5 Prozent der Bevölkerung Armee und Polizei kontrollierten. Aber wir haben aus den amerikanischen Erfahrungen im Irak gelernt. Wir haben nicht die gesamte Armee gefeuert, sondern einen umfassenden Prozess der Entwaffnung, Demobilisierung und Reintegration eingeleitet.

'Die Wiedereingliederung der Miliz wurde erleichtert', räumt er auf seine lockere Art ein, 'durch das Wirtschaftswachstum, das wir genossen haben. Dies war zum Teil auf unsere Reformen zurückzuführen, wurde aber durch bessere Handelsbedingungen unterstützt. Der Preis für Kakao hat die Landwirte zwischen 2012 und 2016 doppelt so viel verdienen lassen, und ihre Produktion ist ebenfalls um 50 Prozent gestiegen.'

Die durchschnittliche reale Wachstumsrate erreichte zwischen 2012 und 2015 jährlich 8,5 Prozent, eine der höchsten in Afrika südlich der Sahara. Sie spiegelt die steigenden Investitionen in allen Sektoren, einschließlich der öffentlichen Hand, wider. Während laut Ouattara nur 5 Prozent des Budgets für Investitionen im Jahr 2012 vorgesehen waren, ist dieser vier Jahre später auf über 30 Prozent angestiegen.[30] Die Elfenbeinküste ist das Aufholland Afrikas geworden.

'Gleichzeitig', sagt der Präsident, 'haben wir den Schwerpunkt auf die Infrastruktur gelegt, vor allem auf die Energieversorgung'. Die Stromproduktion hat sich von 2012 bis 2016 auf 2.000 Megawatt nahezu verdoppelt.

Ouattara räumt ein, dass die Dinge an der 'sozialen Front' nicht so gut gelaufen sind wie an der Wirtschafts- und Sicherheitsfront. Eine Taktik, die er anwandte, war die Einrichtung von Präsidialräten - in den Bereichen Bildung, Hochschulbildung, Elektrizität, Wasser und Infrastruktur. 'Sobald wir das volle Bild von ihnen haben, entscheide ich, wie es weitergeht.'

'Ein weiterer Schwachpunkt', räumt er ein, 'ist das Justizsystem. Und die Versöhnung, sagt er, 'ist nicht so gut gelungen, wie ich es mir gewünscht hätte'.

Die Regierung hat einen nationalen Entwicklungsplan in Höhe von 50 Milliarden Dollar für ein Jahr ausgearbeitet. Mit seinen 1400 Projekten, so die Kritiker, ist der Plan zu unkonzentriert. Dies spiegelt die Herausforderung wider, eine wettbewerbsfähige Wirtschaft aufzubauen und 'dabei die Software zu modernisieren', sagt Eric Kacou, ein lokal ansässiger, in Harvard ausgebildeter Ökonom, 'um einen dynamischen Privatsektor zu schaffen und nicht nur eine Klasse von Händlern und Zwischenhändlern zu unterstützen.'[31]

Wie die Geschichte des wirtschaftlichen Zusammenbruchs in den rückläufigen Jahren von Houphouët zeigt, gibt es klare Grenzen (und Kosten) für staatliches, makroökonomisches Wachstum. Der Wohlstand beruht in der Regel auf mikroökonomischen politischen Besonderheiten und nicht auf dem Spielraum für Handel oder Großprojekte, oder auf der Existenz von Regierungsquoten und -verträgen. Der Erfolg des Übergangs vom öffentlichen zum privaten Wachstum wird die wirtschaftliche und politische Zukunft des Landes bestimmen. Diese Umgestaltung erfordert in der Elfenbeinküste wie auch anderswo Anreize für Leistung und Beschäftigung in der Wirtschaftstätigkeit und nicht nur die Belohnung der Nähe zur Macht.

Ouattara stimmt zu. 'Die Elfenbeinküste war in der Vergangenheit nicht geschäftstüchtig. Das Land lebte von Kakao, Landwirtschaft und der Vermittlung in der Logistik. Die meisten Industrien gehörten den

Franzosen, und viele von ihnen wurden an Libanesen verkauft, nachdem die Franzosen 2004 von Gbagbo vertrieben wurden. Obwohl es Anreize für lokale Firmen bei der Ausschreibung gibt, glaubt Ouattara nicht an die 'Institutionalisierung von Vorteilen zugunsten der Einheimischen. Diese Art von Schema ist gegen mich als Liberalen. Eine solche liberale Politik hat für die Elfenbeinküste jahrzehntelang gut funktioniert und wird es auch weiterhin tun'.

Welche Lehren hat er für andere afrikanische Führer?

'Die erste ist, dass man wirklich hart arbeiten muss. Leider muss ich sagen, dass die Staats- und Regierungschefs in vielen Ländern nur dazu da sind, den Menschen zu gefallen. Stattdessen müssen sie sich mit den Details auseinandersetzen und das Land wie ein Unternehmen führen.'

'Zweitens hängt der Erfolg von einem offenen Prozess ab, bei dem es darum geht, zu bestimmen, was die Menschen wollen, und die Politik entsprechend anzupassen.'

'Drittens ist es sehr wichtig, dass die afrikanischen Volkswirtschaften ihre Systeme der Freiheit, einschließlich der damit verbundenen Institutionen, und der Meinungsfreiheit, die mit Innovation und Entwicklung einhergeht, stärken. Dies erfordert eine starke, aber disziplinierte Opposition, die Teil dieses Prozesses ist.

'Erfolg', sagt er, 'erfordert die Auseinandersetzung mit der Zukunft. Unsere große Herausforderung ist es, dafür zu sorgen, dass die Jugendlichen nicht entmutigt werden. Wir haben in den letzten Jahren 2 Millionen Arbeitsplätze geschaffen, und wir haben eine der niedrigsten Arbeitslosenquoten in Afrika, was ein Grund dafür ist, dass wir so viele Arbeitskräfte aus anderen Teilen der Region anziehen. Aber ich bin damit nicht zufrieden. Wenn wir in Zukunft größere Störungen verhindern wollen, müssen wir uns mit den Sorgen der Jugendlichen befassen. 'Das bedeutet,' bemerkt er, 'dass er sich mit Bildung befasst und sich auf die technische Bildung und nicht nur auf die klassische Bildung konzentriert.

'Ich glaube, ich hatte großes Glück', sagt Ouattara. 'Ich sage meinen Ministern immer, dass mir die Tatsache, dass ich für eine Organisation wie den IWF gearbeitet habe, geholfen hat, wo Qualität und Kompetenz wichtig sind und Leistung gemessen werden kann. In meiner zweiten Station dort - zwischen 1994 und 1999 - konzentrierte ich mich auf die Länder Lateinamerikas und Asiens, insbesondere auf die Bewältigung von Schuldenproblemen und Inflationsmanagement, aber auch das Verständnis des Wachstumsrekords, insbesondere in Asien.

'Als Student und später auch in meiner Karriere in den USA zu sein, hat auch dazu beigetragen, meine Ansichten über liberale Politik und Demokratie zu prägen. Diese beiden Attribute sind für die Afrikaner unerlässlich. Die Ära der alten sozialistischen Ideale, in der man Geld ausgibt, das man nicht hat und man keine Arbeit hat, ist vorbei. Und wenn du dich aus einer schwierigen Situation befreien willst,' sagt er, 'habe ich gelernt, dass du das für dich selbst tun musst'.

Fazit: Wahlkreise der Gewinner

Es gab keinen Mangel an afrikanischen Führern, die von ihren Bürgern Opfer gefordert haben. Ihre Aufrufe sind jedoch in der Regel nicht mit einer nationalen Vision und der Umsetzung detaillierter Politiken verbunden, um die Menschen von einer neuen Zukunft zu überzeugen. Diejenigen, die über Mittel verfügen, sind stattdessen versucht, sich dem Teil der von Mäzenatentum beherrschten Wirtschaft anzuschließen, und zwar nicht, weil sie böswillig sind, sondern weil dies der einfachste Weg ist, um ihre Flucht aus der Armut in den Wohlstand zu gewährleisten.

Die kommende demographische Entwicklung und die damit verbundene Herausforderung durch die große Zahl arbeitsloser Jugendlicher sollte willigen afrikanischen Führern die Möglichkeit geben, eine Erzählung zu erstellen, die Entscheidungen rechtfertigt. Das starke Bevölkerungswachstum und die Bedrohung durch unruhige Jugendliche sind leicht verständliche Themen, zumal sie eine Fortsetzung der schon seit geraumer Zeit bestehenden Trends sind. Eine große Zahl von arbeitslosen Jugendlichen in den Städten werden keine ferne Krise in einem strategisch unwichtigen ländlichen Raum sein, sondern zu einer offensichtlichen Bedrohung für das Herz des Staates werden.

Die Darstellung auf diese demographische Bedrohung zu gründen, kann auch ein nationaler Einiger sein, weil keine bestimmte Gruppe dafür verantwortlich gemacht werden kann.

Viele afrikanische nationale Pläne wurden bisher vergeudet. Umfassende Erklärungen, die viele Themen über lange Zeiträume hinweg behandeln und nur begrenzte Hoffnungen auf eine Vollstreckung haben, werden nicht die Wahlkreise mobilisieren, die afrikanische Führer für Reformen benötigen. Diese Pläne müssen grundlegend geändert werden, wenn sie die Dringlichkeit und Entschlossenheit vermitteln sollen, die notwendig sind, um Schlüsselfragen anzugehen und begrenzte Ressourcen zu bündeln.

Die Entwicklung einer nationalen Erzählung - ein fesselndes Drehbuch - ist unerlässlich, um die gewählte Vorgehensweise, die Notwendigkeit harter und manchmal schmerzhafter Entscheidungen zu erklären und die Unterstützung der Öffentlichkeit zu gewinnen. Es ist unwahrscheinlich, dass sich aus der Durchführung von Reformen und der Fortsetzung der Entwicklung, wie im Krieg, keine K.o.-Schläge ergeben werden. Wie Lawrence Freedman feststellt, sind in der Politik, in der Wirtschaft und in der Kriegsführung erste Erfolge kaum entscheidend: Macht muss durch gute Regierungsführung, kontinuierliche Innovation und Umsetzung gefestigt werden.

Natürlich müssen die afrikanischen Führer ihre eigenen Taktiken entwickeln, um das Gefühl der Dringlichkeit zu vermitteln und zu beweisen, dass sie die Bedürfnisse ihrer Bürgerinnen und Bürger ernsthaft berücksichtigen. Präsident Álvaro Uribe's Leistung in Kolumbien ist beispielhaft, da er maßgeblich dazu beigetragen hat, dass dieses Land innerhalb eines Jahrzehnts von einem gescheiterten zu einem funktionierenden Staat wurde. Er stellte sich enormen Sicherheitsherausforderungen, weigerte sich aber dennoch, in Bogotá zu bleiben, und entschied sich stattdessen, jedes Wochenende auszugehen, um die Gemeinden zu besuchen und mit den Einheimischen zu sprechen. Er gab ihnen oft seine persönliche Telefonnummer und ermutigte sie, ihn anzurufen, wenn sie ein sicherheitsrelevantes Problem hatten. Uribe nutzte diese Besuche, um die Herausforderungen zu verstehen und den Wandel voranzutreiben.[32] Afrikanische Staats- und Regierungschefs werden ähnliche Überlegungen anstellen müssen, welche Profile sie annehmen sollten, um die vorherrschende politische Kultur zu verändern.

Eine besondere Herausforderung für die afrikanischen Staats- und Regierungschefs besteht darin, Wahlkreise für Reformen zu identifizieren und zu kultivieren. Zu Beginn des Reformprozesses ist es viel leichter zu erkennen, wer verliert, als wer letztendlich davon profitiert. Die Vorteile langfristiger Reformen sind schwer zu verkraften, wenn sie an eine bedürftige Bevölkerung verkauft werden. Neue Investitionen und unternehmerische Aktivitäten brauchen Zeit, und es ist vielleicht nicht möglich, dass diejenigen, denen es letztendlich besser geht, sich ihre eigene erfolgreiche Zukunft in 10 oder 15 Jahren vorstellen können. Oder, wie uns ein südafrikanischer Gemeinderatsmitglied sagte: 'Politik kann man nicht essen.'[33]

Andererseits können diejenigen, die auf die alte Ordnung angewiesen sind, sofort die Schrift an der Wand sehen und werden brutal darum kämpfen, den Status quo zu verteidigen. Zu den feineren politischen Künsten gehört es, dass die politischen Führer dorthin ziehen, wo die Wahlkreise in die Zukunft investieren, anstatt einfach nur die politische Mathematik des Augenblicks zu beachten; dies ist entscheidend für die Entwicklung einer langfristigen Unterstützung für Reformen.

Bei der Kultivierung von Wahlkreisen für Reformen sollten die Staats- und Regierungschefs ostentativ zeigen, dass sie kompetent, zielstrebig und in der Lage sind, Ergebnisse zu liefern.[34] Ihr persönliches Beispiel könnte Anreize für größere Teile der Gesellschaft schaffen, ihr Schicksal mit Reformen zu verbinden. Führer, die zögern und sich langsam bewegen, werden weniger in der Lage sein, Anhänger anzuziehen, die unweigerlich länger warten müssen, um die Früchte ihrer Loyalität zu sehen.

Schlussfolgerung

Kashim Shettima ist der Gouverneur von Borno State, dem Epizentrum des Aufstands von Boko Haram. Er wurde 2011 gewählt und verschweigt weder seine offensichtliche Frustration noch seine Worte über die Herausforderungen, mit denen die Gesellschaft dort konfrontiert ist: 'Unterhalb von Boko Haram liegt die Ursache - extreme Armut. Das alles ist aus wirtschaftlicher Not geboren.'

Die Armut wurde durch das hohe Bevölkerungswachstum Nigerias noch verschärft. Von einer offiziellen Bevölkerung von 185 Millionen heute wird bis 2020, wie Shettima feststellt, Nigeria 206 Millionen Menschen haben, bis 2030 werden es 262 Millionen und bis 2050 sogar 398 Millionen sein, was es zum drittbevölkerungsreichsten Land der Welt macht. 'Bis dahin werden 70 Prozent der Nigerianer in Nordnigeria leben', sagt er, 'mit seinem Cocktail aus Wüstenbildung, Jugendarbeitslosigkeit und geringer Produktion. 'Es gibt keinen Teil,' sagt er, 'im Norden, der gegen diesen Wahnsinn immun ist.'

Die Straße nach Norden nach Jaji von der Hauptstadt Abuja aus bietet zahlreiche Beweise für das Ausmaß der Herausforderung. Läden säumen den Highway und verkaufen Flaschen mit Palmöl, Perlhühnereier, Mais und bodenverkrustete Süßkartoffeln. In einer der so genannten Tankerstädte haben mehr als hundert Tanklastzüge angehalten, um den Fahrern Erfrischungsgetränke 'verschiedenster Art' anzubieten, erklärt unser Reiseführer. Kleine Geschäfte arbeiten ununterbrochen in der Hitze und inmitten von Staub, kochen und verkaufen Lebensmittel, stellen Möbel her, wechseln und reparieren Reifen, Autos, Lastwagen und Motorräder.

Die chaotischen Szenen am Straßenrand erinnern an die Stärke des menschlichen Geistes, den scheinbar unbändigen Einfallsreichtum der Nigerianer und die Kosten einer schwachen Regierungsführung.

Der ausgebildeter Agrarwissenschaftler Shettima leiert die Statistiken herunter, welche die Misere von Nigeria aufzeigen: 'Während wir Kartoffeln aus Südafrika, Tomatenmark aus China und Kohlköpfe aus den Vereinigten Staaten importieren, die in Dubai umgepackt werden, sind 70 Prozent unserer Landwirte von der Plackerei der Subsistenzlandwirtschaft betroffen. Während unsere Kühe einen Liter Milch pro Tag produzieren, kann Europa 40-mal so viel Milch produzieren. Auch wenn der unternehmerische Kapitalismus in die Psyche der Nigerianer eingebettet ist,' beklagt er, 'fehlen uns die technischen Fähigkeiten und die Organisation'.

Daher ist Nigeria trotz seiner reichen Böden und reichlichen Niederschläge ein Nettoimporteur von Nahrungsmitteln. Obwohl die Landwirtschaft zwei Drittel der Arbeitskräfte beschäftigt, rechnet die FAO der Vereinten Nationen damit, dass in den letzten 20 Jahren die Wertschöpfung pro Kopf in der Landwirtschaft um weniger als 1 Prozent pro Jahr gestiegen ist. Die FAO schätzt, dass Nigeria allein durch Erdnuss- und Palmöl, Kakao und Baumwolle jährlich 10 Milliarden Dollar an Exportmöglichkeiten verloren hat. Nigeria verbraucht jährlich 5 Millionen Tonnen Reis, von denen mindestens 3 Millionen importiert werden. Obwohl es der größte Maniok-Produzent der Welt ist, wird der durchschnittliche Ertrag auf unter 14 Tonnen pro Hektar geschätzt; der potenzielle Ertrag liegt bei bis zu 40 Tonnen. Auch die Produktivität anderer Getreidesorten ist mit rund 1,2 Tonnen pro Hektar nach wie vor gering, verglichen mit beispielsweise südafrikanischen Betrieben, die im Durchschnitt das Dreifache dieses Ertrags erzielen.[1]

Die Gründe für die schlechte landwirtschaftliche Leistung liegen in den hohen Zinsen und dem daraus resultierenden Mangel an Investitionen, dem Fehlen großflächiger kommerzieller Plantagen, dem geringen Einsatz von Düngemitteln und dem Fehlen von Beratungsdiensten. Dieser schwachen Entwicklung liegen die Dominanz des Rohöls als nationale Einnahmequelle und der fehlende Wille zur Diversifizierung zugrunde, solange der Preis hoch war.

Nigeria und die vielen Herausforderungen, mit denen es konfrontiert ist, sollten anderen afrikanischen Staaten und ihren Führern als Warnung dienen. Das Erdöl, eine geologische Ausstattung, die nur wenige Länder erreichen können, hat Nigeria nicht vor den außerordentlichen Herausforderungen bewahrt, vor denen seine Regierung heute steht. In der Tat kann Öl alles noch schlimmer gemacht haben. Wenn jetzt keine Reformen durchgeführt werden, um nachhaltige und beschäftigungswirksame Volkswirtschaften zu schaffen, wird die schnell wachsende Bevölkerung Afrikas, die verzweifelt nach Beschäftigung sucht, bald die staatlichen Institutionen in vielen Ländern überwältigen. Tatsächlich hat sich die Zahl der öffentlichen Proteste in Afrika seit dem Jahr 2000 um das 2,5-fache erhöht. Und es überrascht nicht, dass die drei wichtigsten Forderungen der Demonstranten Gehaltserhöhungen, bessere Arbeitsbedingungen und Forderungen nach Auflösung der Regierung und Rücktritt des Staatsoberhauptes sind. Ohne Fortschritte dürften diese Art von Protesten an Zahl zunehmen und die Stabilität des Kontinents und die Amtszeit seiner Regierungen und Führer gefährden.

Zugegebenermaßen hat Nigeria viele soziale Verwerfungen und wirtschaftliche Herausforderungen, aber andere Länder haben ähnliche Bedingungen und Schwierigkeiten erlebt und gute Leistungen erbracht. Indonesien zeigt zum einen, wie die Dinge anders sein könnten, obwohl das Land einen raschen Bevölkerungszuwachs nach der Unabhängigkeit, die Abhängigkeit von natürlichen Ressourcen (insbesondere Erdöl) für die Exporterlöse, eine herausfordernde und unzusammenhängende Geographie und Topographie, religiöse und ethnische Spaltungen und eine schwache Infrastruktur erlebt hat. Der Unterschied zwischen den beiden Bevölkerungsriesen aus Afrika südlich der Sahara und Südostasien ist, in aller Deutlichkeit, die Führungsrolle. Indonesien erlebte ein deutlich verbessertes Wirtschaftswachstum, nachdem Suharto Mitte der 1960er Jahre die erzwungene Übernahme von der Unabhängigkeitsikone Sukarno erzwungen hatte. Trotz der nebulösen Retro-Mythologie um Sukarno war seine Herrschaft weder demokratisch noch entwicklungsfähig. Stattdessen verließ er sich auf eine Kombination aus persönlichem Charisma, antiwestlicher Gestik und großformatiger heroischer Architektur, um sich zurechtzufinden. Als er die Regierung unter Hausarrest verließ, lag die Inflationsrate bei 1.000 Prozent. Trotz all seiner Korruption, Vetternwirtschaft und der repressiven Natur seiner Diktatur brachte Suharto in drei Jahrzehnten Herrschaft Wirtschaftsordnung und Wachstum. Nicht umsonst ist er für den seriellen Polygamisten Sukarno's *Bung* ('Buddy') als *Bapak Pembangunan* ('Vater der Entwicklung') bekannt.

Suhartos Plan konzentrierte sich auf die Verbesserung der Agrarerträge und die schrittweise Liberalisierung und Internationalisierung der Wirtschaft, um Investitionen in exportorientierte Fertigungsindustrien zu sichern. Indonesien produzierte 1983 seinen ersten Überschuss an Reis aufgrund verbesserter Erträge und einer höheren Pro-Kopf-Produktion. In den späten 1980er Jahren war Indonesien nicht nur ein Agrarexporteur, sondern auch ein Exporteur von Textilien, Schuhen, Bekleidung und Konsumgütern geworden.[2] In den 1960er und frühen 1970er Jahren war das Pro-Kopf-Einkommen Indonesiens geringer als das Nigerias. Wie Abbildung 1 zeigt, hatte Indonesien Mitte der 80er Jahre, als Nigeria von politischer Instabilität und Misswirtschaft heimgesucht wurde, begonnen, in die Höhe zu schießen. Obwohl sich die Dinge seit dem Ölpreisanstieg in den Jahren 2010 und der Verbesserung der Regierungsführung in Nigeria ausgeglichen haben, sind Indonesier heute im Durchschnitt immer noch reicher als Nigerianer. Allerdings ist die Ungleichheit in Indonesien vergleichsweise viel geringer.[3]

Ein Gebot für langfristiges Wachstum und gute Regierungsführung ist es, was Indonesiens Entwicklungspfad von dem Afrikas unterscheidet. Es erklärt auch, warum Südostasien ein Beschäftigungswachstum und nicht nur ein Wirtschaftswachstum verzeichnet. Dies erforderte einen Plan für mehr Wohlstand, den die Unternehmer nutzen können - ein Plan, der auch von mehreren Regierungen umgesetzt wurde, darunter Suharto und den anderen, die den Governance-Rahmen des Landes ständig verbessern und erweitern. Während der Erfolg Indonesiens zeigt, wie wichtig es ist, den Kontext zu setzen, verdeutlicht Suhartos Niedergang nach drei Jahrzehnten Herrschaft paradoxerweise den wichtigsten Grund für Indonesiens Erfolg - das Engagement für das Gemeinwohl. Entgegen der Vorstellung, dass ein autoritärer Staat für die Entwicklung notwendig ist, waren die Indonesier nur bereit, das autokratische Regime Suhartos zu akzeptieren, solange es Wachstum brachte. Als Suhartos Exzesse seine Erfolge überwogen und die Korruption zu groß wurde, um sie zu ertragen, wich das alte System der 'gelenkten Demokratie' der parlamentarischen Demokratie.[4]

Abbildung 1: Unterschiedliche Wege, unterschiedliche Politiken: Nigeria und Indonesien, 1960–2014

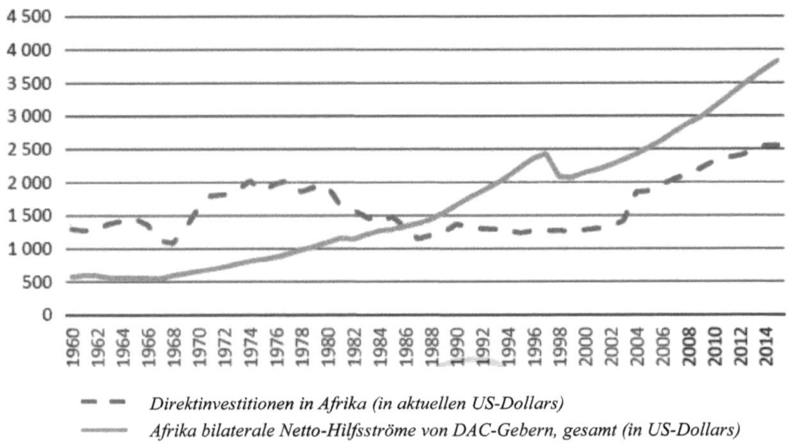

Quelle: Daten der Weltbank-Volkswirtschaftlichen Gesamtrechnungen und der OECD-Volkswirtschaftlichen Gesamtrechnungen, http://databank.worldbank.org/data/reports.aspx?source=world-developmentindicators&preview=on#

Andere sektorale Studien in diesem Buch liefern ähnlich wichtige Beobachtungen darüber, wie afrikanische Staats- und Regierungschefs die bevorstehende demografische Welle in eine positive wirtschaftliche Dynamik umwandeln könnten. Insbesondere haben wir gezeigt, dass andere Länder, vor allem in Asien und Süd- und Mittelamerika, ähnliche Krisen gelöst, ihre Wirtschaften umgekrempelt, ihre Menschen aus der Armut befreit und die notwendigen Arbeitsplätze und Wohnungen geschaffen haben. Auch wenn es schon spät ist, können Maßnahmen ergriffen werden, die das Leben von Millionen von jungen Afrikanern auf der Suche nach Arbeit und das Leben derjenigen, die noch nicht geboren sind, stark verbessern werden.

Die Erzählung ändern

Wie wir von Anfang an in diesem Buch festgestellt haben, ist die Entwicklung kein Geheimnis mehr, sondern ein gut verstandener Prozess, den eine ganze Reihe von Ländern erfolgreich in Angriff genommen hat. Die Grundlagen für den Erfolg liegen in der richtigen Gestaltung von Politik und Führung. Danach können wichtige Lektionen, die andere Länder gelernt haben, umgesetzt werden.

Im Mittelpunkt des Umbruchs vieler Länder, der es ihnen ermöglichte, wachstumsfördernde Politiken umzusetzen, stand die Schaffung eines Gefühls der Dringlichkeit, der Erkenntnis, dass Business as usual zu einer Katastrophe führen würde. Mehrere asiatische Länder, darunter unsere Fallstudien von Singapur und Indonesien, aber auch Südkorea und Taiwan, konnten ihre Krisen nutzen, um eine Erzählung zu entwerfen, die es den Staats- und Regierungschefs ermöglichte, eine Politik der Unsicherheit umzusetzen und zu erklären, warum Veränderungen notwendig waren. Die Staats- und Regierungschefs konnten erstens zeigen, dass der Staat selbst, der Beschützer der heutigen Bevölkerung, bedroht wäre, wenn nicht sofort schwierige Entscheidungen getroffen würden.

Zweitens konnten die Staats- und Regierungschefs durch die Umsetzung einer guten Politik ihre Bürger davon überzeugen, dass die geforderten Opfer nicht umsonst sind, sondern tatsächlich zu einer besseren Wirtschaft und Gesellschaft für ihre Kinder führen würden, weil die Regierung ein kompetenter Verwalter der Wirtschaft war.

Themen für die Reformmaßnahmen

Jedes afrikanische Land muss eine Reformagenda entwerfen, die seinen Umständen angemessen ist. Afrikanische Länder haben naturgemäß unterschiedliche Geschichten und Verläufe, sie sind auf unterschiedliche Weise organisiert. Ihre Volkswirtschaften sind unterschiedlich: Einige sind reich an Erdöl, andere von einzelnen Rohstoffen abhängig, einige sind stärker urbanisiert als andere, einige sind gescheitert oder haben versagt, die meisten, aber nicht alle, sind von Nahrungsmittel- und Treibstoffimporten abhängig. Einige sind geographisch groß, aber mit geringer Bevölkerung. Nur drei - die Demokratische Republik Kongo, Nigeria und Äthiopien - machen fast 40 Prozent der Gesamtbevölkerung Afrikas südlich der Sahara aus. Andere sind winzig: 15 Länder[5] machen etwas mehr als 2 Prozent der Bevölkerung des Kontinents aus. Nicht alle kleinen afrikanischen Länder sind reich, aber mit Ausnahme Südafrikas haben alle relativ reichen Länder eine geringe Bevölkerung.

Aber es gibt auch Gemeinsamkeiten. Die meisten Länder sind arm, haben schwache Regierungsstrukturen, sind nicht auf die Förderung des Wachstums des Privatsektors ausgerichtet und haben ihre Bürger nicht von der Dringlichkeit der Reformen überzeugt. Die meisten sehen sich mit der Aussicht auf einen enormen Bevölkerungsboom in ihren Städten konfrontiert.

Folglich gibt es in den Fallstudien mehrere gemeinsame Themen, die die afrikanischen Regierungschefs informieren sollten. Erstens sind kurzfristige Vorteile der Reform nur sehr schwer zu erkennen, aber große Veränderungen sind über einen Zeitraum von fünf bis zehn Jahren möglich. Die Tragweite der von uns vorgeschlagenen Änderungen in der Landwirtschaft, im Bergbau, im verarbeitenden Gewerbe und in anderen Sektoren ist von Bedeutung, aber die Vorteile werden erst nach einiger Zeit sichtbar werden. Allerdings kann sich die Macht der komplexen Wachstumsraten bald durchsetzen. Ob es sich nun um den Anstieg des Vermögens von Singapur, die Landwirtschaft in Vietnam oder die Produktion in Mexiko handelt, die Länder können sich innerhalb von ein oder zwei Jahrzehnten grundlegend verändern. Das Fehlen sehr kurzfristiger Ergebnisse (tatsächlich kann es zu kurzfristigen Schmerzen kommen) macht die Schaffung einer Erzählung umso wichtiger.

Zweitens muss es eine Prämie geben, wenn es darum geht, Dinge zu erledigen. Um die nationalen Prioritäten in Angriff nehmen zu können, bedarf es einer rigorosen und rücksichtslosen Priorisierung, bei der die verfügbaren Regierungskapazitäten auf die wesentlichen Elemente eines Reformprogramms konzentriert werden. Beispielsweise sollte die Abneigung gegen die Beschäftigung von Ausländern, die dringend benötigte Qualifikationen vermitteln könnten, aufgegeben werden. Ausländische Arbeitskräfte sollten als Vermögenswerte betrachtet werden, die notwendig sind, um den Fortschritt voranzutreiben. Außenstehende können natürlich keine Garantie für die Ausführung geben, und es wäre problematisch, wenn die Außenstehenden das Problem mehr als die Einheimischen lösen wollen. Afrikanische Staats- und Regierungschefs müssen von ihren eigenen Bürokratien genauso wenig akzeptiert werden wie asiatische Staats- und Regierungschefs während ihrer kritischen Wachstumsphasen. Zu Ruanda und Äthiopiens Erfolg gehört sicherlich auch, dass die Staats- und Regierungschefs ein vitales Interesse an der Regierungsleistung haben.

Insbesondere müssen die Führungspersönlichkeiten durch einen effektiven öffentlichen Dienst unterstützt werden. Wenn der öffentliche Dienst als Institution nicht effizient arbeitet, werden die Menschen auf andere Netzwerke zurückgreifen, um 'Dinge geschehen zu lassen'. Daher muss die Sicherstellung des Vertrauens in den öffentlichen Dienst und der Effizienz der öffentlichen Verwaltung ganz oben auf der Tagesordnung stehen.

Gouverneur Shettima stellt im Zusammenhang mit den Herausforderungen Nigerias fest, dass '[Präsident] Buhari etwas bemerkenswert Ungewöhnliches mitgebracht hat: Integrität und Sparsamkeit.' Diese Fokussierung ist notwendig, weil, wie der Gouverneur es ausdrückt, die 'Korruption unerträglich geworden ist. Zwar gibt es tolerierbare und nicht tolerierbare Korruptionsraten, doch ist sie heute das Ziel für sich allein, was unerträglich ist.'

Die Konzentration auf die Umsetzung muss nicht ausschließlich den wohlmeinenden autoritären Regimen vorbehalten sein. 'Es liegt in unserem aufgeklärten Eigeninteresse, für die Interessen der Menschen zu arbeiten', sagt Shettima. 'Die Menschen hassen Nigerias Führung mit Leidenschaft. Sie sind verächtlich darüber. Wir brauchen einen viel realistischeren Ansatz, um Probleme zu lösen.' Dies erfordert eine starke Führung, um das System der Beute, das weitgehend auf Ethnizität, Religion und Geographie basiert, in Frage zu stellen und es durch eine Leistungsgesellschaft zu ersetzen. Transparenz und Rechtsstaatlichkeit sind entscheidend. Das sind Eigenschaften, die von einem demokratischen Regierungssystem unterstützt werden.

Drittens muss man sich darauf konzentrieren, was der Staat tun muss und was er nicht tun darf. Unsere Fallstudien zeigen, dass der Staat eine wichtige Rolle spielt, wenn es darum geht, ein Geschäftsumfeld zu schaffen, das Vertrauen und Wachstum fördert, und robuste Institutionen aufzubauen. Angesichts der begrenzten menschlichen und materiellen Kapazitäten der afrikanischen Regierungen ist es auch wichtig zu verstehen, was Staaten nicht tun sollten, damit sie sich auf die Initiativen konzentrieren können, die sie leiten müssen. In vielen afrikanischen Ländern schränkt übertriebene Bürokratie das Wirtschaftswachstum ein, indem sie den Unternehmen einen enormen Verwaltungsaufwand aufbürdet. Es sollte die Pflicht der Regierung sein, die Bürokratie abzubauen, indem sie beispielsweise die Zahl der Genehmigungen, die von den Unternehmen für den Betrieb benötigt werden, verringert und die Erteilung von Genehmigungen vereinfacht, oder, um ein anderes Beispiel zu nennen, indem sie die Visabestimmungen vereinfacht oder beseitigt, um Touristen und Geschäftsleuten den Besuch zu erleichtern.

Viertens muss der Entwicklung eines gesunden Privatsektors enorme Energie und Aufmerksamkeit gewidmet werden. Unternehmen in vielen afrikanischen Ländern werden derzeit dazu angeregt, von der Schirmherrschaft des Staates zu leben, weil es nur wenige andere Möglichkeiten gibt, Geld zu verdienen. Wenn Arbeitsplätze geschaffen werden sollen, müssen die Unternehmen ihre Rolle als Investitions- und Beschäftigungsförderer wahrnehmen. Es ist von entscheidender Bedeutung, dass die Banken- und Versicherungsmärkte dazu gebracht werden, effizienter mit einer angemessenen, aber nicht belastenden Aufsicht zu arbeiten.

Die Regierung muss auch die Infrastruktur bereitstellen und finanzieren, so dass die Transaktionskosten für die Unternehmen begrenzt sind. Unsere Fallstudien erfolgreicher Projekte zeigen, dass kompetente Staaten komplexe Aufgaben übernehmen, wie den Bau von Häfen oder Kanälen. Die genaue Zusammensetzung variiert von Land zu Land. Selbst die ältesten RMS können auf globaler Ebene nicht mithalten, wenn sie zu viel für sprunghafte Stromlieferungen bezahlen, wenn die Straßen keine prompten Transporte zulassen und wenn ihre Güter in dysfunktionalen Häfen festgehalten werden.

Schließlich sollte die richtige Rolle der Finanzmittel verstanden werden. Es besteht nach wie vor ein bedeutender internationaler Goodwill gegenüber dem Kontinent - sowohl aus Gründen des Altruismus als auch aus Gründen des Eigeninteresses. Wenn die afrikanischen Staats- und Regierungschefs einen politischen Kontext schaffen, in dem Ressourcen, einschließlich der Hilfe, produktiv eingesetzt werden können, wird die internationale Hilfe großzügig sein. Dies kann sehr nützlich sein, um demokratische Institutionen, Infrastrukturen und Kompetenzen zu unterstützen. Aber Außenstehende können die Probleme Afrikas nicht lösen: Sie können allenfalls helfen, aber sie können sie auch verschlimmern, wenn sie isoliert handeln. Die afrikanischen Staats- und Regierungschefs irren sich, wenn sie glauben, dass eine Schätzung der voraussichtlichen internationalen Hilfe ausreichen wird, um ihre Herausforderungen in naher Zukunft zu bewältigen, oder wenn sie der internationalen Gemeinschaft die Schuld für die mangelnde Hilfe zuschieben, dann würden sie bei ihren

Bürgern jede Glaubwürdigkeit erlangen. Stattdessen sollten sie sich mit den Details der innenpolitischen Reformen befassen.

Unsere Erfahrungen mit der Planung in vielen Ländern zeigen, dass es möglich und notwendig ist, bei der Planung von Reformen zwischen bereichsübergreifenden und spezifischen sektoralen Maßnahmen zu unterscheiden. Darüber hinaus sind afrikanische Reforminitiativen, obwohl sie auf einer soliden Analyse der Sachzwänge beruhen, häufig von weitreichenden, groß angelegten Reformen mit unrealistischen Zielen gekennzeichnet. Es ist notwendig, diese in umsetzbare Maßnahmen zu zerlegen. Tabelle 1 fasst diese 'Ergebnisse', die verschiedenen in diesem Band empfohlenen Erfolgsmaßnahmen, zusammen.

Tabelle 1: Zusammenfassung der Schritte zum Erfolg

Menschen und Städte
• Städte müssen als Motor für das diversifizierte Wachstum und die Beschäftigung in Afrika gesehen werden. Das urbane Wachstum stellt eine dramatische Veränderung gegenüber dem Export natürlicher Ressourcen dar, der für die meisten afrikanischen Volkswirtschaften von zentraler Bedeutung ist. • Dringende Maßnahmen sind der einzige Weg, um die bevorstehende Explosion der Stadtbevölkerung in den Griff zu bekommen. • Fokussierung auf die Finanzierung und Autorität auf Stadtebene als Mittel zur Neudefinition der Ressourcen, damit die Kommunalverwaltungen die Herausforderung der schnell wachsenden Bevölkerung bewältigen können. • Förderung der Wohnraumdichte und kosteneffizienter Verkehrslösungen zur Realisierung der städtischen Dividende. • Konzentration auf die Bereitstellung lokaler Sicherheit als Türöffner, durch die vieles andere folgt.

Demokratie und Entwicklung
• Demokratie und Entwicklung sind unteilbar. Die demokratische Regierung vertritt die Interessen der Bevölkerung und nicht nur eine Elite. • Angesichts der überlegenen globalen Wirtschaftsleistung und der Stabilität demokratischer Regierungen auf lange Sicht müssen die

Stabilitätskämpfe, die die Autoritäten mit sich bringen können, mit Skepsis betrachtet werden.

- Demokratien müssen so gestaltet werden, dass sie den besonderen politischen, wirtschaftlichen und demografischen Herausforderungen gerecht werden, mit denen die Länder konfrontiert sind.
- Demokratie ist für das Befähigungsniveau der Städte von entscheidender Bedeutung, denn nur demokratische Führer sind in der Lage, Macht zu übertragen.
- Ein demokratisches „Spielbuch" ist notwendig, um den Bedrohungen für demokratische Wahlen und Institutionen zu begegnen.

Infrastruktur

- Die Entwicklung der Infrastruktur erfordert einen langfristigen Ansatz zur Unterstützung von Projekten, deren Fertigstellung viele Jahre in Anspruch nehmen kann, und zur Wahrung des Vertrauens der Investoren.
- Klare Ertragsmodelle für Kapitalinfrastrukturprojekte müssen von vornherein entwickelt werden.
- Die entscheidende Rolle des Privatsektors bei der Entwicklung der Infrastruktur wird durch das Ausmaß der staatlichen Monopole beeinflusst.
- Die Infrastruktur muss sorgfältig mit der Handelspolitik, Konnektivität, Qualifikationen und Offenheit verknüpft werden.
- Der Wohnungsbau kann unterstützt werden, indem man den Kommunen mehr Autonomie einräumt, eine Politik der zunehmenden Dichte in den Städten verfolgt, die Verfahren für den Grundbesitz vereinfacht und Initiativen für bezahlbaren Wohnraum unterstützt.

Landwirtschaft

- Beseitigung staatlicher Verzerrungen bei der Preisgestaltung in der Landwirtschaft.
- Befürchtungen vor Nahrungsmittelknappheit durch bessere Marktprognosen ausräumen.
- Sicherstellung, dass die Regierungspolitik moderne Anbaumethoden wie Mechanisierung, Leistungssteigerungen und höhere Erträge berücksichtigt.
- Sicherstellung der langfristigen Sicherung des Eigentumsrechts für die Landwirte, sei es durch Pacht oder Grundbesitz.

- Die Verbesserung der Logistik ist sowohl bei der Nahrungsmittelproduktion als auch bei den Exporten der Non-Food-Landwirtschaft erfolgsentscheidend.

Bergbau

- Verbesserung der Richtlinien und der Sicherheit der Anleger. Stabile, effiziente und transparente Regulierungs- und Verwaltungsprozesse sind für Bergbauunternehmen wichtige Investitionsfaktoren.
- Erarbeiten einer überzeugenden, zukunftsweisenden, realistischen Erzählung beim Bergbau über die Rolle, die er in der nationalen Entwicklung spielen wird, und ihre Befolgung.
- Weitere Nutznießung ist abhängig von billigem Strom und heimischen Produktionsmöglichkeiten.
- Würdigung der Logistiksysteme, die für Investitionen in Schüttgüter (insbesondere Eisen und Kohle) erforderlich sind, und der immensen Kosten, die damit verbunden sind.
- Die Regierungspolitik muss die Realitäten der Schwankungen der Rohstoffpreise und die langfristigen Bedürfnisse der Investoren berücksichtigen.

Fertigung

- Gewinnung von Produktionsunternehmen, die aus China abwandern, um genau zu verstehen, was diese Unternehmen benötigen, um ‚nach Afrika zu ziehen'.
- Die Attraktivität des verarbeitenden Gewerbes wird davon abhängen, ob man wettbewerbsfähiger ist als seine weltweiten Konkurrenten.
- Die Regierung sollte gegen bürokratische Verzögerungen vorgehen und die Möglichkeiten für Korruption verringern, da dies wesentliche Elemente sind, um die Rahmenbedingungen für den Erfolg der Unternehmen zu schaffen.
- Handelspolitik, Präferenzen und Abkommen nutzen, um die industrielle Entwicklung voranzutreiben und nicht die "Industriestrategie".
- Höherwertiges 'Mindfacturing' hängt von der Entwicklung grundlegender Produktionskompetenzen und deren Ergänzung durch entsprechende Bildungs-, Forschungs- und Ausbildungseinrichtungen ab.

Dienstleistungen

- Der Dienstleistungssektor muss von den Regierungen aktiv gefördert werden, wobei der Schwerpunkt auf der Bereitstellung der erforderlichen Infrastruktur und des regulatorischen Umfelds liegen muss.
- Die Kosten für die Regierung (und die Gemeinkosten) sind niedrig zu halten und die Ambitionen mit Pragmatismus zu vereinbaren, und das Wachstum wird folgen, wie sich bei Fluggesellschaften wie Ethiopian und Emirates gezeigt hat.
- Unterstützung der Entwicklung einer einheimischen Tourismusindustrie durch Erleichterung des Zugangs gegenüber Wettbewerbern. Dazu gehören die Erleichterung der Visabeschaffung und die Reduzierung der Kosten und des Aufwands für den Hotelbetrieb durch Verfahren mit Einzelgenehmigung.
- Schaffung von Bedingungen, um ausländische Banken zu ermutigen, die rasche Beschleunigung der Entwicklung und Weiterentwicklung lokaler Bankensysteme zu unterstützen.
- Aktive Unterstützung der Entwicklung der Versicherungswirtschaft und Anerkennung ihres regionalen Charakters durch Beseitigung von Protektionismus und wirksame Regulierung.

Technologie

- Offenheit für die internationale Wirtschaft ist eine Voraussetzung dafür, dass afrikanische Unternehmen von neuen Technologien profitieren und solche Technologien vor Ort entwickeln können.
- Eine effiziente Regierung hängt von ihrer Integration mit der Technologie ab, um die Erbringung von Dienstleistungen von der Gesundheitsversorgung bis zur Bildung zu verbessern.
- Die regulatorischen und politischen Barrieren müssen beseitigt werden, um den Breitbandzugang auf mehr Bürger auszudehnen.
- Investitionen in Forschung und Entwicklung sollten durch Steuererleichterungen gefördert werden.
- Die Regierung sollte die Realität des Verlustes von Arbeitsplätzen durch Technologie in einigen Sektoren akzeptieren und gleichzeitig versuchen, die Gewinne in anderen Sektoren zu maximieren.

Mobilisierung von Ressourcen, Risikoreduzierung von Investitionen

- Ausländische Hilfe kann helfen, aber die Investitionen kommen vom Privatsektor; es ist daher von entscheidender Bedeutung, eine unternehmensfreundliche Haltung einzunehmen.
- Schaffung von Stabilität und Sicherheit in der Politik und in der Rechts- und Wirtschaftspolitik.
- Die Hilfe wird die schwache Regierungsführung nicht überwinden. Verbesserte Leistung und Lieferung müssen lokal generiert und im Besitz des Kunden sein.
- Das chinesische Engagement sollte begrüßt werden, aber es sollte darauf geachtet werden, den Wert für die afrikanische Bevölkerung und nicht die Bereicherung der Eliten zu sichern.
- Die Beihilfen müssen auf die nationalen Pläne abgestimmt und auf die Senkung der Kosten für die Geschäftstätigkeit zugeschnitten sein.

Planung

- Nutzen Sie den Planungsprozess, um ein Gefühl der Dringlichkeit zu wecken, um Wachstum zu fördern und Arbeitsplätze zu schaffen.
- Betonen Sie die Partnerschaft der Regierung mit der Wirtschaft und nicht, wie bei vielen Plänen, das Primat der Regierung.
- Ein brauchbarer Plan hängt von der rücksichtslosen Priorisierung, der richtigen Ressourcenbeschaffung und der sorgfältigen Sequenzierung ab.
- Die Regierung sollte die Realität des Verlustes von Arbeitsplätzen durch Technologie in einigen Sektoren akzeptieren und gleichzeitig versuchen, die Gewinne in anderen Sektoren zu maximieren.
- Die Rolle ausländischer Regierungen und Institutionen sollte begrenzt werden.

Führung und Umsetzung

- Die Führung sollte die Demokratie nutzen, um einen disziplinierten Nationalismus zu erzeugen, der den Entwicklungspfad des Landes erklärt.
- Der Schwerpunkt der Führungskräfte sollte auf der Ausführung und der Beachtung der Einzelheiten der Regierungsführung liegen.

- Führung erfordert die Nutzung der gesamten Bandbreite persönlicher diplomatischer Fähigkeiten und Geduld.

Wenn die afrikanischen Länder die Herausforderungen meistern und Arbeitsplätze für ihre junge, schnell wachsende Bevölkerung schaffen wollen, müssen die Staats- und Regierungschefs ihre Länder sowohl regional als auch international attraktiv und wettbewerbsfähig machen.

Reformieren oder untergehen

In diesem Buch haben wir immer wieder betont, dass schnelle Reformen notwendig sind, wenn der Kontinent die Zukunft sichern soll, die er und seine Menschen verdienen. Doch Afrika begegnet der kommenden Krise nicht zufällig. Es steht vor ihr als Folge von Entscheidungen, die von ihren Staats- und Regierungschefs getroffen oder nicht getroffen wurden. Sambia zum Beispiel hatte seinen prognostizierten Strombedarf sehr genau prognostiziert und war bereit, Kapital zur Verfügung zu stellen. Nichtsdestotrotz geschah wenig, weil die Eigeninteressen und die Trägheit im Weg standen.

Damit soll nicht so getan werden, als sei die Reform einfach. Bei der Reform geht es darum, den Status quo in Frage zu stellen, und es wird mächtige Einzelpersonen und Gruppen geben, die hart kämpfen werden, um Veränderungen zu verhindern. Angesichts der steigenden Bevölkerung Afrikas und der wachsenden Städte wird Untätigkeit letztendlich für alle, auch für die Eliten, ein schlechtes Ende nehmen. Die afrikanischen Staats- und Regierungschefs genießen nicht den guten Willen ihrer Vorgänger aus dem Unabhängigkeitskampf: Sie werden allein danach beurteilt werden, was sie ihren Wahlkreisen geliefert haben.

Die Herausforderung für die afrikanischen Staats- und Regierungschefs besteht darin, das beträchtliche Wachstumspotenzial des Kontinents zusammen mit internationalem Interesse und gutem Willen zum Wohle ihrer Bevölkerung zu nutzen, bevor sie von den Herausforderungen des raschen Bevölkerungswachstums und der Urbanisierung überwältigt werden. Es ist dringend geboten, dass die entscheidenden Reforminitiativen jetzt beginnen, denn es wird zu spät sein, wenn die große Zahl junger Menschen mit Smartphones und hohen Erwartungen in den Städten ankommt.

Erläuterungen und Hinweise

Einleitung

1. Es gab 630 Konflikte auf dem afrikanischen Kontinent seit 1990. Vgl. Die Präsentation von Paul Williams, 'Conflict in Africa: Why it persists', African Centre for Strategic Studies, Washington DC, 24 October 2016.
2. Weltbank, 'While poverty in Africa has declined, number of poor has increased', http://www.worldbank.org/en/region/afr/publication/poverty-rising-africa-poverty-report, abgerufen im Dezember 2016.
3. Wir danken Botschafter Phillip Carter für diesen Hinweis.
4. Weltbank, The Current Economic Position and Prospects for Zambia, May 1966, ii.
5. Vgl. Einwohnerpyramide der Welt, Sambia, https://populationpyramid.net/zambia/2030/, abgerufen im Dezember 2016; Zambian Association of Manufacturers audit, cited in 'Bringing back the 'glory days" of Zambian manufacturing', The Bulletin and Record, März 2012, 14–15; D. Limpitlaw, 'Nationalisation and mining: Lessons from Zambia', The Southern African Institute of Mining and Metallurgy, 111, October 2011; und Weltbank, 'Zambia', Overview, http://www.worldbank.org/en/country/zambia/overview, abgerufen im Dezember 2016.
6. Steven Radelet, 'Africa's rise – interrupted?' Finance & Development 53(2), June 2016.
7. Weltbank, 'Sub-Saharan Africa', http://data.worldbank.org/region/SSA, as measured in real (2005) gross national income per capita, abgerufen im Dezember 2016.
8. Vgl. Weltbank, http://www.worldbank.org/content/dam/Worldbank/document/Africa/Report/Africas-Pulse-brochure_Vol7.pdf, abgerufen im Juni 2016.
9. Vgl. Weltbank, http://data.worldbank.org/indicator/SL.UEM.TOTL.ZS, abgerufen im Dezember 2016
10. Vgl. Weltbank, http://documents.worldbank.org/curated/en/2014/01/18829981/youth-employment-sub-saharan-africa-vol-1-2-overview, abgerufen im Dezember 2016; siehe auch http://www.brookings.edu/blogs/africa-in-focus/posts/2014/08/12-youth-unemployment-africa-mcarthur, abgerufen im Dezember 2016.
11. Abdi Latif Dahir, 'It's bleak: Africa is in a slump for the first time in twenty years', Quartz Africa, 11 Oktober 2016, http://qz.com/806292/imf-sub-saharan-africasgdp-economic-growth-will-fall-to-its-worst-level-in-two-decades/, abgerufen im Dezember 2016.
12. Dies ist das Thema einer Vielzahl zeitgenössischer Titel über Afrika, u.a.: Vijay Mahajan, Africa Rising: How 900 Million African Consumers O_er More Than You Think. US: Prentice Hall, 2008; Kingsley Moghalu, Emerging Africa: How the Global Economy's 'Last Frontier' Can Prosper and Matter. London: Penguin, 2014; Charles Robertson, The Fastest Billion: The Story Behind Africa's Economic Revolution. London: Renaissance Capital, 2012; and Kevin Bloom and Richard Poplak, Continental Shift: A Journey into Africa's Changing Fortunes. Johannesburg: Jonathan Ball, 2016.
13. '1.2 billion opportunities', The Economist, 16 April 2016, http://www.economist.com/news/special-report/21696792-commodity-boom-may-be-over-and-barriersdoing-business-are-everywhere-africas, abgerufen im Dezember 2016.
14. 'One million people out of poverty in Rwanda,' CNBC Africa, 30 Juni 2016, http://www.cnbcafrica.com/video/?bcpid=1572473874001&bckey=AQ~~,AAABbeppM

1E~,YSfB5eRxPEbUu52DyyunfxqhQ1KV6HP4&bctid=5012356830001, abgerufen im Dezember 2016.

15. Weltbank, 'Can Africa claim the 21st century?', http://go.worldbank.org/Z7KUASD0N0, abgerufen im Dezember 2016.
16. 'Africa's middle class: Few and far between', The Economist, 24. Oktober 2015, http://www.economist.com/news/middle-east-and-africa/21676774-africans-aremainly-rich-or-poor-not-middle-class-should-worry, abgerufen im Dezember 2016.
17. Wachstum des Bruttosozialprodukts in Afrika südlich der Sahara verbesserte sich auf 4.6% im Jahr 2014, von 4.2% im Jahr 2013, aber langsamer als der Durchschnitt von 6.4% im Zeutraum 2002–2008. Vgl., zum Beispiel http://www.worldbank.org/content/dam/Worldbank/GEP/GEP2015b/Global-Economic-Prospects-June-2015-Sub-Saharan-Africa-analysis-pdf, abgerufen im Dezember 2016.
18. Für Details zu diesen Zuwächsen, Vgl. http://www.un.org/en/development/desa/news/population/2015-report.html; https://africacheck.org/factsheets/factsheet-africas-population-projections/; https://esa.un.org/unpd/wpp/publications/_les/key__ndings_wpp_2015.pdf, abgerufen im Dezember 2016.
19. news/worldviews/wp/2013/07/16/the-amazing-surprising-africa-driven-demographic-future-of-the-earth-in-9-charts/?utm_term=.31a6a7c11bc5. Zuletzt abgerufen im Dezember 2016.
20. Vgl. http://www.bbc.com/news/world-africa-34188248, abgerufen im Dezember 2016.
21. UN, 'World population prospects, the 2012 revision', vol. 1, 2013, 57–58, http://esa.un.org/wpp/Documentation/pdf/WPP2012_Volume-I_Comprehensive-Tables.pdf, abgerufen im Dezember 2016.
22. 'The young continent', The Economist, 12. Dezember 2015, http://www.economist.com/news/brie_ng/21679781-fertility-rates-falling-more-slowly-anywhere-else-africa-faces-population, abgerufen im Dezember 2016. World growth or fact sheet-Max Fisher, 'The amazing, surprising, Africa-driven demographic future of the earth, in 9 charts', The Washington Post, 16. Juli 2013, https://www.washingtonpost.com/
23. 'The world's 10 youngest populations are all in Africa', World Economic Forum, https://www.weforum.org/agenda/2016/05/the-world-s-10-youngest-countriesare-all-in-africa/, abgerufen im Dezember 2016.
24. IMF, Regional Economic Outlook, 'Sub-Saharan Africa: Navigating headwinds', https://www.imf.org/external/pubs/ft/reo/2015/afr/eng/pdf/sreo0415.pdf, 25, abgerufen im Dezember 2016.
25. African Development Bank, OECD, UN Development Programme, African Economic Outlook 2015, 2015, xiii.
26. Ebenda., xiv.
27. British Council, 'Can higher education solve Africa's job crisis?', 2014, https://www.britishcouncil.org/sites/default/_les/graduate_employability_in_ssa__nal-web.pdf, abgerufen im Dezember 2016.
28. Mark Anderson und Achilleas Galatsidas, 'Urban population boom poses massive challenges for Africa and Asia', The Guardian, 10. Juli 2014, http://www.theguardian.com/global-development/2014/jul/10/urban-population-growth-africa-asia-united-nations, abgerufen im Dezember 2016.
29. UN, 'World's population increasingly urban with more than half living in urban areas,' 10 July 2014, http://www.un.org/en/development/desa/news/population/world-urbanization-prospects-2014.html; Vgl. also http://www.prb.org/publications/datasheets/2013/2013-world-population-data-sheet/data-sheet.aspx, abgerufen im Dezember 2016.
30. Remi Jedwab, Luc Christaensen und Marina Gindelsky, 'The speed of urbanization and economic development: A comparison of industrial Europe and contemporary Africa,'

präsentiert bei der Weltbank-GWU Conference on Urbanization and Poverty Reduction, http://siteresources.worldbank.org/INTIE/Resources/475495-1368648404460/Jedwab_The_Speed_of_Urbanization_Tales_from_Europe_and_Africa.pdf, abgerufen im Dezember 2016.

31. Weltbank, 'An analysis of issues shaping Africa's future', April 2016, http://documents.worldbank.org/curated/en/970911468563846454/text/104729-REVISED-
32. McKinsey & Company, 'What's driving African growth', April 2010, http://www.mckinsey.com/insights/economic_studies/whats_driving_africas_growth, abgerufen im Dezember 2016.
33. McKinsey & Company, 'Lions on the move', Juni 2010, http://www.mckinsey.com/global-themes/middle-east-and-africa/lions-on-the-move, abgerufen im Dezember 2016.
34. McKinsey & Company, 'Lions on the move II', August 2016, http://www.mckinsey.com/global-themes/middle-east-and-africa/lions-on-the-move-realizing-the-potential-of-africas-economies, abgerufen im Dezember 2016.
35. Frik Els, 'IMF warns of another 14% drop in metal prices this year', Mining.com, 12. April 2016, http://www.mining.com/imf-predicts-another-14-drop-in-metal-prices-this-year/, abgerufen im Dezember 2016.
36. 'Africa discovers the downside of foreign borrowing', The Economist, 2 April 2016, http://www.economist.com/news/_nance-and-economics/21695939-africa-discovers-downside-foreign-borrowing-ante-upped?zid=304&ah=e5690753dc-78ce91909083042ad12e30, abgerufen im Dezember 2016.
37. Weltbank, 'Zambia', http://data.worldbank.org/country/zambia, abgerufen im Dezember 2016.
38. Vgl. 2015 Index of Economic Freedom. Washington DC: Heritage Stiftung, 2015, http://www.heritage.org, abgerufen im Dezember 2016.
39. Mo Ibrahim Stiftung, 'A decade of African governance, 2006–2015', 2016, http://s.mo.ibrahim.Stiftung/u/2016/10/01184917/2016-Index-Report.pdf?_ga=1.149205750.1138767584.1476258984, abgerufen im Dezember 2016.
40. Mo Ibrahim Stiftung, 'The 2016 Ibrahim Index of African Governance: Key Findings', http://mo.ibrahim.Stiftung/news/2016/progress-african-governance-last-decade-held-back-deterioration-safety-rule-law/, abgerufen im Dezember 2016.
41. 'Weltbank: Extreme poverty to 'fall below 10%'', BBC News, 5. Oktober 2015, http://www.bbc.com/news/world-34440567, abgerufen im Dezember 2016.
42. 'Towards the end of poverty', The Economist, 30. Mai 2013, http://www.economist.com/news/leaders/21578665-nearly-1-billion-people-have-been-taken-outextreme-poverty-20-years-world-should-aim, abgerufen im Dezember 2016.
43. UN, Sustainable Development Knowledge Platform, Sustainable Development Goals, https://sustainabledevelopment.un.org/sdgs, abgerufen im Dezember 2016.
44. Der Malaiische Name für den gewaltsamen Konflikt zwischen 1963 und 1966, wo die Indoseische Opposition gegen die Gründung Malaysias gekämpft hat.
45. Gewöhnlich verantwortlich Premierminister Lee Kuan Yew, Anwalt David Marshall, Gewerkschafter Devan Nair, Anwalt Eddie Barker, Wirtschaftswissenschaftler Goh Keng Swee, Lim Kim San, Ong Pang
46. Greg Mills's Diskussion mit Raila Odinga, 1. Februar 2016, Nairobi.
47. Milton Osborne, Southeast Asia: An Introductory History. Sydney: Allen & Unwin, 2013, 45.
48. Wir sind Christopher Clapham dankbar für diesen Punkt.
49. Vgl. 'Remarks by the President to the Ghanaian Parliament', https://www.whitehouse.gov/the-press-o_ce/remarks-president-ghanaian-parliament, abgerufen im Dezember 2016.

50. Dambisa Moyo, Dead Aid: Why Aid is Not Working and How There is a Better Way for Africa. New York: Farrar, Straus and Giroux, 2009.
51. Diese Debatte wird fortgeführt in Greg Mills, Why Africa is Poor: And What Africans Can Do About It. Johannesburg: Penguin, 2010.
52. Eine Diskussion über das Wesen der Afrikanischen Wirtschaftspolitik seit der Unabhängigkeit, Vgl. Jeffrey Herbst and Greg Mills, Africa's Third Liberation: The New Search for Prosperity and Jobs. Johannesburg: Penguin, 2012.
53. Vgl. zum Beispiel, http://www.washingtonpost.com/sf/world/2015/07/20/a-remote-city-of-smugglers/. S. auch https://www.iom.int/news/iom-records-over-60000-migrants-passing-through-agadez-niger-between-february-and-april-2016, abgerufen im Dezember 2016.

Kapitel 1

1. Mo Ibrahim Stiftung, http://mo.ibrahim.Stiftung/news/2016/progress-african-governance-last-decade-held-back-deterioration-safety-rule-law/, abgerufen im November 2016.
2. Er bevorzugt es nur mit seinem Vornamen angesprochen zu werden.
3. Telefonische Diskussion mit Greg Mills, Juni 2016.
4. Bemessen nach 20 Fuß Einheiten, oder TEUs.
5. Wolfgang Fengler, 'Why Kenya needs a world-class port in Mombasa', *Africa Can Weltbank Blog*, 4. April 2012, http://blogs.worldbank.org/africacan/why-kenya-needs-aworld-class-port-in-mombasa, abgerufen im Dezember 2014.
6. Weltbank Ease of Doing Business Index 2012, Doing business, Mombasa, Kenya, http://www.doingbusiness.org/data/exploreeconomies/kenya/sub/mombasa/, abgerufen im Dezember 2014.
7. Vgl. Adam Smith international, http://www.adamsmithinternational.com/exploreour-work/east-africa/kenya/mombasa-county-youth-employment-programme, abgerufen im Dezember 2014.
8. Margaret Ngayu, 'Sustainable urban communities: Challenges and opportunities in Kenya's urban sector', *International Journal of Humanities and Social Sciences* 1, 4, April 2011, http://www.ijhssnet.com/journals/Vol._1_No._4;_April_2011/9.pdf.
9. Vgl. Adam Smith international, http://www.adamsmithinternational.com/exploreour-work/east-africa/kenya/mombasa-county-youth-employment-programme, abgerufen im Dezember 2014.
10. 'Gunned down in Mombasa – The clerics that have died', *IRIN*, 28 July 2014, http://www.irinnews.org/report/100412/gunned-down-in-mombasa-the-clerics-thathave-died, abgerufen im Dezember 2014.
11. 'Migrant crisis: Migration to Europe explained in seven charts', BBC News, 4 March 2016, http://www.bbc.com/news/world-europe-34131911, abgerufen im November 2016.
12. 'Everything you want to know about migration across the Mediterranean', *The Economist*, 4. Mai 2015, http://www.economist.com/blogs/economist-explains/2015/05/economist-explains-6, abgerufen im November 2016.
13. Wir danken Paul Collier für seine Einblicke hierzu.
14. 'African cities: Left behind', *The Economist*, 15 September 2016, http://www.economist.com/news/middle-east-and-africa/21707214-all-over-world-people-escape-poverty-moving-cities-why-does-not?frsc=dg%7Ca, abgerufen im November 2016.
15. Jeremy Barofsky, Eyerusalem Siba, and Jonathan Grabinsky, 'Can rapid urbanization in Africa reduce poverty? Causes, opportunities, and policy recommendations', Brookings Institute, 7. September 2016, https://www.brookings.edu/blog/africa-in-

focus/2016/09/07/can-rapid-urbanization-in-africa-reduce-poverty-causes-opportunities-and-policy-recommendations/, abgerufen im November 2016.

16. 'If mayors ruled the world: A new Freakonomics radio podcast', Freakonomics, 10. April 2014, http://freakonomics.com/2014/04/10/if-mayors-ruled-the-world-anew-freakonomics-radio-podcast/, abgerufen im November 2016.
17. Ebenda. Vgl. auch Annual Bank Conference on Africa, opening session, 13. Juni 2016, https://www.youtube.com/watch?v=37O58T4Jyx4&feature=youtu.be&t=10m07s, abgerufen im November 2016.
18. Email Interview mit Tim Harris, 4. Dezember 2014.
19. Interview mit Tim Harris, Kapstadt, 13. Januar 2015.
20. Dieser Abschnitt bezieht sich auf den Artikel von Greg Mills und Lyal White, zuerst veröffentlicht im November 2015 im *Daily Maverick*. Vgl. http://www.dailymaverick.co.za/article/2015-11-25-brazils-lerner-driver/#.WC3YG3ecaA8.
21. Interview, Bogotá, 8. November 2016.
22. Vgl. Paul Williams, *War and Conflict in Africa*. Cambridge: Polity, 2016.
23. 2016 Ibrahim Index of African Governance: Key findings, Mo Ibrahim Stiftung, 4. Oktober 2016, http://mo.ibrahim.Stiftung/news/2016/progress-african-governance-last-decade-held-back-deterioration-safety-rule-law/, abgerufen im November 2016.
24. Für die Internationale 'league table' in Bezug auf gewalttätige Städte, Vgl. http://www.worldatlas.com/articles/most-dangerous-cities-in-the-world.html.
25. Vgl. Western Cape Provincial Crime Analysis. Analyse der Verbrechen in den Jahren 2015/16, Verbrechensstatistik herausgegeben von South African Police Service, 2. September 2016, datiert auf den 7. Oktober 2016
26. Buchule Raba, 'Cape Town's police-to-population ratio way below national norm', Times Live, 27 July 2016, http://www.timeslive.co.za/local/2016/07/27/Cape-Town%E2%80%99s-police-to-population-ratio-way-below-national-norm, abgerufen im Dezember 2016.
27. Interview, Civic Centre, Cape Town, 24. November 2016.
28. Western Cape Provincial Crime Analysis. Analyse der Verbrechen in den Jahren 2015/16, Verbrechensstatistik herausgegeben von South African Police Service, 2. September 2016, datiert auf den 7. Oktober 2016.
29. This data is drawn from Jorge Giraldo-Ramírez and Andrés Preciado-Restrepo, 'Medellín, from theater of war to security laboratory', *Stability: International Journal of Security and Development*, Juni 2015, http://www.stabilityjournal.org/articles/10.5334/sta.fy/, abgerufen im November 2016.
30. Francis Fukuyama und Seth Colby, 'Half a miracle', *Foreign Policy*, 25. April 2011, http://foreignpolicy.com/2011/04/25/half-a-miracle/, abgerufen im November 2016.
31. Für Details zur Rolle von Planung und Architektur in dieser Transformation, Vgl. http://www.architectural-review.com/archive/colombias-infrastructure-reclaimed-as-public-space/8684196.fullarticle; http://www.pps.org/reference/ten-strategies-for-transforming-cities-through-placemaking-public-spaces/; http://architectureindevelopment.org/news.php?id=49; und http://www.forbes.com/sites/ashoka/2014/01/27/the-transformation-of-medellin-and-the-surprising-company-behind-it/#35b9b3954752, abgerufen im November 2016.
32. Dies wird abgedeckt in Greg Mills, David Kilcullen, David Spencer und Dickie Davis, *A Great Perhaps? Colombia: Convergence and Conflict*. London: Hurst, 2016.
33. Die Einwohnerzahl der Region Antioquia beträgt 6 Millionen. Davon stammen ungefähr 2,5 Millionen von Medellín. Die Einwohnerzahl von Medellín und dessen Umland beträgt zusammen bis zu 3,5 Millionen.

34. Zum Vergleich, im Jahr 2000 gab es 5.863 Polizisten im Stadtgebiet. Information erhalten von Anamaría Botero Mora, Agencia de Cooperación e Inversión de Medellín y el Área Metropolitan, 17. August 2015.
35. Die Zahl der Offiziere mit Hochschulabschluss nahm zu um 10% im Jahr 1994 und um 70% im Jahr 2015, ein Ergebnis hauptsächlich durch die Personal Strategie im Jahr 2004. Diskussion mit der Medellín Polizei, März 2015.
36. Vgl. Edwin Heathcote, 'Venice Biennale: Architects' social conscience', *Financial Times*, 20. Mai 2016, http://www.ft.com/cms/s/0/4a3b84a8-18fc-11e6-b197-a4af20d5575e.html?siteedition=uk#axzz4LYVM2Tur, abgerufen im November 2016.

Kapitel 2

1. David E. Kiwuwa, 'Africa is young: Why are its leaders so old?', CNN, 29. Oktober 2015, http://edition.cnn.com/2015/10/15/africa/africas-old-mens-club-op-ed-david-e-kiwuwa/, abgerufen im November 2016
2. Fareed Zakaria, 'A conversation with Lee Kuan Yew', *Foreign Affairs*, März-April 1994, https://www.foreigna_airs.com/articles/asia/1994-03-01/conversation-lee-kuan-yew, abgerufen im November 2016.
3. Lee Kuan Yew, *From Third World to First: The Singapore Story, 1965 to 2000*. New York: HarperCollins, 2000.
4. 'In his words', *Asia Week Magazine*, 22 September 2000, http://edition.cnn.com/ASIANOW/asiaweek/magazine/2000/0922/cs.singapore.words.html, abgerufen im November 2016.
5. Freedom House, *Freedom in the World, 2015*. New York: Freedom House, 2015.
6. 'The march of democracy slows', *The Economist*, 20. August 2016, http://www.economist.com/news/middle-east-and-africa/21705355-threats-democratic-rule-africa-are-growing-time-and-demography-are?zid=304&ah=e5690753dc-78ce91909083042ad12e30, abgerufen im November 2016.
7. Nach der Rangliste von Freedom House gibt es in einem „freien" Land einen offenen politischen Wettbewerb, ein Klima der Achtung der bürgerlichen Freiheiten, ein bedeutendes unabhängiges bürgerliches Leben und unabhängige Medien; eine "teilweise freie", in der "die politischen Rechte und bürgerlichen Freiheiten nur begrenzt respektiert werden" und die "häufig unter einem Umfeld von Korruption, schwacher Rechtsstaatlichkeit, ethnischen und religiösen Konflikten und einer politischen Landschaft leidet, in der eine einzige Partei genießt trotz eines gewissen Maßes an Pluralismus Dominanz "; und ein "nicht freies" Land ist ein Land, in dem grundlegende politische Rechte fehlen und grundlegende bürgerliche Freiheiten weitgehend und systematisch verweigert werden. Vgl. http://www.freedomhouse.org/report/freedom-world/freedom-world-2013, abgerufen im November 2016.
8. 'The march of democracy slows', *The Economist*, 20. August 2016, http://www.economist.com/news/middle-east-and-africa/21705355-threats-democratic-rule-africa-are-growing-time-and-demography-are?zid=304&ah=e5690753dc-78ce91909083042ad12e30, abgerufen im November 2016.
9. Ebenda.
10. Hoher Kommissar der Vereinten Nationen für Menschenrechte, http://www2.ohchr.org/english/law/compilation_democracy/ahg.htm, abgerufen im November 2016.
11. Interview mit Hakainde Hichilema, Februar 2016.
12. Interview mit Raila Odinga, Nairobi, 9. September 2016.

13. 'Are elections giving democracy a bad name?', http://www.ko_annanStiftung.org/articles/4696/, abgerufen im November 2016.
14. Dieses Argument bezog sich auf eine enge Auslegung der namibischen Verfassung mit der Begründung, dass seine erste Amtszeit nicht auf die Grenze angerechnet wurde, da der Präsident zum ersten Mal von einer verfassunggebenden Versammlung gewählt worden war.
15. Joseph Siegle, 'Why term limits matter for Africa', Center for Security Studies blog, 3. Juli 2015.
16. 'Kagame says he is seeking a third term for the sake of democracy', Quartz Africa, http://qz.com/682038/kagame-pushes-back-at-third-term-critics-but-for-the-westits-not-just-about-rwanda/, abgerufen im November 2016.
17. Jeffrey Sonnenfeld, CEO exit schedules: A season to stay, a season to go, *Fortune*, 6. Mai 2015, http://fortune.com/2015/05/06/ceo-tenure-cisco/, abgerufen im November 2016.
18. Ebenda.
19. Jeremy Barofsky, Eyerusalem Siba und Jonathan Grabinsky, 'Can rapid urbanization in Africa reduce poverty? Causes, opportunities, and policy recommendations', Brookings, 7. September 2016, https://www.brookings.edu/blog/africa-in-focus/2016/09/07/can-rapid-urbanization-in-africa-reduce-poverty-causes-opportunities-and-policy-recommendations/, abgerufen im November 2016.
20. Alberto F. Ades and Edward L. Glaeser, 'Trade and circuses: Explaining urban giants', NBER Working Paper No. 4715, April 1994, http://www.nber.org/papers/w4715, abgerufen im November 2016.
21. Joseph Siegle, Michael Weinstein und Morton Halperin, 'Why democracies excel', Foreign Affairs 83, 5, 2005, 57–71. Vgl. auch Morton Halperin, Joseph Siegle und Michael Weinstein, *The Democracy Advantage: How Democracies Promote Prosperity and Peace*. London: Routledge, 2010.
22. Zu diesem Zweck als Teil Chinas angesehen.
23. Takaaki Masaki und Nicolas van de Walle, 'The impact of democracy on economic growth in sub-Saharan Africa, 1982–2012', WIDER Working Paper 2014/057, März 2014.
24. Wir danken Terry McNamee für diesen Beitrag.
25. Sebastian Elischer, 'Taking stock of 'good coups" in Africa', *The Washington Post*, 18. Mai 2015, https://www.washingtonpost.com/blogs/monkey-cage/wp/2015/05/18/taking-stock-of-good-coups-in-africa/, abgerufen im November 2016.
26. Korrespondenz mit Dr Joe Siegle, August 2016.
27. Ebenda.
28. 'Preventing conflict in the next century', *The World In 2000*. London: Economist Publications, 1999, 91.
29. Vgl. Hintergrund der Konferenz über Sicherheit, Stabilität, Entwicklung und Zusammenarbeit in Afrika, AU, http://www.au2002.gov.za/docs/background/cssdca.htm, abgerufen im November 2016.
30. Afrobarometer, http://afrobarometer.org/sites/default/_les/publications/Dispatches/ab_r6_dispatchno30.pdf, abgerufen im November 2016.
31. Der Becker–Posner Blog, 'Autocracy, democracy and economic welfare', http://www.becker-posner-blog.com/2010/10/autocracy-democracy-and-economic-welfareposner.html, abgerufen im November 2016.
32. Daron Acemoglu, Suresh Naidu, Pascual Restrepo und James A. Robinson, 'Democracy does cause growth', Juni 2014, https://www.aeaweb.org/conference/2015/retrieve.php?pdfid=333, abgerufen im November 2016
33. E-Mail Korrespondenz mit Guy Scott, 21. Oktober 2016

34. Dies basiert auf der Korrespondenz mit dem UPND Team. Vgl. auch 'UPND demands resignation of ECZ director Pricila Isaac', *Lusaka Times*, 13. August 2016, https://www.lusakatimes.com/2016/08/13/upnd-demands-resignation-ecz-director-pricila-isaac/, abgerufen im November 2016.
35. Vgl. http://www.freemedia.at/IPIMain/wp-content/uploads/2016/08/2016-IPIAMI-Zambia-Press-Freedom-Mission-Report-Final.pdf, abgerufen im November 2016. Vgl. auch http://ccmgzambia.org/wp-content/uploads/2016/08/CCMGPreliminary-EDay-Statement-12-Aug-2016.pdf, abgerufen im November 2016.
36. Vgl. http://zambiareports.com/2016/07/12/znbc-right-to-reject-unethical-upnd-adverts/ and on the documentary itself, http://www.zambiawatchdog.com/high-court-orders-znbc-to-air-upnd-documentaries/, abgerufen im November 2016.
37. In dem EU-Missionsbericht wurde unter Hinweis auf die Voreingenommenheit des staatlichen Rundfunkveranstalters festgestellt, dass die Berichterstattung im staatlichen Radio und Fernsehen „andere Parteien weitgehend ausschloss oder andere Parteien nur negativ berichtete". Es stellte außerdem fest, dass „Bestimmungen und Anwendung des Gesetzes über die öffentliche Ordnung die Versammlungsfreiheit zum Nutzen der Regierungspartei in unangemessener Weise einschränkten". Vgl. http://africanarguments.org/2016/08/17/zambias-disputed-elections-on-binned-ballots-and-systematic-bias/, abgerufen im November 2016.
38. Die offizielle Marge betrug ursprünglich 13.000, aber die ursprünglich von der Wahlkommission Sambias für Lundazi angekündigten Zahlen waren 8.000 höher als die Zahlen, die damals auf den offiziellen Zertifikaten angegeben wurden. Die Wahlkommission führte dies auf einen Verwaltungsfehler zurück.
39. 'Zambia general elections 2016: Observer group interim statement', http://thecommonwealth.org/media/news/zambia-general-elections-2016-observer-group-interim-statement#sthash.sswQUDgc.dpuf; und http://eeas.europa.eu/statements-eeas/2016/160816_01_en.htm, abgerufen im November 2016.
40. Alexander Mutale, 'Zambian elections: clear, but narrow, win', *Financial Mail*, 19. August 2016, http://www._nancialmail.co.za/features/2016/08/19/zambian-elections-clear-but-narrow-win, abgerufen im November 2016.
41. 'Zambian court throws out election petition case – Lungu to hold inauguration', *Africa News*, 5. September 2016, http://www.africanews.com/2016/09/05/zambian-court-throws-out-election-petition-case-lungu-to-hold-inauguration/, abgerufen im November 2016.
42. Telefongespräch zwischen Hakainde Hichilema und Greg Mills, August 2016.
43. Vgl. AU, African Peer Review Mechanism, http://www.au.int/en/organs/aprm, abgerufen im November 2016.
44. E-Mail Korrespondenz, 28. Oktober 2016.
45. Nic Cheeseman, 'Deconstructing the Magufuli miracle in Tanzania,' 17 October 2016, https://africajournalismtheworld.com/2016/10/17/deconstructing-the-magufuli-miracle-in-tanzania/?fb_action_ids=10154594723621419&fb_action_ types=news.publishes, abgerufen im November 2016.
46. Ebenda.
47. Vgl. die Ergebnisse mit einer Guardian Studie aus dem Jahr 2016 unter https://www.theguardian.com/ world/2016/mar/07/revealed-30-year-economic-betrayal-dragging-down-generation-y-income, abgerufen im November 2016. Vgl. auch Chris Belfield, Jonathan Crib, Andrew Hood and Robert Joyce, 'Living standards, poverty and inequality 2016', Institute for Fiscal Studies, 19. Juli 2016; and Jonathan Cribb, Andrew Hood and Robert Joyce, 'The economic circumstances of different generations: The latest picture', Institute for Fiscal Studies Briefing Note BN187, 2016

Kapitel 3

1. Dieser Abschnitt basiert auf einer auf Tazara durchgeführten Routendiagnose, einschließlich Interviews mit mehreren Beamten und Unternehmen in Lusaka, Daressalam, Kabwe und dem sambischen Kupfergürtel im Mai und Juni 2015.
2. 'Tazara's new CEO pledges to revive Chinese-built railway line', *Xinhua*, 24. April 2016, https://web.archive.org/web/20160703220928/http://news.xinhuanet.com/english/2016-04/24/c_135307983.htm, abgerufen im November 2016.
3. Vgl., zum Beispiel, http://siteresources.worldbank.org/INTAFRREGTOPTRADE/Resources/PN35_Dar_port_reform_Feb_2013.pdf, abgerufen im November 2016.
4. Interview, Mai 2015.
5. Weltbank, 'Transforming Africa's infrastructure', http://web.worldbank.org/WBSITE/EXTERNAL/COUNTRIES/AFRICA EXT/0,,contentMDK:22386904~pagePK:146736~piPK:226340~theSitePK:258644,00.html, abgerufen im November 2016.
6. Ebenda.
7. Vgl. 'Investment trends and outcomes in the power sector in sub-Saharan Africa: Why are some countries more successful than others in attracting capital?', Präsentation von Anton Eberhard, 2015.
8. 'Fact sheet: Infrastructure in sub-Saharan Africa', Weltbank, http://web.worldbank.org/WBSITE/EXTERNAL/COUNTRIES/AFRICAEXT/0,,content MDK:-21951811~pagePK:146736~piPK: 146830~theSitePK:258644,00.html, abgerufen im November 2016.
9. http://www.brasembottawa.org/en/brazil_in_brief/transportation.html, abgerufen im November 2016.
10. Vgl. Logistics Barometer 2016 South Africa, http://www.sun.ac.za/english/faculty/economy/logistics/Documents/Logistics%20Barometer/Logistics%20Barometer%202016%20Report.pdf, abgerufen im November 2016.
11. 'Transport costs and specialisation', Weltbank, http://siteresources.worldbank.org/INTWDR2009/Resources/42310061225840759068/WDR09_12_Ch06web.pdf. Die Schienengüterkosten in Indien und China pro Tonne / Kilometer betrugen 0,19 USD und 0,15 USD
12. Interview, London, 27. September 2016.
13. Dieser Abschnitt basiert auf einer Forschungsreise von Greg Mills nach Panama (und zum Kanal) im November 2015 in Begleitung von Dr. Lyal White. Es ist aus einem Artikel in der *Daily Maverick*, http://www.dailymaverick.co.za/article/2015-11-17-panama-locks-stocks-and-a-smokin-economy, abgerufen im November 2016.
14. 'What are the Panama papers? A guide to history's biggest data leak', *The Guardian*, 3 April 2016, https://www.theguardian.com/news/2016/apr/03/what-you-need-toknow-about-the-panama-papers, abgerufen im November 2016.
15. Vgl. Paul Collier und Anthony Venables, 'Housing and urbanization in Africa: Unleashing a offiziell market process,' CSAE Working Paper WPS/2013 01, Department of Economics, Oxford University, 9. Januar 2013, http://www.csae.ox.ac.uk/workingpapers/pdfs/csae-wps-2013-01.pdf, abgerufen im November 2016.
16. 'A 360° View. Africa construction trends report 2015', Deloitte, https://www2.deloitte.com/content/dam/Deloitte/za/Documents/manufacturing/ZAConstructionTrendsReport-2015.pdf, abgerufen im November 2016.

17. 'Urbanisation in Africa', African Development Bank, 13. Dezember 2012, http://www.afdb.org/en/blogs/afdb-championing-inclusive-growth-across-africa/post/urbanization-in-africa-10143/, abgerufen im November 2016.
18. Paul Collier und Anthony Venables, 'Housing and urbanization in Africa: Unleashing a offiziell market process,' CSAE Working Paper WPS/2013 01, Department of Economics, Oxford University, 9. Januar 2013, http://www.csae.ox.ac.uk/workingpapers/pdfs/csae-wps-2013-01.pdf, abgerufen im November 2016.
19. Dieser Abschnitt basiert auf einer Forschungsreise nach Khayelitsha, Harare, Langa und Hanover Park im Juni 2016, die vom ehemaligen Bürgermeister der Stadt Kapstadt organisiert wurde. Vgl. auch https://www.capetown.gov.za/en/stats/2011CensusSuburbs/2011_Census_CT_Suburb_Khayelitsha_Pro_le.pdf, abgerufen im November 2016.
20. Interview, Cape Town, 13. Juni 2016.
21. 'Stocktaking of the housing sector in sub-Saharan Africa', Weltbank, http://www.worldbank.org/content/dam/Worldbank/document/Africa/Report/stocktaking-of-the-housing-sector-in-sub-saharan-africa-summary-report.pdf, abgerufen im November 2016.
22. Ebenda.
23. 'Lions on the move II: Realizing the potential of Africa's economies', McKinsey, August 2016, http://www.mckinsey.com/global-themes/middle-east-and-africa/lions-on-the-move-realizing-the-potential-of-africas-economies, abgerufen im November 2016.
24. 'Stocktaking of the housing sector in sub-Saharan Africa', Weltbank, http://www.worldbank.org/content/dam/Worldbank/document/Africa/Report/stocktaking-of-the-housing-sector-in-sub-saharan-africa-summary-report.pdf, abgerufen im November 2016.
25. 'The construction industry in the 21st century', International Labour Organization, 2001, http://www.ilo.org/public/english/standards/relm/gb/docs/gb283/pdf/ tmcitr.pdf, abgerufen im November 2016.
26. 'Labour and work conditions in the South African construction industry', *Construction Industry Development Board, 2015*, http://www.cidb.org.za/publications/Documents/Labour%20and%20Work%20Conditions%20in%20the%20South%20African%20Construction%20Industry;%20Status%20and%20Recommendations.pdf, abgerufen im November 2016.
27. 'Stocktaking of the housing sector in sub-Saharan Africa', Weltbank, http://www.worldbank.org/content/dam/Worldbank/document/Africa/Report/stocktaking-of-the-housing-sector-in-sub-saharan-africa-summary-report.pdf, abgerufen im November 2016.
28. Vgl., zum Beispiel, 'Lions on the move II: Realizing the potential of Africa's economies', McKinsey, August 2016, http://www.mckinsey.com/global-themes/middle-east-and-africa/lions-on-the-move-realizing-the-potential-of-africas-economies, abgerufen im November 2016.
29. Der Skandal von Sweet Home Farm, 6. Juli 2010, Vgl. http://mnrowland.blogspot.co.za/2010/07/scandal-of-sweet-home-farm.html, abgerufen im November 2016.
30. Ebenda.
31. Zitiert in 'Stocktaking of the housing sector in sub-Saharan Africa', Weltbank, http://www.worldbank.org/content/dam/Worldbank/document/Africa/Report/stocktaking-of-the-housing-sector-in-sub-saharan-africa-summary-report.pdf, abgerufen im November 2016.
32. Paul Collier und Anthony Venables, 'Housing and urbanization in Africa: Unleashing a offiziell market process,' CSAE Working Paper WPS/2013 01, Department of

Economics, Oxford University, 9. Januar 2013, http://www.csae.ox.ac.uk/workingpapers/pdfs/csae-wps-2013-01.pdf, abgerufen im November 2016.
33. Diskussion von Greg Mills mit Andrew Charman von der Sustainable Livelihoods Stiftung, Muizenberg, Juni 2016.
34. 'Stocktaking of the housing sector in sub-Saharan Africa', Weltbank, http://www.worldbank.org/content/dam/Worldbank/document/Africa/Report/stocktaking-of-the-housing-sector-in-sub-saharan-africa-summary-report.pdf, abgerufen im November 2016.
35. Steve Johnson, 'China by far the largest investor in African infrastructure', *Financial Times*, http://www.ft.com/cms/s/3/716545c0-9529-11e5-ac15-0f7f7945adba.html#axzz4F2Zfy3qC, abgerufen im November 2016.
36. Wie im Bloomberg-Fernsehen diskutiert, 14. Oktober 2016.

Kapitel 4

1. 'Africa: The commodity warrant', *Credit Suisse New Perspectives Series*, 14. April 2008.
2. FAO, Comprehensive Africa Agriculture Development Program, „Erweiterung des Gebiets unter nachhaltiger Landbewirtschaftung und zuverlässigen Wasserkontrollsystemen, http://www.fao.org/docrep/005/y6831e/y6831e-03.htm, abgerufen im Juni 2016.
3. Tendai Dube, 'Investing in Africa's agriculture is the next best thing', CNBC Africa, 13 August 2015, http://www.cnbcafrica.com/news/southern-africa/2015/08/13/africa-agriculture-investment/, abgerufen im Juni 2016.
4. Einzelheiten zu afrikanischen Landwirtschaftsprogrammen, vgl. http://www.fao.org/docrep/005/y6831e/y6831e-03.htm. Dieses Kapitel basiert teilweise auf Untersuchungen, die 2016 in Argentinien, Sambia, Malawi und Äthiopien durchgeführt wurden, und auf Interviews bei der FAO im Juni 2016.
5. 'Brazil's soybean production increases', *World Grain News*, 2. Februar 2016, http://www.world-grain.com/articles/news_home/World_Grain_News/2016/02/Brazils_soybean_production_inc.aspx?ID=%7BAF13567A-6BA0-4ACE-B858-10568A45C3AE%7D, abgerufen im Juni 2016.
6. Jacob Taylor, 'India's Green Revolution', https://explodie.org/portfolio/india-green-revolution.html, abgerufen im Juni 2016.
7. Saby Ganguly, 'From the Bengal Famine to the Green Revolution', http://www.indiaonestop.com/Greenrevolution.htm, abgerufen im November 2016.
8. Vgl. Statistiken der International Coffee Organization zum vietnamesischen Kaffeemarkt, https://infogr.am/_/IY6Z0hQyzw4MNXvhwNAu, abgerufen im November 2016.
9. Chris Summers, 'How Vietnam became a co_ee giant', BBC News, 25. Januar 2014, http://www.bbc.co.uk/news/magazine-25811724, abgerufen im November 2016.
10. Interview mit Tsegaye Abebe, Addis Ababa, Juni 2016.
11. Jan Greyling, 'A look at the contribution of the agricultural sector to the South African economy,' Grain SA, March 2015, http://www.grainsa.co.za/a-look-at-the-contribution-of-the-agricultural-sector-to-the-south-africaneconomy, abgerufen im November 2016.
12. Ministerium für Land- und Forstwirtschaft und Fischerei, http://www.da_.gov.za/docs/statsinfo/Trends13.pdf, abgerufen im November 2016.
13. 'Western Cape fruit and wine exports blossoming', *Business Day*, 19. März 2015, http://www.bdlive.co.za/business/agriculture/2015/03/19/western-cape-fruitand-wine-exports-blossoming, abgerufen im November 2016.

14. Informationen und Systeme der südafrikanischen Weinindustrie, *Final report – Macroeconomic impact of the wine industry on the South African economy (also with reference to the impacts on the Western Cape)*, 30 January 2015, http://www.sawis.co.za/info/download/Macro-economic_impact_study_-_Final_Report_Version_4_30Jan2015.pdf, abgerufen im November 2016.
15. Eine wachsende Industrie (Landwirtschaft), Western Cape Top 300, http://western-cape.top300.co.za/a-growing-industry-agriculture/, abgerufen im November 2016.
16. Vgl. 'Crop prospects and food situation', FAO, 2. Juni 2016
17. Einzelheiten zum Aspekt der Ernährungsentwicklung finden Sie beispielsweise, http://web.worldbank.org/WBSITE/EXTERNAL/TOPICS/EXTCY/EXTECD/0,,content MDK:20 207804~menuPK:528430~pagePK:148956~piPK:216618~theSitePK:344939,00.html, abgerufen im November 2016.
18. Vgl. US-Landwirtschaftsministerium, http://www.ers.US-$a.gov/data_les/Food_Expenditures/Expenditures_on_food_and_alcoholic_beverages_that_were_consumed_at_home_by_selected_countries/table97_2012.xlsx, abgerufen im November 2016.
19. Washington State University, *Washington State Magazine*, 'Annual income spent on food', http://wsm.wsu.edu/researcher/wsmaug11_billions.pdf, abgerufen im November 2016.
20. Vgl. US-Landwirtschaftsministerium, http://www.ers.US-$a.gov/data-products/chart-gallery/detail.aspx?chartId=40044&ref=collection. Subventionen haben auch zu niedrigeren Lebensmittelpreisen bei der Stimulierung der Produktion beigetragen, Vgl. http://www.US-$a.gov/wps/portal/US-$a/US-$ahome?navid=farmbill, abgerufen im November 2016.
21. Interview, Rom, Juni 2016.
22. Informationen, die den Autoren von der FAO im Juni 2016 zur Verfügung gestellt wurden.
23. Martin Ford, *The Rise of the Robots*. London: One World, 2015, 24.
24. Dieser Abschnitt basiert teilweise auf einem Besuch bei Equalizer am 26. August 2016.
25. 'World map with top 10 countries by wheat production', *Maps of the World*, http://www.mapsofworld.com/world-top-ten/world-map-countries-wheat-production.html, abgerufen im Juni 2016.
26. 'The top 5 soybean-producing countries', Top 5 of Anything, https://top5ofanything.com/list/69ee35b6/Soybean-Producing-Countries, abgerufen im Juni 2016.
27. At http://www.grainsa.co.za/pages/industry-reports/production-reports/, abgerufen im November 2016.
28. Die Besuche in Caledon wurden durchgeführt von Greg Mills im August 2016.
29. Vgl. Foskor Pty Ltd, http://www.foskor.co.za/SitePages/Home.aspx, abgerufen im November 2016.
30. J.P. Landman, 'Agriculture – A tale of two sectors', Nedbank Investment Research and Fund Management, 7. Juni 2016.
31. Vgl. den OECD 2015/2016 'Agricultural outlook', http://www.agri-outlook.org/specialfeature/, abgerufen im Juni 2016.
32. Dieser Abschnitt stammt aus einem Artikel in der *Daily Maverick* im April 2016. Vgl. http://www.dailymaverick.co.za/article/2016-04-19-tobacco-road-malawis-ten-oxcarts-worth-of-development/, abgerufen im November 2016.
33. Weltbank, Das BIP pro Kopf, http://data.worldbank.org/indicator/NY.GDP.PCAP.CD, abgerufen im August 2016.
34. Diskussionsrunde, Lilongwe, April 2016.

35. Spanien exportierte 2015 Orangen im Wert von 1,3 Mrd. USD, Südafrika 589,6 Mio. USD oder Exporte, gefolgt von den USA (15,86 Mio. t) und China (14,51 Mio. t). Ägypten liegt auf dem siebten Platz (mit 3,17 Millionen Tonnen) und Südafrika auf dem zehnten Platz (1,72 Millionen Tonnen); Vgl. http://worldknowing.com/top-10-largest-orange-producingcountry-in-the-world/, abgerufen im November 2016
36. Interview, Cape Town, August 2016.

Kapitel 5

1. 'The role of mining in national economies', International Council on Mining and Metals, Oktober 2012, http://www.icmm.com/document/4440, abgerufen im November 2016.
2. UN Entwicklungsprogramm, 'Managing primary commodity booms and busts: Emerging lessons from sub-Saharan Africa', http://www.sl.undp.org/content/dam/sierraleone/docs/annualreports/undp-rba-primary%20commodities%20boom%20bust%20april%202016.pdf?download, abgerufen im November 2016.
3. Er wollte nicht, dass sein Nachname enthüllt wird. Dieser Abschnitt basiert auf einem Forschungsbesuch von Greg Mills im Juni 2016, um sich über handwerkliche Bergbauaktivitäten zu informieren, der ursprünglich im *Daily Maverick* aufgezeichnet wurde unter http://www.dailymaverick.co.za/article/2016-07-05-take-a-chance-welcome-to-the-golden-underground-world-of-zama-zamas/#.WDqXJ3ecbLF, abgerufen im November 2016.
4. 'What is artisanal and small-scale mining?' MiningFacts.org, http://www.miningfacts.org/communities/what-is-artisanal-and-small-scale-mining/, abgerufen im November 2016.
5. Stats SA, 'The decreasing importance of mining in South Africa', http://www.statssa.gov.za/?p=4252, abgerufen im November 2016.
6. Ed Cropley und Agnieszka Flak, 'Special report: Why South African mining's in decline', Reuters, 4 February 2011, http://uk.reuters.com/article/uk-south-africa-mining-idUKLNE71303020110204, abgerufen im November 2016.
7. Informationen der südafrikanischen Minenkammer.
8. Vielen Dank an Neal Froneman für diesen Punkt.
9. Interview, Durban Deep Mine, Juni 2016.
10. Vgl. African Natural Resources Center, African Development Bank, http://www.afdb.org/en/topics-and-sectors/initiatives-partnerships/african-natural-resources-center-anrc/, abgerufen im November 2016.
11. Diese Zahlen basieren auf einer Umfrage unter sieben ghanaischen Bergbauunternehmen. Vielen Dank an Tom Butler von ICMM für diesen Punkt; Vgl. auch https://www.icmm.com/document/8264, abgerufen im November 2016.
12. Vgl. 'The role of mining in national economies', ICMM, Oktober, 2012, http://www.icmm.com/document/4440, abgerufen im November 2016.
13. 'Commodity shock knocks Africa's growth prospects – Weltbank', *Mining Weekly*, 11. April 2016, http://m.miningweekly.com/article/commodity-shock-knocks-africasgrowth-prospects-world-bank-2016-04-11, abgerufen im November 2016
14. Wie bei den sambischen konsolidierten Kupferminen.
15. Interview, London, 21. September 2016.
16. Paul Kiernan, 'Anglo American's troubled Brazil mine finally ships iron ore', 3. November 2014, *The Wall Street Journal*, http://www.wsj.com/articles/anglo-americans-troubled-brazil-mine-_nally-ships-iron-ore-1415050405, abgerufen im November 2016.
17. Telefon-Interview, 24. September 2016.

18. 'Mining company Vale authorised to sell portion of coal business in Mozambique', Macau Hub, 10. Juni 2016, http://www.macauhub.com.mo/en/2016/06/10/mining-company-vale-authorised-to-sell-portion-of-coal-business-in-mozambique/, abgerufen im November 2016.
19. Telefon-Interview, 24. September 2016.
20. Dieser Abschnitt basiert auf Forschungen in Guinea, die 2013 durchgeführt und erstmals beschrieben wurde in Greg Mills, *Why States Recover*. London: Hurst, 2014, 52–65.
21. Die anderen sind (2013): Burundi, Liberia, Guinea-Bissau, Zentralafrikanische Republik und Liberia. Vgl. http://www.un.org/en/peacebuilding/, abgerufen im November 2016.
22. Patrick Radden Keefe, 'Buried secrets', *The New Yorker*, 8. Juli 2013, http://www.newyorker.com/reporting/2013/07/08/130708fa_fact_keefe?printable=true&currentPage=all#ixzz2_X7hKqN, abgerufen im November 2016.
23. Ebenda.
24. Diskussion mit Fodé Idrissa Touré, im Volksmund bekannt als Briqui Momo, damals Präsidentschaftsberater im April 2013. Touré hatte sein Vermögen an der Elfenbeinküste gemacht. Er kehrte nach Conakry zurück und baute ein mehrstöckiges Gebäude in der Stadt. Jedes Mal, wenn er einen Boden vollendet hatte, stand er oben und warf Geld zu den Leuten auf der Straße. So erhielt er seinen Spitznamen Briqui Momo: "Momo" ist ein Begriff für alte Menschen und "Briqui" bedeutet "Geldpakete". Briqui Momo starb im September 2013. Vgl. auch http://www.bloomberg.com/news/articles/2015-10-13/rio-runsout-of-goodwill-in-guinea-as-giant-iron-ore-mine-lags, abgerufen im November 2016.
25. Dies basiert teilweise auf Interviews von Greg Mills in Conakry im April 2013.
26. Frik Els, 'Iron ore price: Vale makes boldest oversupply move yet', Mining.com, 14. September 2016, http://www.mining.com/iron-ore-price-vales-made-the-boldestoversupply-move-yet/?utm_source=digest-en-fe-160915&utm_medium=email&utm_campaign=digest, abgerufen im November 2016.
27. Megan van Wyngaardt, 'Rio to sell Simandou stake to Chinalco', 28. Oktober 2016, *Mining Weekly*, http://m.miningweekly.com/article/rio-to-sell-simandou-projectstake-to-chinalco-2016-10-28, abgerufen im November 2016.
28. A. Fraser und J. Lungu, 'For whom the windfalls? Winners and losers in the privatisation of Zambia's copper mines, http://www.revenuewatch.org/documents/windfalls_20070307.pdf, abgerufen im November 2016. Vgl. auch Ndangwa Noyoo, 'Nationalisation: A case study of Zambia, Rhodes University Summer School, 13. September 2011.
29. 'Mine nationalisation lost Zambia US-$45bn, Eunomix study finds', *Mining Weekly*, http://www.miningweekly.com/article/mine-nationalisation-lost-zambia-45bn-eunomix-study-_nds-2013-03-22, abgerufen im November 2016.
30. Diese Grafik stammt zum Teil aus Ndangwa Noyoo, „Verstaatlichung: Eine Fallstudie aus Sambia, Rhodes University Summer School, 13. September 2011", aus den Berechnungen von David Littleford und aus den eigenen Berechnungen des Autors, die teilweise auf privaten Berechnungen beruhen Aufzeichnungen über konsolidierte Kupferminen in Sambia.
31. Zu Londoner Metallpreisen, d.h. 25 Prozent für jene sambischen Betriebe, die nicht zu Preisen der Londoner Metallbörse verkauft wurden.
32. 'Zambia: Selected issues', IMF, Juni 2015, https://www.imf.org/external/pubs/ft/scr/2015/cr15153.pdf, abgerufen im November 2016.
33. Auch hier wird die Lizenzgebühr zu durchschnittlichen monatlichen Preisen der London Metal Exchange berechnet, im Gegensatz zu einer gewinnabhängigen Marge.
34. 'A guide to understanding mineral royalty tax', Minenkammer von Sambia, Februar 2016.

35. Zitiert in *The Post*, 29. April 2016.
36. Vgl. https://vimeo.com/channels/1190374.
37. Vgl. Invest Chile, http://www.foreigninvestment.cl/index.php?option=com_content&view=article&id=123, abgerufen im November 2016.
38. Ricardo French-Davis, *Reforming the Reforms in Latin America*. London: Macmillan, 2000.
39. Dieser Abschnitt basiert auf Untersuchungen, die im Oktober 2016 in Mauretanien durchgeführt wurden von Greg Mills.
40. Vgl. http://data.worldbank.org/indicator/EN.POP.DNST, abgerufen im Dezember 2016.
41. Vgl. http://data.worldbank.org/en/country/mauritania/overview, abgerufen im Dezember 2016.
42. Ebenda.

Kapitel 6

1. 'An awakening giant', *The Economist*, 8. Februar 2014, http://www.economist.com/news/middle-east-and-africa/21595949-if-africas-economies-are-take-africans-willhave-start-making-lot, abgerufen im November 2016.
2. KPMG, 'Sector report: Manufacturing in Africa', 2, http://www.kpmg.com/Africa/en/IssuesAndInsights/Articles-Publications/General-Industries-Publications/Documents/Manufacturing%20in%20Africa.pdf, abgerufen im November 2016.
3. 'Made in Africa: Is manufacturing taking off across the continent?', BBC Africa, 29. Mai 2014, http://www.bbc.com/news/world-africa-27329594, abgerufen im November 2016.
4. Weltbank, Weltentwicklungsindikatoren, http://databank.worldbank.org/data/reports.aspx?source=world-development-indicators&preview=on, abgerufen im November 2016.
5. Ebenda.
6. Dieser Abschnitt basiert auf einer Forschungsreise nach Vietnam im Februar und März 2016. Vielen Dank an Thomas Vester und Dafydd Lewis für ihre Unterstützung in dieser Hinsicht.Vgl. Greg Mills, 'Lessons From Nam: Learning from Vietnam's manufacturing experience', *Daily Maverick*, 29. März 2016, http://www.dailymaverick.co.za/article/2016-03-29-lessons-from-nam-learning-from-vietnams-manufacturing-experience/, abgerufen im Dezember 2016.
7. Weltbank, BIP pro Kopf, http://data.worldbank.org/indicator/NY.GDP.PCAP.CD, abgerufen im November 2016.
8. Daten von *Saigon Times Weekly*, 27. Februar 2016.
9. Katrina Manson, 'Chinese manufacturers look to Rwanda', *Financial Times*, 6. Mai 2015, http://www.ft.com/cms/s/0/8c3b27ec-e8e1-11e4-87fe-00144feab7de.html#axzz4K2HfVNKB, abgerufen im November 2016.
10. Weltbank, Doing Business, Economy rankings, http://www.doingbusiness.org/rankings, abgerufen im November 2016.
11. Diese Informationen basieren auf Forschungsreisen nach Lesotho im August 2015 und Februar 2016.
12. Greg Mills, ''A fractious lot'': Anatomy of (another) coup in Lesotho', *Daily Maverick*, 3. Juli 2015, https://www.dailymaverick.co.za/article/2015-07-03-a-fractious-lotanatomy-of-another-coup-in-lesotho/#.WE_OhtJ97IU, abgerufen im November 2016.
13. Ebenda.

14. *Business Day*, 30. Oktober 2014, http://www.bdlive.co.za/economy/2014/10/30/little-change-in-jobless-rate, abgerufen im November 2016. Die Daten stammen zwischen 2000 und 2007 aus der Arbeitskräfteerhebung von Statistics SA und zwischen 2008 und 2016 aus der vierteljährlichen Arbeitskräfteerhebung.
15. Greg Mills Besuche in Newcastle und Ladysmith wurden im November 2014 durchgeführt.
16. Dieser Abschnitt basiert auf einer Reihe von Interviews und Besuchen, die Greg Mills und Dickie Davis im November 2016 in Port Elizabeth, Pretoria und Uitenhage durchgeführt haben.
17. Dieser Abschnitt basiert auf einer Forschungsreise nach Mexiko im Oktober und November 2015 in Begleitung von Lyal White. Vgl. Greg Mills, 'In Mexico manufacturing is a race to the top', *Daily Maverick*, 12. November 2015, http://www.dailymaverick.co.za/article/2015-11-12-in-mexico-manufacturing-is-a-race-to-the-top/, abgerufen im November 2016. Wo nicht einzeln angegeben, wurden die Informationen oder Interviews während dieses Besuchs erhalten.
18. Buchstäblich eine Fabrik in Mexiko, die von einem ausländischen Unternehmen betrieben wird und deren Produkte in das Land dieses Unternehmens exportiert.
19. Vielen Dank an Enrique Dussel Peters für dieses Zitat.

Kapitel 7

1. Weltbank, 'Growth of the service sector', http://www.worldbank.org/depweb/beyond/beyondco/beg_09.pdf, abgerufen im März 2016.
2. David Fine und andere, 'Africa at work: Job creation and inclusive growth', McKinsey Global Institute, August 2012, http://www.mckinsey.com/global-themes/middle-east-and-africa/africa-at-work, abgerufen im Dezember 2016.
3. Wim van der Beek, 'Five factors that differentiate Africa's finntech,' CNBC Africa, 13. Juni 2016, http://www.cnbcafrica.com/news/_nancial/2016/06/13/factors-that-di_erentiate-_ntech-in-africa/?utm_source=CNBC+Daily+Newsletter&utm_campaign=74209677bf-RSS_EMAIL_CAMPAIGN_Daily&utm_medi-um=email&utm_term=0_37ea1a8e5e-74209677bf-216248097, abgerufen im Dezember 2016.
4. 'Dubai gets 2% GDP from oil after diversifying revenue sources', http://www.bloomberg.com/news/articles/2010-09-28/dubai-gets-2-gdp-from-oil-after-diversifying-revenue-prospectus-shows, abgerufen im Dezember 2016.
5. Ejaz Ghani und Stephen D. O'Connell, 'Can services be a growth escalator in low income countries?', Weltbank, Policy Research Working Paper 6871, Juli 2014, http://www-wds.worldbank.org/external/default/WDSContentServer/WDSP/IB/2014/07/22/000158349_20140722093642/Rendered/PDF/WPS6971.pdf. p.10, abgerufen im Dezember 2016.
6. Weltbank, 'Growth of the service sector', http://www.worldbank.org/depweb/beyond/beyondco/beg_09.pdf, abgerufen im March 2016.
7. Vgl. FlySAA, http://www._ysaa.com/za/en/footerlinks/aboutUs/saaAwards.html. Last abgerufen im Dezember 2016.
8. Ilse de Lange, 'Comair challenges government bailout of SAA', *The Citizen*, 5. Mai 2015, http://citizen.co.za/376178/comair-challenges-government-bailout-of-saa/, abgerufen im Dezember 2016.

9. Greg Mills, 'Ethiopian Airlines: An example to SAA?', *Daily Maverick,* 17. Juni 2016, http://www.dailymaverick.co.za/article/2016-06-17-ethiopian-airlines-an-example-to-saa/#.WEASbHecbNA, abgerufen im Dezember 2016.
10. Uganda liegt in Ostafrika an zweiter Stelle. 44 Prozent der Bürger haben Zugang zu Bankdienstleistungen, gefolgt von Ruanda mit 42 Prozent, Tansania mit 40 Prozent und Burundi mit 7 Prozent. http://www.theeastafrican.co.ke/business/Kenya-tops-list-ofbanked-population/2560-2697138-jh9o4iz/index.html.
11. 'Banking Africa's unbanked – time for a reality check', *Business Day*, 12. Mai 2015, http://www.bdlive.co.za/africa/africanbusiness/2015/05/12/banking-africas-unbanked-time-for-a-reality-check, abgerufen im Dezember 2016.
12. E-Mail Korrespondenz mit Laurie Dippenaar, 29. Oktober 2016.
13. Dieser Abschnitt basiert hauptsächlich auf einer Diskussion in Johannesburg im Rosebank-Hauptquartier der Bank und dem E-Mail-Austausch mit einem Strategen der Standard Bank am 10. März 2016.
14. E-Mail-Korrespondenz mit Simon Dagut, 14. März 2016.
15. 'For most urban Africans, owning anything other than a slum home is out of reach', *The Economist*, 14. Dezember 2015, http://www.economist.com/news/middle-east-and-africa/21684033-una_ordable-houses-make-sub-saharan-africa-worldssmallest-mortgage, abgerufen im Dezember 2016.
16. Die durchschnittliche Zeitspanne für die Registrierung von Land in Afrika südlich der Sahara beträgt 58 Tage, verglichen mit 22 Tagen in den OECD-Ländern. Der afrikanische Durchschnitt ist jedoch niedriger als der von Südasien (98), Ostasien (73) und Lateinamerika (63). Vgl. http://blogs.worldbank.org/opendata/youthink/chart-how-long-does-it-take-register-property, abgerufen im Dezember 2016.
17. Dies basiert auf Interviews, die im März 2016 bei Hollard in Johannesburg und in Sambia durchgeführt wurden. Vgl. also https://www.lloyds.com/news-and-insight/press-centre/speeches/2015/07/the-challenges-and-opportunities-facing-the-south-africa-insurance-market-today; und http://www.businessinsurance.com/article/20150610/NEWS09/150619997/insurance-challenges-in-africa-exec, abgerufen im Dezember 2016.
18. Dieser Abschnitt basiert auf einer Reihe von Gesprächen und Korrespondenz mit Aon und anderen Versicherungsexperten im März 2016.
19. 1993 gab SAB 50 Millionen US-Dollar für einen 80-prozentigen Anteil an Ungarns größtem Brauer Dreher aus. 1996 übernahm das Unternehmen die Kontrolle über zwei der größten Brauereien in Polen, Lech und Tyskie, sowie drei Brauereien in Rumänien und eine in der Slowakei. 1994 gründete SAB ein Joint Venture mit der in Hongkong ansässigen China Resources Enterprise Limited, die Anfang 1998 die Kontrolle über fünf Brauereien in China hatte. Bis 1997 war SAB zum viertgrößten Brauer der Welt herangewachsen und hatte ein schnell wachsendes internationales Brauimperium. Danach verkaufte das Unternehmen den Rest seines nicht zum Kerngeschäft gehörenden Geschäfts in OK Bazaars, Afcol, Da Gama Textiles, Lion Match und dem Schuhhersteller Conshu Holdings.Vgl. http://www.fundinguniverse.com/company-histories/the-south-african-breweries-limited-history/, abgerufen im Dezember 2016.
20. Interview mit Michael Macharia, 18. September 2016.

Kapitel 8

1. http://www.pewglobal.org/2015/04/15/cell-phones-in-africa-communicationlifeline/.
2. Internetnutzung für Afrika 2016, http://www.internetworldstats.com/stats1.htm.

3. Internetentwicklung und Internet Governance in Afrika, Internet Society, 22. Mai 2015, http://www.internetsociety.org/sites/default/_les/internet%20devlopment%20and20Internet%20governance%20in20africa.pdf.
4. Emmanuel Wanjala, 'Facebook's Mark Zuckerberg makes surprise visit to Kenya', *The Star*, 2016.
5. Stephan Faris, 'The solar company making a profit on poor Africans', Bloomberg, 2. Dezember 2015, http://www.bloomberg.com/features/2015-mkopa-solar-in-africa/, abgerufen im Dezember 2016.
6. 'Inside Kenya's silent tech revolution', *African Business*, 9. Dezember 2015, http://africanbusinessmagazine.com/sectors/technology/kenyas-silent-tech-revolution/#sthash.ckH7dDd8.dpuf, abgerufen im Dezember 2016.
7. Zitiert in 'Kenyan tech successes Zuckerberg should know about', *Forbes*, 9. September 2016, http://www.forbes.com/sites/tobyshapshak/2016/09/09/kenyan-tech-successes-zuckerberg-should-know-about/#635230d13090, abgerufen im Dezember 2016.
8. Telefoninterview, 14. März 2016.
9. CIA, The World Factbook, Kenya, https://www.cia.gov/library/publications/the-world-factbook/geos/ke.html, abgerufen im Dezember 2016. Dieser Abschnitt basiert teilweise auf zwei Reisen nach Kenia im Februar 2013, bei denen mit der damaligen Premierministerin Raila Odinga an einem Entwicklungsansatz nach den Wahlen und erneut im August und September 2013 gearbeitet wurde.
10. Peter Ngau, 'For town and country: A new approach to urban planning in Kenya', Africa Research Institute, 5. Dezember 2013, http://www.africaresearchinstitute.org/publications/policy-voices/urban-planning-in-kenya/, abgerufen im Dezember 2016.
11. Vgl. Kenya National Bureau of Statistics, 2009 Kenya population and housing census analytical reports, http://www.knbs.or.ke/index.php?option=com_content&view=article&id=371:2009-kenya-population-and-housing-census-analytical-reports&catid=82&Itemid=593, abgerufen im Dezember 2016.
12. Dieser Abschnitt stützt sich auf eine Reihe von Veröffentlichungen, darunter: Martin Ford, *The Rise of the Robots: Technology and the Threat of Mass Unemployment.* London: Oneworld, 2015; 'The rise of big data', *Foreign A_airs*, 92, 3, Mai/Juni 2013; the special Davos anthology 'The Fourth Industrial Revolution' of *Foreign A_airs*, Januar 2016; the special collection 'African farmers in the digital age: How digital solutions can enable rural development', *Foreign Affairs*, 2016; and 'Inequality: What causes it, why it matters, what can be done', *Foreign Affairs*, 95, 1, Januar/Februar 2016. Vgl. auch Viktor Mayer-Schonberger und Kenneth Cukier, *Big Data: A Revolution That Will Transform How We Live, Work and Think.* London: John Murray, 2013; Danny Dorling, *Population 10 Billion: The Coming Demographic Crisis and How to Survive It.* London: Constable, 2013; und World Economic Forum blog on technology and Africa unter https://www.weforum.org/agenda/2016/05/africa-s-digital-revolution-a-look-at-the-technologies-trends-and-people-driving-it, abgerufen im Dezember 2016.
13. Songezo Zibi, 'Unemployment set to threaten SA's welfare system', *Financial Mail*, 12. Dezember 2013, http://www.financialmail.co.za/features/2013/12/12/unemployment-set-to-threaten-sa-s-welfare-system, abgerufen im Dezember 2016.
14. 04-03/south-african-poverty-rate-drops-as-government-expands-welfare.html, abgerufen im Dezember 2016.
15. 'Developing countries are cutting fraud and waste from anti-poverty schemes. Deciding who should be eligible is harder', *The Economist*, 8. Januar 2015, http://www.economist.com/news/international/21638127-developing-countries-are-cutting-fraud-and-waste-anti-poverty-schemes-deciding-who?frsc=dg%7Ca, abgerufen im Dezember 2016.
16. Interview, Nairobi, 8. September 2016.

17. Weltbank, 'Africa still poised to become next great investment destination', 30. Juni 2015, http://www.worldbank.org/en/news/opinion/2015/06/30/africa-stillpoised-to-become-the-next-great-investment-destination, abgerufen im Dezember 2016.
18. Kyle Rother, 'Technology can revolutionise university access', *Daily Maverick*, 21. Juni 2016, http://www.dailymaverick.co.za/article/2016-06-21-op-ed-technology-can-revolutionise-university-access/#.V5H1P03lqM8, abgerufen im Dezember 2016.
19. 'Getsmarter: Cape company disrupting world's higher education, one MIT, Cambridge at a time', https://soundcloud.com/biznews-com/getsmarter-capecompany-disrupting-worlds-higher-education-one-mit-cambridge-at-a-time, abgerufen im Dezember 2016.
20. Vgl. 'The secret decoder ring: How cell phones let farmers, governments, and markets talk to each other', 'African Farmers in the Digital Age', *Foreign Affairs*, 2016, 89–90.
21. '9 African tech hubs of the future', *CNN*, 11. November 2015, http://edition.cnn.com/2015/06/19/africa/gallery/african-tech-hubs/, abgerufen im Dezember 2016.
22. Vgl., zum Beispiel, http://www.cnbcafrica.com/news/_nancial/2016/06/13/factors-that-di_erentiate-_ntech-in-africa/?utm_source=CNBC+Daily+Newsletter&utm_campaign=74209677bf-RSS_EMAIL_CAMPAIGN_Daily&utm_medium=email&utm_term=0_37ea1a8e5e-74209677bf-216248097, abgerufen im Dezember 2016.
23. Interview, Riverside, Nairobi, 13. September 2016.
24. Zitiert in Tiyambe Zeleza and Ibulaimu Kakoma, *Science and Technology in Africa*. Africa World Press, 2003, https://books.google.co.uk/books?id=x6nVozGjc_IC&pg=PA99&lpg=PA99&dq=africa+telephone+connections+1995&source=bl&ots=5Sp75Ekg-y&sig=T_NnYAsfhzuLvAhE8Ng1uTX5gOY&hl=en&sa=X&ved=0CD8Q6AEwBmoVChMIm4GA3MfLyAIViV0aCh2upAaC#v=onepage&q=africa%20telephone%20connections%201995&f=false, abgerufen im Dezember 2016.
25. Vgl. Manuel Castells, *End of the Millennium: The Information Age: Economy, Society, and Culture*. Oxford: Blackwell, 1997, Volume 3, 95.
26. International Telecommunication Union, World Telecommunication/ICT Development Report and database, http://databank.worldbank.org/data/reports.aspx?source=world-development-indicators, accessed December 2016.
27. Zu den Einzelheiten der afrikanischen Internet- und Mobilfunknutzung Vgl. http://www.theguardian.com/world/2014/jun/05/internet-use-mobile-phones-africa-predicted-increase-20-fold, abgerufen im Dezember 2016.
28. Patrick Kihara und Juliet Njeri, 'Africa cracks down on social media', BBC News, 10. September 2016, http://www.bbc.com/news/world-africa-37300272, abgerufen im Dezember 2016.
29. Erik Brynjolfsson, Andrew McAfee und Michael Spence, 'New world order: Labor, capital, and ideas in the power law economy', in the special Davos anthology 'The Fourth Industrial Revolution' of *Foreign Affairs*, Januar 2016.
30. Alex Barinka, 'Blockbuster video rental chain will shut all US stores', *Bloomberg*, 6. November 2013, http://www.bloomberg.com/news/articles/2013-11-06/blockbuster-video-rental-chain-will-shut-remaining-u-s-stores, abgerufen im Dezember 2016.
31. Martin Ford, *The Rise of the Robots: Technology and the Threat of Mass Unemployment*. London: Oneworld, 2015.
32. Zitiert in Niall Ferguson, Hillary Snafu und Donald Fubar 'It's all about which mess America wants', *The Sunday Times*, 18. September 2016, http://www.thetimes.co.uk/edition/comment/hillary-snafu-and-donald-fubar-its-all-about-which-mess-americawants-kkhvmbkdg, abgerufen im Dezember 2016.

33. Rhys Blakely, 'Hard-hitting Trump winning on points in key swing states', *The Times*, 24. September 2016, http://www.thetimes.co.uk/edition/world/hard-hittingtrump-winning-on-points-in-key-swing-states-th8fdvznv, abgerufen im Dezember 2016.
34. Caelainn Barr und Shiv Malik, 'Revealed: The 30-year economic betrayal dragging down Generation Y's income', *The Guardian*, 7. März 2016, https://www.theguardian.com/world/2016/mar/07/revealed-30-year-economic-betrayal-dragging-down-generation-y-income, abgerufen im Dezember 2016.
35. Ronald Inglehart, 'Inequality and modernization: Why equality is likely to make a comeback', in 'Inequality: what causes it, why it matters, what can be done', *Foreign Affairs*, 95, 1, Januar/Februar 2016.
36. Ebenda.
37. Dieses Interview wurde 2015 von Greg Mills in der Venetia Mine in Südafrika geführt.
38. Dieses Interview wurde von Greg Mills geführt, Angloplats, Johannesburg, 21. November 2014.
39. Für detaillierte Statistiken über die südafrikanische Laubobstindustrie, Vgl. Wichtige Laubfruchtstatistik 2015. Paarl: Hortgro, 2016.
40. Vgl. World Apple and Pear Association, World data report, http://www.wapa-association.org/asp/page_1.asp?doc_id=446, abgerufen im Dezember 2016.
41. Der Besuch in Kromco wurde im August 2016 von Greg Mills durchgeführt.
42. Dieser Abschnitt basiert teilweise auf Greg Mills und Dickie Davis, 'Countries as companies; moroccos-use-of-technology-for-development/, abgerufen im Dezember 2016.
43. Diese Informationen wurden gesammelt und diese Interviews wurden während einer Forschungsreise nach Marokko im Juli 2016 durchgeführt.
44. 'Predictions: voLTE/voWiFi – capacity, reach, and capability', Deloitte, http://www2.deloitte.com/rs/en/pages/technology-media-and-telecommunications/articles/tmt-pred16-telecomm-volte-vowi_-capacity-reach-capability.html, abgerufen im Dezember 2016.
45. 'Lessons in entrepreneurship from two of Africa's most successful business leaders', World Economic Forum, 5. Mai 2016, https://www.weforum.org/agenda/2016/05/lessons-in-entrepreneurship-from-two-of-africa-s-most-successful-business-leaders, abgerufen im Dezember 2016.
46. 'Africa's digital revolution: A look at the technologies, trends and people driving it', World Economic Forum, 4. Mai 2016, https://www.weforum.org/agenda/2016/05/africa-s-digital-revolution-a-look-at-the-technologies-trends-and-people-driving-it, abgerufen im Dezember 2016.
47. 'The notion of leapfrogging poor infrastructure in Africa needs to come back down to earth', *The Economist*, 6. August 2016, http://www.economist.com/news/business/21703399-notion-leapfrogging-poor-infrastructure-africa-needs-come-backdown-earth-look, abgerufen im Dezember 2016.
48. Interview, Nairobi, 8. September 2016.
49. Hanna Ziady, 'Start-up visas: Countries draw top talent', *Financial Mail*, 1. September 2016, http://www._nancialmail.co.za/features/2016/09/01/start-up-visas-countries-draw-top-talent, abgerufen im Dezember 2016.
50. Weltbank, Forschungs- und Entwicklungsausgaben (% des BIP), http://data.worldbank.org/indicator/GB.XPD.RSDV.GD.ZS, abgerufen im Dezember 2016.

Kapitel 9

1. UN-Konferenz für Handel und Entwicklung, Weltinvestitionsbericht 2015: Reforming *International Investment Governance*, UN 2015, http://unctad.org/en/PublicationsLibrary/wir2015_en.pdf, abgerufen im Dezember 2016.
2. Vgl. Weltbank, 'Net o_cial development assistance and o_cial aid received', http://data.worldbank.org/indicator/DT.ODA.ALLD.CD, abgerufen im Dezember 2016.
3. Dieser Abschnitt basiert auf einem Artikel, der erstmals in veröffentlicht wurde in *Daily Maverick.* Greg Mills und Dickie Davis, 'Decline and regeneration: Zambia's ghosts of development past', *Daily Maverick,* 11 April 2016.
4. Vgl. *KGL Independent Power Project Report*, Burns & McDonnell, The Dahlgren Group, and McKenna & Co, März 1997. Einzelheiten zu den Leistungsbeschränkungen in Sambia, Vgl. http://www.dailymaverick.co.za/article/2016-02-29-the-de_cits-behind-zambias-VvLbzk3lqM8, abgerufen im Dezember 2016.
5. Weltbank, 'Net offcial development assistance and offcial aid received', http://data.worldbank.org/indicator/DT.ODA.ALLD.CD, abgerufen im Dezember 2016.
6. Von der sogenannten programmierbaren Länderhilfe schließt der Teil der ODA (offizielle Entwicklungshilfe), den die Geber für einzelne Länder oder Regionen programmieren und über den die Partnerländer ein maßgebliches Mitspracherecht haben könnten, humanitäre Hilfe und Soforthilfe, Verwaltungskosten und Nahrungsmittelhilfe. Vgl. https://www.oecd.org/dac/stats/documentupload/2%20Africa%20-%20Development%20Aid%20at%20a%20Glance%202015.pdf, abgerufen im Dezember 2016.
7. Kwame Anthony Appiah und Henry Louis Gates (eds), *Africana: The Encyclopaedia of the African and African American Experience*. US: Basic Civitas, 1999, 142.
8. Vgl., zum Beispiel, https://www.oecd.org/derec/denmark/Review-of-Budget-Support-Evaluation.pdf, abgerufen im Dezember 2016.
9. Daron Acemoglu and James A. Robinson, 'Why foreign aid fails – and how to really help Africa,' *The Spectator*, 25. Januar 2014, http://www.spectator.co.uk/2014/01/why-aid-fails/, abgerufen im Dezember 2016.
10. Brad Parks, '10 essential facts about Chinese aid in Africa', The National Interest, 30. November 2015, http://nationalinterest.org/feature/10-essential-facts-about-chinese-aid-africa-14456, abgerufen im Dezember 2016.
11. Paul Adams, 'Africa debt rising', Africa Research Institute, 22 January 2015, http://www.africaresearchinstitute.org/publications/africa-debt-rising-2/, abgerufen im Dezember 2016.
12. Weltbank, 'Foreign direct investment _ows into sub-Saharan Africa', März 2014, http://www-wds.worldbank.org/external/default/WDSContentServer/WDSP/IB/2014/03/18/000456286_20140318105721/Rendered/PDF/860600BRI0WB0H00Box382147B00PUBLIC0.pdf, abgerufen im Dezember 2016.
13. UN-Konferenz für Handel und Entwicklung, *World Investment Report 2015: Reforming International Investment Governance*, UN 2015, http://unctad.org/en/PublicationsLibrary/wir2015_en.pdf.
14. Mikolaj Radlicki, 'The 30m-strong Africa diaspora likely sends US-$160bn home every year: Where does it go?', *Mail & Guardian Africa*, 29 May 2015, http://mgafrica.com/article/2015-05-29-remittance-in-africa-where-does-it-go, abgerufen im Dezember 2016.
15. 'Africa losing billions from fraud and tax avoidance', *The Guardian*, 2 February 2015, https://www.theguardian.com/global-development/2015/feb/02/africa-tax-avoidance-money-laundering-illicit-_nancial-_ows; Vgl. also Caroline Kende-Robbe, 'Africa is rich in resources but tax havens are keeping its people poor', World Economic Forum, 17 May 2016, https://www.weforum.org/agenda/2016/05/africa-is-richin-resources-but-tax-havens-are-keeping-its-people-poor, abgerufen im Dezember 2016.

16. 'Overview of ODA and international NGOs in Vietnam', Danske Vietnamesisk Forening, http://www.davifo.dk/userfiles/file/pdf/International%20NGOs%20 in%20Vietnam8.pdf., abgerufen im Dezember 2016.
17. Weltbank, 'Foreign direct investment, net in_ows', http://data.worldbank.org/indicator/BX.KLT.DINV.CD.WD?locations=VN, abgerufen im Dezember 2016.
18. Weltbank, 'Net o_cial development assistance and offcial aid received', http://data.worldbank.org/indicator/DT.ODA.ALLD.CD, abgerufen im Dezember 2016.
19. Weltbank, 'Mozambique', http://data.worldbank.org/country/mozambique, abgerufen im Dezember 2016.
20. David Smith, 'Boom time for Mozambique, once the basket case of Africa', *The Guardian*, 27. März 2012, https://www.theguardian.com/world/2012/mar/27/mozambique-africa-energy-resources-bonanza, abgerufen im Dezember 2016.
21. Alex Court und Dianne McCarthy, 'Massive gas discovery transforms Mozambique backwater into boomtown', CNN, 3. Februar 2015, http://edition.cnn.com/2015/02/03/africa/pemba-port-mozambique-gas/, abgerufen im Dezember 2016.
22. David Smith, 'Boom time for Mozambique, once the basket case of Africa', *The Guardian*, 27. März 2012, https://www.theguardian.com/world/2012/mar/27/mozambique-africa-energy-resources-bonanza, abgerufen im Dezember 2016.
23. 'World Bank delays aid to Mozambique pending debt analysis: spokesman', CNBC Africa, 28. April 2016, http://www.cnbcafrica.com/news/southern-africa/2016/04/28/world-bank-delays-aid-to-mozambique/, abgerufen im Dezember 2016.
24. Tom Bowker und Michael Cohen, 'Mozambique resorts to foreign exchange curbs as metical dives', Bloomberg, 8. Dezember 2015, http://www.bloomberg.com/news/articles/2015-12-08/mozambique-resorts-to-foreign-exchange-curbs-as-meticaldives, abgerufen im Dezember 2016.
25. 'Mozambique is floundering amid corruption and conflict', *The Economist*, 18. März 2016, http://www.economist.com/news/middle-east-and-africa/21695203-scandals-and-setbacks-gas-and-_shing-industries-darken-mood-mozambique, abgerufen im Dezember 2016.
26. Weltbank, 'Mozambique, overview', http://www.worldbank.org/en/country/mozambique/overview, abgerufen im Dezember 2016.
27. 'Mozambique: Foreign aid dependency necessary for growth and not the other way around', Econ 488 at JMU, 3. November 2014, http://econ488.com/2014/11/03/mozambique-foreign-aid-dependency-necessary-for-growth-and-not-the-other-wayaround/, abgerufen im Dezember 2016.
28. World Economic Forum, 'Mozambique', http://reports.weforum.org/global-competitiveness-report-2015-2016/economies/#economy=MOZ, abgerufen im Dezember 2016.
29. Vgl. Transparency International Corruption Perceptions Index, http://www.transparency.org/research/cpi/overview, abgerufen im Dezember 2016.
30. 'Overview of corruption and anti-corruption in Mozambique', U4 Anti-Corruption Resource Centre, http://www.u4.no/publications/overview-of-corruption-and-anti-corruption-in-mozambique/, abgerufen im Dezember 2016.
31. Paul Collier, 'The role of donors in fragile African states', Papier, das dem hochrangigen Gremium der Afrikanischen Entwicklungsbank zu fragilen Staaten vorgelegt wurde, August 2013.

32. Vgl., zum Beispiel, das China in Africa-Projekt des South African Institute of International Affairs, http://www.saiia.org.za/news/china-in-africa-project, abgerufen im Dezember 2016.
33. Kevin Bloom und Richard Poplak, *Continental Shift: A Journey into Africa's Changing Fortunes*. Cape Town: Jonathan Ball, 2016.
34. '5 myths about Chinese investment in Africa', Foreign Policy, http://foreignpolicy.com/2015/12/04/5-myths-about-chinese-investment-in-africa/, abgerufen im Dezember 2016.
35. Weltbank, 'GDP per capita', http://data.worldbank.org/indicator/NY.GDP.PCAP.CD?order=wbapi_data_value_2013+wbapi_data_value&sort=asc, abgerufen im Dezember 2016.
36. Joe Bavier, 'China's DRC investment US-$9 billion – US-$3 billion for mining', Mineweb, 16. Februar 2008, http://www.mineweb.com/archive/chinas-drc-investment-9-billion-3-billion-for-mining/; Vgl. auch 'China and Congo: Friends in need', Global Witness, März 2011, https://www.globalwitness.org/sites/default/_les/library/friends_in_need_en_lr_1.pdf, abgerufen im Dezember 2016.
37. Wenjie Chen, David Dollar und Heiwei Tang, 'China's direct investment in Africa:Reality versus myth', Brookings Institute, 3. September 2015, http://www.brookings.edu/blogs/africa-in-focus/posts/2015/09/03-china-africa-investment-trademyth-chen-US-$-tang, abgerufen im Dezember 2016.
38. Dieses Interview wurde geführt im Como, Italien, am 2. August 2016.
39. Paul Collier, 'The case for investing in Africa', McKinsey, Juni 2010, http://www.mckinsey.com/global-themes/middle-east-and-africa/the-case-for-investing-in-africa, abgerufen im Dezember 2016.
40. Makhtar Diop, 'Africa still poised to become the next great investment destination', Weltbank, 30. Juni 2015, http://www.worldbank.org/en/news/opinion/2015/06/30/africa-still-poised-to-become-thc-next-great-investment-destination, abgerufen im Dezember 2016.
41. Dies geht aus einer Diskussion in einem in London ansässigen Investmentclub hervor, geführt am 27. September 2016.
42. Der Begriff „Verlust bei Ausfall" bezieht sich auf den Anteil eines Vermögenswerts, der bei einem Ausfall eines Kreditnehmers verloren geht, was die Sicherheiten und den Grad der Nachrangigkeit der Schulden widerspiegelt.
43. Diskussion an der UBS, London, 21. September 2016.
44. Joe Brock, 'Weak economy takes gloss of 'Africa Rising" optimism', CNBC Africa, 16. September 2016, http://www.cnbcafrica.com/news/special-report/2016/09/16/private-equity-in-africa-loses-its-shine/?utm_source=CNBC+Daily+Newsletter&utm_campaign=d0f3c17366-RSS_EMAIL_CAMPAIGN_Daily&utm_medium=2016.
45. 'Listing in Africa – extractive industries', KPMG, 2015, https://www.kpmg.com/Africa/en/IssuesAndInsights/Articles-Publications/Documents/KPMG%20Listing%20in%20Africa-extractive%20industries.pdf, abgerufen im Dezember 2016.

Kapitel 10

1. Vgl. Weltbank, Weltweite Governance Indikatoren, http://info.worldbank.org/governance/wgi/index.aspx#reports, abgerufen im Dezember 2016.

2. 'Where to start? Aligning sustainable development goals with citizen priorities', Afrobarometer, http://afrobarometer.org/sites/default/_les/publications/Dispatches/ab_r6_dispatchno67_african_priorities_en.pdf, abgerufen im Dezember 2016
3. Dieser Abschnitt basiert auf einem Artikel, der erstmals in veröffentlicht wurde in *Daily Maverick*. Vgl. Greg Mills, 'Inside the house Namibia built: Open windows and a breath of fresh air', *Daily Maverick,* 12. September 2016, http://www.dailymaverick.co.za/article/2016-09-12-inside-the-house-namibia-built-open-windows-and-a-breath-of-fresh-air/#.WEY5SXecbJI, abgerufen im Dezember 2016.
4. Interview, 6. September 2016.
5. Weltbank, Namibia, http://data.worldbank.org/country/namibia, abgerufen im Dezember 2016.
6. Republik Namibia, Harambee Entwicklungs-Plan, http://www.gov.na/documents/10181/264466/HPP+page+70-71.pdf/bc958f46-8f06-4c48-9307-773f242c9338, abgerufen im Dezember 2016.
7. Weitere Einzelheiten zu den Kosten des öffentlichen Dienstes, vgl. http://www.namibian.com.na/index.php?id=138292&page=archive-read, abgerufen im Dezember 2016.
8. Einer der Köpfe hinter Singapurs nationaler Wirtschaftsentwicklungsstrategie war beispielsweise der niederländische Ökonom Albert Winsemius, der nach dem Zweiten Weltkrieg eine Schlüsselrolle bei der Industrieplanung in der Wirtschaft seines eigenen Landes gespielt hatte. Ein früher Akt der neuen Regierung von Singapur bestand darin, das UN-Programm für technische Hilfe (jetzt das Entwicklungsprogramm der Vereinten Nationen) um Rat zu ersuchen. Die Mission, die 1960 stattfand, wurde von Winsemius geleitet. Zum Abschluss präsentierte er einen 10-Jahres-Wirtschaftsentwicklungsplan, den Singapur weitgehend verabschiedete. Von 1961 bis 1984 war er als Hauptwirtschaftsberater der Regierung tätig und spielte eine wichtige Rolle bei der Umgestaltung des Landes. Bis 1985 hatte die UN 744 technische Experten betreut und zwischen 1950 und 1985 2.029 Stipendien an Studenten aus Singapur vergeben. Weitere Einzelheiten zu den Rollen von Winsemius und UNDP, vgl. https://issuu.com/undppublicserv/docs/booklet_undp-sg50-winsemius_digital, abgerufen im Dezember 2016.
9. 'Remembering Lee Kuan Yew', Channel News Asia, http://www.channelnewsasia.com/news/specialreports/rememberingleekuanyew/features/team-s-porestrong/1740616.html, abgerufen im Dezember 2016.
10. Vision 2020, Nationale Perspektive für langfristige Entwicklung, Nationaler Wirtschaftsrat, Malawi, http://www.africanchildforum.org/clr/policy%20per%20country/malawi/malawi_vision2020_en.pdf.
11. Malawi Wachstums- und Entwicklungsstrategie 2006–2011, 3–4, http://api.ning.com/_les/R9O3ej52zz LO0AZVM*p7O9s7bOPX2Adsbc8Mq942QLrYOepESAv*mI_1PT8dEtl9wPkGQ16q7XP8QGOGOuKLq8rBqwNHWAe/MalawiGrowthandDevelopmentStrategy20062011.pdf, abgerufen im Dezember 2016.
12. Zweite gemeinsame Wachstumsberatung der Malawi-Strategie für Wachstum und Entwicklung, International Development Association und IWF, 5. Juli 2012, 2, http://wwwwds.worldbank.org/external/default/WDSContentServer/WDSP/IB/2012/07/18/000386194_20120718044147/Rendered/PDF/691340PRSP0P120Official0Use0Only090.pdf, abgerufen im Dezember 2016
13. Weitere Details, vgl. Weltbank, Senegal, Overview, http://www.worldbank.org/en/country/senegal/overview, abgerufen im Dezember 2016.
14. 'Blueprint for coming generation in store, says Lee', *The Straits Times*, 9. April 196.

15. 'Seizing the moment: Liberia's 150-day plan', Tony Blair Africa Governance Initiative, http://www.africagovernance.org/article/case-study-delivering-liberias-150-dayplan, abgerufen im Dezember 2016.
16. Kishore Mahbubani, 'Why Singapore is the world's most successful society', *The World Post*, 8. April 2015, http://www.hu_ngtonpost.com/kishore-mahbubani/singapore-world-successful-society_b_7934988.html, abgerufen im Dezember 2016.
17. Ian Lienert und Jitendra Modi, 'A decade of civil service reform in sub-Saharan Africa', IMF working paper, 4, https://www.imf.org/external/pubs/ft/wp/wp97179.pdf, abgerufen im Dezember 2016.
18. Weltbank, Weltweite Governance Indikatoren, http://info.worldbank.org/governance/wgi/index.aspx#home, abgerufen im Dezember 2016.
19. Weltbank, Factbook 2016, Ländergiossar, http://siteresources.worldbank.org/INTPROSPECTS/Resources/334934-1199807908806/4549025-1450455807487/Factbook2016_Countries_M-Z_Glossary.pdf, abgerufen im Dezember 2016.
20. Amt des Präsidenten der Republik Sambia, 'Zambian diaspora survey', https://www.iom.int/jahia/webdav/shared/shared/mainsite/activities/countries/docs/zambia/Zambian-Diaspora-survey-Report.pdf, abgerufen im Dezember 2016.
21. Greg Mills, *Why States Recover*. Johannesburg: Pan Macmillan, 2014, 272.
22. UN-Wissensplattform für nachhaltige Entwicklung, https://sustainabledevelopment.un.org/content/documents/1431Singapore.pdf, abgerufen im Dezember 2016.

Kapitel 11

1. Diese sind Somalia, Süd-Sudan, Zentralafrikanische Republik, Sudan, Tschad, Demokratische Republik Kongo, Guinea, Nigeria, Burundi and Zimbabwe
2. Die anderen sechs sind Yemen, Syrien, Afghanistan, Haiti, Irak and Pakistan.
3. Fonds für Frieden, Index für fragile Staaten 2016, http://fsi.fundforpeace.org/, abgerufen im Dezember 2016.
4. In der Reihenfolge (die unteren an erster Stelle): Somalia, Sudan, Süd-Sudan, Angola, Lybien and Guinea-Bissau.
5. Die anderen sind Nord-Korea, Afghanistan, Venezuela and Irak.
6. Transparency International, Korruptionswahrnehmungsindex 2015, http://www.transparency.org/cpi2015, abgerufen im Dezember 2016.
7. In der Reihenfolge (die unteren an erster Stelle): Guinea, Tschad, Mauritanien, Sierra Leone, Burundi, Malawi, Haiti, Mozambique, Venezuela, Myanmar, Madagascar, Liberia, Swaziland, Mali, Pakistan, Zimbabwe, Nigeria, Gambia, Benin, Guyana und Tanzania. Vgl. https://www.weforum.org/agenda/2015/09/what-are-the-10-most-competitiveeconomies-in-sub-saharan-africa/, abgerufen im Dezember 2016.
8. Der Pariser Club wurde 1956 gegründet, als in Paris Verhandlungen zwischen Argentinien und seinen öffentlichen Gläubigern stattfanden. Es umfasst 21 ständige Mitglieder als Hauptgläubigerländer, deren Ziel es ist, nachhaltige Lösungen für Schuldentilgungsschwierigkeiten von Schuldnerländern zu koordinieren und zu finden. Die ständigen Mitglieder des Pariser Clubs sind Australien, Österreich, Belgien, Kanada, Dänemark, Finnland, Frankreich, Deutschland, Irland, Israel, Italien, Japan, die Niederlande, Norwegen, die Russische Föderation, Südkorea, Spanien, Schweden, die Schweiz, Großbritannien und die USA.

9. Freedom House, *Freedom in the World, 2015*. New York: Freedom House, 2015, www.FreedomHouse.org, abgerufen im Dezember 2016.
10. Dieser Abschnitt basiert auf einem Artikel, der erstmals in veröffentlicht wurde in *Daily Maverick*. Vgl. Greg Mills, 'Ethiopia's Hailemariam Desalegn: Growth has to be shared to be sustainable', *Daily Maverick*, 7. Juni 2016, http://www.dailymaverick.co.za/article/2016-06-07-ethiopias-hailemariam-desalegn-growth-has-to-be-shared-to-be-sustainable/, abgerufen im Dezember 2016.
11. Einer der neun ethnisch begründeten Regionalstaaten Äthiopiens.
12. Äthiopien hatte 2016 94 Millionen Einwohner.
13. Weltbank, 'Ethiopia, Overview', http://www.worldbank.org/en/country/ethiopia/overview, abgerufen im Dezember 2016.
14. Weltbank, 'Ethiopia', http://data.worldbank.org/country/ethiopia, abgerufen im Dezember 2016.
15. Dank an Christopher Clapham für diese Beobachtung.
16. 'Chinese shoe factory Huajian now employs 3_200 people', Addis Ababa Online, http://addisababaonline.com/chinese-shoe-factory-huajian-now-employs-3200-people/, abgerufen im Dezember 2016.
17. 'Economic development: The good news from Ethiopia and what might make it even better', Britisches Ministerium für internationale Entwicklung, https://www.gov.uk/government/speeches/economic-development-the-good-news-from-ethiopia-andwhat-
18. 'Botswana's President Ian Khama: 'Diamonds are not forever'", *Daily Maverick*, 29. Juni 2016, http://www.dailymaverick.co.za/article/2016-06-29-botswanas-president-ian-khama-diamonds-are-not-forever/, abgerufen im Dezember 2016.
19. Leah Granof, 'DTC sight week revealed', *Rapaport Magazine*, Januar 2008, http://www.diamonds.net/Magazine/Article.aspx?ArticleID=20171&RDRIssueID=21, abgerufen im Dezember 2016.
20. Weltbank, 'International tourism, number of arrivals', http://data.worldbank.org/indicator/ST.INT.ARVL, abgerufen im Dezember 2016.
21. Victor Baatweng, 'Botswana loses up to 90% of tourism revenue', *Sunday Standard*, 10. Juli 2014, http://www.sundaystandard.info/botswana-loses-90-tourism-revenue, abgerufen im Dezember 2016.
22. Dieser Abschnitt wurde während eines Besuchs in Mauretanien im Oktober 2016 von Greg Mills recherchiert und basiert auf einem Artikel, der erstmals in veröffentlicht wurde in *Daily Maverick*. Vgl. Greg Mills, 'Reform in the Sahel: Mars, Mauritius or Mauritania', *Daily Maverick*, 19. Oktober 2016, http://www.dailymaverick.co.za/article/2016-10-19-reform-in-the-sahelmars-mauritius-or-mauritania/, abgerufen im Dezember 2016.
23. Dieser Abschnitt basiert auf zwei Reisen nach Elfenbein in den Jahren 2012 und 2016, einschließlich eines Interviews mit Präsident ADO von Greg Mills am 16. Dezember 2016.
24. Diese Abbildung wurde von Fidèle Sarassoro, Beraterin des Präsidenten, am 15. Dezember 2016 zur Verfügung gestellt.
25. Zitiert in Martin Meredith, *The Fortunes of Africa: A 5,000-Year History of Wealth, Greed and Endeavour*. London: Simon & Schuster, 2015, 619.
26. Weltbank, Pro-Kopf-BIP-Wachstum, http://data.worldbank.org/indicator/NY.GDP.PCAP.KD.ZG?locations=CI, December 2016.
27. Weltbank, Länderüberblick, http://www.worldbank.org/en/country/cotedivoire/overview, Dezember 2016.
28. Wir sind dankbar für die diesbezüglichen Erkenntnisse von Stephan Malherbe.
29. E-Mail Korrespondenz mit Botschafter (rtd) Phil Carter, 17. Dezember 2016.

30. Weltbank, Länderüberblick, http://www.worldbank.org/en/country/cotedivoire/overview, Dezember 2016.
31. Diskussion, Abidjan, 14. Dezember 2016.
32. Das Beispiel des Kampfes der kolumbianischen Regierung in diesem Jahrhundert gegen die Guerilla-Bewegung der FARC und ihrer ideologischen Nachkommen könnte relevant sein. Die Verfüllung der militärischen Anstrengungen durch die Bereitstellung einer verbesserten Regierungsführung und Basisinfrastruktur, insbesondere Straßen- und Mobilfunkkommunikation, war weitgehend erfolgreich. Die Bereitstellung einer verbesserten Regierungsführung war eine vom Präsidenten geleitete Initiative in allen 1.100 Gemeinden des Landes. Vgl. Dickie Davis, David Kilcullen, Greg Mills und David Spencer, *A Great Perhaps? Colombia: Conflict and Convergence*. London: Hurst, 2015.
33. Diskussion mit Greg Mills und Dickie Davis, Gauteng Legislature, 24. November 2016.
34. Mit Dank an General (rtd) George Casey Jnr für seine diesbezüglichen Gedanken.

Schlussfolgerung

1. UN FAO, 'Nigeria at a glance', http://www.fao.org/nigeria/fao-in-nigeria/nigeria-at-a-glance/en/, abgerufen im Dezember 2016.
2. Central Intelligence Agency, *The World Factbook*, https://www.cia.gov/library/publications/the-world-factbook/geos/id.html, abgerufen im Dezember 2016.
3. Für den Gini-Koeffizienten, Vgl. http://hdr.undp.org/en/content/income-gini-coe_-cient, abgerufen im Dezember 2016.
4. Für eine detaillierte Untersuchung der Parallelen zu Afrika, vgl. Greg Mills, 'A new Bandung Consensus? What Africa and Indonesia can learn from each other', *Daily Maverick*, 9. März 2016, http://www.dailymaverick.co.za/article/2016-03-09-anew-bandung-consensus-what-africa-and-indonesia-can-learn-from-each-other/; und Greg Mills, 'Indonesia: A messy democracy that somehow works', *Daily Maverick*, 1. September 2014, http://www.dailymaverick.co.za/article/2014-09-01-indonesia-a-messy-democracy-that-somehow-works/#.WEQeL03lqM8, abgerufen im Dezember 2016.
5. In der Reihenfolge zunehmender Größe: Seychellen, São Tomé und Príncipe, Kap Verde, Komoren, Dschibuti, Swasiland, Mauritius, Guinea-Bissau, Gabun, Lesotho, Äquatorialguinea, Gambia, Botswana, Namibia und Mauretanien.
6. Vgl. Kagames Kommentare im Tana Forum von Bahir Dar, http://allafrica.com/stories/201304222011.html, abgerufen im Dezember 2016.

Stichwortverzeichnis